058au Foto: eg

Reise Know-How im Internet

Aktuelle Reisetipps und Neuigkeiten
Ergänzungen nach Redaktionsschluss
Büchershop und Sonderangebote

www.reise-know-how.de
info@reise-know-how.de

Wir freuen uns über Anregung und Kritik.

Weitere KulturSchock-Titel:

Ägypten, Afghanistan, Argentinien, Brasilien, China/Taiwan, Cuba, Ecuador, Finnland, Frankreich, Indien, Iran, Japan, Jemen, Kambodscha, Kaukasus, Kleine Golfstaaten/Oman, Laos, Marokko, Mexiko, Pakistan, Peru, Polen, Rumänien, Russland, Spanien, Thailand, Thailands Bergvölker und Seenomaden, Türkei, Ukraine, Ungarn, USA, Vietnam, Vorderer Orient

KulturSchock – Familienmanagement im Ausland
KulturSchock – Leben in fremden Kulturen

Elfi H. M. Gilissen
KulturSchock Australien

I love a sunburnt country,
A land of sweeping plains,
Of rugged mountain ranges,
Of droughts and flooding rains;
I love her far horizons,
I love her jewel sea,
Her beauty and her terror,
The wide brown land for me!

(Ich liebe ein sonnenverbranntes Land,
Ein Land der ausufernden Ebenen,
Der zerklüfteten Gebirgszüge,
Der Dürren und Regenfluten;
Ich liebe seine weiten Horizonte,
Ich liebe sein Juwel, die See,
Seine Schönheit und seinen Schrecken,
Das weite braune Land für mich!)

(*Dorothea Mackellar,* Dichterin,
aus ihrem Gedicht „My Country" von 1908)

059au Foto: at

Impressum

Elfi H. M. Gilissen
KulturSchock Australien

erschienen im
Reise Know-How Verlag Peter Rump GmbH
Osnabrücker Str. 79, 33649 Bielefeld

2. Auflage 2007

Gestaltung
Umschlag: Günter Pawlak (Layout), Klaus Werner (Realisierung)
Inhalt: Günter Pawlak (Layout), Klaus Werner (Realisierung)
Fotos: die Autorin (eg, inkl. Titelfoto), Andrew A. Tokmakoff (at), National Archives of Australia (na), Andrea Buchspieß (ab),

Lektorat: Liane Werner
Lektorat (Aktualisierung): Dhaara P. Volkmann

Druck und Bindung: Media Print, Paderborn
ISBN 978-3-8317-1630-2
Printed in Germany

Dieses Buch ist erhältlich in jeder Buchhandlung Deutschlands, der Schweiz, Österreichs, Belgiens und der Niederlande. Bitte informieren Sie Ihren Buchhändler über folgende Bezugsadressen:
Deutschland
Prolit GmbH, Pf 9, D-35461 Fernwald (Annerod) sowie alle Barsortimente
Schweiz
AVA-buch 2000, Postfach, CH-8910 Affoltern
Österreich
Mohr Morawa Buchvertrieb GmbH, Sulzengasse 2, A-1230 Wien
Niederlande, Belgien
Willems Adventure, Honderdland 120, NL-2676 LT Maasdijk

Wer im Buchhandel trotzdem kein Glück hat, bekommt unsere Bücher auch über unseren **Büchershop im Internet: www.reise-know-how.de**

Wir freuen uns über Kritik, Kommentare und Verbesserungsvorschläge.

Alle Informationen in diesem Buch sind von der Autorin mit größter Sorgfalt gesammelt und vom Lektorat des Verlages gewissenhaft bearbeitet und überprüft worden.

Da inhaltliche und sachliche Fehler nicht ausgeschlossen werden können, erklärt der Verlag, dass alle Angaben im Sinne der Produkthaftung ohne Garantie erfolgen und dass Verlag wie Autorin keinerlei Verantwortung und Haftung für inhaltliche und sachliche Fehler übernehmen.

Der Verlag sucht Autoren für weitere KulturSchock-Bände.

Elfi H. M. Gilissen
KulturSchock
Australien

Inhalt

Exkurse zwischendurch

Vorwort

Die erste Reaktion auf das Thema Kulturschock Australien ist zumeist: Dort gibt es doch kaum Unterschiede zu Europa! Sicherlich, die Geschichte ist eine andere als die der europäischen Länder - aber ihre Bewohner kommen schließlich mehrheitlich aus Europa und das kennt man ja. Was aber wissen wir wirklich von dem Land, das die Aussies selbst als *the lucky country* (das glückliche Land) mit dem begehrtesten Reisepass der Welt bezeichnen, wo es viel Platz für alle im tolerant multikulturellen Mix gibt, wo die Bewohner in ihrem Glauben an eine faire Chance für jedermann nett und umgänglich sind, wo man einen relaxten Lebensstil führt und die Sonne ewig scheint? Kommt Australien wirklich gleich nach dem Paradies?

Bei Touristen steht Australien spätestens seit den Olympischen Spielen 2000 ganz hoch im Kurs. Viele junge Deutsche bleiben mit dem *Working Holiday Visa* (Arbeits- und Urlaubsvisum) gleich ein Jahr zum Arbeiten und Reisen in Australien. Und nicht zuletzt stand und steht die Destination Australien ganz oben auf der Liste der Auswanderungswilligen, auch in Mitteleuropa. Bemerkenswert ist dabei, dass es Auswanderer gibt, die sich oftmals auf dieses Abenteuer einlassen, ohne jemals zuvor in Australien als Tourist gewesen zu sein. Alle oben genannten Pluspunkte, über die man etwas im Fernsehen gesehen, in Büchern gelesen oder einfach nur gehört hat, zusammen mit den besseren Arbeitschancen in der seit den 1990er Jahren so richtig boomenden australischen Wirtschaft, locken neue Auswanderer aus den wirtschaftlich kränkelnden Ländern an wie der Gesang der Sirenen an der Lorelei. Nur wenige zerschellen an den Hürden der Umstellungen und kehren zurück nach Europa, aber so ziemlich jeder erlebt früher oder später einen schmerzhaften Kulturschock. Das fällt den Touristen, die nur zwei Wochen im Land sind, natürlich weniger auf als denen, die viel länger in Australien bleiben und tiefer gehende Kontakte zu Aussies aufbauen (wollen).

In einer anderen Kultur zu reisen oder gar zu leben, ist mehr, als sich nur in einer anderen Sprache zu artikulieren und dort eventuell einer Beschäftigung innerhalb der Gesellschaft nachzugehen. Das Wertesystem mit all den Regeln für Richtig und Falsch, Gut und Schlecht, der gesamte Katalog an Definitionen, die durch das Leben geleiten, muss neu erlernt werden. Das altbekannte Wertesystem, das man von Geburt an erworben hat, passt nur allzu oft nicht, man stößt bei sich und bei anderen auf Unverständnis und Missverständnisse, die den persönlichen Kontakt weitaus schwieriger machen, als ein neues Paar Schuhe einzulaufen. Die in den internationalen Medien gern zitierten für den Menschen tödli-

061au Foto: eg

chen Tierarten Australiens sind hier das geringste Problem, daran gewöhnt man sich in null Komma nichts. Schwieriger ist es hingegen, sich ein australisch gelassenes Savoir-vivre anzueignen, denn da geht es gerade den Deutschsprachigen oft wie den Workaholics, die in Rente gehen sollen: Ihnen fällt es schwer, ihr Tempo herunterzuschrauben.

Gewöhnt an die Bedeutung von Statussymbolen und Standesunterschieden, wird man leicht zum Opfer des *tall poppy syndrome* (Syndrom der hoch gewachsenen Mohnblumen), bei dem die Erfolgreichen mit Verachtung und Kritik zurechtgestutzt werden, bis sie wieder auf den

Teppich kommen und sich somit die „herausragende Mohnblume" wieder in die Masse des Mohnblumenfeldes einreiht. Das genaue Gegenteil wird mit dem *Aussie battler* (australischer Kämpfer) gemacht, denn dem, der es schon schwer hat, muss geholfen werden, damit er auf den gleichen grünen Zweig kommt. Alles in allem also eigentlich ein wahrhaft sozialistisches Konzept mit besonderer australischer Ausprägung. Die Schattenseiten bekommen all diejenigen zu spüren, die sich gerne in individualistischer Extrovertiertheit baden, denn in einer so egalitären Gesellschaft wie der australischen ist dies nicht gern gesehen. Die individualistischen Deutschsprachigen gelten somit nur allzu schnell als arrogant. Wer als Tourist als *tall poppy* auftritt, wird einfach links liegen gelassen und ein persönlicher Kontakt kommt gar nicht erst zustande, während derjenige, der wie ein deutschsprachiger *battler* wirkt, sogar auf seiner kurzen Reise schon Freunde fürs Leben finden kann.

Soziale Verhaltensweisen müssen neu erlernt werden, will man den Kulturschock abmildern, und dazu muss man die kulturhistorische Essenz der australischen Gesellschaft zunächst einmal tiefer gehend ergründen. Dieses Buch soll Ihnen daher Einblicke in die Bandbreite der australischen Psyche mit ihren Wurzeln und Auswirkungen eröffnen, die in der Touristikwerbung und in den Nachrichten nicht dargelegt werden. Es greift zunächst die wichtigsten Meilensteine der australischen Geschichte auf, damit die Gründe für bestimmte Verhaltensweisen und Entscheidungen nachvollziehbar werden. Die natürlichen Gegebenheiten des riesigen Kontinents werden näher beleuchtet, um zu illustrieren, was dem Land bereits genommen wurde und was es in Zukunft noch bieten kann, denn bei allem Optimismus ist ein endloses Bevölkerungswachstum und eine Agrarindustrie der alten Schule nicht tragbar für das empfindliche Ökosystem auf dem trockensten Kontinent der Erde. In den letzten drei Hauptkapiteln wird schließlich gezeigt, wer die Aussies sind, wie sie heute leben und welche Regeln man im Umgang mit ihnen als Gast beherzigen sollte. Dieses Buch kann daher ganz besonders dem potenziellen Auswanderer eine Hilfe sein bei der gefühlsmäßigen Vorbereitung auf das Traumland Australien. Und für den touristischen Besucher gilt, je mehr er in die Hintergründe eintaucht, desto erlebnisreicher und intensiver wird die Erkundung Australiens, welches tatsächlich ein Paradies sein kann – wenn man bereit ist, sich auf diese neue Welt einzulassen.

Elfi H. M. Gilissen

001au Foto: eg

DER KULTURHISTORISCHE RAHMEN

Our land is a beautiful land, a spiritual place,
a place to be cared for. But the British,
having lost the American War of Independence,
saw it as only fit for the dumping of what they called
the human scum of the hulks of the River Thames.
Australia, a suitable place for a human garbage dump.

(Unser Land ist ein wunderschönes Land, ein spiritueller Ort,
ein Ort, der umsorgt werden sollte. Aber als die Briten
den amerikanischen Unabhängigkeitskrieg verloren,
erachteten sie es nur als geeignet zum Abladen des, wie sie es
nannten, menschlichen Abschaums von den Ruinen der Themse.
Australien, ein geeigneter Platz für eine menschliche Müllhalde.)

(*Eve Mungwa Fesl,* ehemals Professorin für indigene Studien
an der *Monash University,* Victoria)

Der Kontinent Australien war schon lange vor seiner Entdeckung für viele das Objekt ihrer Sehnsüchte. Die alten Griechen waren der Meinung, dass die Welt aus zwei Halbkugeln bestehen müsse. *Aristoteles* (384–322 v. Chr.) ging noch weiter und nahm an, dass die Welt symmetrisch aufgebaut sei und somit am entgegengesetzten Ende zum Nordpol auch ein Südpol auf der südlichen Hälfte der Weltkugel zu finden sein müsse. Der griechische Astronom und Geograf *Claudius Ptolemäus* (100–161 n. Chr.) schrieb in seinem Werk „Geographia", dass sich im Süden der südlichen Halbkugel ein großes Land befände, das Asien und Afrika miteinander verbinde und die Welt im Gleichgewicht halte. Er nannte

Gilt als Entdecker Australiens: Kapitän James Cook

diese Landfläche *Terra Australis Incognita,* lateinisch für „unbekanntes südliches Land". Seiner Meinung nach war es dort nicht kalt wie auf dem Nordpol und die Menschen würden inmitten großer Reichtümer leben. Allerdings seien die nördliche und die südliche Halbkugel voneinander getrennt durch einen Ring aus Feuer. Im Mittelalter tat man all diese Ideen wieder als Nonsens ab und glaubte, dass die Welt eine flache Scheibe sei. Der Mythos von einem „goldenen Land" irgendwo im Süden war jedoch geboren und trieb seefahrende Entdecker auf die Suche nach ihm.

Stigma der Strafgefangenenkolonie

Zum großen Ärgernis der Aussies werden sie oft – wenn auch meist nur aus Neckerei – als Nachkömmlinge von Kriminellen herablassend behandelt, gehänselt oder gar richtiggehend geringgeschätzt. Tatsächlich ist es das einzige Beispiel für ein Kolonialgebiet, das als reine Strafgefangenenkolonie begann und sich erst dann zu einer Kolonie der freien Siedler entwickelte. Bereits 1619 führte die britische Königin *Elizabeth I.* die Praxis ein, Gefangene als Alternative zur Exekution einfach zur Bestrafung in andere britische Kolonien zu entsenden. 1717 wurde diese Praxis dann ganz offiziell durch den *Transportation Act* (Deportationsgesetz) von *König George III.* in einem Gesetz festgehalten; nunmehr wurde eine Begnadigung von der Todesstrafe fast automatisch in eine bis zu 14-jährige **Deportation in die Fremde** umgewandelt. Das Schockierende für heutige Verhältnisse ist, dass zu den mannigfaltigen Gründen für die Verhängung der Todesstrafe schon das Stehlen von Vieh, Kleidung und Waren in einem Wert ab einem Pfund sowie Landstreicherei, Einbruch, aber natürlich auch Gewalttaten gehörten.

Die so begnadigten Todeskandidaten verschleppte man in alle Herrschaftsgebiete der Briten wie z. B. auf die Westindischen Inseln und vor allem in die neuen Kolonien Nordamerikas, wo die Engländer seit dem 17. Jahrhundert erfolgreich Tabak anbauten. Die britischen Auswanderer hatten jedoch kein Interesse daran, auf den Plantagen zu arbeiten, schließlich waren sie nach Amerika gekommen, um an ihrem sozialen Aufstieg zu arbeiten. Um den Arbeitskräftebedarf zu decken, entsandte man daher Strafgefangene aus den überfüllten britischen Gefängnissen **nach Amerika in die Sklaverei.** Auf diese Weise wurden zwischen 1718 und 1783 ca. 50.000 Strafgefangene aus Großbritannien nach Nordamerika verschickt.

Mit Beginn der **amerikanischen Revolution** 1763 änderte sich die Situation. Die aufständischen Kolonisten wiesen die britischen Schiffe mit den Strafgefangenen ab und schickten sie zurück nach England, denn das neue Amerika war nicht länger an dem „menschlichen Abfall" des ehemaligen Mutterlandes interessiert. Die Sklaven für die Tabakfelder kaufte man lieber in den Westindischen Inseln und direkt in Afrika an. In Großbritannien hatte man sich aber an die Möglichkeit, die Kriminellen deportieren zu können, gewöhnt. Es hatte sich außerdem gezeigt, dass die Deportierten im Vergleich zu anderen Strafgefangenen nach Ablauf ihrer Strafe weniger häufig rückfällig wurden, da sie nach ihrer Entlassung ein Stück Land erhielten und so den Teufelskreislauf der Armut durchbrechen konnten, der sie z. B. zum Stehlen verleitet hatte. Großbritannien suchte daher bei Ausbruch des amerikanischen Unabhängigkeitskrieges 1775 händeringend nach einem neuen Kolonialgebiet. Ein weiterer Grund dafür war die Sorge der Briten, mit dem Verlust der Kolonie Nordamerika im Vergleich zu den Holländern und Portugiesen zu sehr an kolonialer Macht einzubüßen.

Als die englischen Gefängnisse immer weiter überquollen, debattierte man 1784 erneut über eine Strafgefangenenkolonie auf der Insel Lemane in Afrika, fällte dann jedoch die *Botany Bay Decision* (Botany-Bay-Entscheidung) und entschied sich für die von Kapitän *Cook* entdeckte Bucht Botany Bay in New South Wales im heutigen Australien. Im August 1786 veranlasste der Staatssekretär *Thomas Townshend, Viscount Sydney,* als Verantwortlicher für Kolonialangelegenheiten die **Gründung der „Kolonie der Diebe"**.

Am 13. Mai 1787 stach in Portsmouth die *First Fleet* (Erste Flotte) mit 11 Schiffen unter dem Kommando von Kapitän *Arthur Philip* in See mit ca. 730 Strafgefangenen (570 Männer und 160 Frauen) an Bord; die Mehrheit der restlichen ca. 770 Personen waren Marineangehörige. Nach einer kurzen Ankerzeit in Botany Bay entschied sich *Philip* für den Aufbau der Strafgefangenenkolonie weiter nördlich in der von *Cook* erwähnten Bucht Port Jackson. *Philip* nannte die Bucht Sydney Cove zu Ehren des *Viscount Sydney* und entschiffte dort am 26. Januar 1788 die **Strafgefangenen** der Ersten Flotte. Unter dem Geleit von Gewehrschüssen hisste man am Abend feierlich die britische *Union Flag* (noch ohne das diagonale rote Kreuz von St. Patrick als Symbol für Irland). Heute wird dieser **Gründungstag des modernen Australiens** als *Australia Day* gefeiert. Schon im Jahr 1790 folgte die Zweite Flotte, bestehend aus 5 Schiffen mit 759 ausgehungerten Strafgefangenen (278 waren auf der Reise gestorben) und 1791 die Dritte Flotte mit 11 Schiffen und über 2000 Strafgefangenen. Viele weitere Transporte folgten, auch einige von den britischen Kolonien in Kanada und in Indien.

Die Strafgefangenen wurden eingesetzt zur Zwangsarbeit beim Aufbau der Regierungsgebäude, der Infrastruktur und der Regierungsfarmen. Be-

Puzzle Terra Australis Incognita – die Entdeckungsgeschichte

Man nimmt an, dass Chinesen und Araber bereits im 15. Jahrhundert auf die Nordküste Australiens gestoßen sein müssen, aber dies blieb weitgehend undokumentiert und ist somit nicht belegbar. Auch die Franzosen konnten nie verifizieren, dass es sich bei dem unbekannten Kontinent, auf dem *Bigot Paulmier de Gonneville* 1504 sechs Monate verweilte, tatsächlich um das gesuchte *Terra Australis* (Südliches Land) gehandelt hatte, da der Kapitän seine Notizen mit den Koordinaten verlor und die Lage von *Gonneville Land* somit ein Mythos blieb. Die Portugiesen können heute anhand von Karten belegen, schon im Jahre 1528 den australischen Kontinent entdeckt zu haben.

Als Nächstes stießen die **Holländer** seit Beginn des 17. Jahrhunderts auf dem Weg zwischen Holland und Holländisch-Ostindien mehrfach auf die **Nordküste** Australiens. Die ersten Europäer, die nachweislich australischen Boden betraten, waren im März 1606 Kapitän *Willem Jansz* und die Besatzung des holländischen Handelsschiffes „Duyfken" beim heutigen Cape York. Sie glaubten allerdings, einen Teil von Neuguinea zu kartografieren.

Statt entlang der alten portugiesischen Handelsroute via Madagaskar segelte der Holländer *Dirk Hartog* auf dem Weg nach Java mit der „Eendracht" 1616 auf der von Kapitän *Hendrik Brouwer* entdeckten schnelleren Südroute, wobei man sich vom Südzipfel Afrikas mithilfe der starken Westwinde und -strömungen 4000 km in östliche Richtung vorantreiben ließ, bevor man einen nördlichen Kurs nach Java einschlagen musste. *Hartog* geriet dabei etwas zu weit nach Osten und stieß als Erster auf die **Westküste** Australiens. Auf den Karten wurde dieser Teil der *Terra Australis* als Eendrachtsland eingezeichnet und die vorgelagerte Insel, auf der die Besatzung der „Eendracht" an Land ging, heißt heute *Dirk Hartog Island*. Egal ob Holländer, Portugiesen, Briten etc., wer nach Java wollte, nutzte fortan die südliche Brouwer-Route bis Eendrachtsland und schlug dann erst einen nördlichen Kurs ein. Somit wurde die Westküste Australiens durch verschiedene Schiffe auf dem Weg nach Batavia Stück für Stück entdeckt und zeichnete sich immer deutlicher als eine kontinuierliche Landmasse auf den Seekarten ab. Man war sich auch einig darüber, dass es dort kein Handelspotenzial gab. Die Einheimischen hatten nichts zum Tausch anzubieten, neue Gewürze gab es in der savannenartigen Küste von Western Australia auch nicht, ebenso wenig wie Gold oder Silber, denn die Eingeborenen verwendeten nur Speerspitzen aus Stein oder Muscheln. Erst mit der Entdeckung des grünen fruchtbaren Van Diemen's Land (heutiges Tasmania) durch den Holländer *Abel Tasman* 1642 begann man zu erahnen, dass der Kontinent doch etwas zu bieten haben könnte. *Tasman* glaubte, Van Diemen's Land hinge mit Eendrachtsland zusammen und in den Seekarten wurde die gesamte südliche Landmasse nunmehr *Nova Hollandia* genannt.

Der hartnäckige Mythos über die Existenz von Gold- und Silberschätzen im Inneren des Südkontinents bewegte die **Briten** 1699 dazu, Kapitän *William Dampier* mit der „HMS Roebuck" zum Südkontinent zu entsenden, um mehr über dessen Potenzial als Kolonie zu erfahren. *Dampier* segelte zwar weite Teile der Westküste ab, doch nachdem sein Schiff auf dem Heimweg beim Island of Ascension im Atlantik gesunken und seine Berichte verloren waren, fiel er in Ungenade und die Briten schenkten dem Thema Südkontinent keinerlei Beachtung mehr. Erst während der brenzeligen Lage in den nordamerikanischen Kolonien wurde der britische Kapitän *James Cook* 69 Jahre nach *William Dampier* nach Tahiti entsandt, um zunächst den „Transit der Venus" zu dokumentieren, bei dem die Venus zwischen der Sonne und der Erde steht, was nur alle 105 Jahre geschieht. Er erhielt überdies einen versiegelten Brief mit dem Auftrag, nach Beendung der Venus-Mission den Osten des Südkontinents zu suchen und im Namen Großbritanniens in Besitz zu nehmen. Am 26. August 1768 stach er mit seinem Schiff „Endeavour" von Plymouth aus in See. Noch bevor *Cook* die Ostküste Australiens entdeckte, waren im gleichen Jahr die beiden Schiffe des Franzosen *Louis-Antoine de Bougainville* fast am Great Barrier Reef zerschellt. Die Besatzungsmitglieder von *Cooks* Schiff gingen jedoch am 19. April 1770 als erste Europäer an der **Ostküste** Australiens an Land – in der Bucht von Botany Bay, wo heute der Flughafen und Containerhafen Sydneys liegen. Anschließend segelte *Cook* entlang der Küste nach Norden weiter, hisste an der Nordspitze Queenslands auf einer kleinen Insel vor Cape York die britische Flagge und erklärte das Territorium vom 135. Längengrad im Westen (Eyre Peninsula in South Australia bis Arnhem Land im Northern Territory) bis zu den entdeckten Inseln östlich der Ostküste im Namen von König *George III.* zu britischem Besitz und nannte es *New South Wales.*

1772 ging der **Franzose** *Marc-Joseph Marion du Fresne* im heutigen Marion Bay in Tasmania als erster Franzose an Land und *François-Alesno de St Allouarn* erreichte im selben Jahr Cape Leeuwin und nahm es für Frankreich in Besitz, das damals allerdings kein Interesse daran zeigte, da der koloniale Handel mit China, Indien, Ostafrika und den westindischen Inseln blühte und es im Westen Australiens einfach nichts zum Handeln gab.

Dass der Südkontinent jedoch Gold wert sein müsse, trieb zu immer neuen Entdeckungsfahrten an. Nach und nach trugen französische und britische Entdecker neue Erkenntnisse über **Umfang und Küstenverlauf des Kontinents** zusammen. Der Franzose *Jean-François de Galaup, Comte de la Pérouse,* der ausgesandt worden war, um Kapitän *Arthur Philip* bei der Gründung der Strafgefangenenkolonie zuvorzukommen, erreichte Botany Bay nur einen Tag nach *Philip* und auf der Heimreise nach Frankreich verschwand sein Schiff mysteriöserweise. Auf der Suche nach *La Pérouse* kartografierte der Franzose *Antoine Raymond Joseph de Bruni d'Entrecasteaux* 1792 die **Südküste** Australiens von Cape Leeuwin bis Tasmania. Im Jahr 1798 umsegelten *George Bass* und *Matthew Flinders* Tasmania und belegten, dass es eine Insel ist und nicht – wie bis dahin angenommen – ein Teil des Südkontinents. Bei seiner Umsegelung des gesamten australischen Kontinents 1801–1803 traf *Flinders* bei Kangaroo Island vor South Australia auf den Franzosen *Nicolas Baudin* und tauschte mit diesem Informationen aus, obwohl sich zur Zeit *Napoleons* Frankreich und Großbritannien im Krieg befanden. Sie konnten belegen, dass New Holland und New South Wales ein Kontinent sind und *Flinders* schlug vor, diesen in Zukunft besser als „Australien" zu bezeichnen. Der Franzose *Louis de Freycinet* wies zusätzlich nach, dass weder der Spencer Gulf noch der St Vincent's Gulf einen Seeweg zum Gulf of Carpentaria eröffnen. Damit waren alle wichtigen Puzzlestücke für den Umfang des Südkontinents zusammengefügt und im Laufe des 19. Jahrhunderts wandten sich die Landratten dem Herz Australiens zu, auf der Suche nach einem riesigen Inlandssee und dem angeblichen Gold.

gnadigte Strafgefangene und solche, die ihre Strafe verbüßt hatten, bekamen eigenes Land zugesprochen. Ursprünglich sollten **Landübereignungen** nur an Strafgefangene erfolgen und das auch nur in entlegenen Gebieten im Hinterland, wo es keine Verlockungen zum Stehlen und Töten gab. Doch schnell musste man einsehen, dass nur wenige der Strafgefangenen willig waren, die Urbarmachung des Landes zufriedenstellend auszuführen. Ab 1789 wurde es daher möglich, bis zu 100 Acres Land an freie Siedler und Anghörige der Marine zu übereignen gegen eine Miete von jährlich einem Schilling pro 50 Acres. Grundbedingung für eine Übereignung war meist, dass das Land mindestens teilweise kultiviert werden musste. 1793 kamen somit auf dem Schiff „Bellona" die **ersten freien Siedler** nach New South Wales und legten den Grundstein für die australische Siedlerkolonie.

Als man so langsam Platzprobleme in den Siedlungen rund um Sydney Cove bekam und darüber hinaus die Aktivitäten der Franzosen im australischen Raum mit Sorge beobachtete, beschloss man, zur Festigung der Macht weitere Kolonien zu gründen und **den gesamten Kontinent für sich zu beanspruchen.**

Bis zur völligen Einstellung der Deportation aus Großbritannien 1868 kamen insgesamt ca. 80.000 Strafgefangene nach New South Wales, ca. 69.000 nach Tasmania und 3000 in das von New South Wales abgespaltene Victoria. Im gesamten Zeitraum deportierte Großbritannien übrigens auch 18.000 Strafgefangene nach Gibraltar und Bermuda, Frankreich ca. 48.000 nach Neukaledonien sowie Russland fast 2 Mio. Menschen nach Sibirien. Es war also mitnichten eine rein britische Praxis.

Als die **östlichen australischen Kolonien** keine Strafgefangenen mehr aufnahmen, sah sich Großbritannien wieder vor dem Problem, dass die Gefängnisse in England überzuquellen drohten. Kurzerhand reformierte man diesmal das Strafrechtssystem und Gefangene, die für minder schwere Taten einsaßen, wurden nicht länger deportiert. So kam es, dass die 9720 Strafgefangenen, die 1850–1868 erstmals nach **Western Australia** geschickt wurden, für schwerwiegendere Taten verurteilt worden waren als die Mehrheit der bis dahin Deportierten.

Das **Los der Strafgefangenen** war sicherlich nicht beneidenswert. Auf einen Kontinent am anderen Ende der Welt verschleppt zu werden und de facto als Sklave für die örtliche Regierung oder Privathaushalte arbeiten zu müssen, weil man z. B. Geld unterschlagen oder ein Schaf gestohlen hatte, war eine harte Strafe. Und auch wenn es vielfältige Möglichkeiten gab, schnell begnadigt zu werden oder Freigang zu haben, so verspielten sich viele diese Chance wieder durch eine erneute Straftat in der Kolonie. Aber es gibt auch vielfältige Erfolgsgeschichten von Strafgefangenen, die nach dem Neubeginn in Australien ein gutes Leben führen konnten.

Während insgesamt ca. 160.000 Strafgefangene bis 1868 nach Australien kamen, war die Zahl der freien Siedler mit ca. 1,6 Mio. Menschen doch bedeutend höher. Der **Auswanderungsboom** begann 1815, nachdem *John Macarthur* und andere Landbesitzer unter Beweis gestellt hatten, dass New South Wales für die Fleisch- und Wollproduktion geradezu prädestiniert war. Um einen möglichen Vorstoß von anderen Kolonialmächten in der Region zu verhindern (z. B. die Holländer und Portugiesen im indonesischen Archipel, die Deutschen in Neuguinea sowie die Franzosen in Neukaledonien), beschloss Großbritannien, die Besiedlung Australiens voranzutreiben. Indem die englische Regierung 1828–1896 die Überfahrtskosten nach Australien ganz übernahm oder zumindest subventionierte, schuf sie einen Anreiz für die Auswanderungswilligen. Man musste dabei mit dem Auswanderungsland Amerika konkurrieren, wohin die Überfahrt nicht nur preiswerter, sondern auch kürzer war und wo man nach Ankunft auch schon ein gewisses Maß an Infrastruktur vorfinden konnte, die in Australien noch geschaffen werden musste.

Gründung der ersten Strafkolonie durch Gouverneur Arthur Philip 1788

Dazu galt es vor allem, das negative Image der Strafgefangenenkolonie abzuschütteln. Die Politik der „systematischen Kolonisation“ nach den Theorien von *Edward Gibbon Wakefield* kam wie gerufen, damit Großbritannien sich seiner überflüssigen Einwohner entledigen und gleichzeitig die dringend benötigten Arbeitskräfte für die neuen Kolonien zur Verfügung stellen konnte. Auf diesen Theorien gegründet, wurde South Australia 1836 als erste **Provinz der freien Siedler** in Australien erschaffen und die anderen Kolonien stellten nach und nach die Aufnahme von Strafgefangenen ein: New South Wales 1840, Victoria 1850, Tasmania 1852. Rein optisch hatten sich die ehemaligen Gefängnissiedlungen ohnehin längst zu modernen eleganten Metropolen gemausert. Die freien Siedler ersetzten die britische Regierung in der Funktion als Hauptarbeitgeber und Landeigentümer.

Unter den sogenannten *unassisted emigrants* (nicht-unterstützte Emigranten), die die Überfahrt selbst bezahlt hatten, waren auch viele **andere Nationalitäten** – z. B. Tausende lutheranische deutsche Einwanderer aus Preußen und dem Harz, die sich 1838 vorwiegend in South Australia niederließen. Nach den gescheiterten Liberalisierungsrevolutionen 1848 in Paris, Berlin, Prag, Budapest, Wien und weiteren europäischen Großstädten kamen noch mehr Einwanderer von Europa nach Australien. Schon 3 Jahre später folgten ca. 200.000 Briten und ca. 25.000 Chinesen im Zuge des Goldrausches in Victoria, wo man ganze Goldnuggets fand – statt nur Goldstaub oder kleine Körner wie in den USA. Der Werdegang Australiens von einem Flickenteppich an Kolonien hin zu einer vereinten Nation zeichnete sich nun schon deutlich ab.

Die Nationen in der Nation

Ein Kontinent, eine Nation, eine gemeinsame Geschichte, eine Identität? Der Zusammenschluss der ehemaligen **fünf britischen Kolonien** New South Wales, Victoria, Western Australia, Queensland und Tasmania sowie der **Provinz** South Australia zu den sechs Bundesstaaten im *Commonwealth of Australia* („Bund von Australien“) .am 1. Januar 1901 kam nicht eben überraschend. Aber zuvor unterhielten die einzelnen Kolonien zwischen 1860 und 1900 nur sporadische Kontakte auf interkolonialen Konferenzen zum Thema Leuchttürme, Postwesen, aber auch zu Einwanderungsfragen.

Sir Henry Parkes, Vater der Föderation, abgebildet auf dem 5-$-Schein

003au

Zwischen 1858 und 1861 entstanden die **Telegrafenverbindungen** zwischen Sydney, Melbourne, Adelaide und Brisbane und ermöglichten eine weitaus schnellere Kommunikation zwischen den Kolonien. Perth und Hobart zogen wie so oft den Kürzeren und wurden als Letzte erst 1869 an das Telegrafennetz angebunden. 1872 wurde die Overland Telegraph Line von Adelaide bis zur neuen nördlichsten Siedlung Darwin fertig gestellt und durch ein submarines Kabel mit Java verbunden. Damit war Australien endgültig mit dem Kabelsystem Asiens und Europas verbunden, welches eine schnelle Kommunikation mit Großbritannien erlaubte.

Alle Kolonien und insbesondere die Provinz South Australia hatten eine charakteristische eigene Geschichte und vor allem eigene, oft konträre Auffassungen von der Zukunft der Siedlungen auf dem Kontinent. Dennoch wurden in dieser Zeit immer wieder Vorschläge zur Gründung einer gemeinsamen australischen Verwaltungseinheit laut, denn schließlich spreche man dieselbe Sprache und habe denselben Gott und das gleiche Staatsoberhaupt: ihre Majestät *Victoria,* Königin von Großbritannien, Irland und den britischen Territorien. Eine wichtige Triebfeder bei den **Bestrebungen zur Vereinigung** der australischen Kolonien war *Sir Henry Parkes,* der fünffache Ministerpräsident von New South Wales zwischen 1872 und 1891, der mit dem Ausspruch „der rote Faden der Blutsverwandtschaft läuft durch uns alle hindurch" *(„the crimson thread of kinship runs through us all")* für eine Föderation warb. Es ist wenig verwunderlich, dass in der durch Reichtum und Expansion geprägten Zeit des 19. Jahrhunderts die Ideen von *Parkes* über die Einführung des allgemeinen Wahlrechts für Männer und die Gründung einer föderalen Republik Australien Gehör fanden. Er war auch maßgeblich an der Formulierung der australischen Verfassung beteiligt, weshalb *Parkes* als der Gründervater der Föderation gilt und sein Konterfei auf dem rosafarbenen 5-$-Föderationsgeldschein abgebildet ist.

1898 einigte man sich bei der *National Australasian Convention* (Nationale Australisch-Asiatische Tagung) auf einen Verfassungsentwurf für eine australische Republik und legte diesen dem australischen Volk in einem Referendum vor. Damit ist Australien nach der Schweiz das zweite Land der Welt, in dem das Volk zur Verfassung befragt wurde. Außergewöhnlich war hier, dass beim Referendum auch männliche Aboriginals wählen durften, die sonst vom Wahlrecht ausgeschlossen waren. Nach Bejahung durch das australische Volk wurde 1899 die Gründung einer neuen föderalen Hauptstadt in New South Wales beschlossen, die mindestens 100 km von Sydney entfernt liegen sollte. Damit sollte der Rivalität zwischen Melbourne und Sydney endgültig ein Riegel vorgeschoben werden. 1900 wurde das Gesetz zur **Gründung des Commonwealth of Australia** vom britischen Parlament verabschiedet, auch *Queen Victoria* gab ihren Segen und legte das Gründungsdatum auf den 1. Januar 1901 fest. Der erste *Governor-General* (Generalgouverneur) *Lord Hopetoun* reiste anschließend als Vertreter der Queen nach Australien und wählte als ersten Premierminister *Sir William Lyne* aus, womit er jedoch auf Widerstand stieß und daraufhin stattdessen *Edmund Barton* für den Posten ernannte. Im März 1901 wurden die ersten Bundeswahlen Australiens abgehalten und eine erste Volkszählung des gesamten Staates durchgeführt (ausgenommen der indigenen Bevölkerung), womit die Welt um eine Nation reicher geworden war.

Diese neue Nation besteht nunmehr aus sechs gleichwertig stimmberechtigten **Bundesstaaten** und einer Zahl von **Territorien,** die nur eingeschränkt oder gar nicht in die Entscheidungsprozesse der Regierung eingebunden werden. Heute haben das Australian Capital Territory (ACT), das Northern Territory (NT) und das Norfolk Island Territory jeweils ein eingeschränktes Selbstverwaltungsrecht; sie wählen alle ihr eigenes legislatives Unterhaus, wobei das Northern Territory und das Norfolk Island Territory außerdem einen durch den *Governor-General* ausgewählten Repräsentanten haben. Die australische Regierung kann jedoch weiterhin Gesetze für diese Territorien erlassen und Entscheidungen des jeweiligen Unterhauses für ungültig erklären. Darüber hinaus gibt es Territorien, die über keinerlei Selbstbestimmungsrecht verfügen und direkt der Commonwealth-Regierung unterstehen: das Jervis Bay Territory, ein Territorium der Aboriginals in New South Wales, und die externen Territorien Cocos (Keeling) Islands, Christmas Island, Ashmore und Cartier Islands im Indischen Ozean sowie die Coral Sea Islands in östlicher Richtung vom Great Barrier Reef.

Auch über 100 Jahre nach der Vereinigung gibt es jedoch noch alte Rivalitäten zwischen den Bundesstaaten – Witzeleien und Vorurteile über die Bewohner aus den anderen Bundesstaaten und des vermeintlichen „siebten" Bundesstaates Neuseeland sind allgegenwärtig. Gegenstand der Rivalitäten sind zumeist die bis heute existierenden historisch bedingten **Unterschiede zwischen den Bundesstaaten,** z. B. in ethnischer Zusammensetzung der Bevölkerung, politischer Macht, Architektur, Verständnis von Idealen und Zielen, Wirtschaftskraft, Interessensschwerpunkten, Gesetzgebungen und natürlich auch ganz schlicht der Verschiedenheit der natürlichen Gegebenheiten. Diese Unterschiede sollen hier kurz portraitiert werden.

New South Wales kann sich damit rühmen, die erste australische Kolonie gewesen zu sein, die (ab 1840) keine Strafgefangenen mehr aufnahm, damit die neuen Siedler sofort viele Arbeitsmöglichkeiten hatten. South Australia hat dagegen vorzuweisen, dass es 1836 als Provinz der freien Siedler gegründet wurde. Die für die Entwicklung Australiens so wichtigen ersten offiziell bestätigten **Goldfunde** wurden 1851 durch *Edward Hargraves* und *John Listers* in einem Fluss bei Bathurst in New South Wales gemacht, aber nur sechs Monate später setzte der Goldrausch noch heftiger bei den weitaus reicheren Vorkommen in Warrandyte, Ballarat und Bendigo ein. Dieses Gebiet im Süden von New South Wales trennte sich im selben Jahr als eigenständige Kolonie Victoria von der Kolonie New South Wales ab. Der Hauptort der neuen Kolonie, Melbourne (1835 als Port Philip gegründet und 1837 in Melbourne umbenannt) mauserte sich damit endgültig zum größten Nebenbuhler von Sydney (Hauptort von New South Wales). Zum Beispiel bot man in Melbourne aus Angst davor, dass wegen des Goldrausches zu viele Einwohner von Victoria nach New South Wales abwandern würden, einen Finderlohn von 200 Pfund für jeden, der innerhalb eines 200-Meilen-Radius rund um Melbourne einen Goldfund machte. Mit all dem Gold kamen mehr und mehr Siedler, darunter auch viele Chinesen, und New South Wales und Victoria wurden fast schlagartig reich, was die restlichen Kolonien Western Australia, Tasmania und Queensland grün vor Neid werden ließ, bis dort schließlich auch Gold gefunden wurde. Nur in South Australia gab es nie einen Goldrausch.

In Queensland fand man Gold 1859 rund um Canoona, Peak Downs, Gympie, Ravenswood, Charters Towers und Palmer River. In den ariden, menschenleeren Gegenden im Norden und Osten von Western Australia begann der Goldrausch erst 1886 mit den Goldfunden auf dem Kimberley-Plateau und ab 1893 in den verheißungsvolleren Regionen Pilbara und Yilgarn; dies hat Auswirkungen bis heute: 2004 verzeichnete die Region

004au Foto: at

Pilbara mit 1020 $ pro Woche das höchste regionale Durchschnittseinkommen Australiens, wohingegen in Sydneys Vororten an der North Shore, wo die australischen Topverdiener wohnen, das regionale Durchschnittseinkommen nur bei 770 $ pro Woche lag. Mit anderen Worten: Im Pilbara gibt es eine weitaus höhere Dichte an Topverdienern als in den reichsten Vororten von Sydney. Doch schon seit über 100 Jahren macht sich das Gold nicht nur für Western Australia bezahlt.

New South Wales ist trotz alledem bis heute die stärkste Kraft geblieben, wenn es um **Einwohner** geht. Hier lebt mit knapp 33 % die Mehrheit der gesamtaustralischen Bevölkerung. New South Wales wurde nur von Victoria durch den Boom nach dem Goldrausch übertroffen, sodass Melbourne bei Föderationsgründung 1901 mit 501.580 Einwohnern die größte Stadt Australiens war. Heute ist Sydney jedoch wieder das größte Tor für die Einwanderer nach Australien. In den Jahren 2004/05 waren 0,55 % des Bevölkerungszuwachses von insgesamt 0,80 % innerhalb New South Wales auf die Zuwanderung aus Übersee zurückzuführen. Victoria verzeichnete im gleichen Zeitraum 0,65 % Bevölkerungszuwachs aufgrund von Zuwanderung aus Übersee und Western Australia sogar 0,83 %. Aufgrund der immer weiter steigenden Grundstückspreise und Lebenshaltungskosten im Großraum Sydney wanderten 2004/05 0,38 % der Einwohner aus NSW vor allem nach Queensland ab. Ein *lifestyle change*

(Lebensstiländerung) bzw. *tree change* (Baumveränderung) oder *sea change* (Meerveränderung) ist häufig der Grund. Man hat genug von dem *rat race* (Rattenrennen) um die beste Stellung im Job, vom Abbezahlen der Hypothek in *suburbia* (Vorstadtsumpf) etc. Nicht wenige schuften einige Jahre hart in den hoch bezahlten Jobs in Sydney und leben dann mit dem gesparten Geld in Queensland einen einfachen relaxten Lebensstil.

New South Wales (NSW)

New South Wales ist das **am längsten besiedelte Gebiet** Australiens. Hier wurde 1788 die Strafgefangenenkolonie New South Wales gegründet, aus der die späteren Kolonien Victoria, Queensland, Tasmania und der größte Teil von South Australia und des Northern Territory hervorgingen. Wenn man bedenkt, dass mehr als ein Drittel des australischen Kontinentes aus Wüsten, Salzseen und arider Steppen- und Savannenlandschaft besteht, möchte man sich voller Ehrfurcht vor den Entdeckern der ersten Stunde verbeugen, die sich zunächst von Sydney Cove aus ohne moderne Werkzeuge einen Weg durch das unwirtliche Land bahnten und die Expansion

Sydney, Darling Harbour – Blick auf die atemberaubendste Metropole Australiens der Kolonie und ihre Verwandlung in eine unabhängige Nation erst ermöglichten. Aufgrund der infrastrukturellen Errungenschaften, die mit den Händen der ersten New South Welshmen erschaffen wurden, konnte sich die Kolonie immer weiter nach Westen, Norden und Süden ausdehnen. Hier wurde auch die für Australien so bedeutende Wollindustrie geboren, die den bis dahin vorherrschenden Handel mit Walöl, Robbenfellen und Fischprodukten ablöste.

Ihren Stolz auf die Pionierleistung ihres Staates zeigen viele Bewohner von New South Wales angeberisch auf alten Nummernschildern mit den schwarzen Lettern *The Premier State* (Der führende Staat) oder mit dem abgeschwächten *The First State* (Der erste Staat). Der Hauptstadt **Sydney** sagt man jedoch auch eine große Portion Anrüchigkeit nach, die zurückgeht auf die Zeiten als erste Strafgefangenenkolonie und der Nutzung von Rum als Währung, aber auch auf das für seine leichten Mädchen und Drogen berühmt-berüchtigte Kings Cross. Dieses Stadtviertel am Rande der Marinebasis erlebte seine Blütezeit in den 1970er Jahren mit der Einkehr der amerikanischen GI's, die von Sydney aus in den Vietnamkrieg zogen, und ist seither so etwas wie die Reeperbahn in Hamburg. Seit der Unterzeichnung des 1951 zwischen Australien (A), Neuseeland (NZ) und den USA (US) abgeschlossenen ANZUS-Paktes, der das Ende der militärischen Schutzfunktion Großbritanniens einläutete, gab es in ganz Australien einen Trend zur Amerikanisierung, der jedoch besonders in Sydney zelebriert wird. Die Sydneysider messen ihre Stadt nur allzu gern mit New York und werden dafür von den Bewohnern der kleineren Metropolen Melbourne, Adelaide, Brisbane und Perth mit gerümpfter Nase als billig abgewertet. Man ringt besonders zwischen Melbourne und Sydney darum, „Klasse", das heißt in Australien „europäisches Flair", zu haben; dabei schneidet Melbourne gegenüber der großen amerikanisierten Schwester Sydney deutlich besser ab. New South Wales kontert neuerdings mit einer neuen Nummernschild-Variante: Die Nummernschilder sind länglich, haben eine schwarze Schrift auf weißem Untergrund, ganz links eine blaue Fläche und nennen sich *European plates* (Europäische Nummernschilder), womit die Bewohner von New South Wales sich wohl als Pseudo-Europäer mit Klasse ausweisen möchten.

Das Image der „Schlampe" trägt Sydney für die Aussies auch heute noch, aller Sanierung der City seit Ende der 1990er Jahre zum Trotz. Schließlich ist es auch die Hochburg für die schwul-lesbische Kultur, die im Rest des Landes eher vor dem unwissenden Auge versteckt bleibt. Ganze Stadtviertel haben einen unverkennbar homosexuellen Stempel, kaum eine Wohngemeinschaft hat keinen Schwulen an Bord und der schwul-lesbische „Mardi Gras" ist nicht erst seit der Live-Übertragung der karnevalistischen Abschlussparade im Fernsehen ein kultureller Höhepunkt im Veranstaltungskalender Sydneys. Die Fernsehübertragung rückte die „Schlampe“ bzw. die vielen „Queens“, wie man die *Drag Queens* kurzerhand bezeichnet, ins nationale Bewusstsein ganz Australiens, womit sich Sydney in der Sache der Homosexuellen zum politisch korrekten Vorreiter profilierte, wiederum in Anlehnung an New York.

Sydney ist im Moment die atemberaubenste Metropole Australiens, denn hier ist nicht nur die Wiege der australischen Geschichte, die man in den Gebäuden und Museen der Stadt nachempfinden kann, sondern auch neue Impulse breiten sich oft von Sydney über das ganze Land aus. Die Lage der Stadt mit ihrem wunderschönen Hafen, den Stränden und den im Norden, Süden und Westen angrenzenden Nationalparks verleiht Sydney eine unverwechselbare Note. Besonders hervorzuheben sind die durch die ätherischen Öle des Eukalyptuswaldes in bläulichen Dunst eingehüllten Blue Mountains im Westen, die im Jahr 2000 von der UNESCO als Weltnaturerbe ausgezeichnet wurden. Nicht vergessen sollte man natürlich auch die außergewöhnliche Architektur des Sydney Opera House, das 2007 von der UNESCO als Weltkulturerbe klassifiziert wurde.

New South Wales birgt jedoch noch weitere **Naturschönheiten,** die als UNESCO-Welterbe eingestuft wurden: die aus vulkanischem Gestein geformten steilen Berggipfel der Lord Howe Islands, 702 km nordöstlich von Sydney in der Tasman Sea; die vielen Regenwälder östlich der Great Dividing Range (zusammen mit denen in Queensland); und auch die Region der seit 15.000 Jahren ausgetrockneten Willandra-Seen nordöstlich von Mildura im Südwesten von New South Wales, wo einer der ältesten menschlichen Kremierungsorte der Welt zu finden ist nebst einer Fülle an weiteren archäologischen Schätzen, die bis zu 40.000 Jahre alt sind. Hier wurde auch der Mungo-Mann entdeckt, der bislang älteste in Australien gefundene humanoide Schädel.

Victoria (VIC)

In Victoria erhielten das Royal Exhibition Building und die Carlton Gardens 2004 den Status des UNESCO Weltkulturerbes. Victoria hat jedoch kein UNESCO-Weltnaturerbe zu bieten, auch wenn natürlich einige Nationalparks wie die Grampians und Wilsons Promontory atemberaubende Aussichten bieten. Ganz zu schweigen davon, dass die Great Ocean Road mit ihren Sandsteincliffs, den Zwölf Aposteln, entlang der Küste und berühmten Surfstränden wie Bell's Beach einen Hauch Kalifornien vermitteln.

Melbourne mit seiner eher alternativen, hippen Kultur erinnert vielleicht an San Fransisco, denn auch hier waren vor der Elektrifizierung Kabelbahnen auf den hügeligen Straßen unterwegs. In der Stadt mit der weltweit drittgrößten griechischstämmigen Population nach Athen und Thessaloniki sowie einer großen italienischen Gemeinde trägt man ganz wie in den südeuropäischen Ursprungsländern mit Vorliebe schwarze Kleidung. Piercings, Tattoos und die alternativ-kreative Restaurant-, Café- und Pubszene runden das Bild ab. Neben den vielen körperlich kleinen südeuropäischen und auch asiatischen Einwanderern fallen in Melbourne jedoch auch groß gewachsene Blondinen auf. Das spiegelt wieder, dass die Stadt bei Einwanderern aus Nordholland, Norddeutschland und Skandinavien sehr beliebt war und ist, die hier eine ähnliche Kultur vorfinden wie in Amsterdam, Hamburg oder Oslo. Das europäische Flair wird noch durch die nostalgischen elektrifizierten Straßenbahnen unterstrichen, deren ältestes Exemplar als kostenlose Touristenbahn einen Kreis in der Innenstadt dreht.

Melbourne ist die zweitgrößte Metropole des Landes, um die sich 75 % der Bevölkerung Victorias schart. Die Stadt ist längst nicht so aufpoliert wie Sydney, welches sich seit Anfang der 1990er Jahre konsequent neu in Szene gesetzt hat, um so 1994 auch den Wettbewerb als Olympiastadt 2000 zu gewinnen. In Sydney sind die Baustellen nunmehr fast alle verschwunden, während man in Melbourne noch mitten in der Faceliftingphase steckt. Die Sanierung der Docklands und der ehemaligen Spencer Street Station (heute Southern Cross Station) im Westen der City ist mit der Sanierung von Darling Harbour und Circular Quay in Sydney gleichzusetzen. So lange aber noch die Strände von Williamstown und St. Kilda auf die industriellen Containerhäfen der Stadt blicken, kann Melbourne Sydney an Schönheit nicht das Wasser reichen. Auch die alte Architektur wirkt weniger markant als in Sydney, vielleicht auch weil die Stilrichtungen zu sehr denen Europas ähneln und daher weniger durch Andersartigkeit bestechen.

Victoria glänzt vor allem auf **sportlichem Gebiet,** ganz zum Frust der Bewohner von South Australia. Mehrere große sportliche Events, die traditionell in Adelaide zu Hause waren, wurden von Victoria aufgekauft und nach Melbourne verpflanzt, wie z. B. das traditionelle „Cricket Test Match" am 2. Weihnachtstag oder der „Formel Eins Grand Prix". Melbourne ist auch der Geburtsort des bedeutendsten Pferderennens Australiens, bei dem das meiste Preisgeld ausgeschüttet wird und an dem seit 1861 alljährlich ganz Australien Anteil nimmt: der „Melbourne Cup". Außerdem wurde in Victoria auch die rein australische Sportart *Aussie Footy* erfunden, sprich *Australian Rules Football* (Fußball nach australischen Regeln). Seit die Spiele live im Fernsehen ausgestrahlt werden, geht es hier mehr denn je um Geld und die Melbourner versuchen verzweifelt, die Sydneysider, die sich traditionell nur für Rugby erwärmen, für *Aussie*

Rules zu begeistern. Dazu hat man 1981 eigens den *South Melbourne Club* nach Sydney verpflanzt, um sich so als Sydney Swans in die Herzen der Sydneysider zu spielen. Nachdem der Club mehrmals fast pleite ging, ziehen die Swans seit den 1990er Jahren immer mehr Fans in die Stadien.

Melbourne ist seit Ende des Zweiten Weltkriegs das Finanzzentrum Australiens und hat seitdem konstant ein schnelleres **wirtschaftliches Wachstum** als andere australische Metropolen zu verzeichnen. Und wo Geld ist, findet man die schönen **Künste,** die die Kunstgalerien und -museen mit bemerkenswerten Stücken anreichern, die man in Sydney nicht einmal ansatzweise bieten kann. So kam auch die erste australische Kunstbewegung namens *Heidelberg School* aus dem Städtchen Heidelberg in der Nähe von Melbourne.

Der wirtschaftliche Aufschwung zieht permanent neue Einwanderer an. Die Zuwachsrate durch Einwanderer aus Übersee ist in Victoria höher als die natürliche Bevölkerungszuwachsrate. Im Unterschied zu New South Wales war jedoch 2004/2005 die Abwanderungsrate aus Victoria mit nur 0,05 % gering. In der Amtszeit des victorianischen Ministerpräsidenten *Jeff Kennett* siedelten über 27.000 Victorians aus Protest gegen *Kennetts* Politik, die 1992 die Arbeitnehmerrechte eingreifend beschnitt, aus dem überfüllten Latrobe Valley nach Queensland um. Damals machte man sich ganz besonders über den von *Kennett* eingeführten Nummernschildslogan *Victoria - On The Move* (Victoria - in Bewegung) lustig, der sich ja eigentlich auf den Fortschritt in Victoria durch die Privatisierung von Elektrizitätsunternehmen bezog, nun aber auf die „flüchtende" Bevölkerung anzuspielen schien. Der nachfolgende victorianische Ministerpräsident *Steve Bracks* konterte mit seinem neuen Slogan *The Place To Be* (Der ultimative Ort) in der Hoffnung, die Abwanderung gen Norden würde somit ein Ende nehmen. Insgesamt lebt im kleinen Victoria knapp 25 % der gesamtaustralischen Bevölkerung.

Australian Capital Territory (ACT)

Das Konkurrenzdenken zwischen New South Wales und seinem „abtrünnigen" ehemaligen Südende Victoria fand seinen Gipfel bei der Föderationsgründung im Gerangel um den Sitz der Hauptstadt des föderalen Staates. Die Lösung war schließlich eine diplomatische: das neu aus dem Erdboden gestampfte **Canberra** umgeben von der Australian Capital Territory, die wie eine Insel inmitten von New South Wales strategisch günstig genau zwischen den Alt-Rivalen Sydney und Melbourne positioniert ist. Das vorläufige Parlament des föderalen Staates befand sich in Melbourne, bis es 1927 in das eigens gebaute Parlamentshaus in der Hauptstadt Canberra inmitten der 2400 km² großen Australian Capital Territory umziehen konnte.

Es ist ein Stadtstaat, den der Chicagoer Architekt *Walter Burley Griffin* im Stil der Gartenstadt-Bewegung mit spiralförmig untereinander verbundenen Vororten und viel Grün entworfen hatte und der nach seinen Plänen ab 1911 erbaut wurde. Das von *John Smith Murdoch* entworfene Parlamentsgebäude in Canberra war recht schlicht gehalten und nur als vorübergehendes Gebäude gedacht, sollte aber 61 Jahre genutzt werden, weil man sich endlos über die Ausführung von *Griffins* Gartenstadtplänen stritt. Streitigkeiten um prestigeträchtige Bauprojekte sind scheinbar ein typisch australisches Problem, denn auch der Bau des Sydney Opera House in Sydney war von endlosen Streitigkeiten und Planänderungen begleitet, ganz zu schweigen von zig weiteren prominenten Beispielen in der Geschichte der australischen Kultur. Das von dem italienischen Architekten *Romalso Gieurgola* entworfene New Parliament House wurde schließlich auf dem Capital Hill 1988 anlässlich der australischen 200-Jahr-Feier durch Königin *Elizabeth II.* eröffnet. Unverkennbar auf dem rosafarbenen 5-$-Geldschein abgebildet, überblickt das neue Parlamentsgebäude die City von einem Hügel und strahlt eine gewisse moderne Grandeur aus – wie das Weiße Haus in Washington –, aber umgeben von den kreisförmig angeordneten grünen Vororten. Das üppige Grün der Gartenstadt sollte im Sommer 2002/2003 zum Verhängnis werden, als es (ausgetrocknet wegen der vorangegangenen lang anhaltenden Dürre) als Zündstoff für die verheerenden Buschfeuer diente, die an einem einzigen Tag 530 Wohnhäuser zerstörten.

Weil das steril wirkende Kunstgebilde Canberra allen Gegenrufen zum Trotz lediglich eine Zentrale der politischen Macht bleibt – nicht mehr und nicht weniger –, so hieß es einst ganz nüchtern auf den ACT-Nummernschildern *The Nation's Capital* (Die Hauptstadt der Nation). Aber nun werben die Canberrans mit den schwülstigeren Slogans *Feel The Power Of Canberra* (Fühle die Macht von Canberra) und *The Heart Of The Nation* (Das Herz der Nation) krampfhaft für mehr Anerkennung und Begeisterung für das ungeliebte diplomatische Stiefkind, dass am Wochenende meist geisterhaft leer ist, weil die Einwohner sich dann alle in Melbourne oder Sydney vergnügen. Selbst am Silvesterabend ist die Stadt wie ausgestorben, Restaurants und Kneipen sind fast alle geschlossen. Diese Ruhe und Unschuldigkeit wissen jedoch vor allem junge Familien mit Kindern zu schätzen, denn Canberra ist die Stadt mit dem höchsten Anteil an sol-

062au Foto: at

chen Familien in ganz Australien. Allein in den Stadtvierteln Gungahlin-Hall und Tuggeranong leben 50 % aller Familien in Canberra mit Kindern unter 15 Jahren. Das hat allerdings noch keinen dazu veranlasst, aus den anderen Metropolen nach Canberra umzusiedeln. Die meisten Menschen, die aus beruflichen Gründen nach Canberra zugewandert sind (weil sie zum Beispiel nach dem Studienabschluss woanders keinen Job gefunden haben), kehren nach einigen Jahren der Arbeit für die Regierung zurück in die Metropole, aus der sie einst kamen.

Durch die unmittelbare Nähe zu den Snowy Mountains in New South Wales rund um Mt. Kosciuszko, dem mit 2228 Meter **höchsten Berg Australiens,** kennen sich die Canberrans mit dem Element Schnee gut aus und stellen ihre Bretter auf das kühle weiße Pulver statt auf die Wellen des Meeres, das für sie weitaus weiter weg ist. Der Berg wurde nach einem polnischen Nationalhelden benannt durch den in Polen geborenen *Paul Edmund Strzelecki,* der ihn in 1840 als Erster bestieg. Skilifte baumeln hier im Sommer ebenso verlassen in der Landschaft wie in den europäischen Skigebieten. Sonst ist in ganz Australien nur noch Tasmania mit dem alpinen Klima Europas vertraut. Die Mehrheit der Aussies kennt Schnee nur vom Fernsehen. So kommt es, dass die Begriffe *board* und *ski* in Canberra noch am ehesten für *snowboard* und *carving ski* stehen, in den restlichen Metropolen Australiens jedoch für *surfboard* und *waterski* bzw. *jetski.*

Queensland (QLD)

Verglichen mit den Rivalitäten zwischen New South Wales und Victoria gab und gibt es im Grunde keinen solchen Kampf um den höchsten Rang mit Queensland. Das liegt schon allein darin begründet, dass dort der Bevölkerungsboom wesentlich später einsetzte. Die Kolonie Moreton Bay beim heutigen Brisbane wurde zwar schon 1823 innerhalb New South Wales gegründet, aber erst 1859 als eigenständige Kolonie Queensland abgespalten. Während 1901 bei Föderationsgründung 1,4 Mio. **Einwoh-**

038au Foto: eg

ner in New South Wales wohnten und 1,2 Mio. in Victoria, lag Queensland auf dem dritten Platz mit weniger als halb so viel Einwohnern. 2004/2005 führt Queensland die australische Statistik mit 1,95 % Bevölkerungswachstum an (1,18 % für ganz Australien) und beherbergt immerhin 19,5 % der Gesamtbevölkerung. Von diesen leben 45 % in der Hauptstadt Brisbane, was Queensland zu dem dezentralsten Bundesstaat macht, bei dem sich das Gros der restlichen Bevölkerung entlang der Küste von Süd nach Nord verteilt, vor allem an der Gold Coast und der Sunshine Coast. Viele streben nun einmal danach, sich den Traum eines Lebens am Strand mit immerwährendem Sonnenschein zu erfüllen. Nach Abschluss des 12. Schuljahres kommen hierher Schüler aus ganz Australien zu den sogenannten *schoolies* (Schulabschlusstagen an der Gold Coast), um mit viel Bier und Ausschweifungen aller Art das Ende ihrer Schulzeit zu feiern.

Brisbane ist eine hügelige Stadt, durch die sich sehr pittoresk der Brisbane River schlängelt. Von hier kommt eine Vielzahl an jungen, modernen Musikbands, eine Ergänzung zu den Musikstädten Sydney und Newcastle in New South Wales. Brisbane ist eine ruhige Stadt, die schnell wächst, wie man unschwer an den allgegenwärtigen Bauaktivitäten erkennen kann – vor allem Apartmentkomplexe schießen in der City wie Pilze aus dem Boden. Wie auch in Perth gibt es bislang nur wenige profilierte Stadtviertel mit eigener Café- und Restaurantszene.

Das Manko, dass man wegen der tödlich giftigen *Box Jellyfish* (eine Quallenart) die meiste Zeit des Jahres nicht im Meer schwimmen kann, welches ohnehin sehr seicht und von Mangroven gesäumt ist, machen die Queenslander mit künstlichen **Badelagunen** in ihren Städten wett, wo man kostenlos baden kann. Künstliches à la Disneyland kennt man reichlich in Queensland, wo man mehr amerikanischen Touristen begegnet als sonstwo in Australien und wo es entsprechend eine Fülle an Vergnügungsparks gibt, darunter auch der bekannte Australia Zoo, dessen prominenter Begründer *Steve Irwin* 2006 auf tragische Weise durch den Stich eines Mantarochen ums Leben kam. **Urlaub verkaufen** ist in Queensland das große Geschäft und die Hochhäuser reihen sich entlang des Strandes von Surfers Paradise, dessen Schönheit schon ebenso verdorben ist wie entlang der Costa Blanca in Spanien.

Das tropische Klima gereichte dem zweitgrößten Staat Australiens in den ersten Kolonialjahren zum Nachteil, bis man entdeckte, dass es sich zum Zuckerrohranbau eignet. Aus Queensland kommt denn auch der typische Bundaberg-Rum, verniedlichend auch *Bundy* genannt.

In Queensland leben heute ca. 126.000 **indigene Bewohner,** worunter viele Torres Strait Islander von der gleichnamigen Inselgruppe zwischen der Cape-York-Halbinsel und Neuguinea stammen, welche 1879 durch Queensland annektiert wurde. Bereits 1897 wurde ein Gesetz erlassen, wonach Aboriginals das Trinken von Alkohol in der Öffentlichkeit und das Wohnen außerhalb indigener Reservate untersagt wurde – und auch heute noch ist Queensland als der fremdenfeindlichste Bundesstaat bekannt. In den 1990er Jahren schockierte die egalitären Aussies das Ausmaß des Zuspruchs, den die rechtsgerichtete und indigenenfeindliche *One Nation Party* von *Pauline Hanson* erhielt, bis die Parteichefin bei der Wahl 2001 zur Freude vieler nur noch 5,5 % der Stimmen für sich verbuchen konnte.

Weniger betroffen von der Fremdenfeindlichkeit waren **Ausländer** wie z. B. die vielen Japaner, die an Queenslands Küste in luxuriöse Golfanlagen und Ferienapartments investiert haben und die mit Sicherheit gerne mit dem Slogan *I'd Rather Be Playing Golf* (Ich wäre lieber Golf spielen) auf ihrem Autonummernschild spazieren fahren. Wenig zu fürchten von *Hanson* hatten auch die Chinesen, die schon seit Generationen fest in Brisbanes charmanter Chinatown im Sattel sitzen. Das ist auch die Gegend, wo seit Ende des letzten Jahrtausends die **Brisbaner Szene** zu Hause ist, in *The Valley,* wie man Fortitude Valley verkürzend nennt. Hier schießen hippe Cafés, Restaurants und Pubs wie Pilze aus dem Boden,

Mittagspause im Central Business District von Brisbane

umgeben von Musik- und Danceclubs, in denen Brisbaner Bands ihre ersten Gehversuche machen.

Das **Tropical Queensland,** wie es auf den Nummernschildern heißt, ist heute Queenslands Gold. Die Mehrheit aller innerstaatlich umziehenden Personen zieht es hierher. Sie wollen sich in *The Sunshine State* (Der Sonnenschein-Staat), wie jahrelang auf den Autos zu lesen war, zur Ruhe setzen oder ein nettes Ferienhaus an den kilometerlangen Traumstränden der Gold Coast und Sunshine Coast bauen. Die satte tropische Natur und die geringere Bevölkerungsdichte machen es zu einem der beliebtesten Staaten für ein Rentnerdasein oder für eine Aussteiger-Lebensweise kinderloser und ehemals gestresster Topverdiener. So liest man denn heute auch auf den farbenfroh verspielten Nummernschildern, womit der Queenslander seine Zeit verbringen möchte: *Hooked On Fishing* (Süchtig nach Angeln); daneben gibt es Verherrlichungen wie *Where Else But Queensland* (Wo sonst, wenn nicht Queensland) und *Cairns – Living In Paradise* (Cairns – Leben im Paradies).

Architektonisch hat man sich in Queensland an die tropische Hitze angepasst und baut hier vor allem die traditionellen *Queenslander* als **Wohnhäuser,** Familienhäuser aus Holz, etwa personenhoch auf Pfählen über dem Straßenniveau schwebend. Als es noch keine Klimaanlagen gab, wurden absichtlich Ritzen zwischen den Bodenplanken gelassen, um die Luftzirkulation zu erhöhen. Wenn heute solche Häuser gebaut werden, lässt man die Ritzen zugunsten einer Klimaanlage weg. Die Ferienhäuser, aber auch die Stadthäuser und die wenigen Apartmentblocks in Brisbane wirken zuweilen etwas unwirklich mit ihren eher kitschigen Pastellfarben, im Oktober gesäumt von den lilafarben blühenden *Jacarandas,* einer nicht-einheimischen Mimosenart aus dem Süden Afrikas. Die Atmosphäre ist sehr relaxt und man scheint hier immer in Urlaubsstimmung zu sein.

Bei allen Touristen gleichermaßen beliebt ist die Pracht des **Taucherparadieses Great Barrier Reef,** des mit 2027 km längsten Korallenriffes der Welt mit über 400 Arten von Korallen, 1500 Fischarten und 4000 Muschelarten, welches 1981 durch die UNESCO als Welterbe ausgezeichnet wurde. Von besonderem Interesse sind hier auch die bis zu 3 Meter langen und bis zu 400 Kilogramm schweren *Dugong* (Seekuh) und die vom Aussterben bedrohte *Green Turtle* (grüne Riesenschildkröte), die bis zu 1 Meter lang werden kann. Außerdem haben die einst auf den Inseln des Great Barrier Reefs lebenden Aboriginals und Torres Strait Islander eine Vielzahl an noch unerforschten archäologischen Fundstellen hinterlassen, die ebenfalls als Teil des UNESCO-Weltnaturerbes geschützt werden sollen. 2007 wurden jedoch Stimmen laut, den Welterbestatus zu revidieren, da der Klimawandel das Korallenriff nachhaltig verändert bzw. zerstört hat und sich diese Entwicklung weiter fortsetzen wird.

Zwischen August und Oktober ist Hervey Bay für die Walbeobachtung populär, dessen Bucht an der Meeresseite von der 122 km langen **Fraser Island** flankiert wird, der mit ca. 163.000 Hektar größten Sandinsel der Welt. Es gibt auf der Insel jedoch außer den riesigen Sanddünen auch Süßwasserseen und erstaunliche Überbleibsel von Regenwaldflächen, weswegen die Insel 1992 ebenfalls zum UNESCO-Weltnaturerbe erklärt wurde.

Aber Queensland hat seit 1988 noch ein UNESCO-Weltnaturerbe: die **Wet Tropics,** sprich das gesamte tropische Gebiet an Queenslands Ostküste. Bei den tropischen Temperaturen dominiert die Surfie-Mode in Badelatschen, T-Shirts und Shorts, und der Regenschirm, den man für den Frühlingsschauer des Tages dabei hat, wird bei starkem Sonnenschein einfach zum Sonnenschirm umfunktioniert, wie in alten britischen Filmen über die Kolonialzeit.

Aber in Queensland ist nicht alles tropisch: Jenseits der Great Dividing Range (größte Gebirgskette Australiens entlang der gesamten Ostküste Australiens) beginnt der sogenannte **Outback** (die karge Landschaft im gering besiedelten Hinterland). Hier sind vor allem kleine Bergwerksstädte angesiedelt, außerdem konzentriert man sich auf die Zucht von Rindern (41 % der gesamten australischen Rinderzucht). Mitten im Outback bei der Bergwerksstadt Mount Isa befindet sich auch das UNESCO-Weltnaturerbe **Riversleigh** mit wichtigen Fossilien, welche die uralte Geschichte Australiens enthüllen. Das alles schlägt sich abseits der Küste in dem Slogan *Outback Queensland* auf den Nummernschildern der allradbetriebenen Fahrzeuge und der uraustralischen *utes* (Pick-ups) nieder – beide mit Abstand die beliebtesten Fahrzeuge der Queenslander, sogar derer, die mitten in Brisbane leben.

Western Australia (WA)

In Western Australia zierte lange Zeit der alte Slogan **The Golden State** (Der goldene Staat) die Nummernschilder als Anspielung auf die vielen Goldbergwerke des Staates. Außerdem ist Western Australia der weltweit größte Produzent von Industriediamanten. Die reichen Vorkommen an Bodenschätzen wie z. B. Nickel, Eisenerz, Bauxit, Uranium, Öl, Gas und Kohle kurbelten die Entwicklung Western Australias an, das zuvor der rasanten Entwicklung des Ostens hinterhergehinkt hatte. Bereits im Jahr 1827 ließ sich eine Gruppe Soldaten und Strafgefangene aus Sydney beim King George's Sound (heutiges Albany) nieder, um einer eventuellen Besetzung durch Franzosen oder amerikanische Walfänger zuvorzukommen und so die Westküste bzw. ganz New Holland auch für das britische Königshaus in Besitz zu nehmen. Bis dahin hatte man wenig Interesse an New Holland gezeigt, weil es allen Berichten der holländischen und britischen Entdecker nach einfach kein fruchtbares Land war. Zwei Jahre später entstand etwas weiter nördlich vom King George's Sound eine Kolonie der freien Siedler – das Swan River Settlement (das heutige Perth).

Nach anfänglichen Plänen, wie auch das später gegründete South Australia eine Provinz der freien Siedler zu werden, wurde Western Australia von 1850 bis 1868 doch die **letzte Strafgefangenenkolonie Australiens.** Und das zu einer Zeit, als die anderen Bundesstaaten längst nicht mehr von der Arbeitskraft der Strafgefangenen abhängig waren und deren Aufnahme längst eingestellt hatten.

Heute leben 68 % von den insgesamt über 2 Mio. Einwohnern Western Australias in der Hauptstadt Perth und die Mehrheit der restlichen 32 % leben im südwestlichen Zipfel Western Australias umrandet vom **Weizengürtel.** Mit dem Weizenanbau sollte Anfang des 20. Jahrhunderts der Rückgang in der Goldindustrie ausgeglichen und die Population vergrößert werden – so entstand der *wheat belt* (Weizengürtel) rund um den Großraum Perth und Fremantle. Lange Zeit jedoch ließen die Rückschläge im Weizenanbau durch immer wieder eintretende verheerende Dürren die Einwohnerzahlen nur langsam ansteigen. Heute werden hier 39 % des australischen Weizens angebaut. Allerdings haben die Abholzung, die Überkultivierung und die Bewässerungsmethoden der Region bereits großen Schaden zugefügt, indem sie zur Übersalzung der Böden geführt haben. Will man verhindern, dass sich noch mehr Ackerland in tote, salzverkrustete Wüsten verwandelt, wird man in Zukunft andere Anbaumethoden entwickeln müssen. Das ist im Bundesstaat mit der nach Queensland zweithöchsten Bevölkerungswachstumsrate in Australien (zurzeit 1,62 %) und der höchsten Einwanderungsrate aus Übersee besonders dringend geboten.

Western Australia besteht zu einem großen Teil aus unfruchtbaren schroffen, roterdigen **Wüsten, Steppen und Savannen,** die bei abenteuerlustigen Reisenden als Geheimtipp gelten, wie z. B. der 2003 von der UNESCO als Weltnaturerbe ausgezeichnete Purnululu National Park mit seinen roten, konischen Sandstein-Karstbergen der Bungle Bungle Range. Mit seinen 12.500 km Küstenlinie hat Western Australia natürlich auch ein **besonders vielfältiges marines Leben** zu bieten. Dort wo 1616 der Holänder *Dirk Hartog* mit seinem Schiff „Eendracht" an Land ging, liegt heute das UNESCO-Weltnaturerbe Shark Bay, inklusive dem bei Touristen für die Fülle an Delfinen so beliebten Ort Monkey Mia am Rande des François Peron National Park.

Western Australia ist zwar mit 2.525.500 km² der größte Bundesstaat Australiens, hier leben jedoch nur knapp 10 % der australischen Gesamtbevölkerung. Rivalitäten mit den anderen Bundesstaaten kennen die Bewohner Western Australias daher im Grunde nicht. Sie sind von dem Gros der Bevölkerung östlich der Great Dividing Range schon allein **geografisch viel zu weit entfernt.** Das 3550 km enfernte Jakarta und das 3900 km entfernte Singapur liegen gefühlsmäßig näher bei Perth als das 3300 km entfernte Sydney, nicht zuletzt auch weil ein Großteil der neuen Bevölkerung Perths aus Südostasien stammt und Bali, Singapur, Kuala Lumpur etc. in derselben Zeitzone wie Perth liegen. Zwischen Perth und Sydney liegen hingegen zwei Zeitzonen (1,5 Std.), in der Sommerzeit beträgt der Zeitunterschied sogar 3 Stunden. Als die Jacht „Australia II" des in Western Australia beheimateten Millionärs *Alan Bond* im Jahr 1983 den „America's Cup" zum ersten Mal in der Geschichte für Australien gewann (nach 132 Jahren in amerikanischer Hand), rückte man in Australien jedoch symbolisch ganz eng zusammen und Western Australia trat stärker in das Bewusstsein der östlichen Bundesstaaten. Auf einigen alten Nummernschildern in Western Australia kann man heute noch *Home of the America's Cup* (Zuhause des America's Cup) lesen. In Western Australia wurde inzwischen jedoch das Konzept der Slogans auf den Nummernschildern aufgegeben; neben der schlichten Meldung des Bundesstaates *Western Australia* ist auf ihnen nun kein Motto mehr zu lesen.

Alles glänzt und strahlt in **Perth.** Das neu ausgebaute Stadtbahnliniennetz besticht durch eine freundliche, progressive Architektur in strahlendem Weiß. Zusammen mit der sanften Musik im Hintergrund, die dem Aufkommen von Aggressivität entgegenwirken soll, fühlt man sich gänzlich unbedroht und sicher an den Bahnhöfen in Perth. Selbst eine Stadt wie Adelaide, die ich bei meinem ersten Besuch als steril-sauber empfand, ist im Vergleich mit Perth eine Schmuddelhochburg.

Man sieht in Perth besonders viele Malaien, Indonesier, Vietnamesen, Koreaner, Inder und auch Chinesen, aber auch auffällig viele „Afrikaner", die oftmals aus dem ehemaligen Rhodesien (heute Simbabwe) oder Südafrika stammen. All diese ethnischen Gruppen sind hauptsächlich Einwanderer der ersten Generation, sie sprechen gebrochenes Englisch, das Essen in den asiatischen Restaurants ist noch authentisch und nicht an den Geschmack der Australier bzw. der ehemaligen Europäer angepasst. Darüber hinaus gibt es hier im Unterschied zu den östlichen Bundeshauptstädten noch keinen Stadtteil „Chinatown". Und während die jungen Leute in Sydney vorwiegend hip und stylish sind, frönen nicht wenige junge Leute in Perth eher alternativen Subkulturen. Hier gibt es auch Neo-Punks und Goths, denen man sonst höchstens in Melbourne über den Weg läuft. Es gibt aber bislang kaum hippe Stadtviertel mit eigenem, andersartigem Flair. Die Stadt ist noch jung und ruhig. Man sagt, Perth sei wie ein junges Mädchen, während Sydney eine reife Frau sei. Die Städte ähneln sich jedoch durch ihre schöne Lage an breiten Flusssystemen, Sydney am Port Jackson und Perth am Swan River, und durch die Nähe zu beliebten Surfstränden.

South Australia (SA)

Von allen australischen Metropolen liegt das Zentrum von South Australias Hauptstadt **Adelaide** am weitesten vom Meer oder einem großen Fluss entfernt. Der Torrens-Fluss, der sich durch Adelaide schlängelt, ist sehr schmal und unspektakulär im Vergleich zu den Flüssen in Sydney, Perth, Brisbane, Melbourne oder Hobart und das Stadtzentrum liegt einige Kilometer vom Meer zurückgesetzt, aber pittoresk halbkreisförmig von den Adelaide Hills eingerahmt.

Stand South Australia 1901 bei der **Bevökerungszahl** noch an vierter Stelle der neuen Bundesstaaten, so ist es mittlerweile auch von Western Australia überholt worden und hat seit Ende der 1980er Jahre die niedrigste Wachstumsrate Australiens (2004/05 nur 0,61 % im Unterschied zu 1,18 % landesweit). Außerdem überaltert die Bevölkerung zunehmend, da South Australia in den vergangenen 35 Jahren wirtschaftlich hinter den anderen Bundesstaaten hinterherhinkte und viele junge, motivierte Arbeitskräfte in die Metropolen der anderen Bundestaaten abwanderten. Insgesamt leben nur knapp 7,5 % der australischen Gesamtbevölkerung in South Australia; Tendenz fallend! So ist es nicht weiter verwunderlich, dass die Bewohner des viertgrößten Bundesstaates Australiens zumeist mit viel Neid auf ihre reichen Nachbarn Victoria und New South Wales schauen, aber auch mit viel Hochmut, u. a. weil South Australia nicht wie diese als Strafgefangenenkolonie, sondern als **freie Provinz** gegründet worden war. Strafgefangene wurden zu keinem Zeitpunkt in South Australia aufgenommen; lediglich ein paar entlaufene Strafgefangene bauten sich hier eine Existenz auf. Die Besiedlung wurde gemäß den Ideen von *Edward Gibbon Wakefield* geplant; das Konzept sah vor, auch weniger Bemittelte als Siedler aufzunehmen, da diese sich ihren Lebensunterhalt durch Arbeit, die in den Kolonien die Strafgefangenen ausführten, verdienen konnten. So wurde 1836 nach ersten Siedlungen auf Kangaroo Island und in Glenelg die Hauptstadt Adelaide durch Kolonel *William Light* gegründet.

South Australia hatte damit von Anfang an den Ruf, **besonders progressiv** zu sein, was sich im Laufe der Geschichte auch immer wieder bestätigte. Im Jahr 1856 wurde hier (und in Victoria) weltweit erstmals die geheime Wahl praktiziert, bei der neutrales, von der Regierung gestelltes Papier in eine verschlossene Box mit einem Schlitz gesteckt wird; dieses Wahlprinzip wurde später in Europa und den USA übernommen. 1876 gestattete South Australia als Erstes die Gründung von Gewerkschaften (nachdem Großbritannien 1871 dies als erstes Land überhaupt genehmigt hatte) und die *University of Adelaide* ließ als erste australische Universität Frauen zu. 1894 erhielten Frauen in South Australia das Wahlrecht auch auf nationaler Ebene sowie das Recht, ins Parlament gewählt zu werden. Erst nach der Föderationsgründung bekamen 1902 schließlich alle Frauen (außer Aboriginals) in Australien das Wahlrecht. 1975 wurde in South Australia als erstem australischen Staat das *Sex Discrimination Act* (Gesetz über Diskriminierung aufgrund des Geschlechts) verabschiedet, mit dem auch die Homosexualiät entkriminalisiert wurde. Darüber hinaus gibt es noch vieles mehr, was South Australia als Erstes durchgesetzt hat bzw. durchsetzt.

007au Foto: at

Auch wirtschaftlich tat sich der Bundesstaat lange vor den Nachbarn hervor. Erst in den 1970er Jahren fiel die **Wirtschaft** South Australias unter den gesamtaustralischen Standard weit zurück – lange Zeit kämpfte South Australia mit wirtschaftlichen Problemen. Anders als in den anderen Kolonien gab es in South Australia keine nennenswerte Goldfunde. Stattdessen wurde ab 1845 Kupfer in Burra und Kapunda, nördlich von Adelaide, gefördert. Mit Beginn des Goldrausches in den benachbarten Kolonien wanderten aber viele Bergarbeiter auf die Goldfelder ab, und mit Fallen der Kupferpreise 1877 fanden die Kupferbergwerke von Burra ihr Ende. In den 1970er Jahren stieß man jedoch bei Olympic Dam (in der Nähe von Roxby Downs nördlich von Woomera) auf eines der weltweit größten Kupfer-, Gold- und Uraniumvorkommen, das seit 1988 kommerziell geför-

Gedenksäule in Glenelg zur Gründung der freien Provinz South Australia

dert wird und zu South Australias Wirtschaftskraft positiv beiträgt. Im neuen Jahrtausend lässt sich endlich ein langsamer wirtschaftlicher Aufschwung beobachten, der sich allein schon darin ausdrückt, dass nun auch die Fahrzeuge auf Adelaides Straßen immer neueren Datums sind. Noch im Jahr 2000 hatte man beim Anblick der PKWs auf den Straßen Adelaides das Gefühl, eine Zeitreise zurück in die 1970er Jahre gemacht zu haben.

South Australia hebt sich krass von den fruchtbareren östlichen Bundesstaaten ab, weil es neben Western Australia die **trockensten und kärgsten Landstriche des Kontinents** umfasst. Im Gegensatz zur Mehrheit der Bevölkerung östlich der Great Dividing Range sind die Bewohner von South Australia wirklich mit dem Outback vertraut, denn dieser beginnt gleich hinter den Weinanbaugebieten, den Schaffarmen, den Weizen- und Gersteanbaugebieten. So gehört der neuere Slogan *Gateway To The Outback* (Tor zum Outback) auch zu Recht auf die Nummernschilder in South Australia.

Hier beginnen die legendären Birdsville, Strzelecki und Oodnadatta Tracks, **staubige Pisten durch die Wüste,** wo Emus mit dem Tempo der PKW mitzuhalten scheinen und farbenfrohe Vögel wie *Galahs, Corellas,* aber auch australische Adler vorbeifliegen. Hier in der Great Victoria Desert, Simpson Desert oder Sturt Stony Desert ist man im Land des legendären Dingo-Zaunes (mehr dazu siehe im Kapitel „Geplagtes Australien": „Der Dingo und andere Raubtiere") und kann den Wahnsinn der Durchquerung des Kontinents von Süden nach Norden durch berühmte australische Entdecker in den frühen Jahren Australiens nachvollziehen. South Australia teilt seine Grenzen mit allen Bundesstaaten auf dem Festland und dem Northern Territory.

Es herrscht eine flache **Landschaft** vor, die nur durch die Adelaide Hills, die Lofty Ranges und die Flinders Ranges unterbrochen wird und die gekennzeichnet ist von trockener, staubiger, roter Erde, niedrigen Salzbüschen und Salzseen. Es ist die Heimat der größten Känguruart: des bis zu 2 Meter großen und 90 Kilogramm schweren *Red Kangaroo.* Im südlichsten Zipfel South Australias zählen die 26 Höhlen im Naracoorte Caves National Park seit 1994 zum UNESCO-Weltnaturerbe wegen ihrer Fülle an Fossilien von längst nicht mehr existierenden **Beuteltierarten,** wie dem bis zu 3 Meter großen *Giant Short-faced Kangaroo* und dem *Pleistocene Marsupial Lion,* die schätzungsweise bis vor 40.000 Jahren auf dem australischen Kontinent lebten, und weiteren 20 außergewöhnlichen Fossilien, die man bis heute entdeckt hat.

Was South Australia von den andern Bundesstaaten unterscheidet, ist unter anderem auch, dass die **Landesverteidigung** in den Händen der

Adelaider liegt, was sich auch in dem neuem Nummernschild-Slogan *The Defence State* (Der Verteidigungsstaat) widerspiegelt.

Rund um Adelaide boomt seit Jahren die **Weinindustrie:** In South Australia werden 48 % der Trauben für die gesamte Weinherstellung Australiens angebaut. Die Weingebiete hier sind die ältesten des Landes, allen voran im Barossa und Clare Valley und haben auch für den Tourismus viel zu bieten. Zu Recht schmückt man sein Nummernschild hier mit *The Wine State* (Der Weinstaat).

Viele der ersten Siedler im Barossa Valley, in Klezmig und Hahndorf waren **deutsche Lutheraner.** Diese hatten zwar insgesamt wenig Einfluss auf die anglo-keltisch dominierte Gesellschaft, aber haben deutliche Spuren hinterlassen. Dazu zählen der erfolgreiche Anbau von Riesling in den Weingebieten, der Verkauf von *Mettwurst* (nennt sich auch im australischen Englisch so), die man in anderen Bundesstaaten nicht kennt, und von *Fritz,* wie eine Fleischwurst in Adelaide genannt wird. Darüber hinaus wird alljährlich im Januar von der *South Australian German Association* (Deutsche Gesellschaft South Australias) in der Innenstadt von Adelaide ein Schützenfest veranstaltet, das zweitgrößte der Welt. Schon seit 1861 wurden Schützenfeste in den Dörfern Hahndorf, Lobethal und im Barossa Valley veranstaltet, heute findet es jedoch in Adelaide selbst statt. Als lustige Verfälschung des Wortes *Schützenfest* wird es auch als *shitzen-faced* ausgesprochen, welches eine Wortspielerei, bezogen auf *shit-faced* (sternhagelvoll), ist. Früher zierte der Slogan *The Festival State* (Der Festivalstaat) alle Autos des Staates und zeigte, wie sehr die Bewohner von South Australia Feste lieben – das Polnische Erntedankfest, den Italienischen Karneval und ein typisch kornisches Fest, namens *Kernewek Lowender.* Früher kamen die jungen Leute eigens aus den benachbarten Staaten zu den Festivals nach Adelaide, die für ihre Atmosphäre und alternative Kultur bekannt waren, aber inzwischen haben die anderen Bundeshauptstädte auch entsprechend alternative Festivals ins Leben gerufen.

Northern Territory (NT)

Das Top End (der tropische Norden im Northern Territory) ist der wahre Outback, wie man auf den Nummernschildern des Territoriums lesen kann: *N. T. – Outback Australia* oder eben *Explorers Territory* (Entdecker-Territorium), denn erst 1862 gelang es *John McDouall Stuart* bei seinem dritten Versuch, den australischen Kontinent im Zentrum von Süd nach Nord zum heutigen Darwin zu durchqueren.

Das von New South Wales abgetrennte Northern Territory wurde 1863 **durch South Australia annektiert,** um im Hinterland die Schaf- und Rin-

070au Foto: eg

derzucht sowie Weizenanbau im großen Stil voranzutreiben. Die extreme Trockenheit und verheerende Dürren machten jedoch immer wieder einen Strich durch die Rechnung und so konnte sich keine Agrarwirtschaft durchsetzen, die zudem von der indigenen Bevölkerung abgelehnt wurde. Die Goldfunde in der Region von Darwin waren auch zu gering, um von wirtschaftlichem Nutzen zu sein und so wurde das Territorium 1911 von South Australia an die neue föderale Regierung übergeben, da es finanziell einfach nicht tragbar war.

Erst 1978 erhielt es ein ähnliches **Selbstverwaltungsrecht** wie die sechs Bundesstaaten, mit dem Unterschied, dass die Kontrolle über das Land der Aboriginals und die Nationalparks weiterhin in den Händen der Commonwealth-Regierung liegt und dass die vom legislativen Unterhaus des Northern Territory beschlossen Gesetze von Canberra aus verworfen werden können. Dennoch stimmte die Mehrheit der Einwohner des Northern Territory beim Referendum 1998 dagegen, ein selbstständiger Bundesstaat zu werden.

Das Scheitern des Referendums begründet man auch damit, dass ein Großteil der Wahlberechtigten **Aboriginals** sind, die in den menschenleeren Landstrichen des Top End über 25 % der Bevölkerung ausmachen und die eine Veränderung nicht unbedingt wünschen. Das ganze Territorium beherbergt derzeit ohnehin nur 203.400 Einwohner, sprich knapp 1 % der australischen Gesamtbevölkerung. Als Verwaltungseinheit mit dem höchsten Anteil an indigener Bevölkerung in Australien fühlt sich das Northern Territory wie das neue Land der Aboriginals an, denn sie haben hier seit 1976 gemäß dem *Aboriginal Land Rights Act* (Gesetz über die Landrechte der Aboriginals) wieder Landrechte zurückerhalten, sodass ihnen hier heute etwa 50 % des Landes unterstehen. 1985 ist auch Ayers Rock im UNESCO-Weltkulturerbe Uluru – Kata Tjuta National Park wieder an die Aboriginals zurückgegeben worden und heißt seit 1995 nun wieder Uluru; ebenso nennen sich die Felsen The Olga's nun wieder Kata Tjuta. Das einheimische Volk der Anangu erlaubt weiterhin, dass der Monolith Uluru bestiegen wird, würde es aber lieber sehen, wenn dies niemand täte, da der Ort eine tiefe spirituelle Bedeutung für die Anangu hat.

Von Darwin aus ist es ein Katzensprung in den Kakadu National Park, der als einer der ersten Regionen in Australien 1981 zum UNESCO-Weltkulturerbe erklärt wurde. Das Besondere an dem Sumpfsystem ist seine vielfältige Vogelwelt und seine Bedeutung als ethnologisch und archäologisch wertvolles Gebiet, in dem Aboriginals in neuen **Communities** (Gemeinschaften) zusammenleben. Manche versuchen, wie ihre Vorväter wieder mehr nach den alten Gesetzen als Jäger und Sammler zu leben, aber das sind die wenigsten, denn das Land hat sich verändert und bietet nicht mehr die gleiche Fülle an all dem, was man zum Überleben braucht. Andere würden sicher nicht gern auf moderne Annehmlichkeiten wie Strom, Wasser oder Fernsehen verzichten, an die sie sich verständlicherweise im Laufe der modernen australischen Geschichte gewöhnt haben bzw. haben müssen. Oftmals liefern die Strom- und Wasserwerke hierher jedoch weder Strom noch Wasser.

Der alte Traum, **Darwin** zum Handelstor nach Asien werden zu lassen, ist mit der Fertigstellung der Eisenbahnstrecke Adelaide–Darwin Anfang 2004 endlich in Erfüllung gegangen und wird sicherlich auch für die wirtschaftliche Situation und die Bevölkerungszahl im Northern Territory einige Veränderungen bringen. Noch ist Darwin allerdings die schläfrigste Hauptstadt eines Bundestaates/-territoriums in Australien, in der man bis vor kurzem überall die Wohnungseingangstür einfach auflassen konnte, weil die Zahl der Einbrüche wirklich verschwindend gering war. Der asiatische Einfluss ist jetzt schon besonders auf den Märkten und dem Speisezettel zu spüren, wo tropische Früchte eher angeboten werden als eine Kaltwetterfrucht wie der Apfel. Gewürze der malaysischen Küche liegen in der Luft und in Pine Creek (zwischen Darwin und Katherine) feiert man alljährlich zur Erntezeit ein Mangofestival.

Mirima National Park, die Mini-Bungle-Bungles am Rand von Kununurra, WA

Auffällig sind in Darwin auch die regelmäßig an Land gehenden amerikanischen Marines, die es vermögen, aus Darwin für kurze Zeit eine amerikanische Stadt zu machen. Darüber hinaus erinnert die stetige Präsenz der **australischen Flotte** daran, dass Australien in diesen Gewässern im Ernstfall von potenziellen Feinden umgeben ist, denn politisch hat man sich schon immer an Indonesien gerieben, dessen Inbesitznahme Osttimors z. B. nie von Australien anerkannt wurde. Letztendlich spielte Australien auch keine unbedeutende Rolle bei der Erringung der Unabhängigkeit Osttimors im Mai 2002, der leider gewalttätige Auseinandersetzungen vorausgingen.

Unvergesslich ist auch der **Luftangriff der Japaner** während des Zweiten Weltkrieges auf Darwin, wobei die Stadt weitgehend zerstört wurde und 242 Menschen ihr Leben lassen mussten. Der zwangsläufige Wiederaufbau machte Darwin damals schon zur neuesten Hauptstadt eines Bundestaates/-territoriums Australiens, und 1974 wurde Darwin zur erneuten Verjüngung gezwungen, nachdem der Zyklon „Tracy" den Großteil der Stadt hinweggefegt hatte. Aber nicht nur die Gebäude sind sehr neu, auch die Stadtbewohner sind, wenn man einmal von den Aboriginals absieht, ebenfalls mehrheitlich Neulinge. Die meisten kommen irgendwann für einen Job eine Weile nach Darwin und bleiben dann für immer – trotz der **tropischen Hitze,** die vielleicht an sich noch zu ertragen wäre, würde sie nicht Myriaden von Fliegen einladen, Gesichter als permanente Lande- und Startbahn zu missbrauchen.

Tasmania (TAS)

Aufgrund der **Insellage** blieb die kleinste Kolonie bzw. der kleinste Bundesstaat Australiens lange isoliert, und die Hauptstadt Hobart im Süden sowie die zweitgrößte Stadt Launceston im Norden der Insel blieben eher klein. Schon ab 1801 ließ man sich bei Hobart und Launceston auf Van Diemen's Land nieder – wie Tasmania bis 1856 hieß –, und hierher wurde die zweitgrößte Zahl (nach New South Wales) an Strafgefangenen verschleppt, die nach ihrer Rehabilitierung jedoch meist auf das Festland zurückkehrten. 1825 wurde es als erstes Gebiet von New South Wales abgetrennt und zu einer unabhängigen Kolonie ernannt, die man nur von Melbourne aus per **Schiff** erreichen konnte. Die einstige unbequeme, langsame Schiffspassage wurde im September 2002 durch die 10-stündi-

Im Osten Tasmanias hat die Holzgewinnung
bereits einen Großteil von Your Natural State vernichtet

009au Foto: eg

ge Fährüberfahrt mit der modernen, schnellen Autofähre „Spirit of Tasmania" zwischen Port Melbourne und Devonport im Norden Tasmaniens ersetzt. Seit Januar 2004 verkehrt diese Autofähre nun auch zwischen Sydney und Devonport. Dadurch wird der Trend der australischen Fluggesellschaften fortgesetzt, die neuerdings immer mehr Direktflüge von verschiedenen Großstädten auf dem Festland nach Launceston und Hobart anbieten, die einst alle nur von Melbourne ausgingen. Die Isoliertheit Tasmanias bewirkt auch, dass hier gesonderte **Quarantäne-Regelungen** gelten, um nicht-einheimische Schädlinge und Unkraut von der Insel fernzuhalten.

Insgesamt leben nur knapp über 2 % der gesamten **Bevölkerung** Australiens auf der bergigen grünen Insel, wo sich die Zahl der Geburten fast mit dem Weggang der jungen Leute auf das Festland die Waage hält, ohne die Sterberate einzubeziehen. Wirtschaftlich überwogen von jeher Seefahrt, Robbenfang und Walfang, wobei der kommerzielle Walfang jedoch seit 1978 in Australien gänzlich verboten ist. Aber Seemänner gibt es noch viele in Tasmania, wie man unschwer an den beliebten buschigen Bärten ablesen kann. Nur ist dies für die Mehrheit der jungen Menschen kein Berufswunsch mehr und sie gehen nach Melbourne oder eine der anderen Metropolen auf dem Festland. Auch Aboriginals trifft man kaum an. Von den einst ca. 4000 Palawah, den Aboriginals von Tasmania, starb die letzte Vollblütige namens *Truganini* 1876 im Alter von 64 Jahren. Der Rest ihres Volkes war den blutigen Auseinandersetzungen mit den

Kolonisten und den von ihnen eingeschleppten Krankheiten zum Opfer gefallen. Auch Einwohner, die nicht von europäischen Migranten abstammen, sieht man in Tasmania nur höchst selten und die Cuisine ist hier aufgrunddessen weitaus weniger divers als auf dem Festland. Und nicht zuletzt erzählt man sich auf dem Festland stereotype Witze über die doppelköpfigen Tassies als Folge der Inzucht. Das ist natürlich Unfug, aber die im Vergleich zu den Festlandsbewohnern im Durchschnitt geringere Körpergröße und größere Körperfülle der Tassies lassen vermuten, dass der Genpool auf der Insel tatsächlich eingeschränkt ist. Daran scheint sich auch nicht viel zu ändern, da z. B. 2004/05 nur 0,8 % aller neuen Einwanderer nach Australien beabsichtigten, sich in Tasmania niederzulassen.

Dies ist auch kaum verwunderlich, denn die klimatischen Bedingungen entsprechen nicht den Träumen der Einwanderer von Australien. Das **raue Wetter** fordert auch die Stimmbänder und sorgt dafür, dass die Stimmlage der Tassies ein paar Töne tiefer liegt und kratziger ist als auf dem Kontinent. Das Klima erinnert stark an Nordeuropa, selbst die Häuser haben einen eher skandinavischen Touch. Es ist das insgesamt kühlste und regenreichste Gebiet, das Australien zu bieten hat, was in einem sonst seltenen satten Grün resultiert, aber auch in hübschen Schnee bedeckten Gipfeln am Cradle Mountain und dem Lake St. Clair mit dem Mt. Ossa als dem höchsten Berg Tasmanias. Es ist ein ideales Klima für den **Obstanbau,** was Tasmania zu dem Nummernschildslogan *The Apple Isle* (Die Apfel-Insel) verhalf, da diese Frucht hier in Hülle und Fülle gedeiht.

Der Naturtourismus, der mittlerweile ca. ein Zehntel der Bevölkerung beschäftigt, wird jedoch auch immer wichtiger und so kann man heute die Slogans *Holiday Isle* (Urlaubsinsel) und **Your Natural State** (Euer natürlicher Staat) lesen. Letzteres ist den Grünen zu verdanken, die in Tasmania besonders stark sind und außerdem bei ihrer Gründung 1972 die erste grüne Partei der Welt waren. Denn in Tasmania wird nicht wie in den meisten anderen Bundesstaaten das Präferenzwahlsystem angewendet, wobei am Ende meist nur die beiden großen Parteien *Labor* und *Liberal* Sitze erringen, sondern in Tasmania gilt für die Wahl des Repräsentantenhauses das Verhältniswahlrecht, bei dem kleinere Parteien mehr Chancen auf Sitze haben. Neben der politischen Partei der Grünen trifft man in den Straßen Hobarts jedoch auch auf Vertreter von Greenpeace und der Wilderness Society, die sich alle für die Natur Australiens stark machen. Eines der neuesten Projekte ist der Schutz des Tarkine-Waldes im Nordwesten der Insel; das Ziel ist, das 1982 von der UNESCO als Weltkulturerbe ausgezeichnete Gebiet *Tasmanian Wilderness* um diesen Wald zu erweitern, um dessen Abholzung zu verhindern. Im Osten der Insel gibt es kaum noch Wildnis und die Wälder werden konsequent abgeholzt – von *Your*

Natural State ist hier nichts mehr übrig. Die Studentenszene in Tasmania ist entsprechend besonders alternativ angehaucht und nicht wenige Studenten sind in Naturfragen aktiv. Schließlich finden auch die besten Raves einfach draußen irgendwo in der Natur statt.

Große Teile der Insel stehen als Nationalparks unter Schutz, wodurch auch die einheimischen Tierpopulationen geschützt werden. Deren ärgste Feinde sind jedoch die Touristen, die auf den Asphaltstraßen insbesondere im Dämmerlicht viele Tiere überfahren. Viele Besucher sind schockiert über die Zahl der **Tierkadaver am Wegesrand,** darunter Wombats, Wallabies, *Possums, Tasmanian Devils* (Beutelteufel), *Bandicoots, Spotted-Tail Quolls,* Pinguine, *Platypusses* (Schnabeltiere) und diverse Vogelarten. Jährlich werden ca. 1 Mio. Tiere auf den tasmanischen Straßen überfahren, darunter sind allein 5000 Beutelteufel, aber auch zahlreiche nicht-einheimische Tiere wie Kaninchen, wilde Katzen und Haustiere.

Die anglo-keltischen Wurzeln

Der Kontinent Australien wurde zwar nicht von den **Briten** als Erstes entdeckt, aber sie waren die Ersten, die ein echtes Interesse an dem Kontinent entwickelten und ihn 1770 auch in Besitz nahmen, nachdem zuvor sowohl Holländer, Portugiesen, als auch Franzosen dazu reichlich Gelegenheit gehabt hätten. Mit der Gründung der ersten britischen Strafgefangenenkolonie auf australischem Boden 1788 bekam der südliche Kontinent jedoch einen unverkennbaren anglo-keltischen Stempel aufgedrückt und befindet sich seither in der Obhut **des britischen Königshauses.**

Von den insgesamt ca. 160.000 **Strafgefangenen,** die bis 1868 nach Australien transportiert wurden, waren ca. 50.000 Iren, ca. 8000 Schotten und der Rest vorwiegend Waliser und Engländer aus Cornwall. Über die drei Gruppen Iren, Schotten und Engländer sagte man, dass die Schotten für die schwerwiegendsten Delikte verurteilt waren, die Engländer für mittelschwere und die armen Iren für solche, die eigentlich gar keine Straftaten waren. Genaue Zahlen über die Herkunft der **freien Siedler** liegen nicht vor, aber viele von ihnen kamen ab 1840 mittels der *assisted migration* (unterstützte Auswanderung), das heißt ihre Überfahrt wurde größtenteils von der britischen Regierung bezahlt, die dringend mehr Siedler benötigte, um die Kolonie aufzubauen. Diese Form der Werbung war notwendig, denn für die betuchteren Aussiedler war Australien in den Anfangsjahren eine unattraktive und teure Alternative, verglichen mit dem viel näher gelegenen und dem infrastrukturell weiter entwickelten Amerika oder Kanada.

Im Laufe der australischen Geschichte ragen insbesondere die **irischstämmigen Australier** immer wieder aus der anglo-keltischen Masse heraus, weil sie aus ihrer Heimat auch die Ressentiments gegenüber den Briten mitbrachten und auch den Leidensweg ihres Landes, welches sich erst Anfang des 20. Jahrhunderts aus der Herrschaft Großbritanniens freikämpfen konnte, teilweise aktiv mitverfolgten. Der *St. Patrick's Day,* der den Todestag des gleichnamigen irischen christlichen Schutzpatrons aus dem 5. Jahrhundert feiert, wird am 17. März auch in Sydney, Melbourne, Brisbane und Fremantle mit einer Parade durch die City begangen – in den Pubs fließen dann ganz traditionell grün-gefärbtes Bier und Guinness und werden allerhand Konzerte mit irischer Musik veranstaltet. Heute ist der Feiertag nur noch ein Anlass zum Feiern und Betrinken, an dem ebenso viele Nicht- oder Andersgläubige teilnehmen wie Katholiken, aber einst fand an diesem Tag regelmäßig ein Marsch der Katholiken statt. Als Irland 1913 auf der Kippe zum Bürgerkrieg stand, wurde der Tag zum Politikum, und bis in die 1960er Jahre hinein fühlten sich die Protestanten durch den Marsch der Katholiken auf den Schlips getreten. Ein besonderes irisches Engagement konnte in der Geschichte Australiens immer wieder beobachtet werden: die Ergreifung der Macht durch irische Strafgefangene (die aus politischen Gründen verurteilt worden waren) im Strafgefangenenlager von Parramatta bei Castle Hill 1804; die Führung der Eureka-Rebellion auf Ballarats Goldfeldern, die für eine Reform der Goldsuchlizenzen und gegen die Polizeigewalt kämpfte, durch den Iren *Peter Lalor* 1854 und die Aktivitäten des irischstämmigen katholischen Erzbischofs *Daniel Mannix* während der Wehrpflichtsdebatte zu Beginn des Ersten Weltkrieges, der sich damals auch offen für die Unabhängigkeit Irlands einsetzte.

Großbritannien vollzog zwischen 1730 und 1850 als erster Staat weltweit die Transformation von einem Agrarstaat zu einem Industriestaat. In dieser Phase war die Arbeitslosigkeit hoch, denn wer in der Agrarwirtschaft keine Beschäftigung mehr fand, zog in die Städte, um eine der begehrten Stellen in der neuen Industrie zu ergattern. Aber es gab nie genug Stellen. Zudem setzte mit der Industrialisierung ein Bevölkerungswachstum ein, das nicht aufgefangen werden konnte. So kam es, dass in diesem Zeitraum die Kriminalität in den Städten wie London, Liverpool, Birmingham, Edinburgh, Manchester, Newcastle und Glasgow besonders hoch war. Viele der dort zur Strafgefangenschaft Verurteilten stammten jedoch aus dem ländlichen Umland. Unter ihnen waren sehr viele Iren, die auf der Suche nach Arbeit auf die große Nachbarinsel gezogen waren, denn Irland litt wirtschaftlich stark unter den Handelsrestriktionen Großbritanniens, die schließlich zur Irischen Rebellion von 1798 führten. Infolgedessen wurde 1801 das Irische Parlament durch Bestechung abgeschafft und der britische Monarch herrschte nunmehr auch über Irland, was bis 1922 so bleiben sollte. In diesem Zeitraum hatte Irland noch mehr zu erleiden als schon bisher und erlebte seinen Tiefpunkt während der Großen-Kartoffel-Hungersnot Mitte der 1840er Jahre, bei der ca. 1 Mio. Iren starben. Die große Armut in Irland war dafür verantwortlich, dass unter den Strafgefangenen so viele Iren waren, die besonders häufig für solche „simplen" Delikte wie Stehlen von Lebensmitteln verurteilt waren. Ebenso führte Not und Armut dazu, dass zahlreiche Iren keinen anderen Ausweg als die Auswanderung sahen. So ist der hohe Anteil der Iren an den nach Australien deportierten Strafgefangenen und später auch an den freien Siedlern leicht zu erklären.

In Wales, Schottland und England, den Herzen der Industrialisierung auf den britischen Inseln, gab es genügend Arbeit, doch waren die Bedingungen besonders in den Bergwerksgebieten alles andere als angenehm, und Familien mussten in unhygienischen Verhältnissen auf engtem Raum zusammenleben. Dies führte schließlich zu Unruhen in den 1830er bis 1850er Jahren und ließ viele **Schotten, Waliser** und Menschen aus der südenglischen Region **Cornwall** nach Australien auswandern. Die kornischen und walisischen Bergleute wurden berühmt für ihre harte Arbeit in den Goldbergwerken in den australischen Kolonien und auch in den Kupferbergwerken Burra und Kapunda in South Australia.

Die während der Rebellionen in Irland, Schottland und Wales verurteilten Strafgefangenen und die vor den zu erwartenden Repressalien geflohenen freien Siedler waren für die Entwicklung der Kolonie Australien besonders wichtig, da sie sich der englischen sozio-kulturellen Hegemonie widersetzten und dafür sorgten, dass Australien nicht eine Kopie von **Großbritannien** wurde, sondern zu einer wahrhaft andersartigen Gesellschaft zusammenwachsen konnte. Im Gegensatz zu den USA brauchte Australien jedoch nicht mittels eines blutigen Unabhängigkeitskrieges mit der alten Kolonialmacht zu brechen, sondern wurde sozusagen einvernehmlich Schritt für Schritt in die Unabhänigkeit entlassen. Die Regierungsform Australiens, eine parlamentarisch-demokratische Monarchie, ist denn auch sehr stark an das britische System angelehnt, es gibt aber nach US-amerikanischen Vorbild auch eine Verfassung. Und obwohl Australien seit 1901 ein unabhängiger Staat ist, steht die Königin von Großbritannien, Ihre Majestät *Elizabeth II.,* zugleich als **Königin von Australien und Staatsoberhaupt** an der Spitze Australiens. Der *Commonwealth of Australia* ist wie weitere 52 Länder (ehemalige Kolonien im *British Empire)* zusammen mit Großbritannien im *Commonwealth of Nations* eingebunden. Diese Länder kooperieren auf politischer und wirtschaftlicher Ebene miteinander und halten auch ihre eigenen „Olympischen Spiele", nämlich die *Commonwealth Games,* ab. Ihr Vertreter in Australien, der *Governor-General,* mag von vielen als eine Art Marionette verunglimpft werden, weil er de facto keine Macht hat, aber er zeigt doch eine ungeleugnete Verbundenheit zu Großbritannien. Ebenso scheiterte das Referendum 1999 über die Umwandlung der Staatsform in eine Republik, was die Presse witzeln ließ, dass die Australier sich nicht von ihrer Queen trennen mochten.

Nicht zuletzt ist ein kleiner rot-weiß-blauer *Union Jack* Bestandteil der australischen **Nationalflagge** zusammen mit dem Sternenbild des „Kreuz des Südens" und dem siebenzackigen Commonwealth-Stern. Diese Nationalflagge ist erst seit 1954 das offiziell von der britischen Queen anerkannte Hoheitszeichen für Australien, vorher war Australien einfach durch den britischen *Union Jack* repräsentiert worden. Dabei stehen die drei christlichen Kreuze im *Union Jack* traditionell für St. Georges von England, St. Andrew von Schottland und St. Patrick von Irland, die drei Nationalitäten, die ja auch den Grundstock der australischen Bevölkerung ausmachen. Noch länger musste man auf die eigene offizielle **Nationalhymne** warten: Erst 1984 hat „Advance Australia Fair" endgültig nach einigem Hin und Her das britische „God Save The Queen" ersetzt.

Auch in der Frage der **Staatsbürgerschaft** blieb Australien nach der Unabhängigkeit noch lange mit Großbritannien verbunden – für die Australier galt weiterhin wie für alle Bürger Großbritanniens und seiner *Dominions* (überseeische Teile des Britischen Reiches mit eigener Regierung) der Status *British Subject,* mit dem man schlicht als Bürger des *British Empire* bzw. des *British Commonwealth* ausgewiesen wurde. (Das *British Empire,* sprich das Britische Reich, entstand im 16. Jahrhundert mit der Errichtung von britischen Siedlungen in Übersee, die von der britischen Regierung verwaltet wurden. Als Großbritannien zu Beginn des 20. Jahrhunderts diesen Verwaltungsgebieten wie Kanada, Australien, Neuseeland, Südafrika, Irland und Neufundland ein Selbstverwaltungsrecht einräumte, legte man 1931 im Statut von Westminster die neue Bezeichnung *British Commonwealth of Nations* für den freiwilligen Bund der Dominions mit Großbritannien fest, kurz *British Commonwealth* genannt. Seit 1946 nennt es sich nur noch *Commonwealth of Nations* und ihm gehören heute 53 Staaten an.) Ein Gesetz zur Regelung der Rechte und Pflichten der britischen Staatsbürger, sprich von *British Subjects,* in Großbritannien war erstmals 1915 verabschiedet worden. Der Ausbruch des Ersten Weltkrieges hatte das *British Nationality and Status of Aliens Act* (Britisches Gesetz zur Staatsbürgerschaft und zum Status von Fremden) nötig gemacht, um da-

Geschäftsleute in Melbourne – australische Staatsbürger oder British Subjects?

010au Foto: eg

mit die Einwohner einer nicht-britischen Staatsangehörigkeit, die sich nicht als *British Subject* ausweisen konnten, identifizieren zu können.

Zu diesem Zweck wurde 1920 in Australien auch der erste australische Reisepass eingeführt, den die Australier fortan zur Ein- und Ausreise aus dem *Commonwealth of Australia* verwenden mussten. Auf der Konferenz des *British Commonwealth* 1947 einigte man sich schließlich, dass alle selbstverwalteten Dominions (Australien, Kanada, Neuseeland, Südafrikanische Union, Neufundland, Indien, Pakistan, Südrhodesien und Ceylon) eine eigene Staatsbürgerschaft für ihre Bürger einführen würden. In Australien wurde daraufhin eine australische Staatsbürgerschaft geschaffen; allerdings galt sie nicht automatisch für alle in Australien lebenden Bürger, sondern diese hatten die Möglichkeit, zwischen der Annahme der australischen Staatsbürgerschaft und dem alten Status als *British Subject* zu wählen. Entsprechend gab es ab dem 25. Januar 1949 zwei neue Reisepässe in Australien mit den Lettern *British Passport Commonwealth of Australia* auf dem Cover: einen B-Serie-Pass für alle *British Subjects* in Australien, die die neue australische Staatsbürgerschaft nicht annehmen wollten, und einen C-Serie-Pass für alle, die sich als australische Staatsbürger hatten einbürgern lassen. Erst im Juli 1964 wurde die Bezeichnung *British Passport* auf dem Cover durch *Australian Passport* ersetzt. Mit der Erweiterung des Staatsbürgerschaftsgesetzes 1969 wurde dann festgelegt, dass australische Staatsbürger bei der Angabe der Nationalität nicht länger „Brite", sondern „Australier" einzutragen hatten.

1981 strich man in Großbritannien schließlich die Passage aus dem *British Nationality Act* (Britisches Staatsbürgerschaftsgesetz) von 1948, dass jede in Australien geborene Person ein *British Subject* sei, woraufhin 1984 das australische Staatsbürgerschaftsgesetz geändert und der Status *British Subject* für Australier endgültig eliminiert wurde. Infolgedessen wurde der australische Reisepass für *British Subjects* abgeschafft; wer als *British Subject* noch immer nicht die australische Staatsbürgerschaft annehmen wollte, musste sich nun bei der britischen Hochkommission in Australien um einen regulären britischen Pass bemühen. Der australische Staat betrachtet die britischen Bürger seither weitgehend als Fremde; allerdings gibt es noch viele Ausnahmeregelungen, aufgrund derer britische – und auch neuseeländische – Staatsbürger gegenüber anderen Nationalitäten rechtlich im Vorteil sind. Man gestattete z. B. den ehemaligen australischen *British Subjects* mit einer unbefristeten Aufenthaltsgenehmigung, die bis zum Stichtag 25. Januar 1984 auf der Liste der Wahlberechtigten gestanden hatten, weiterhin auch als britische Staatsbürger an den Wahlen teilzunehmen. Für alle anderen galt, dass sie fortan in Australien nur wählen durften, wenn sie die australische Staatsbürgerschaft annahmen. Seit 1949 haben mehr als drei Millionen nicht in Australien geborene Einwohner die australische Staatsbürgerschaft angenommen. Seit der Änderung des Staatsbürgerschaftsgesetzes 1984 sind darunter auch deutlich mehr Briten, die bis dahin den gleichen legalen Status wie Australier hatten und es daher nicht für notwendig erachtet hatten, ihre Staatsbürgerschaft zu wechseln. Nicht zuletzt auch, weil Australier zu sein, in ihren Augen etwas Minderwertiges bedeutete und da sie damit nach ihrem Empfinden England den Rücken zukehren würden. Im Dezember 2003 fällte der Oberste Gerichtshof in Australien eine neue Grundsatzentscheidung, nach der in Australien ansässige *British Subjects* oder Staatsbürger aus anderen Ländern innerhalb des *Commonwealth of Nations* nicht länger einen besonderen legalen Status in Australien haben. Dieser Beschluss wurde gefällt, als man den 30-jährigen britischen Staatsbürger *Jason Shaw* wegen Diebstahls und Drogenhandels zur Ausweisung nach Großbritannien verurteilte, obwohl er seit seiner Ankunft 1974 Australien nie verlassen und zwei in Australien geborene Kinder hat. Einem Dutzend anderer britischer Migranten mit Verurteilungen droht nun auch die Ausweisung. Damit sind jedoch noch lange nicht alle Vorteile von Briten – und von anderen Bürgern des *Commonwealth of Nations* – gegenüber den Bürgern anderer Nationalitäten in Australien abgeschafft.

Die vielen Vorteile, die britische Staatsbürger in Australien hatten und noch haben, hielten sie als ewige Briten mit ihrem Mutterland verbunden, obwohl sie sich auch ohne australische Staatsbürgerschaft als wahre Australier fühlten, die das Land zu dem gemacht haben, was es heute ist. Der Zwiespalt, **Brite und gleichzeitig Australier** zu sein, hat sich im Grunde seit *The Great War* (Erster Weltkrieg) nicht verändert. Damals zogen die vielen jungen australischen *British Subjects* voller Stolz nach Europa und in den Nahen Osten als Alliierte von Großbritannien in den Krieg – und das sowohl für Großbritannien, mit dem der australische Staat seine Unabhängigkeit knapp 13 Jahre vorher friedlich vereinbart hatte, als auch für das junge Australien, für das sie ehrenvoll zu kämpfen gedachten. Auf dem Schlachtfeld wollten sie es Großbritannien und der ganzen Welt zeigen, dass sie sich die Sporen für die Unabhängigkeit verdient hatten, und akzeptierten dafür bereitwillig, nach traditioneller viktorianischer Manier ein „verspätetes Blutgeld" für die Gründung der Nation zahlen zu müssen.

Die **Briten** schauten und schauen oft immer noch abfällig auf Australien und die Australier herab, denn in ihren Augen besteht das Land eigentlich nur aus dem „Abschaum", den man in Großbritannien nicht gebrauchen konnte. Es fing an mit den Strafgefangenen, die zur Deportation verurteilt wurden, weil sie u. a. unbequeme politische Feinde Großbritanniens darstellten oder aus schierem Hunger gestohlen hatten, was doch letzendlich nur eine Folge davon war, dass der Staat nicht in der Lage war, Hungersnöte zu verhindern. Hinzu kamen die vielen verarmten Menschen, für die man in Großbritannien keine Verwendung und Arbeit hatte und die man gerne finanziell unterstützte, damit sie nach Australien umsiedeln und sich dort um den Aufbau der neuen Kolonie verdient machen. Loswerden wollte man außerdem viele Waisenkinder, deren Mäuler man ebenfalls in Großbritannien nicht mehr stopfen konnte, die aber einen wertvollen Grundstock für die neue Kolonie in Australien darstellten.

All das bildet die anglo-keltische Basis Australiens. Es drückt sich sehr deutlich aus in der Sprache, die man spricht. Das **australische Englisch** ist eine Mischform aus allen Sprachen bzw. regionalen Mundarten der britischen Inseln, angereichert mit dem ein oder anderen Wort aus den Sprachen der indigenen Bevölkerung Australiens.

Die traditionellen **Pubs** als Ort, wo in einem Zimmer die Frauen und Kinder vor dem Kamin saßen und im Nebenzimmer die Männer gemeinsam Bier tranken, kommen von den britischen Inseln, allen voran aus Irland. Die Liebe zu den **Gärten** englischer Art kann man in jeder australischen Stadt und auf den Grundstücken der Australier beobachten. Hier wachsen so ziemlich alle europäischen Zier- und Nutzpflanzen, die in dem südlichen Klima zu wachsen vermögen. In der **Landwirtschaft** hielt man sich an die altbewährten Erzeugnisse der britischen Inseln und züchtete Schafe, hielt Rinderherden und baute Weizen an. Der gute Sonntagsbraten mit brauner Bratensoße, gekochten Kartoffeln und etwas Gemüse ist bis heute ein Klassiker der australischen **Küche** geblieben. Im Speisewagen so manches australischen transkontinentalen Zuges wird noch ganz klassisch *scones and cream* zum *morning tea* serviert (ein traditionelles englisches Buttergebäck ähnlich einem Windbeutel, das mit Schlagsahne und Marmelade gegessen wird, dazu dann eine Tasse schwarzer Tee). Die Gesichter der Mehrheit der **Bevölkerung** sind weißhäutig, blass, sommersprossig und es gibt nicht wenige Rothaarige. Die **Namen der Städte** z. B. in New South Wales stiften mitunter schon einmal Verwirrung, wenn z. B. von Newcastle, Liverpool, Windsor, Wellington, Camden u. v. a. die Rede ist – allesamt nach englischen Städten benannt. Alles in allem zeigt sich: Die anglo-keltischen Wurzeln sind auch nach 200 Jahren kultureller Vermischung nicht zu übersehen.

Australische Ideale

Das Selbstbild der Australier ist geprägt von der unumstößlichen Idee, dass ihr Land **das beste Land auf Erden** ist und die australische Staatsbürgerschaft die begehrteste der Welt. Trotz aller kulturellen Unterschiede der Einwohner Australiens, die aus den unterschiedlichsten Ländern der Welt stammen, ist dies ein Grundpfeiler ihres Zusammenhaltes, ihrer Friedfertigkeit und ihres festen Glaubens an eine bessere Welt. Dieser Zusammenhalt gedeiht auf dem Nährboden einer allgemeinen Kameradschaft, die von dem gemeinsamen Überlebenskampf der frühen Siedler gegen ein unwirtliches Land herrührt. Diese ersten Siedler waren entweder als Strafgefangene nach Australien zwangsverschleppt worden oder aber versuchten als in Europa chancenlose Bürger in Australien ihr Heil.

Eine nationale Ikone des kleinen Mannes, der sich gegen alle Widerstände in der Gesellschaft zu behaupten versucht, ist der *Aussie battler* **(australischer Kämpfer).** Er ist das, was man in anderen Gesellschaften den Mann aus einer einfacheren und weniger bemittelten Gesellschaftsschicht nennen würde. Im **egalitären Australien** hat man die Klassengesellschaft jedoch abgeschafft und eine Welt von scheinbar Gleichgestellten geschaffen, die einander in der Tat mit gleichwertigem Respekt gegenübertreten. Auch heute noch tendieren die Aussies dazu, den sich durchschlagenden kleinen Mann liebevoll in Schutz nehmen, denn er steht schließlich stellvertretend für die Vorfahren der Aussies, die es damals – auf dem australischen Kontinent gestrandet – mit der englischen

Obrigkeit und mit der widerspenstigen australischen Natur aufnehmen mussten. So ist auch zu erklären, warum die vom Polizeiapparat verfolgten und gejagten Buschranger wie z. B. *Ned Kelly* (siehe Kapitel „Kultur und Kunst": „Die allgemeine Volkskultur") in der australischen Geschichte eher als Helden bewundert denn als Missetäter verachtet wurden. Ein typisches Beispiel dafür ist auch, dass der unbekannte junge Tennisspieler *Dejan Petrovic* bei den „AAPT Championships" in Adelaide 1999 mehr Beistand vom Publikum bekam als der Star *Lleyton Hewitt,* denn Aussies bewundern nicht die Gewinner, sondern die Kämpfer, egal wie oft *Hewitt* es „die Idiotie der australischen Öffentlichkeit" nennt. Dieser überhebliche Kommentar machte ihn daraufhin in einer australischen Zeitschrift zum unbeliebtesten Sportler des Jahres.

Egal wie verschieden man auch sein mag, überleben kann man in Australien nur **gemeinsam,** indem man **selbstlos** füreinander in die Bresche springt, wenn es z. B. ein Feuer, eine Dürre, eine Flutkatastrophe oder einen anderen Notfall gibt. Die Australier und Neuseeländer der ersten Stunde waren über die Grenzen ihrer Kolonie hinweg immer bereit, einander zu helfen.

Die **Friedfertigkeit** der Kolonien untereinander und gegenüber dem Mutterland Großbritannien rührt außerdem auch daher, dass viele der freien Siedler schon vor den Liberalisierungsrevolutionen 1848 in Europa in die Neue Welt geflüchtet waren, und dieses Entfliehen vor den Kriegen der Welt setzt sich bis heute fort. Alles, was sie wollten und noch wollen, ist, **frei zu sein** – frei ihre Meinung zu äußern, frei ihre Religion zu wählen, frei ihr Leben auf die eigene Art zu leben und frei von kriegerischen Auseinandersetzungen friedlich zusammenzuleben.

Diese Kombination aus vorbehaltloser Hilfsbereitschaft, starkem Freiheitssinn und nicht zuletzt einer Riesenportion jungem Patriotismus war es, die den Geist des *Australian and New Zealand Army Corps* (Australisches und neuseeländisches Armeekorps – *ANZAC*) ausmachte, das als Verbündeter an der Seite von Großbritannien in den **Ersten Weltkrieg** zog. Beide Nationen, Australien und Neuseeland, waren erst Anfang des 20. Jahrhunderts von Großbritannien unabhängig geworden, ohne jedoch den kompletten Bruch zu vollziehen wie die Vereinigten Staaten von Amerika. Der **Patriotismus** der Australier und Neuseeländer strotzte demnach nicht nur vor Stolz auf das eigene noch junge Land, sondern auch vor Loyalität zu ihrer britischen Queen, dem Staatsoberhaupt beider Länder an der Spitze der parlamentarisch-demokratischen Monarchien. Sie waren bereit, ihr Land würdig zu vertreten und nicht nur die „Untergebenen Großbritanniens" zu sein, wie zuvor die australischen Soldaten, die zur Sudan-Revolte 1885 (wenige australische Tote), dem Burenkrieg in

Südafrika 1889–1901 (über 550 australische Tote) und dem Boxeraufstand in China 1900–1901 (6 australische Tote) entsandt worden waren. Bei Beginn des Ersten Weltkrieges herrschte geradezu eine Euphorie für den Krieg, was man schon daran ablesen kann, dass sich 421.809 australische Freiwillige zum Kriegsdienst meldeten, was in etwa einem Zehntel der gesamten australischen Bevölkerung entsprach.

Die Allierten waren verwundert, die Australier als Menschen mit einem sonnigen Gemüt, mutig und unerschrocken, unabhängig und frei sowie ohne Angst zu erleben. Ihr **Kampfgeist** war nicht aus militärischem Drill geboren, sondern aus einem puren Glauben an die Sache, den sie in der tragischen Schlacht am 25. April 1915 in Gallipoli (Ottomanisches Reich) unter Beweis stellten, wo sie an der Seite der Alliierten gegen die Türken als Verbündete der Deutschen kämpften. Die von den Briten militärisch schlecht geplante Offensive wurde ein Blutbad, bei dem über 8000 Australier und über 2000 Neuseeländer starben, bis man schließlich einsah, dass diese Schlacht verloren war und die alliierten Truppen evakuierte. Auch an den anderen Fronten im Ersten Weltkrieg in Frankreich, Flandern und im Nahen Osten wurden die Australier als eine Art „Geheimwaffe" eingesetzt, bei der sie allerdings auch ohne Rücksicht auf Verluste sinnlos von ihren britischen Vorgesetzten verheizt wurden. Die traurige Bilanz: höchste Todesquote pro Einwohner unter den Alliierten! Seither wird am sogenannten **ANZAC Day** alljährlich am 25. April der insgesamt 61.720 australischen Gefallenen und ca. 156.000 Verwundeten des Ersten Weltkriegs gedacht. Trotz bzw. gerade wegen der tragisch hohen Todesziffer wird dieser Krieg als *The Great War* unendlich heroisiert.

Von 1950 bis 1960 standen über 7000 australische Soldaten noch einmal den Briten als Alliierte beim Aufstand in Malaya bei und mussten weitere 51 Tote beklagen. Und da die Briten im Zweiten Weltkrieg Singapur nicht gegen den Einmarsch der Japaner hatten verteidigen können, verbündete man sich 1951 aus der Not heraus mit den USA im Rahmen des **ANZUS-Paktes** (als Fortsetzung des *Pacific Security Treaty* – Pazifischer Sicherheitspakt). Großbritannien richtete sein Augenmerk immer mehr auf Probleme in Europa und zeigte immer weniger Militärpräsenz in Südostasien. Die USA hingegen boten den beiden Ländern Schutz an im Falle einer Wiederaufrüstung der Japaner oder anderer Nationen im Pazifik und im Gegenzug würden diese den USA bei kriegerischen Konflikten beistehen. So ist denn auch die Beteiligung Australiens als Kriegsverbündete der USA im Koreakrieg (1950–53, 339 australische Tote), Vietnamkrieg (1962–1967, 520 australische Tote), Golfkrieg (1990–1991), Anti-Terror-Krieg in Afghanistan (2002) und zuletzt im Irakkrieg (2003) zu verstehen. Das Bündnis stellt letztendlich eine Kameradschaft auf höchster politischer Ebene dar, die dem westlichen Land Australien inmitten der vermeintlich „feindlichen" asiatischen und muslimischen Nachbarschaft ein Stück Sicherheit verschaffen soll. Seit Unterzeichnung des Bündnisses mit den USA entsandte Australien nur noch einmal, 1964–66, insgesamt 3500 Soldaten als Alliierte der Briten zur Konfrontation in Indonesien, wobei 23 australische Soldaten ihr Leben ließen.

ANZAC Memorial in Sydney –
das Andenken an die gefallenen Soldaten wird in Australien hoch gehalten

Bei den Feierlichkeiten am *ANZAC Day* wird klar, dass es um mehr geht als um die Erinnerung an den Ersten Weltkrieg oder alle anderen Kriege, an denen Australien beteiligt war – und dies fast immer als Hilfe für ein anderes Land. Die Veteranen aller Kriege stehen im Mittelpunkt als Verkörperung der **australischen Ideale Freiheit, Loyalität, Kameradschaft, Hilfsbereitschaft, Zähigheit** – und das alles mit einem gewissen Humor. Im Alltag leben die Australier all diese Ideale wie selbstverständlich. Man kann sich darauf verlassen, wenn ein Australier einmal ein Freund ist, wird er immer ein Freund sein. Die Wurzeln dieser Mentalität werden auch in *Peter Weirs* hervorragendem Film „Gallipoli" von 1981 in der minuziösen Beobachtung zweier Freunde während der tragischen, heldenhaften Schlacht in Gallipoli im Ersten Weltkrieg wiedergegeben, in dem *Mel Gibson* eine der Hauptrollen spielt. Loyalität und Kameradschaft sind für den Australier sehr wichtig ebenso wie die Bereitschaft vorbehaltslos zu helfen, wenn eine Krise eintritt. Es ist daher mehr als nur eine Einwanderungspolitik, Notleidenden **Asyl zu gewähren** und ihnen eine *fair go* (faire Chance) zu geben. Es ist der Ausdruck von wahrhafter Hilfsbereitschaft, von Vertrauen in eine bessere Zukunft für alle und dabei auch von einer gewissen Naivität.

Um so mehr erschütterte es die Nation, als am 12. Oktober 2002 eine Bombe in dem Nachtclub Sari in Kuta auf Bali fast 200 Menschen in den Tod riss, 92 von ihnen junge australische Touristen – junge Männer aus Australiens Rugby-Clubs, die das Ende der Saison feierten. Dies war nicht einfach nur ein Angriff auf einen x-beliebigen Nachtclub, sondern nach dem Verständnis der Australier definitiv ein **Angriff auf alles, wofür Australien steht** in seiner Friedfertigkeit und Toleranz. Ein politisches Attentat, das es seit der Bombe im *Sydney Hilton Hotel* 1978 nicht mehr gegeben hatte, wobei damals nur 3 Menschen ums Leben kamen (wenn man einmal den Terroranschlag vom 11. September 2001 auf New Yorks World Trade Center außer Acht lässt, bei dem zwar auch 10 Australier getötet wurden, man den Anschlag jedoch als primär gegen die USA gerichtet betrachtete). Immerhin nahm es die australische Regierung zum Anlass, zum ersten Mal in der Geschichte des ANZUS-Paktes die Hilfe der USA bei der Sicherung Australiens gegen gleichartige Terrorismus-Anschläge einzufordern. Das Regiment, dass für die Sicherung der Olympischen Spiele im Jahr 2000 in Sydney eingerichtet worden war, wurde jetzt mit Hilfe der Amerikaner als Kontra-Terrorismus-Einheit ausgebildet.

Aber der terroristische Angriff von 2002 traf die Australier schutzlos auf fremdem Boden in einem der von ihnen bevorzugten Urlaubsparadiese. Das Bali-Attentat lehrte die Australier auf die schmerzvollste Weise, dass die relaxte australische Philosophie *She'll be right* (Es wird schon werden) auch ihre Grenzen hat; es wird von einem **Verlust der Unschuld** gesprochen. In seiner Tragweite wird das Bali-Attentat daher fortwährend mit der Schlacht der ANZAC-Truppen bei Gallipoli im Ersten Weltkrieg verglichen, welches der historische Maßstab für Gewalt und Schmerz ist. Was für die Indonesier oder den Westen schon ein verblasstes tragisches historisches Ereignis geworden ist, bleibt für die australische Nation eine nur schlecht verheilende Wunde, die eine spürbare Narbe hinterlassen hat.

Von White Australia Policy bis multikulti

Australien präsentiert sich heute als eine multikulturelle Gesellschaft, die ganz offensichtlich die Angst vor der „gelben Gefahr" überwunden hat und die Vorurteile gegenüber der südeuropäischen Bevölkerung größtenteils abgebaut hat, die zu Anfang des 20. Jahrhunderts noch ihre **Einwanderungspolitik** bestimmte. Australien kann man sich nicht mehr ohne all die Italiener, Ex-Jugoslawen, Vietnamesen, Chinesen, Griechen, Filipinos, Deutschen, Inder, Malaien, Holländer, Libanesen, Polen, Indonesier, Malteser und Sri Lankaner vorstellen, um nur einmal die wichtigsten Nationalitäten der nicht-anglo-keltischen Einwanderer zu nennen. Seit der Gründung des *Commonwealth of Australia* 1901 ist die **Bevölkerungszahl** von knapp 4 Mio. auf 20 Mio. angewachsen. Auf die Einwanderer wirkten Freiheit, Demokratie und der einladende Charakter Australiens wie ein Magnet; es gab aber auch immer wieder abschreckende Faktoren wie ethnische und rassistische Stereotypisierung, kulturelle Geringschätzung und Intoleranz, soziale, geschlechtliche und wirtschaftliche Benachteiligung und simple Ausbeutung. So gab es zu Zeiten 20 % weniger Einwanderer, als man in dem Jahr benötigt hätte. Die Geschichte der Immigration ist also eine ganz wichtige für das Land. Im Gründungsjahr 1901 stammten 82 % der in Übersee geborenen Einwohner aus Großbritannien, Irland und Neuseeland. Daneben gab es nur wenige größere in Übersee geborene Bevölkerungsgruppen: Deutsche, Skandinavier, Chinesen, Inder und Italiener.

Die wenigen ersten **Deutschen, Österreicher, Schweizer** kamen schon auf den Strafgefangenenschiffen nach Australien. Manche von ihnen hatten in England Arbeit gesucht und waren dort dann bei einem Diebstahl oder Einbruch erwischt und dafür verurteilt worden. Andere waren im Dienste der britischen Regierung in Australien, z. B. der erste Landvermesser der Kolonie *Augustus Theodor Henry Alt* aus Marburg, der mit der Ersten Flotte in Australien ankam, und der österreichische Botanikmaler *Ferdinand Lukas Bauer,* der 1801 den Engländer *Matthew Flinders* auf seiner Umrundung Australiens und bei weiteren Entdeckungsreisen begleitete. Ebenso berühmt ist der deutsche Entdecker *Ludwig Leichhardt,* der bei seiner zweiten Expedition 1848 von Ost- nach Westaustralien mit seinen sechs Expeditionsmitgliedern für immer verschwand und bei allen Suchaktionen bis in die 1930er Jahre nie gefunden wurde. Viele Botaniker, Naturforscher und Wissenschaftler aus den deutschsprachigen Ländern folgten aus einer Faszination für Flora, Fauna und Geologie heraus. Zusätzlich kamen ab 1793 die ersten freien Siedler entsprechend der Politik der „systematischen Kolonisation" nach den Theorien von *Edward Gibbon Wakefield* als *assisted emigrants* (unterstützte Auswanderer) mit einer von der englischen Regierung subventionieren Überfahrt (18–30 Pfund) nach Australien. Zu dieser Politik gehörte auch, dass Land zu einem günstigen Preis verkauft wurde, der den Eigentümern gestattete, den Wert des Landes durch dessen Kultivierung zu steigern, was somit die Urbarmachung des Landes insgesamt unterstützte. Mit Gründung der freien Provinz South Australia 1836 wanderten viele deutsche freie Siedler ein, die vor religiöser Verfolgung und wirtschaftlicher Not flohen. Bis zum Beginn des Ersten Weltkrieges machten sie ca. 7–10 % der Bevölkerung in South Australia aus.

Nach Einstellung der Strafgefangenentransporte ab 1840 kamen viele **Vertragsarbeiter** nach Australien, die anstelle der Strafgefangenen ihre Arbeitskraft zur Verfügung stellen sollten. Der Vertrag beinhaltete eine zeitlich begrenzte Leibeigenschaft eines besitzlosen Auswanderers, dem sein Grundherr dafür die Schiffspassage bezahlte. Zunächst versuchte man es mit Indern, da diese aber teurer waren, nahm man ab 1848 lieber die preiswerteren Chinesen unter Vertrag.

Als fast zeitgleich mit dem Goldrausch in Amerika auch 1851 in Victoria, New South Wales und später auch im Northern Territory und in Western Australia Gold gefunden wurde, setzte nun auch in Australien ein massiver Goldrausch ein, der nebst britischen Glückssuchern auch viele **Chinesen** zum Einwandern veranlasste. Es waren nicht nur Bergleute, sondern auch Händler, Handwerker und Geldverleiher. Sie lebten für gewöhnlich in Clans zusammen, waren sehr sparsam und bereit, einen niedrigen Lebensstandard zu ertragen. Das war eine unverständliche Lebenseinstellung für die anglo-keltische Bevölkerung, die die Chinesen zunehmend als eine Bedrohung für ihr Zusammenleben ansah, was in ersten Rufen nach einer Begrenzung des chinesischen Einwanderungsstromes resultierte. Im Jahr 1888 konferierten die australischen Kolonien entsprechend über die Einschränkung der Einwanderung von Chinesen. Mit Erschöpfung der Goldfelder glitt Australien in eine erste Wirtschaftskrise ab, begleitet von einer hohen Arbeitslosigkeit und Unruhen. Im Jahr 1890 wurde der dreimonatige *Great Maritime Strike* (Großer Seemannsstreik) ausgelöst, weil die „Australian Steam and Navigation Co." begonnen hatte, auf ihrer Westroute die weiße Mannschaft durch eine chinesische zu ersetzen. Der Streik der Seemanns-Gewerkschaft konnte erst beigelegt werden, als die Schifffahrtsgesellschaft das Zugeständnis machte, keine weiteren Chinesen mehr einzustellen. Auf der interkolonialen Konferenz 1896 wurde infolgedessen beschlossen, dass Menschen aller farbigen Rassen überhaupt nicht mehr nach Australien einwandern dürfen. Die Ablehnung von Chinesen wurde durch die Beteiligung Australiens am Boxeraufstand in China 1900–1901 noch weiter verstärkt.

Ähnlich ist die Geschichte der **Kanaka-Insulaner aus dem Südpazifik** – die man ab 1847 nach Queensland brachte, oft gegen ihren Willen. Ihre Lage war der von Sklaven ähnlich. Sie wurden zunächst zum Anbau von Baumwolle nach amerikanischem Vorbild, dann auf Rinderfarmen und Zuckerrohrplantagen eingesetzt. 1868 versuchte die Kolonialregierung von Queensland, diesem Menschenhandel einen Riegel vorzuschieben, ohne Erfolg. 1872 trat in Großbritannien das Gesetz zum Schutz der Pazifik-Insulaner in Kraft, ebenfalls ohne Erfolg. 1890 wurde der weitere Einsatz von Kanaka in Queensland endgültig verboten, weil man auch hier angesichts der verschlechterten Wirtschaftslage Australiens und der zunehmenden Vorurteile gegen die „unzivilisierte" Lebensweise der Kanaka diese nunmehr lieber durch weiße Arbeiter und kleine Landbesitzer ersetzen wollte. Im Rahmen dessen kam ab 1891 eine Welle von italienischen Einwanderern nach Queensland. Daraufhin organisierten einige einflussreiche Plantagenbesitzer einen Aufstand und drohten sich abzuspalten und eine neue Kolonie in Nord-Queensland zu gründen, wenn sie nicht wieder die preiswerteren Sklaven aus dem Südpazifik einsetzen dürften. Und so wurde das Verbot 1892 wieder außer Kraft gesetzt.

Zu Beginn des 20. Jahrhunderts war Australien von einem hohen Grad an Rassismus gegen nicht-weiße, aber auch gegen südländische Völker geprägt, der sich in den Einwanderungsgesetzen der neuen föderalen Regierung von 1901 niederschlug. Diese wurden der Grundstein einer Politik, die als **White Australia Policy** (Weißes-Australien-Politik) bekannt wurde. Als Erstes trat der *Pacific Islanders Labourers Act* (Gesetz für Arbeiter der Pazifischen Inseln) in Kraft, der die Praxis des Menschenhandels ein für alle Mal abschaffte und festschrieb, dass ab 1904 keine weiteren Kanakas mehr „eingeführt" werden durften. 1906 wurden schließlich die in Australien lebenden ca. 57.000 Kanakas auf ihre Inseln repatriiert. Das zweite Gesetz von 1901 war der *Immigration Restriction Act* (Gesetz zur Einwanderungsbegrenzung), mit dem die Einwanderung von folgendem Personenkreis verhindert werden sollte: von geistig oder körperlich Kranken, Kriminellen, Prostituierten und von jedem, der kein 50-Wörter-Diktat in einer beliebigen (!) europäischen Sprache nach Wahl der Aufsichtsperson schreiben konnte. In der Praxis mussten sich nur Nicht-Europäer diesem Diktat unterziehen und nur wenige bestanden den Test. 1903 wurde im Einbürgerungsgesetz außerdem festgeschrieben, dass die Antragstellenden nicht aus Asien, Afrika oder von den Pazifischen Inseln stammen durften. Somit wurde die Aufnahme von nicht-europäischen Einwanderern massiv eingeschränkt.

Mit Beginn des **Ersten Weltkrieges** setzte jedoch auch eine Feindseligkeit gegen alle Nicht-Briten ein, insbesondere gegen Deutsche. Die Namen der kleinen deutschen Siedlungen in Australiens wurden anglisiert und die ehemals geschätzten Deutschen hatten nun einige Repressalien zu verkraften.

Während des Krieges kam der Einwanderungsstrom fast zum Erliegen und bei Kriegsende hatte Australien 65.000 Männer auf den Schlachtfeldern in Europa und im Nahen Osten verloren. Die australische Regierung sah sich daher genötigt, zur Stärkung der Bevölkerung eine **Immigrationskampagne** mit Postern, Filmen, Vorträgen und Presseberichten in Großbritannien zu starten, um mehr Einwanderer zu rekrutieren. Ab 1921 wurde dazu die Einwanderungspolitik mit ihren Quoten in die Hände der föderalen Regierung gelegt. Bis dahin hatte jeder Bundesstaat seine eigene Einwanderungspolitik innerhalb der groben Gesamtrichtlinie der föderalen Regierung verfolgt. Es wurde auch das **Empire Settlement Scheme** (Niederlassungsschema im Britischen Empire) beschlossen, wonach Großbritannien und die jeweiligen Herkunftsländer die Überfahrtskosten für Auswanderer jeweils zur Hälfte trugen und die Teilnehmer lediglich noch eine Gebühr von 6 Pfund zu entrichten hatten. Unter den sogenannten *assisted emigrants* (unterstützte Emigranten) waren auch viele Italiener, Griechen, Malteser, Polen, Jugoslawen und auch Libanesen, da man nicht genügend Briten motivieren konnte. Iren kamen auch nicht mehr, seit ihr Staat sich 1922 wieder von Großbritannien unabhängig machen konnte.

Während der **Weltwirtschaftskrise** 1929–1937 kam der Einwanderungsstrom erneut fast komplett zum Erliegen und die wirtschaftliche Not sorgte wiederum für Unruhe und neue Rassenkonflikte in Australien, die Ressentiments richteten sich nun vor allem gegen die zahlreichen Italiener und Jugoslawen. Die einzigen Immigranten waren im Prinzip ca. 7000 jüdische Flüchtlinge aus Nazi-Deutschland und Österreich; die Juden blie-

Hoffnung – junge Einwanderer aus Europa schiffen aus (1921)

012au Foto: na

ben jedoch ab Beginn des Zweiten Weltkrieges aus, weil es an Schiffen für die Überfahrt mangelte.

Nach dem Zweiten Weltkrieg begann man in Australien erneut mit einer massiven Einwanderungspolitik. Man hatte 39.366 Tote zu beklagen und es waren während des Krieges nur 29.365 Immigranten nach Australien gekommen. Die Notwendigkeit zur Vergrößerung der Bevölkerung sah man vor allem deshalb, weil das Land aus der Sicht der Australier von den Japanern im Zweiten Weltkrieg überrannt worden war (die Japaner zerstörten u. a. bei einem ihrer Luftangriffe 1942 Darwin und töteten 242 Menschen, weitere ca. 100 Menschen sollen in Broome einem Luftangriff zum Opfer gefallen sein, es gab weitere Luftangriffe, z. B. auf Katherine, Bathurst Island, Horn Island, Townsville, Mossman, Port Hedland, Wyndham und Exmouth; Sydney, Newcastle und Port Gregory wurden mit U-Booten angegriffen, australische Frauen im pazifischen Raum wurden interniert und hatten ebenso wie militärische Kriegsgefangene wenig Überlebenschancen). Einem weiteren Krieg könne man nur mit einer größeren Bevölkerung die Stirn bieten. Der Schlachtruf der Jahre hieß denn auch *Populate or Perish* (Bevölkere oder stirb). *Arthur Calwell* als der erste Minister für Einwanderungsangelegenheiten initiierte das erste **Migrationsprogramm,** das eine Bevölkerungszunahme um 1 % pro Jahr vorsah. Er proklamierte ganz offen eine *White Australia Policy* und versprach, dass für jeden einzelnen nicht-britischen Migranten zehn aus Großbritannien kommen würden. Die **rassistische Haltung** gegenüber nicht-weißen und insbesondere asiatischen Menschen hatte sich durch die Erfahrungen mit den Japanern während des Zweiten Weltkrieges verstärkt: Der Luftangriff der Japaner 1942 auf Darwin, der U-Boot-Angriff auf Sydney, die Kampfhandlungen im pazifischen Raum und die Brutalität der Japaner gegenüber den in Gefangenschaft geratenen Australiern vor allem in Singapur spielten dabei eine große Rolle und nährten die Angst vor der *Yellow Peril* (Gelben Gefahr). Die japanischen Perlenfischer in Broome und auf Thursday Island waren den Australiern ohnehin schon lange – wie auch die Chinesen seit dem australischen Goldrausch – ein Dorn im Auge, obwohl sie immer nur eine kleine Minderheit waren: 1911 z. B. gab es nur 3281 Männer und 208 Frauen japanischer Abstammung in Australien, und während des Zweiten Weltkrieges wurden viele Japaner insbesondere in den Perlenfischereiorten in Australien interniert. Mit der wachsenden Macht des Kommunismus in China waren auch chinesische Einwanderer in Australien nicht willkommen. Man sah sie ebenso wie die Japaner als „gelbe Gefahr" an, obwohl die Chinesen selbst Opfer der Japaner im Zweiten Weltkrieg gewesen waren.

Doch die *White Australia Policy* ließ sich nicht so strikt wie geplant verfolgen, da sich *Winston Churchill* in Großbritannien gegen die Massenabwanderung der britischen Bevölkerung aussprach. Ohne Immigranten aber konnte das Ziel, die Einwohnerzahl Australiens zu erhöhen und damit die Entwicklung des Landes voranzutreiben, nicht erreicht werden. Da die Preise für australische Exportprodukte gesunken waren und die Wirtschaftslage nicht gerade ideal war, sollten weniger Arbeiter rekrutiert werden, sondern mehr ganze Familien (um die Einwohnerzahl zu erhöhen, aber keine Arbeitslosenüberlast zu kreieren). Man musste sich so notgedrungen **umorientieren** und mit nicht-anglo-keltischen Einwanderern vorlieb nehmen.

Als Anreiz für die Einwanderung wurde am 26. Januar 1949 der *Nationality and Citizenship Act* (Nationalitäts- und Staatsbürgerschaftsgesetz) verabschiedet, womit die **australische Staatsbürgerschaft** eingeführt wurde. Bis dahin galt ein in Australien Geborener oder eingebürgerter Einwanderer jedweder Herkunft als *British Subject*. Das neue Staatsbürgerschaftsgesetz hatte den Vorteil, dass die Einwanderer nun als Australier klassifiziert wurden, denn welcher Ire, Deutsche, Holländer etc. wandert schon nach Australien aus, um ein *British Subject* zu werden?

Außerdem schloss die australische Regierung mit vielen vom Zweiten Weltkrieg zerrütteten Ländern Europas **Einwanderungsabkommen,** wie z. B. mit Polen, Niederlande, Skandinavien, Frankreich, Belgien, Italien, Rumänien, Bulgarien, Ungarn, Österreich, Griechenland, Spanien, West-

Deutschland und der Schweiz, aber auch mit den USA. Außerdem stellte Australien eine Flotte von zehn dem Staat gehörenden Dampfschiffen zur Verfügung, die zur „Einfuhr" der neuen Immigranten diente, neben vielen von Privatfirmen betriebenen Schiffen. Denn noch zwei Jahre zuvor bestand das größte Hindernis für die schnellere Bevölkerungszunahme darin, dass nicht genügend Schiffe zur Verfügung standen, um die willigen Immigranten nach Australien zu transportieren. Hinzu kam auch der Druck von den Vereinten Nationen, Heimatlose und Flüchtlinge aus aller Welt aufzunehmen und Australien nahm so 1950 die ersten 800 nicht-europäischen Flüchtlinge auf, womit die strikte *White Australia Policy* aufgehoben wurde.

Damit begann **der erste Einwanderungsboom im 20. Jahrhundert** und das Gros der über 420.000 nicht-britischen neuen Einwanderer zwischen 1949 und 1954 kam aus Deutschland, Italien, Niederlande, Malta, Neuseeland, Österreich, Griechenland, USA, Ägypten, Polen, Zypern, China, Papua-Neuguinea, Indonesien, Indien, Hong Kong, Malaysia, Kanada, Libanon, Tschecheslowakei, Südafrika, Fidschi, Singapur, Sri Lanka und Dänemark (in dieser Reihenfolge). Viele der neuen Einwanderer konnten die kommenden 25 Jahre Arbeit beim Bau des Snowy-Mountains-Wasserkraftwerks in Victoria und New South Wales finden, welches nicht nur zu einem der prestigeträchtigsten Bauvorhaben Australiens wurde, sondern für die Nationbildung von größter Bedeutung war. Denn hier wurde erstmals das Prinzip angewandt, auf einer Baustelle Einwanderer möglichst vieler verschiedener Nationalitäten einzustellen. Damit war eine Cliquenbildung unter gleichen Nationalitäten ausgeschlossen, und alle waren gezwungen, zur Verständigung Englisch miteinander zu sprechen, was zu einer schnellen Integration, wenn nicht gar Assimilation der neuen Einwanderer führte.

Mit der „Operation Reunion" von 1956 wurden die Familien aus der UdSSR und anderen osteuropäischen Staaten zusammengeführt, die während und unmittelbar nach dem Zweiten Weltkrieg ausgewandert waren. Infolgedessen kamen weitere 30.000 Einwanderer aus Jugoslawien, Polen, Ungarn, der UdSSR, Rumänien, der Tschecheslowakei und Bulgarien. Zusätzlich brachte der Aufstand in Ungarn 1956 weitere 14.000 Flüchtlinge nach Australien.

Um dennoch wieder mehr britische Bürger anzuziehen, wurde 1957 die Kampagne **Bring out a Briton** (Bringe einen Briten raus) gestartet, wobei britische Familien mithilfe eines australischen Sponsors, der ihnen bei der Einbürgerung half, nach Australien kommen sollten. Damit ihnen das Auswandern nach Australien so schmackhaft wie möglich gemacht würde, erhielten britische Einwanderer dieselben Rechte wie Australier in Bezug auf staatliche Sozialleistungen, während nicht-britische Einwanderer hier wesentlich mehr Auflagen erfüllen mussten.

1958 wurde der umstrittene willkürliche Diktat-Test abgeschafft, womit die Türen für nicht-europäische Einwanderer noch weiter geöffnet wurden. 1963 und 1964 wurden die **Einwanderungsgesetze weiter gelockert,** sodass Antragsteller nun auch einreisen durften, ohne an einem der Auswanderungsprogramme teilzunehmen. Diese Programme waren größtenteils von Großbritannien finanziert worden, zum Teil aber auch von den Staaten, mit denen ein entsprechendes Migrationsabkommen geschlossen worden war (u. a. Niederlande, Deutschland, Italien, Malta, USA, Griechenland). Das hieß, dass nach 1964 auch Bürger anderer Nationalitäten nach Australien auswandern konnten, sofern sie die Überfahrtskosten bezahlen konnten und ihnen genügend Rücklagen für die Anfangszeit zur Verfügung standen. Von da an wanderten viele Menschen aus Asien und dem Nahen Osten ein. Ab 1966 konnten Nicht-Europäer, die eine Aufenthaltsgenehmigung hatten, sich schon nach 5 Jahren einbürgern lassen und nicht wie zuvor erst nach 15 Jahren, was den Prozess der Familienzusammenführung extrem beschleunigte. Besonders die Immigrantenzahlen aus Hong Kong, Libanon, Indien, Malaysia, Philippinen, Singapur, Sri Lanka und der Türkei schnellten bis 1970 rasant in die Höhe, während die Zahlen aus den westlichen Ländern Europas weiter sanken. Der wirtschaftliche Aufschwung in Europa bot genügend Arbeitsplätze und einen politisch stabilen Lebensraum, sodass das Auswandern nach *Down Under* (unter *Down Under* verstand man früher Australien und Neuseeland, d. h. die Länder, die am anderen Ende der Welt unterhalb des Äquators liegen. Heute ist der Begriff jedoch in der Regel ausschließlich ein Synonym für Australien) immer weniger attraktiv wurde.

Mit dem Ende des Wirtschaftsbooms 1969 mehrten sich die besorgten Stimmen, ob Australien die jährliche **Quote** von 185.000 Einwanderern überhaupt in die australische Gesellschaft integrieren könne, und so wurde die jährliche Quote von Jahr zu Jahr weiter gesenkt und 1975 wegen der steigenden Arbeitslosenrate schließlich auf 50.000 festgelegt.

Seit 1972 war die Einwanderung an keinerlei Bedingung bezüglich Nationalität, Rasse oder Finanzkraft mehr geknüpft, damit wurde die **White Australia Policy offiziell beendet.** Alle Einwanderer konnten nunmehr auch schon nach 3 Jahren in Australien die australische Staatsbürgerschaft beantragen.

In Brisbanes Chinatown sind die Straßenschilder zweisprachig

013au Foto: eg

Etwa 1977 begann die **moderne australische Einwanderungspolitik,** die davon geprägt war, dass die australischen Behörden wieder wählerischer wurden und die Eignung eines Einwanderers auf seinen Willen zur Integration und den Grad seiner beruflichen Qualifikation hin überprüften. Unabhängig davon wurde jedoch auch ein Strom an **Flüchtlingen aus Indochina** aufgenommen, darunter auch die ersten *Boat People* aus Vietnam. Zwischen 1975 und 1980 kamen die meisten Immigranten (abgesehen von Großbritannien und Neuseeland) aus Vietnam, Libanon, Südafrika, Malaysia, Jugoslawien, Philippinen, Zypern, Italien, Chile, USA, Griechenland, Hong Kong, Türkei, Deutschland, China, Indien, UdSSR, Niederlande, Kanada, Irland, Singapur, Polen, Papua-Neuguinea, Indonesien, Korea, Sri Lanka, Malta, Fidschi und Ägypten (in dieser Reihenfolge) und die Einwohnerzahl stieg bis 1984 auf über 15 Mio. 1978 führte man Dreijahrespläne für die Immigration statt der bisherigen Einjahresplanung ein. Illegale Immigranten und solche, die ihre Visa überzogen, wurden nunmehr bestraft und deportiert. Nachdem noch mehr vietnamesische Flüchtlinge auf Booten ankamen, organisierte man einen Lufttransfer per Flugzeug von den Flüchtlingcamps in Südostasien nach Australien.

Zwischen 1980 und 1995 erlebte Australien wiederum einen großen Einwanderungsboom, vor allem aus Vietnam, Hong Kong, Philippinen,

Malaysia, Indien, China, Sri Lanka, Fidschi, Indonesien und Korea (in dieser Reihenfolge), der reflektiert, dass die ehemals diskriminierende **Einwanderungspolitik gegenüber Asiaten** wirklich abgeschafft worden ist. Entsprechend hat man auch die einstigen Einbürgerungsgesetze zuletzt 1986 dahingehend geändert, dass ein in Australien geborenes Kind die australische Staatsbürgerschaft bekommen kann, wenn schon ein Elternteil die australische Staatsbürgerschaft oder aber eine unbefristete Aufenthaltsgenehmigung hat. Dann gehört man nach Meinung der Australier zu den *lucky ones,* den Glücklichen!

Heute stellt sich Australien als eine bunte Gesellschaft dar, in der **Miteinander und Toleranz** ganz groß geschrieben werden. Hautfarben, Glaubensrichtungen und Traditionen verschmelzen im Straßenbild miteinander und werden zum Bestandteil der gesamten Gesellschaft. Am deutlichsten sind die Einflüsse in die australische Küche eingeflossen, wo es für junge Australier zur Selbstverständlichkeit gehört, in der Mittagspause eine malaysische Laksa-Suppe, japanisches Take-away Sushi, englisch belegte Sandwiches, italienischen Kaffee, griechisches Gyros, chinesische Wokgerichte oder vieles mehr zu verzehren. In South Australia isst man auch gerne deutsche Mettwurst. Schnell werden aus den Fremden einfach nur Australier. Der Taxifahrer, der gestern noch mit einem deutlichen ausländischen Akzent Englisch sprach, hat morgen Kinder, die akzentfrei pures australisches Englisch sprechen, sodass man sich fragt, ob sie die Muttersprache ihrer Eltern überhaupt noch beherrschen. „Gemischte" Liebespärchen und Ehepaare gehören zum Alltag und fallen in der australischen Gesellschaft heute immer weniger auf. Man wächst nun einmal zusammen – alle werden zu Australiern.

Natürlich ist nicht alles Eitel Sonnenschein: Es gibt auch in Australien Regionen und Zeiten, wo **diskriminierende und rassistische Ansichten** zum Ausdruck gebracht werden. Beispiele sind die Äußerungen von *Pauline Hanson* an der Spitze der *One Nation Party* in Queensland in den 1990er Jahren oder – wie auch weltweit zu beobachten – die zunehmende Diskriminierung von Moslems und Bürgern aus muslimischen Ländern als Folge der Entwicklungen seit dem 11. September 2001. Rückschläge gibt und gab es immer und wie historisch belegt werden kann, immer dann, wenn die wirtschaftliche Lage des Landes ins Wanken gerät oder eine Kriegshandlung die Bürger verunsichert und sie nach einem Sündenbock suchen lässt: Kurz nach Koloniegründung waren der Sündenbock die Strafgefangenen, ganz besonders die irischen, im 19. Jahrhundert waren es die Chinesen, Kanaka, Inder und Italiener, während des Ersten Weltkrieges waren es die Deutschen und alle Asiaten, während bzw. unmittelbar nach dem Zweiten Weltkrieg dann eigentlich alle außer Briten und

Iren und seit der zweiten Hälfte des 20. Jahrhunderts sind es die jeweils aktuellen Flüchtlinge und Asylsuchenden. Hat man die einen akzeptiert, hat man „Angst" vor den nächsten, die man noch nicht kennt. Dennoch spielt der Rassismus in Australien heute längst nicht mehr so eine große Rolle wie in vergangenen historischen Abschnitten, im Gegenteil: Verglichen mit vielen anderen Ländern liegt Australien heute ganz an der Spitze, was Toleranz und Akzeptanz gegenüber Fremden betrifft.

Allerdings hat der Medienrummel um die Tampa-Krise 2001 diesbezüglich deutlich am Lack von Australien gekratzt. Australien hatte damals vorwiegend afghanische und irakische Asylsuchende in internationalen Gewässern abgefangen, damit diese gar nicht erst auf australischem Boden landen und damit von Australien nicht aufgenommen werden müssen. Dieses Vorgehen wurde z. B. von Amnesty International als unvereinbar mit den Grundsätzen der internationalen Flüchtlingspolitik verurteilt. Dies setzte in Australien auch wieder die **Bevölkerungsdebatte** in Gang, wo es um die dringende Frage geht, welche Bevölkerungsgröße für Australien überhaupt tragbar ist, denn obwohl der Kontinent groß ist, sind die bewohnbare Fläche und die natürlichen Ressourcen, allen voran Wasser, jedoch äußerst beschränkt. Die *One Nation Party* von *Pauline Hanson* hatte dieses Thema immer wieder in den Vordergrund gerückt, jedoch in Verbindung mit solch diskriminierenden Auffassungen wie z. B., dass man keine Arbeitslosen und Sozialhilfeempfänger bräuchte. Die Regierung *Howard* hat sich weder damals noch jetzt dem Thema der *sustainability* (Tragbarkeit) der Populationsgröße so richtig gestellt. Ihre Politik tritt lediglich für Qualität und nicht für Quantität ein, d. h. wenn es nach der Regierung geht, dürfen endlos viele gebildete, betuchte Menschen aus aller Welt einwandern, ungeachtet der Tragbarkeit für die endlichen Ressourcen des Kontinents. Eine Bevorzugung von *skilled migration* (Einwanderung von qualifizierten Arbeitskräften) gegenüber der Einwanderung von Asylsuchenden wurde daher auch vom Volk als diskriminierend empfunden und abgelehnt.

Insgesamt werden die 1974 durch Australien ratifizierte „Internationale Konvention zur Beseitigung jeder Form von Rassendiskriminierung" von den Vereinten Nationen und das daraus 1975 hervorgegangene australische *Racial Discrimination Act* (Rassendiskriminierungsgesetz) von Staat und Bevölkerung sehr ernst genommen. Daher hat man in Australien im Allgemeinen eine äußerst gesunde **Abneigung gegen Rassismus** und arbeitet zumindest beständig daran, die Situation immer weiter zu verbessern. Die Erfolge sieht man in den Straßen einer solchen kosmopolitischen Metropole wie Sydney, wo auffallend viele „gemischt-rassige" Pärchen Hand in Hand durch die Straßen gehen.

Die Aboriginals

Wissenschaftler sind sich nicht ganz einig über den genauen Zeitpunkt, an dem sich die *Australian Aboriginals,* sprich die einheimischen Völker Australiens, auf dem Kontinent niederließen, aber es ist mindestens vor 45.000 Jahren gewesen, wenn nicht gar vor 60.000 Jahren! An den Namen der vielen verschiedenen Völker hatten die Australier seit 1788 nur wenig Interesse und nannten die Ureinwohner - wie auch in Kanada - vereinfachend *Aborigines* nach dem Lateinischen *ab origine,* sprich „vom Ursprung". Die indigene Bevölkerung selbst bevorzugt den adjektivischen Begriff *Aboriginal* (einheimisch), statt als *Aborigine* bezeichnet zu werden, als handele es sich um eine Volksbezeichnung. Diese Volksbezeichnung ist insbesondere dann doppelt unpassend, wenn es sich bei der Person um einen halbblütigen, viertelblütigen, achtelblütigen etc. Aboriginal handelt, der sich - wenn er möchte - genausogut als „weiß", „europäisch" oder „chinesisch" bezeichnen kann, ja nachdem welcher Herkunft der andere Elternteil, Großelternteil etc. war.

Auf dem australischen Kontinent lebten die Aboriginals im Prinzip komplett isoliert vom Rest der Welt, bis „ihr" Kontinent Ende des 17. Jahrhunderts durch holländische Seefahrer der Vereinten Ostindischen Kompanie auf dem Weg zum indonesischen Archipel erstmals durch Europäer betreten wurde. Zuvor hatte es nur vereinzelten Kontakt zu macassischen Trepang-Fischern gegeben. Die **Berichte über die Aboriginals** waren nicht gerade positiv, denn bei den Zusammentreffen gab es tödliche Auseinandersetzungen: Nachdem 9 Besatzungsmitglieder des holländischen Handelsschiffes „Duyfken" 1606 bei dem Versuch, einen Handel anzubieten, von Aboriginals getötet worden waren, berichtete der Kapitän *Willem Jansz* über die Aboriginals, dass es „heidnische Menschenfresser" und „wilde grausame schwarze Barbaren" seien. Als der australische Kontinent im Namen Großbritanniens in Besitz genommen und die Kolonie aufgebaut wurde, lebten schätzungsweise zwischen 300.000 und 1 Mio. Aboriginals auf dem Kontinent.

Und doch legte Kapitän *James Cook* bei seiner Inbesitznahme 1770 fest, dass es sich um **Terra Nullius** (Niemandsland) handelte. Damit war nicht etwa die Abwesenheit von menschlichen Wesen gemeint, sondern vielmehr die Abwesenheit einer zivilisierten Bevölkerung im westlichen Sinne. Es war ein legales Konzept aus dem 17. Jahrhundert, das es erlaubte, Land in Besitz nehmen zu dürfen, wenn es nicht schon von einem anderen zivilisierten Staat in Besitz genommen worden war. Und „wilde, grausame, schwarze Barbaren" zählten nun einmal nicht zu zivilisierten Menschen. Diese Einschätzung resultierte in der Auffassung, dass man die Wünsche oder gar Rechte der Aboriginals nicht ernst nehmen musste. Die Aboriginals gehörten quasi fortan zum Besitz Großbritanniens. Als die Strafgefangenenkolonie schon sechs Monate nach ihrer Gründung einen Versorgungsengpass erlebte, beschloss der erste Gouverneur *Arthur Philip,* **Kontakt mit dem einheimischen Eora-Volk** aufzunehmen (den Aboriginals der Sydney-Region), um festzustellen, welchen Nutzen man aus der Anwesenheit der Aboriginals für die Kolonie ziehen könne. Daraufhin ließ *Philip* den Eora-Mann *Arabanoo* kidnappen, damit er von diesem mehr über die Kultur und die Sprache der Eora lernen könne. Zunächst legte man ihn in Ketten, später jedoch „vertraute" man ihm, steckte ihn in europäische Kleidung und lehrte ihn Englisch. Mit Ausbruch einer Pockenepidemie in April 1789 starb *Arabanoo,* wie viele seines Volkes. *Philip* ließ daraufhin wiederum zwei Eora kipnappen: *Bennelong* und *Colebee,* die ins Haus des Gouverneurs gebracht, gebadet, eingekleidet, gefüttert und bewacht wurden. *Colebee* entfloh nach 17 Tagen, aber *Bennelong* lernte durch Gouverneur *Philip* Englisch, der ihn als Übersetzer nutzte. *Bennelong* wurde zum Vermittler zwischen Eora und Kolonisten, lebte in der für ihn gebauten Steinhütte am später so benannten Bennelong Point, wo heute das Sydney Opera House steht, und reiste 1792 sogar mit dem Gouverneur nach England. Dort sorgte er für großes Aufsehen, weil er entgegen den Erwartungen der Briten kein völliger Wilder war. Spätestens hier hätte man in England die Annahme von *Terra Nullius* anpassen müssen, aber dies geschah nicht. Man blieb dabei, dass die Eora als Jäger und Sammler in den Augen der Kolonisten nichts zum Handeln oder Ähnliches zu bieten hatten und somit nicht dem Profil eines zivilisierten Volkes entsprachen. 1795 kehrte *Bennelong* nach Australien zurück, wo er schließlich - entfremdet von seinem eigenen Volk, aber auch nicht zu den Kolonisten gehörend - 1813 an übermäßigem Alkoholkonsum starb.

Der Frontier Conflict

Die einheimische Bevölkerung wurde immer mehr in die Enge getrieben. Ihr Land, ihre heilige Stätten, die seit Jahrhunderten für Initiierungszeremonien (Initiierung: Einführung von Jugendlichen in den Kreis der Erwachsenen bei Naturvölkern) genutzt wurden, verschwanden unter der schnell wachsenden Siedlung an Sydney Cove. Immer mehr Menschen des einst in der Sydney-Region lebenden Eora-Volkes starben an Hunger, weil die Kolonisten die Tiere rigoros jagten und die Fischgründe in Port Jackson nahezu leer fischten. Darüber hinaus starben die Eora in Massen an der Pockenepidemie. Daher war es kein Wunder, dass die einheimische Bevölkerung sich nun gegen die Eindringlinge zur Wehr setzte. Der

erste einheimische Widerstandskämpfer war *Pemulwuy,* der schließlich 1802 ein grausames Ende fand. Er wurde erschossen, enthauptet und sein Haupt wurde in Alkohol präpariert nach England an *Joseph Banks* angeblich zu wissenschaftlichen Zwecken geschickt.

Von da an kam es immer wieder zu **blutigen Konflikten** zwischen den Farmern, die ab Ende der 1850er Jahre immer weiter in das Hinterland der verschiedenen Kolonien expandierten. Während im Südosten Australiens die indigene Bevölkerung schon in den Anfangszeiten der Kolonialisierung durch Krankheitsepidemien ausgerottet worden war, lebten in den bis dahin abgeschiedenen Gebieten Queensland und Western Australia Ende der 1850er Jahre tatsächlich noch große Stämme zusammen, die sich gemeinsam gegen die Invasion zur Wehr setzen. Die **Expansionspolitik** wurde von den Kolonialverwaltungen mithilfe von berittenen Polizisten durchgesetzt, wobei man zusätzlich immer auch sogenannte *trooper* einsetzte. Dies waren Aboriginals aus anderen Gebieten, die mit der Hilfstätigkeit für die Polizisten einem Gefängnisaufenthalt entgehen konnten, zu dem sie für ein geringes Vergehen verurteilt worden waren. Man machte sich so vor allem die Fähigkeiten der Aboriginals im Spurenlesen zunutze und nahm der sich zur Wehr setzenden Bevölkerung den „Heimvorteil".

Die Kämpfe an allen Fronten der sich ausbreitenden Kolonien, heute als **Frontier Conflict** („Konflikt an der Front" als Anspielung auf die Kriegsfront zwischen eindringenden Kolonisten und verteidigenden Aboriginals) bekannt, forderten unter den Aboriginals viele Opfer (weitaus mehr Aboriginals starben allerdings durch die von den Kolonisten eingeschleppten Krankheiten). Schätzungen von *Henry Reynolds* zufolge, dem bekanntesten modernen Historiker für die Geschichte der Aboriginals, sollen seit Ankunft der Europäer ca. 2000 australische Kolonisten durch Aboriginals getötet worden sein, dagegen sollen mehr als 20.000 Aboriginals in Kampfhandlungen umgekommen sein. Und das obwohl die Gesetzgebung schon seit den 1830er Jahren die Tötung oder Verletzung von Aboriginals als Straftat definierte. In der Praxis begegnete man aber immer den Tätern aus den Reihen der Kolonisten mit Milde und ging besonders unbarmherzig gegen Aboriginals vor, die einen Kolonisten – egal aus welchem Grund – auf dem Gewissen hatten. Bekannt geworden sind vor allem das viel diskutierte **Massaker** bei Coniston Station im Northern Territory von 1928, wobei einige örtliche Siedler und Polizisten insgesamt 31 Aboriginals töteten, die Tötung von 14 Aboriginals durch 25 berittene Polizisten im Pinjarra-Massaker 1837 in Western Australia, das Myall-Creek-Massaker, wo Siedler 28 Aboriginals erschossen und verbrannten (mehrheitlich Frauen und Kinder), aber auch die gewaltsame Aussiedlung der tasmanischen Aboriginals nach Flinders Island 1830, wobei viele starben.

Viel diskutiert werden diese und viele anderen Vorkommnisse vor allem von dem Historiker *Henry Reynolds* auf der einen Seite, der konsequent das **Los der indigenen Bevölkerung in der australischen Geschichte** thematisiert, welches bislang von den Geschichtsschreibern totgeschwiegen wurde - die sogenannte *the great silence* (die große Stille). Er und die ihm gleichgesinnten Historiker werden als Fraktion des *black armband* (schwarze Armbinde = Trauer) bezeichnet; sie wurden vom australischen Premierminister *John Howard* bei dessen dritter Wiederwahl 2001 scharf kritisiert. Auf der anderen Seite steht die Fraktion des *white blindfold* (weißes Blindentuch), die einfach nichts gesehen und gehört haben will, mit dem Historiker *Keith Windschuttle* an der Spitze, der die Meinung vertritt, dass die Zahlen der bei den Konflikten getöteten Aboriginals viel zu hoch gegriffen seien und nicht belegt werden könnten. Frei nach dem Motto „Unschuldig, bis die Schuld bewiesen ist" weist er *Reynolds* Ansätze zurück.

Tatsache ist, dass es viele Bruchstücke von Geschichten gibt, die von den Massakern erzählen, sowohl aus indigenen als auch aus nicht-indigenen Quellen. Tatsache ist, dass man bei Gründung des *Commonwealth of Australia* verstärkt begann, die halbblütigen Aboriginals abzusondern, von denen man glaubte, dass sie bessere Überlebens- und Eingliederungschancen haben. Tatsache ist auch, dass die hohe Zahl an Mischlingskindern nicht mit lauter Liebesverbindungen zu erklären ist und schließlich in den meisten Fällen die Mütter indigene Frauen, die Väter aber Weiße waren. Wenn man eins und eins zusammenzählt, ist deutlich, dass die Haltung der nicht-indigenen Bevölkerung gegenüber der indigenen Bevölkerung nicht von nachbarschaftlicher Liebe geprägt gewesen sein kann. Dass alle Zahlen reine Schätzungen sind, liegt ohnehin vor allem daran, dass die Kolonialregierung auch nach Föderationsgründung 1901 die indigene Bevölkerung von der Volkszählung ausnahm – so wenig Wert maß sie dem Leben der indigenen Bevölkerung bei. Erst seit 1949, als die australische Staatsbürgerschaft geschaffen wurde und auch Aboriginals als australische Staatsbürger galten (aber dennoch nicht dieselben Rechte genossen wie die nicht-indigene Bevölkerung), wurden sie in die Volkszählungen eingeschlossen, allerdings blieb bis in die 1970er Jahre die Definition von Aboriginals auf Vollblütige beschränkt. Fakt ist letztendlich, dass man bei der Volkszählung 2001 nur 460.140 Aboriginals und Torres Strait Islander (eine Volksgruppe von den Torres-Strait-Inseln, die nichts mit den Aboriginals gemein hat – siehe Kapitel „Die stereotypen Aussies": „Die ‚dunkelhäutigen' Ureinwohner") zählte, womit die indigene Bevölkerung nur knapp über **zwei Prozent der australischen Gesamtbevölkerung** ausmacht.

Die Assimilationspolitik

In der Gründerzeit des modernen Australien betrachtete man die Aboriginals als eine aussterbende Rasse. Deren Aussterben wurde hingenommen wie das Aussterben einer Tier- oder Pflanzenart und rief in der Regel nicht mehr als ein Achselzucken hervor. Dabei waren die Haupttodesursachen die von den Kolonisten eingeschleppten **Krankheiten,** z. B. Pocken, Windpocken, Influenza, Masern, aber auch Atemwegs- und Geschlechtskrankheiten, gegen die Hunderttausende von Aboriginals keine Immunität entwickelt hatten. Dieses Wegsterben der Aboriginals bewegte die Kolonialregierungen auch zu einer Politik der **erzwungenen Assimilation,** die durchaus wohl gemeint war, weil man es einfach nicht besser wusste. Gouverneur *Lachlan Macquarie* gründete bereits 1815 die *The Native Institution* (Eingeborenen-Institution) in Parramatta, wo die Kinder von Aboriginals, insbesondere Halbblut-Kinder, die „neue Lebensart" erlernen sollten. Da die Kinder nicht freiwillig kamen, wurden Soldaten zum Kidnappen von Kindern ausgesandt. In den 1830er und 40er Jahren brachte man Aboriginals oft Hunderte von Kilometern entfernt von ihrer Heimat in **Reservationen oder christlichen Missionen** unter, wo nur Englisch gesprochen wurde und die Aboriginals ihre Kultur nicht ausüben durften. Ihnen wurde das Recht auf und die Kompetenz zur Organisation ihres eigenen Lebens abgesprochen.

Ab 1860 wurden nach dem Vorbild Victorias in den einzelnen Kolonien **Kommissionen zum Schutz der Aboriginals** gegründet. In Queensland sorgte z. B. das *Protection Act* (Schutzgesetz) von 1897 dafür, dass die Regierung die indigene Bevölkerung legal in **Reservaten** internieren durfte (1938 waren es 7525, 1968 waren es 8500). Die Größe des australischen Kontinents bot den Aboriginals aber auch immer wieder ein Schlupfloch vor den eher „kurzen Armen" der Gesetzeshüter. Das Land war einfach zu groß und die Kolonien bzw. später Bundesstaaten hatten alle unterschiedliche Nuancen in der Gesetzgebung. Die Aboriginals, die sich der Internierung in Reservaten entzogen, duldete man somit am Rand der Armutsviertel der Städte, so lange sie nicht mit dem Gesetz in Konflikt gerieten.

Durch diese **Entwurzelung** wurde die traditionelle Lebensweise unmöglich gemacht, denn die Traditionen eines indigenen Volkes der Jäger und Sammler sind an seine Heimat gebunden, in der die Gesetze der Ahnen das Leben bestimmen und die „Heiratsgesetze" die gesunde Entwicklung des Volkes garantieren. Die Lebensweise der Aboriginals ist stark an das Land gebunden, von dem sie stammen. Durch die Trennung von diesem Land wurden sie im Prinzip arbeitslos auf einem Kontinent, auf dem sie sich zuvor über ca. 40.000 Jahre hatten ernähren können.

Neben dem *Protection Act* regelte eine Vielzahl an ähnlichen Gesetzen die Geschicke der Aboriginals – selten zu ihrem Vorteil. Es war den Aboriginals z. B. je nach Kolonie bzw. Bundesstaat verboten, einen Pub zu betreten und ohne Genehmigung zu heiraten. Die Kommissionen durften vor allem halbblütige indigene **Kinder von ihren Familien entfernen** und in Erziehungsheime stecken. Bei einer föderalen Konferenz über die Wohlfahrt der Einheimischen 1937 wurde beschlossen, dass die Assimilation der Halbblut-Aboriginals dabei helfen würde, sie langfristig in die australische Gemeinschaft einzugliedern. Der Besuch einer öffentlichen Schule wurde Aboriginal-Kindern erst ab 1946 nach Vorlage eines Gesundheitszeugnisses gestattet.

Abgesehen von *Bennelong,* dem Vorzeige-Aboriginal von Gouverneur *Philip,* avancierte auch der Maler *Albert Namatjira* zu einem Vorzeigebeispiel für die Assimilationspolitik. Als auf dem Melbourner Kunstparkett erfolgreicher Aquarell-Landschaftsmaler von der Hermannsburg Lutheran Mission im Northern Territory erhielt er 1957 als erster Aboriginal tatsächlich die **australische Staatsbürgerschaft** mit allen Rechten und Pflichten wie die nicht-indigenen Staatsbürger zuerkannt, durfte wählen, leben, wo er wollte und Alkohol kaufen, was der Mehrheit der indigenen Bevölkerung im Northern Territory nicht gestattet war. Schon 1958 jedoch wurde er von der Polizei in Alice Springs des Alkoholschmuggels angeklagt. Er wies den Vorwurf von sich, legte vor dem Supreme Court und dem High Court jeweils Berufung ein, verlor aber und landete für zwei Monate im Gefängnis. 1959 verstarb er. Ein neues Staatsbürgerschaftspapier ändert eben nicht von heute auf morgen den in den Köpfen der Menschen herrschenden Rassismus.

Bis 1972 wurden offiziellen Quellen zufolge mindestens 30.000 **Halbblut-Aboriginal-Kinder von ihren leiblichen Eltern getrennt** und stattdessen von Pflegefamilien oder in Einrichtungen groß gezogen. Es wird jedoch vermutet, dass die tatsächliche Zahl wesenlich höher ist und bei über 100.000 liegt. Diese Generation nennt man *Stolen Generation* (Gestohlene Generation). Abgesehen davon, dass das Trennen der Kinder von ihren leiblichen Eltern schon ein grausamer Akt ist, wurde es jedoch noch menschenunwürdiger, weil man den Kindern vermittelte, dass alles das, was bisher ihr Leben ausgemacht hat, ihre Herkunftsfamilie und ihre Rasse, schlecht sei. Der Kontakt zu den leiblichen Familien der Kinder wurde unterbunden, die Lebensbedingungen in den Kinderheimen waren hart, die Ausbildung dagegen war mangelhaft, für geleistete Arbeit erhielten die Kinder keinen Lohn, körperliche Züchtigung und sexueller Missbrauch waren an der Tagesordnung. Die wenigsten berichteten von einer glücklichen Kindheit.

Die **australische Apartheid** erreichte jedoch nie ein solch extremes Niveau wie in Südafrika. (Ein frisch eingewanderter farbiger Südafrikaner in Hobart beantwortete meine Frage, warum er ausgerechnet nach Australien ausgewandert sei, wo Farbige wahrlich keinen einfachen Stand hätten, damit, dass es im Vergleich zu dort, wo er herkomme, nicht schlimm sei und am Ende nur die Freunde zählten, die man vor Ort habe.)

Im Norden Australiens wurden viele Aboriginals als Arbeitskräfte auf den Vieh- und Schaffarmen und in der Perlenfischerei eingesetzt, wobei sie wie Sklaven nur mit Naturalien bezahlt wurden. Nachdem 1897 in Queensland das *Protection Act* (Schutzgesetz) festlegte, dass die Regierung von Queensland jederzeit über jeden Aspekt im Leben eines Aboriginals frei verfügen konnte, wurden viele Aboriginals per Zwang in Reservate interniert, wo sie für die Regierung zu arbeiten hatten. 1904 verpflichtete die Regierung Queenslands die Aboriginals, die bei anderen Arbeitgebern als der Regierung arbeiteten, Arbeitsverträge abzuschließen, die eine **Kontrolle der Löhne** seitens der Regierung vorsahen – im Klartext hieß das, die Gelder flossen direkt in die Taschen der Polizei und nur ein „Taschengeld" blieb beim Arbeitgeber zur Ausgabe an den Arbeiter. Darüber hinaus beinhalteten diese Arbeitsverträge, dass die **Bankkonten** der Aboriginals der Obhut der Regierung von Queensland unterstellt wurden; eine Abhebung von ihren Konten wurde den Aboriginals in der Folgezeit fast immer verwehrt. Ab 1910 forderte die Regierung Queenslands auch eine Abgabe von der indigenen Bevölkerung in den Reservaten. 1919 wurden in Queensland die Löhne der Aboriginals für Tätigkeiten in der Landwirtschaft auf 66 % der „weißen Löhne" festgelegt, aber da den Aboriginals davon nur ein minimaler Betrag ausgezahlt wurde, mussten sie quasi für Kost und Logis in den Reservaten arbeiten.

Ab 1968 wurden diese Gesetzgebungen langsam wieder gelockert, aber de facto blieb es bis 1987 bei der ungleichen Entlohnung, bis z. B. die Bundesregierung von Queensland die gesamte Administration der Reservate an den selbstverwalteten *Aboriginal Council* (Rat der indigenen Bevölkerung) übertrug, ohne jedoch die einbehaltenen Löhne auszuzahlen. Seitdem kämpft die indigene Bevölkerung um die **Rückzahlung dieser Gelder.** 1996 verlor das Bundesland Queensland den Prozess gegen die Menschenrechtskommision, zahlte jedoch nicht die vorgeschlagenen 7000 $ für jeden sechsten Arbeiter. Seitdem gibt es ein Schlichtungsangebot nach dem anderen, ohne dass bisher eine Lösung in Sicht ist. Auch in New South Wales und Victoria gibt es gerichtliche Auseinandersetzungen um die Rückzahlung der Gelder. Dieser **Skandal um die Stolen Wages** (Gestohlene Löhne) droht nun sogar den Skandal um die *Stolen Generation* in den Schatten zu stellen.

Die Wiedergutmachungspolitik

Nach dem Ersten Weltkrieg stellte man auch in Australien, dem weltweiten Trend folgend, den Wert der sogenannten Zivilisation in Frage und besann sich auf eine neue, humanitärere Betrachtung der indigenen Bevölkerung sowie auf eine Anti-Kolonialpolitik. Die Weltwirtschaftskrise ließ die kritischen Stimmen zunächst wieder verstummen, bis nach dem Zweiten Weltkrieg die Politik gegenüber der indigenen Bevölkerung und den in Australien lebenden Minderheiten allgemein geändert wurde. Maßgeblich war dafür die **Allgemeine Erklärung der Menschenrechte** 1948 durch die Vereinten Nationen sowie ihre „Internationale Konvention zur Beseitigung jeder Form von Rassendiskriminierung" 1969. Vorreiter war hier 1966 wie oft in der australischen Geschichte der Bundesestaat South Australia mit dem *Prohibition of Discrimination Act* (Gesetz zum Verbot von Diskriminierung).

Ohne den engagierten Aktivismus von Studenten und Aboriginals änderten die neuen Gesetze allein jedoch wenig. Inspiriert von *Martin Luther Kings* gewaltfreien *Freedom Rides* (Freiheitsfahrten) in den USA, organisierte 1965 eine Gruppe von 29 Studenten der *Sydney University* den ersten **Freedom Ride** als Bustour zu Städten im Outback von New South Wales, wo Rassentrennung praktiziert wurde. Bei den ersten Städten im Westen von New South Wales sammelten sie nur Informationen, aber in Walgett, wo relativ viele Aboriginals leben, setzten sie sich damit auseinander, dass die Aboriginals aufgrund ihrer Rasse keinen Zutritt im *Returned Soldiers League (RSL) Club* hatten, obwohl sie wie die anderen Kriegsveteranen ebenfalls im Krieg gedient hatten. Die Studenten errichteten daraufhin eine Blockade außerhalb des *RSL Club* und debattierten mit der Bevölkerung über die Beweggründe für diese Rassentrennung. Erbost über die Demonstration, warf der Vikar sie aus der anglikanischen Kirche, wo sie übernachten sollten. Sie wurden daraufhin von den Bewohnern der Stadt noch am selben Abend aus der Stadt gejagt, verfolgt und es wurde versucht, ihren Bus von der Straße zu drängen. Schließlich gaben die Bedränger auf und die Gruppe fuhr zurück nach Walgett und meldete den Vorfall der Polizei.

In der Stadt Moree durften die Aboriginals das öffentliche Schwimmbad nicht nutzen. Die Studenten holten daraufhin acht Kinder aus dem nahe gelegenen Aboriginal-Reservat ab und kauften für sich und die Kinder Eintrittskarten und verlangten Einlass. Nach vielen Diskussionen wurden die Aboriginals endlich hineingelassen, aber nicht ohne zuvor auf Sauberkeit untersucht zu werden. Doch nachdem die Studenten die Stadt verlassen hatten, wurde das Verbot der Schwimmbadnutzung für Aboriginals erneuert, also beschloss die Gruppe, nach Moree zurückzukehren und die Aktion zu wiederholen. Diesmal versuchte man schon, sie daran zu hindern, Kinder aus dem Reservat abzuholen, ließ sie das Schwimmbad nicht betreten und führte sie dann mit Polizeigewalt ab. Dabei wurden die Studenten von der örtlichen Bevölkerung mit Kieselsteinen, Tomaten und faulen Eiern beworfen, bespuckt und angebrüllt. Sie wurden von der Polizei aus der Stadt eskortiert, von wo aus sie ihren Freedom Ride noch eine Woche lang fortsetzten und schließlich 3200 km gefahren waren, bevor sie nach Sydney zurückkehrten. Anschließend gründeten die Studenten zusammen mit aktivistischen Aboriginals Organisationen, um weiter mit ähnlichen Aktionen gegen die Rassendiskrimierung vorzugehen. Sie kehrten so z. B. auch nach Walgett zurück und schafften es schließlich, dass Aboriginals auch ins Kino gehen durften. Zu der mehrheitlich weißen Gruppe von Studenten gehörte auch der Aboriginal *Charles Perkins,* der selbst zur *Stolen Generation* gehörte und der in den nachfolgenden Jahren zu einer Ikone für die Sache der Aboriginals wurde und sich bis zu seinem Tod im Jahr 2000 aktiv für die Belange der Aboriginals einsetzte.

Im **Referendum von 1967** sprach sich das australische Volk mit einer deutlichen Mehrheit von 90,77 % für die Streichung von zwei Passagen in der Verfassung aus, die Aboriginals offen diskriminierten. Die Assimilierungspolitik wurde abgeschafft und stattdessen ein **Selbstbestimmungsrecht für die Aboriginals** eingeräumt. Seitdem sind Aboriginals auch erst de facto wahlberechtigt. Außerdem wurden bessere Methoden entwickelt, um sie bei der Volkszählung als Aboriginals zu erfassen, bis dahin durften nur vollblütige Aboriginals sich als solche identifizieren. Allerdings ließen die Gesetze zur Gleichstellung, Annäherung und Wiedergutmachung in den Bundesländern Queensland und Western Australia noch bis weit in die 1970er Jahre hinein auf sich warten. Auch wurde die Praxis der Trennung der hellhäutigen indigenen Kinder von ihren Familien noch bis 1972 weitergeführt.

Ein weiteres historisches Event war die Errichtung der **Aboriginal Tent Embassy** (Diplomatische Vertretung der Aboriginals im Zelt) in Canberra. Das erste Zelt wurde 1972 vor dem alten Parlamentsgebäude errichtet als Symbol für die Vertretung der Interessen von Aboriginals – insbesondere im Hinblick auf Landrechte und Kompensationszahlungen an die Aboriginals für die Zerstörung ihrer Reservate durch den Bergbau. Aus dem

In den Nationalparks findet man
Informationstafeln an Orten, die den Aboriginals heilig sind

014au Foto: ab

ganzen Land kamen hier Aboriginals zusammen für einen friedlichen Protest gegen die Politik, die ihnen ihre Rechte vorenthält. Die *Tent Embassy* wurde immer wieder von der Polizei entfernt, aber ebenso oft wieder aufgebaut. 1992 z. B. forderten die Aboriginals, dass die australische Regierung die Aboriginals als die rechtmäßigen Eigentümer des Kontinents anerkennen solle. Im Laufe der Protestaktion drangen sie auch ins Parlamentshaus ein, bis sie von der Polizei zur *Tent Embassy* zurückgebracht wurden. 1995 wurde die *Tent Embassy* sogar als australisches Kulturerbe anerkannt und seitdem ist es eine permanente Institution, die jedoch auch 2003 wieder ins politische Kreuzfeuer geriet und abgerissen zu werden drohte.

In die Wiedergutmachung und Gleichstellung der Aboriginals kam Bewegung seit dem **Mabo-Urteil** 1992. Im Prozess von *Eddie Mabo* und vier anderen Aboriginals von Murray Island in der Torres Strait erkannte der Oberste Gerichtshof nach zehn Jahren an, dass ihre Landrechte als Urbevölkerung nicht durch die Kolonialisierung Australiens verwirkt sind. Damit wurde ein für alle Mal anerkannt, dass es nie ein *Terra Nullius* (Niemandsland) gegeben hatte und dass es sich bei den Aboriginals sehr wohl um ein zivilisiertes Volk handelt. 1993 wurde auf nationaler Ebene der **Native Title Act** (Gesetz über Rechtsansprüche der Ureinwohner) unterzeichnet, wonach die Aboriginals Land verwalten dürfen, sofern diese Gebiete nicht schon von nicht-indigener Bevölkerung bewohnt werden (nachdem es in South Australia entsprechende Gesetzgebungen schon ab 1966 gab und im Northern Territory ab 1976). Dieses Verwaltungsrecht ist also keine Gefahr für bestehenden Privatbesitz und es kann von der Regierung auch wieder entzogen werden, wenn das Land nicht in Übereinstimmung mit den Traditionen und Gebräuchen der indigenen Bevölkerung verwaltet wird. 1996 folgte die **Wik-Entscheidung** des Obersten Gerichtshofes, demzufolge das Wik-Volk in Cape York an der Nordspitze von Queensland das Recht zugesprochen bekam, auf seinem traditionellen Land Zeremonien abhalten zu dürfen, sofern das Land im Besitz der Regierung ist und die Viehtreiber, die das Land zum Grasen ihres Viehs nutzen, nicht gestört werden.

Mit diesen Grundsatzentscheidungen wurde auch eine **neue wirtschaftliche Grundlage für die indigene Bevölkerung** geschaffen, die nunmehr für die Nutzung ihres Landes durch Bergwerksunternehmen ein Einkommen erhielten, da diese dafür eine Gebühr zu entrichten hatten. 2001 nahmen die indigenen *Communities* auf diese Weise insgesamt 12,6 Mio. $ ein. Für die Folgeschäden der durch die britische Regierung 1953 in Emu („Operation Totem"), 1956 und 1957 in Maralinga (nördlich von Ceduna) ausgeführten Atomtests, aufgrund derer viele Aboriginals der Region erblindeten, Hautkrankheiten bekamen, an den Folgen der Verstrahlung verstarben und nicht zuletzt ihre verseuchte Heimat verlassen mussten, zahlte die britische Regierung 1995 endlich eine Entschädigung in Höhe von 13,5 Mio. $. Das vertriebene Volk dieser Region lebt nun von den Zinsen des angelegten Geldes.

Eine weitere Einkommensquelle für die indigene Bevölkerung in den *Communities* im Outback ist der Verkauf ihrer Kunst durch Kunstgalerien, die 2000 insgesamt 36 Mio. $ einbrachte. Dennoch hat sich seit der Volkszählung 1976 nicht viel an dem **Pro-Kopf-Einkommen der indigenen Bevölkerung** geändert; es ist immer noch weniger als halb so hoch wie das der australischen Gesamtbevölkerung. Das Durchschnittseinkommen der indigenen Bevölkerung beträgt 190 $ wöchentlich und das der gesamten australischen Bevölkerung 292 $. Auch die Arbeitslosenquote unter der indigenen Bevölkerung ist mit 22,7 % wesentlich höher als die gesamtaustralische von 9,2 % (Zensus-Daten 1996).

1995 erkannte die Regierung erstmals offiziell die **Stolen Generation** an und leitete dazu eine ofizielle Untersuchung ein, in deren Abschlussbericht „Bringing Them Home" (Sie nach Hause bringen) 1997 von der *Human Rights and Equal Opportunity Commission* (Kommission für Menschenrechte und Gleichstellung) empfohlen wurde, dass sich die australische Regierung für die Trennung der Kinder von den Eltern bei den Aboriginals entschuldigen solle. Der Premierminister *John Howard* wies das jedoch von sich und kommentierte, dass es ihm persönlich Leid täte, aber dass die Australier der heutigen Generation keine Schuld trügen für eine vergangene Politik. Im Mai 2000 wurde ein Versöhnungsmarsch für die *Stolen Generation* in Sydney mit 400.000 Teilnehmern und ein ähnlicher Marsch in Melbourne später im gleichen Jahr veranstaltet. Im Juli 2000 untersuchte die Menschenrechtskommision der Vereinten Nationen die Angelegenheit der *Stolen Generation* und *Howard* bekam von dieser Seite auch Druck zu spüren. In November 2001 entschuldigte sich selbst der Papst *Johannes Paul II.* im Namen des Vatikans für die Fehler der katholischen Kirche im Zusammenhang mit der *Stolen Generation. Howards* defensive Haltung und seine Unfähigkeit, im Namen des Landes Australien *sorry* zu sagen, wurde und wird ihm als große Schwäche vorgeworfen. Denn schließlich ging es nicht in erster Linie um ein Schuldeingeständnis, sondern um den Ausdruck von Anteilnahme und Bedauern.

Durch den „Bringing-Them-Home"-Bericht und offizielle Hilfestellungen zur Familienzusammenführung konnten zahlreiche Aboriginals der *Stolen Generation* erstmals Informationen über ihre Herkunft sammeln, konnten erfahren, wer ihre wahren Eltern waren, von welchem Volk und von welchem Land sie abstammten, wo ihre Ahnen Spuren hinterließen. Anderen gelang es bis heute nicht, dies in Erfahrung zu bringen. Man nennt sie daher auch *Lost Generation* (Verlorene Generation), da ihre Herkunft verloren ging.

In der Volkszählung seit Veröffentlichung des „Bringing-Them-Home"-Berichtes ist die Zahl derer, die als Nationalität Aboriginal oder Torres Strait Islander ankreuzen, über das Maß des natürlichen Bevölkerungszuwachses angestiegen. Zum einen fanden viele eher weiß aussehende Aboriginals der *Stolen Generation* jetzt erst heraus, dass sie indigener Abstammung sind. Zum anderen hat insbesondere die ältere indigene Bevölkerung mit der voranschreitenden Wiedergutmachungspolitik nicht mehr so viel Angst wie in den Jahrzehnten der Diskriminierung und der Repressalien, sich als Aboriginal zu identifizieren. Es entsteht ein **neues Zusammengehörigkeitsgefühl** unter den Aboriginals – egal ob vollblütig oder

„fast weiß“ –, was sich auch immer weiter auf engagierte nicht-indigene Australier ausweitet.

In den vergangenen 35 Jahren ist den nicht-indigenen Australiern so langsam bewusst geworden, in welchem Maße sie bis dahin **Apartheid gelebt** haben, und viele sind schockiert, warum sie das alles nicht früher wussten. Erst die Generation, die heute eine Schulbildung erhält, lernt erstmals die Details der Diskriminierung in der Vergangenheit kennen, während ältere Generationen die Medienberichte darüber als aufgebauschten Journalismus abtun. Junge nicht-indigene Studenten, die sich gar für ein Studium der Kultur der Aboriginals entscheiden, stoßen in ihrem Umfeld, bei Familie und Freunden meist auf Widerstand und Unverständnis. Jetzt habe die indigene Bevölkerung doch alle Rechte und Möglichkeiten wie jeder Australier und wie sie die nutze, sei jetzt ihre Angelegenheit, da gäbe es keinen Unterschied mehr zu anderen Menschen auf australischem Boden. Doch auch wenn die Aboriginals seit dem *Native Title Act* (Gesetz über Rechtsansprüche der Ureinwohner) von 1993 wieder kleine Stücke vom Land ihrer Vorväter besitzen, bieten diese **keine Grundlage mehr für eine traditionelle Lebensweise** in der Art ihrer Vorväter. Die über 200-jährige Geschichte des modernen Australiens hat tiefgreifende Veränderungen der Landschaft, der Natur und der Spuren ihrer Ahnen in der Landschaft verursacht, die das Land für ein Leben als Jäger und Sammler ungeeignet machen. Die indigene Bevölkerung kann nun wählen: entweder ein modernes Leben in der Stadt mit guten Ausbildungsmöglichkeiten und medizinischer Versorgung, höherem Lebensstandard und Beschäftigung, aber als Minderheit zwischen Weißen, Asiaten und anderen nicht-indigenen Australiern oder ein Leben in einer indigenen Gemeinschaft im abgelegenen Outback, wo die Infrastruktur weit unter dem Niveau der australischen Kleinstädte rangiert. Zudem gibt es hier keine Arbeit oder alternative Beschäftigung, wodurch es verstärkt zu Problemen mit Drogenmissbrauch in Form von Alkoholkonsum und Benzinschnüffeln kommt. Alle Möglichkeiten hat die indigene Bevölkerung vielleicht, aber zu welchem Preis?

Zu einer erfolgreichen Wiedergutmachungspolitik gehört auch, dass die **soziale Ungerechtigkeit gegenüber der indigenen Bevölkerung** beendet wird und dieselbe Krankenversorgung wie für alle Australier gewährleistet wird. Denn auch heute noch liegt die Lebenserwartung der Aboriginals und Torres Strait Islander 15–17 Jahre unter der der Gesamtbevölkerung, die Sterblichkeitsziffer ist zweieinhalbmal höher, die Kindersterblichkeit (inklusive der Ungeborenen) dreimal so hoch, die Zahl der Todesfälle als Folge von Herz-Kreislauf-Krankheiten ist zweieinhalbmal so hoch, Diabetes und Augenkrankheiten kommen deutlich häufiger vor als in anderen Bevölkerungsgruppen. Die indigene Bevölkerung hat im Allgemeinen schlechteren Zugang zu medizinischer Versorgung, zum einen aufgrund der Entfernungen der *Communities* zu Krankenhäusern und Ärzten und zum anderen deshalb, weil die Versorgung nicht auf die andersartigen Bedürfnisse der Aboriginals abgestimmt ist.

Das **Budget zur Unterstützung der indigenen Bevölkerung** ist lächerlich gering im Vergleich zum jährlichen Budget z. B. zur Hilfe für Kriegsveteranen, die rund dreimal so viel Geld bekommen. Allen anderen Stimmen zum Trotz ist die indigene Bevölkerung **noch immer benachteiligt** und bekommt mit Sicherheit nicht einen Funken zu viel Unterstützung, sei es finanziell oder politisch. Im Gegenteil. Und wenn die nicht-indigene Bevölkerung verlangt, die Aboriginals und Torres Strait Islander sollten die Vergangenheit doch ruhen lassen, muss man sich über die doppelte Moral wundern, wenn alljährlich mit einem *Lest we forget* (Wir mögen nicht vergessen) der australischen Kriegsgefallenen und -veteranen gedacht und mit dem Finger auf die Agressoren in den Kriegen gezeigt wird, die den Tod so vieler Australier auf dem Gewissen haben.

Die vielen Halb-Aboriginals fühlen sich vorrangig als Australier, aber eben auch nicht ganz und wissen nicht so recht, was sie mit den **Bruchstücken ihrer indigenen Identität** anfangen sollen. Als hilfreich beim Entwickeln dieser Identität erweisen sich politische oder sportliche Vorbilder. Eines der großartigsten Vorbilder ist *Cathy Freeman,* die sich in die Herzen aller Australier gelaufen hat. Sie ging schon 1994 in die Annalen ein als die erste Aboriginal, die eine Goldmedaille bei den *Commonwealth Games* (Commonwealth-Spiele) gewann, wobei sie bei den Ehrenrunden nach ihren Siegen im 200-m-Lauf und im 400-m-Lauf die Flagge der Aboriginals und die australischen Flagge in der Hand hielt. Bei den Olympischen Spielen 2000 in Sydney gewann sie wieder Gold im 400-m-Lauf, nachdem sie bei der Eröffnungsfeier die Ehre gehabt hatte, die Olympische Flamme zu entzünden.

Alles in allem befindet sich die indigene Bevölkerung selbst im Spagat zwischen Erhaltung und Wiederentdeckung ihrer Traditionen und deren Einbettung in ein Leben im modernen Australien. Bis zu einem **gleichwertigen Miteinander** scheint es noch ein langer Weg zu sein und so bleibt das Verhältnis zur indigenen Bevölkerung überschattet von der großen Verantwortung der Wiedergutmachung, der das heutige Australien noch nicht gerecht wird. Es gibt noch viele Altlasten zu bewältigen, außerdem herrscht allgemein unter der nicht-indigenen Bevölkerung Ratlosigkeit darüber, welcher Weg in eine gemeinsame Zukunft beschritten werden sollte; diese Unsicherheit lässt nicht-indigene Australier sofort in die Defensive gehen, wenn man das Thema Aboriginals zur Sprache bringt.

015au Foto: ab

WILD, WEIT UND ENDLICH: TERRA AUSTRALIS INCOGNITA

„You feel free in Australia." And so you do.
There is a great relief in the atmosphere,
a relief from tension, from pressure.
An absence of control or will or form.
The sky is open above you, and the air is open around you.
Not the old closing-in of Europe.

(„Man fühlt sich frei in Australien." Also fühlst du dich frei.
Dort liegt eine große Erleichterung in der Atmosphäre,
eine Erleichterung von der Spannung, von dem Druck.
Eine Abwesenheit von Kontrolle oder Willen oder Form.
Der Himmel ist offen über dir, und die Luft ist offen um dich herum.
Nicht das alte Einengende von Europa.)

(*D. H. Lawrence,* englischer Dichter auf der Suche nach einem neuen Heimatland nach dem Ersten Weltkrieg)

Jahrhundertelang war der Fünfte Kontinent auf den Landkarten der Erde nur eine unförmige, grob skizzierte Masse namens *Terra Australis Incognita,* denn kein Seefahrer war jemals auf diese Landmasse getroffen und hatte sie für die Welt kartografiert. Erst ab dem 17. bis ins 19. Jahrhundert wurde das Puzzle Stück für Stück von einer Vielzahl an Seefahrern und Entdeckern zusammengesetzt. Das unbekannte südliche Land ist dem Rest der Welt seither bekannt und doch gibt es noch viele Rätsel auf.

Man nimmt heute gemäß den Theorien des deutschen Metereologen *Alfred Wegener* und des südafrikanischen Geologen *Alexander Su Toit* an,

Im australischen Outback wird die Weite des Kontinents körperlich erfahrbar dass der australische Kontinent einst ein Teil des **Superkontinents Gondwanaland** in der südlichen Hemisphäre war. Nach und nach lösten sich Stücke von dem Superkontinent, der an der heutigen Position der Antarktis lag: Vor ca. 160 Mio. Jahren löste sich Afrika und driftete langsam nach Norden, vor ca. 125 Mio. Jahren Indien und vor ca. 80 Mio. Jahren Neuseeland. Nur wenig später starben ca. 50 % der Lebewesen aus – allen voran die Dinosaurier. Das Zeitalter der Säugetiere begann. Australien und Neuguinea lösten sich von dem Superkontinent vor ca. 55 Mio. Jahren, wenig später auch Tasmania und als Letztes schließlich Südamerika vor 30 Mio. Jahren. Während Südamerika, Afrika, Indien und Neuguinea mit Europa, Nordamerika und Asien – Teile von Laurasia, dem ehemaligen Superkontinent der nördlichen Hemisphäre – zusammenstießen, hatte Australien in den letzten 120 Mio. Jahren jedoch keinerlei Kontakt mit den Kontinenten der nördlichen Hemisphäre.

Der Kontinent Australien hat eine große Bandbreite an **klimatischen Verhältnissen** zu bieten, von tropisch bis subalpin. Es gibt Wüsten, Regenwald, Wälder der gemäßigten Zone, hohe Berge, aber vorwiegend endlos flache **Landschaften** mit eingestreuten Felsformationen. Australien ist der flachste Kontinent der Welt und abgesehen von der Antarktis auch der trockenste, auch wenn es Regionen gibt, die durchaus 1200 mm jährlichen Niederschlag verzeichnen können.

Diese besondere geografische und klimatische Lage ließ auf dem australischen Kontinent **Pflanzen- und Tierarten** überleben, die auf anderen Kontinenten ausstarben, wie z. B. das lebende Fossil *Wollemi Pine,* flugunfähige große Vögel wie der Emu und der Cassowarie oder Kloakentiere wie der *Echidna* (Schnabeligel) und der *Platypus* (Schnabeltier). Andererseits entstanden neue einzigartige Pflanzen- und Tierarten, die nirgends sonst auf der Welt existieren wie der Monokultur-Wald mit über 700 Arten von Eucalyptus, ca. 750 Arten von *Acacia,* ca. 100 Arten an Beuteltieren wie Kängurus, Wallabies, Wombats, Koalas etc. So ist es kaum verwunderlich, dass die UNESCO insgesamt 15 der **australischen Naturschönheiten in die Liste des Welterbes** aufgenommen hat.

Darunter sind auch die 1997 ausgezeichneten **subantarktischen Inseln** Macquarie Island sowie Heard Island und McDonald Island. Erstere ist eine 34 km lange und 5 km breite Insel 1500 km südlich von Tasmania – auf ca. halber Strecke zur Antarktis –, sie ist eine offen liegende Erhebung der submarinen Macquarie Ridge, wo die tektonische Indo-Australische Platte und die Pazifische Platte aufeinander treffen. Die Heard Island und die McDonald Island sind die einzigen aktiven vulkanischen subantarktischen Inseln, sie liegen ca. 4100 km südwestlich von Perth und 1700 km von der Antarktis entfernt und ihr Aussehen erinnert an die Landschaften *Caspar*

David Friedrichs. Auf diesen Inseln und auf der Antarktis unterhalten die Australier insgesamt drei permanente und einige auf die Sommermonate begrenzte Forschungsstationen. Diese unterstehen als *Australian Antarctic Territory* unmittelbar der Regierung, wie alle australischen Territorien. Seit Jahren möchte Australien die 6 Mio. km² große Ost-Antarktis für sich beanspruchen – fast die Hälfte des 13,5 Mio. km² großen Eiskontinentes. Jedoch nur vier der elf anderen Nationen, die 1959 gemeinsam mit Australien den **Antarctic Treaty** unterzeichnet haben, erkennen den Anspruch Australiens an (Frankreich, Neuseeland, Norwegen und Großbritannien erkennen ihn an; Argentinien, Belgien, Chile, Japan, Südafrika, UdSSR – heute Russland – und die USA erkennen ihn nicht an). In dem Abkommen ist festgelegt, dass die Antarktis nur für nicht-militärische wissenschaftliche Zwecke genutzt werden darf.

Wann genau Menschen erstmals den australischen Kontinent erreichten, bleibt spekulativ. Man nimmt jedoch allgemein an, dass sich der *Homo sapiens* ausgehend von Afrika vor 150.000 bis 100.000 Jahren über die Welt verbreitet hat. Den **Mungo-Mann,** dessen Skelett man 1974 am seit 15.000 Jahren ausgetrockneten Mungo-See in der von der UNESCO als Weltkulturerbe ausgezeichneten Willandra-Lakes-Region entdeckte und der der bislang älteste humanoide Schädel-Fund in Australien ist, datiert man seit Anfang 2003 auf ca. 40.000 Jahre (nachdem die Wissenschaftler 1999 zunächst von bis zu 68.000 Jahren gesprochen hatten). Seit mindestens 40.000 Jahren lebten die Aboriginals demnach in fast vollständiger Isolation auf dem australischen Kontinent, bis zur Besiedlung durch die Engländer vor fast 220 Jahren.

Die Zähmung des Inselkontinents

Seit mindestens 40.000 Jahren entwickelten sich Hunderte von **einheimischen Völkern** mit 200–250 verschiedenen Sprachen auf dem australischen Kontinent. Ihre Lebensweise befand sich im Einklang mit den Gesetzen aus der „Traumzeit", der Schöpfungsgeschichte aller Aboriginals. Darin sind Hügel, Täler, Pflanzen und Tiere voller Bedeutung, es sind Spuren, die ihre Ahnen in der Landschaft hinterlassen haben. Sie sind heilig und es gilt sie zu erhalten, um künftige Generationen ein Leben in Einklang mit der Natur zu lehren.

Im Gegensatz zu den Aboriginals kennen die **neuen Australier,** die seit 1788 den Kontinent beherrschen, jedoch keine andere Art, sich vom Land zu ernähren, als der Natur ihren Willen aufzuzwängen. Das Wasser sollte landeinwärts fließen, der nährstoffarme Boden sollte die reichsten Früchte hervorbringen und aus einer steppenartigen Landschaft sollte ein grüner englischer Garten werden. Es galt, den Kontinent der Wildnis zu zähmen. In ihrer Unkenntnis ökologischer Zusammenhänge wandten sie einfach die Techniken an, die sie aus ihrer Heimat kannten und brachten alles mit, was es vor Ort nicht gab. Die Landschaft wurde dadurch in den vergangenen fast 220 Jahren der „weißen Herrschaft" komplett verändert und ihre Ursprünglichkeit nicht nur in den Augen der Aboriginals Stück für Stück zerstört.

Das Element Wasser

Die Australier sind ein Leben am Wasser gewohnt, denn die Mehrheit der Bevölkerung lebt maximal 100 km von der australischen Küste entfernt. Obwohl rundum von Wasser umgeben, ist Australien doch der **trockenste Kontinent der Welt.** Von dieser Trockenheit berichtete bereits der holländische Kapitän *Dirk Hartog* nach seiner Landung auf einer Insel an der Küste Western Australias 1616.

Endlose Trostlosigkeit bietet das extrem ebene Kalksteinplateau der **Nullarbor-Wüste** (*Nullarbor* ist ausnahmsweise mal kein Wort aus den Sprachen der Aboriginals, sondern schlicht Latein für „keine Bäume"), die sich 650 km entlang der Küste von dem südwestlichsten Zipfel Australiens bis zur Great Australian Bight erstreckt. Die Trostlosigkeit ist denn auch unendlich. Die flache Landschaft ist absolut monoton, es gibt keine Bäume, nur grau-grüne kniehohe Büsche namens *Saltbush* und *Blue Bush,* die fast das ganze Land in eine graue Decke hüllen, die höchstens mal nach einem (seltenen) Regenfall mit Farbtupfern durch Wüstenblumen besprenkelt ist. Jeder, der die Strecke von Perth nach Adelaide einmal mit einem Fahrzeug zurückgelegt hat, sagt denn auch, es sei eine interessante Erfahrung gewesen, aber er würde sie nicht noch ein zweites Mal machen wollen.

Süßwasser, das wahre flüssige Gold

Ohne Wasser kann kein Lebewesen überleben und kein Getreide wachsen. Ohne Wasser ist für Australien keine immer weiter wachsende Bevölkerung tragbar. Besuchen Australier die britischen Inseln, Deutschland oder andere mittel- bzw. nordeuropäische Länder, sind sie über alle Maßen erstaunt über das satte Grün der dortigen Landschaft und wundern sich insgeheim, warum so viele aus diesen Ländern nach Australien ausgewandert sind, obwohl dort die Landwirtschaft ein einziger Kampf um das Überleben darstellt. Zum Alltag in Australien gehören oft mehrjährige **Dürre-Perioden.** Dass man z. B. 2003 den geringen Regenfall in

Europa als Dürre bezeichnete, ist für einen Australier unverständlich: Die Felder waren immer noch grün, während in Australien selbst in den fetten Jahren die Felder im Sommer immer ausgetrocknet und gelb sind.

In den ersten 50 Jahren seit Koloniegründung folgten die Entdecker den **Flussläufen.** Ganz anders als in Europa schienen die australischen Flüsse nicht zum Meer zu fließen, sondern ins Landesinnere. Daher glaubte man, dass es im Herzen des Kontinents einen riesigen See geben müsse. Doch nachdem viele Entdecker das Innere Australiens durchquert hatten, musste man feststellen, dass das Herz Australiens so trocken ist, dass es dort nur Wüsten und Salzseen gibt.

Um den Traum von den landeinwärts fließenden Flüssen wahr zu machen, entwickelte man nach dem Zweiten Weltkrieg das **Snowy Mountains Scheme** (Snowy-Mountains-Projekt). Es ist eine der komplexesten hydroelektrischen Kraftwerkanlagen der Welt. Es führt das Regen- und Schmelzwasser der australischen Alpen in New South Wales und Victoria, das normalerweise gen Osten zur Küste fließen würde, durch Bergtunnel und Kraftwerke in die Flüsse Murray und Murrumbidgee, die gen Westen in die trockensten Landwirtschaftsregionen Australiens fließen. Das Projekt schuf 25 Jahre lang Arbeitsplätze für die vielen neuen Einwanderer aus Europa und markiert den Einstieg Australiens in eine multikulturelle Gesellschaft. Mehr als 100.000 Menschen aus über 30 Ursprungsländern fanden hier Arbeit, denn es mussten 16 Dämme, 7 Kraftwerke, 1 Pumpstation, 145 km Bergtunnel und 80 km Aquädukte gebaut werden. Es versorgt seit seiner Fertigstellung 1974 Melbourne, Sydney und Canberra mit Strom und ist äußerst bedeutend für die Versorgung von Adelaide, Port Augusta und Whyalla mit ausreichend Süßwasser. Dennoch ist die hydroelektrische **Stromerzeugung** recht eingeschränkt, da das Wasservolumen in den Flüssen einerseits sehr stark variiert und es andererseits auf dem flachen Kontinent kaum Erhebungen gibt, um das nötige Gefälle zu erzeugen. Nur in Tasmania mit seiner Fülle an Gebirgsseen und einer der höchsten Niederschlagsraten Australiens (bis zu 3600 mm im Westen der Insel) gibt es eine richtige Wasserkraftindustrie.

Heute entfallen 70 % der gesamten australischen Wassernutzung auf die **Bewässerung in der Landwirtschaft.** Die Böden werden dadurch mehr belastet, da in den von Bäumen und Büschen befreiten Flächen der Grundwasserspiegel durch das zusätzliche Wasser ansteigt, wodurch schließlich mehr Mineralien aus dem Untergrund in die Flüsse geschwemmt werden. Die australischen Böden, die ohnehin schon salzhaltiger sind als in der nördlichen Hemisphäre, werden somit noch salziger. Die Flüsse können die Salzkonzentration nicht mehr verdünnen, denn ihre Wassermasse wird permanent durch Staudämme, Wehre und Ähnliches

017au Foto: eg

verringert. Die Konsequenz ist die **Übersalzung der Böden,** die damit endet, dass das Land mit Salzkrusten bedeckt ist und die Pflanzen absterben. Wo einst eine schöne gesunde Landschaft vorherrschte, lassen dann die geisterhaften Baumleichen auf dem toten Land nur noch erahnen, wie es einst ausgesehen haben mag. Am meisten betroffen sind die landwirtschaftlichen Gebiete Western Australias und an zweiter Stelle steht das Murray-Darling Basin. Im Jahr 2000 mussten 2559,5 Mio. $ auf die Regulierung der Versalzung und Übersäuerung, die sowohl die Nutzpflanzen als auch die einheimischen Pflanzenbestände gefährdet, aufgewendet werden. Die Übersalzung greift jedoch mehr an als nur die landwirtschaftlich genutzten Böden, sie hat auch Folgen für die Städte und urbanen Regionen: Die Bausubstanz wird schneller zerstört, das Salz bringt Metall zum Rosten, der Beton und die geteerten Straßen entwickeln schneller Brüche und fallen auseinander.

In der Landwirtschaft mag es (noch) utopisch sein, dass sich Australien von **einheimischen Pflanzen** ernährt, die besser an die natürlichen Bedingungen auf dem australischen Kontinent angepasst sind und deren großflächiger Anbau somit weniger negative Folgen mit sich bringt als der Anbau der nicht-einheimischen Nutzpflanzen. Aber in den Gärten und Stadtparks sollte ein Umdenken in naher Zukunft stattfinden können. Wer einen Garten mit einheimischen Pflanzen hat, verbraucht automatisch bedeutend weniger Wasser. Damit würde auch die Übersalzung in den Städ-

018au Foto: eg

ten reduziert. In den vergangenen Jahren der Dürre hat es bereits Wasserrestriktionen für die Bewässerung der Gärten gegeben – schließlich ist dies auf dem trockensten Kontinent der Erde nun wirklich ein überflüssiger Luxus. Entsprechend wurde auch die wassersparende Toilettenspülung, die man nun auch in Europa vermehrt sieht, in Australien erfunden. Aussies, die es sich leisten können, installieren in ihren Häusern Wasser recycelnde Systeme, die das Abwasser aus Dusche, Bad und Waschmaschine etc. filtern, sodass damit die Gärten bewässert werden können.

Die negativen Effekte der Wassernutzung fallen erst seit den 1980er Jahren zunehmend auf und das 25-jährige Jubiläum des Snowy Mountains Scheme wurde begleitet von negativen Schlagzeilen, die die zunehmende Versalzung des Bodens ansprechen. Von den Flüssen **Murray River und Snowy River** wird heutzutage außerdem so viel Wasser zur Bewässerung in der Landwirtschaft umgeleitet, dass sie nicht mehr genügend Wasser führen, um die Flora und Fauna in und an den Flussläufen zu ernähren. Die majestätischen *River Red Gums* (eine große Eukalyptusart) sterben an den Flussufern ab, die Sumpfgebiete vertrocknen, die Fische verschwinden und Murray-Krebse, Flussschnecken und Flussmuscheln sind bereits am

Tropische Vegetation wie im Kakadu National Park (links) oder Wüstenlandschaft bei Coober Pedy (oben) – das Wasser entscheidet

Unterlauf ausgestorben. Die schneereiche alpine Landschaft, von der einst der australische Dichter *Banjo Paterson* in seinem Gedicht „The Man from Snowy River" schwärmte, siecht dahin.

Nach vielen Diskussionen wurde der Beschluss gefasst, die Flüsse zu retten und ihnen nach und nach mehr Wasser zurückzugeben, trotz aller konträrer Interessen der Energienutzer, der Farmer, der Umweltschützer und der steuerzahlenden Australier. 2002 wurde der erste Schritt gemacht: Der Snowy River soll im Laufe der kommenden 10 Jahre 21 % der ursprünglichen Wassermenge, die er vor 1949 hatte, zurückerhalten. Auch beim Murray River träumt man davon, das Wasser in ferner Zukunft irgendwann wieder ungehindert in seine Flussmündung fließen zu lassen. Dadurch könnte man das kostspielige Ausbaggern der versandenden Flussmündung wieder einstellen. Dieses war seit der ersten kompletten Versandung 1981 nötig geworden, um die Flusssysteme des Murray und des Coorong zu erhalten. Außerdem würde durch die größere Wassermenge vielleicht die Salzkonzentration des Murray, die sich heute bald kaum mehr von der des Meeres unterscheidet, wieder sinken.

Lösungen für das Wasserproblem sind noch nicht in Sicht. Zu viele konträre Interessen werden verteten. Wenn jedoch in der Zukunft mehr Wasser in den Flüssen verbleiben soll, wird man in der Landwirtschaft mit weniger Wasser als bisher auskommen müssen, das heißt sich auf **effektivere, jedoch teurere Methoden der Bewässerung** umstellen müssen. Wenn die Flüsse wieder ein akzeptables Wasservolumen haben, werden davon nicht nur die angrenzende Flora und Fauna profitieren, sondern es werden auch neue Einnahmen im Ökotourismus durch Wassersport auf den Flüssen möglich. Einen Lösungsvorschlag machte der australische Millionär *Richard Pratt:* Er bot der australischen Regierung 100 Mio. $, um die bisher offenen Bewässerungskanäle mit Kunststoff auszulegen und zu überdecken, sodass weniger Wasser durch Oberflächenverdunstung und Einsickerung verloren geht und das Wasser gezielter auf die zu bewässernden Felder gelangt. Gegenwärtig wird aber noch darüber diskutiert, ob dies ein sinnvoller Weg zur Lösung des Wasserproblems sein könnte oder ob damit nur ein „Pflaster auf die Wunde geklebt" wird, anstatt die Ursache zu bekämpfen.

Bis dahin müssen sich die Einwohner Australiens weiterhin an die herrschenden Wassernutzungsrestriktionen halten und behelfen sich mit in großen Behältern aufgefangenem Regenwasser.

Salzwasser, endlose Fischgründe

Neben dem Süßwasser, das zur Wasserversorgung und Stromerzeugung genutzt wird, verfügt Australien über große Mengen an Salzwasser.

Der Ozean ringsum ist wie ein Supermarkt, aus dem sich die Fischer und Walfänger einfach bedienen konnten und können.

Zu Beginn der Kolonisation war der **Walfang** eine der Primärindustrien Australiens, deren Produkte wie Öl aus der Speckschicht der Wale, Walknochen für Frauenkleidung und Kunsthandwerk sowie industrielle Nutzung, aber auch Fleisch für den menschlichen Konsum vorwiegend nach London exportiert wurden. Die Jagd erfolgte mit vergleichsweise primitiven Mitteln wie Harpunen und Dampf betriebenen Walfangschiffen. Je schneller die Schiffe wurden, desto erfolgreicher wurden die marinen Säugetiere gejagt.

Zwischen 1822 und 1930 hat man in den südostaustralischen und neuseeländischen Gewässern mehr als 26.000 *Southern Right Whales* getötet, bis diese 1935 unter Artenschutz gestellt wurden. Darüber hinaus wurden bis zu ihrem Schutz 1965 ca. 40.000 *Humpback Whales* (Buckelwale) gejagt, die im Winter den Antarktischen Ozean verlassen, um an der Südküste Australiens zu überwintern und sich fortzupflanzen. Außerdem wurden noch ca. 16.000 *Sperm Whales* allein zwischen 1952 und 1978 gejagt. 1978 wurde schließlich das kommerzielle Jagen von Walen in Australien komplett eingestellt und seit 1981 ist es Australiern im In- oder Ausland gänzlich verboten, Wale zu töten, zu verletzen, gefangen zu nehmen oder auch nur Walprodukte zu kaufen.

Die oben genannten Walarten haben sich seit der Regulierung des Walfangs durch die *International Whaling Commission* wieder erholt und sind nun wieder alljährlich in den Wintermonaten an den südlichen Küsten Australiens zu sichten. Allerdings ist die Walpopulation der *Southern Right Whales* mit heute ca. 3000 Exemplaren noch weit von der einstigen Größe von ca. 100.000 Tieren entfernt. Nur der mit bis zu 31 Meter größte Wal der Welt, der *Blue Whale* (Blauwal), ist noch immer gefährdet.

Seitdem hat man eine neue, tierfreundlichere Walindustrie entdeckt: das Geschäft mit dem **Whale Watching,** dem Beobachten der Wale. Die Sichtung der größten Säugetiere der Welt ist für Touristen immer ein ganz besonderes Erlebnis. Der größte Wal, den man im Süden Australiens sichten kann, ist der kleine Bruder des Blauwals: Der *Pygmy Blue Whale* bringt es „nur" auf maximal 25 Meter. Aber er ist sehr selten. Oft sieht man jedoch den bis zu 15 Meter langen und bis zu 40 Tonnen schweren Buckelwal, gefolgt vom *Minke Whale,* der bis zu 9 Meter lang und 10 Tonnen schwer ist, und schließlich den *Killer Whale* oder *Orca,* der etwas kleiner ist, aber keinesfalls für den Menschen gefährlich, wie der Name vermuten lassen könnte, denn er ist genau genommen der größte aus der Delfin-Familie! Selten ist auch die Sichtung eines 16 Meter langen und 25 Tonnen schweren *Sei Whale* vor der Küste Tasmanias.

Dennoch werden in den letzten Jahren insbesondere von den ehemaligen großen Walfangnationen Japan und Norwegen die Rufe laut, dass man den Walfang in bestimmtem verträglichem Maße wieder erlauben solle, denn schließlich töte man auch reichlich Landsäugetiere, Vögel, Fische oder Reptilien etc. Warum solle man eine absolute Ausnahme für den Wal machen, dessen Population nicht länger gefährdet sei. Zwar ist es richtig, dass der kommerzielle Fang bestimmter Walarten durchaus vertretbar wäre, aber in der Vergangenheit haben sich keine Kontrollmechanismen etablieren können, die den illegalen Walfang unterbinden. Daher setzt sich Australien vehement dafür ein, dass man sich auf den touristischen Nutzen der Säugetiere konzentrieren und mehr in die Erforschung der relativ unbekannten Ozeanriesen investieren sollte. Inzwischen ist auch der Profit aus der Walbeobachtung mit weltweit einer Milliarde US-Dollar weitaus höher als der Erlös von 60 Mio. US-Dollar, den Norwegen und Japan aus dem Verkauf von Walfleisch erzielen.

Außer dem Walfang gab und gibt es natürlich die **kommerzielle Fischerei.** Hauptsächlich gefangen werden Garnelen, Hummer, Abalone, Thunfisch, Kammmuscheln und Perlenaustern, wovon die Mehrheit nach Japan, Hongkong, in die USA, nach Taiwan und China exportiert wird. Western Australia, South Australia und Queensland sind dabei die Hauptproduzenten.

Western Australia und Queensland sind auch die beiden Bundesstaaten, in denen die für Australien wichtige **Perlenausterindustrie** ihr Zuhause hat. Durch die Perlenausterindustrie wurden vor allem der Westen, Nordwesten und Norden Australiens von Geraldton bis nach Broome und Darwin besiedelt – Gebiete, in denen eine landwirtschaftliche Nutzung im großen Stil eher ausgeschlossen war. Schon in den 1850er Jahren entdeckte man in Shark Bay in Western Australia und 1868 auch in den Gewässern der Torres Strait die ersten natürlichen Perlen in der Auster *Pinctada albina* und in den 1880er Jahren die sogenannten Südseeperlen in der *Pintada maxima*. Die Austernbestände waren in den 1920er und 1930er Jahren fast komplett abgeerntet worden, sodass man sie heute dort kaum noch findet. Die Austern waren jedoch nicht wegen der Perlen so begehrt, sondern wegen dem Perlmutt der Muschel, aus dem Knöpfe, Gürtelschnallen und Kunsthandwerksprodukte gefertigt wurden.

Im Jahr 1910 gab es ca. 4000 Menschen, die in der Perlenfischerei in den Gewässern rund um Broome beschäftigt waren. Die Perlenfischerei

Frisch aus australischen Gewässern –
Schalentiere in den Markthallen der Metropolen

war zur fünftgrößten Industrie Western Australias herangewachen mit Gewinnen von jährlich 421.609 Pfund für das Muschelmaterial und weiteren 100.000 Pfund für die Perlen selbst. Die Mehrheit der **Perlentaucher** waren Aboriginals und Malaien sowie später Japaner, die tiefer tauchen konnten und weniger Probleme mit den modernen Tauchanzügen hatten. Auf Thursday Island in der Torres Strait nannte man eine Niederlassung der Perlenfischer sogar *Little Yokohama,* weil dort so viele Japaner lebten, und die Siedlung der Malaien *Malay Town.* Es war eine sehr harte Tätigkeit mit einer enorm hohen Todesziffer. Zwischen 1882 und 1935 starben über 800 Perlentaucher und -schiffer aufgrund von Zyklonen auf See, allein zwischen 1912 und 1915 starben 93 Taucher an der Taucherkrankheit, überdies waren Haiangriffe für weitere Todesfälle unter den Tauchern verantwortlich.

Schon während des Ersten Weltkrieges ging es mit der Perlentaucherindustrie wirtschaftlich bergab, da man neue Kunststoffe entwickelt hatte, die die Verwendung von Muschelprodukten für Knöpfe und Kunsthandwerkprodukte überflüssig machte. 1939 waren nur noch knapp über 400 Personen in der Perlenindustrie rund um Broome tätig, und während des Zweiten Weltkrieges kam die Industrie ganz zum Erliegen, auch weil die vielen japanischen Perlentaucher und -schiffer nach Japan zurückgekehrt waren. Wer nicht rechtzeitig nach Japan zurückging, wurde in die Kriegsgefangenenlager in Victoria und New South Wales gebracht. Erst 1956 wagte ein japanisch-australisches Joint Venture einen Neustart der Perlenindustrie mit Perlenzuchtfarmen an der Nordküste Western Australias und in der Torres Strait auf Albany Island, Turtle Head und Fitzroy Island. Heute ist Westen Australia mit 200 Mio. $ jährlich einer der weltweit größten Produzenten der silber-weißen Südseeperlen.

Das Element Erde

Die flache Landschaft Australiens ist wohl ein Traum für alle Völker, die an steilen Berghängen ihre Nutzpflanzen anbauen müssen. Die einzigen Hindernisse auf dem Weg zur Landwirtschaft waren die Trockenheit und die Vegetation. Die zukünftigen Felder von Büschen und Bäumen zu befreien, war eine beschwerliche Arbeit, die in den frühen Tagen der Kolonisation von Hand geschah. Seit Beginn der kolonialen Siedlungsgeschichte Australiens sind ca. 100 Mio. Hektar Wald und Buschland **kahl geschlagen** worden, und auch heute noch werden jährlich ca. eine halbe Mio. Hektar Buschland mit Bulldozern und Chemikalien von einheimischen Pflanzen „gesäubert", um mehr land- oder forstwirtschaftlich nutzbare Flächen zu schaffen. In den Augen der Ureinwohner Australiens fügte und fügt man damit dem Land tiefe Wunden zu. Denn für die Aboriginals sind alle Hügel, Täler, Flüsse, Wege etc. Spuren, die ihre Ahnen auf dem Kontinent hinterlassen haben, und jede tief greifende Veränderung der Landschaft bedeutet für die Aboriginals die Verletzung ihrer Ahnen.

Anbau von Nutzpflanzen

Mit Gründung der Strafgefangenenkolonie wurden die Weichen für einen **exzessiven Pflanzenanbau** gestellt, dessen einziges Ziel die schnellstmögliche Selbstversorgung der „Kolonie der Diebe" war. Weil man den Fünften Kontinent zunächst einmal nur als menschliche Müllhalde der überfüllten Londoner Gefängnisse geringschätzte, hielt man sich nicht einmal an die Fruchtfolge, die in England zur Regeneration des Bodens von Ernte zu Ernte üblich war. Schließlich stand genug Land zur Verfügung und es gab keinerlei Veranlassung, langfristig zu denken. Angebaut wurden daher in erster Linie **Monokulturen,** vor allem Weizen. Schnell stellte sich heraus, dass die australischen Böden extrem nährstoffarm waren und im Nu ausgelaugt wurden. Zwangsläufig mussten **immer neue Flächen kultiviert,** d. h. zuerst kahl geschlagen werden – eine Tätigkeit, die die ersten Strafgefangenen teilweise in Fußketten im Schweiße ihres Angesichts mit den primitivsten Werkzeugen ausführen mussten. Weil die Behörden die Kosten für die Durchfütterung der Strafgefangenen reduzieren wollten, übergaben sie ihnen ein Stück Land, von dem sie sich selbst und andere ernähren sollten. Wem es gelang, der wurde begnadigt. Einer der ersten Strafgefangenen, der erfolgreich eine Farm bewirtschaftete, war *James Ruse auf* seinen 30 Acres Land in Parramatta bei Sydney. Auch als die ersten freien Siedler in Australien aufgenommen wurden, war die Grundbedingung für die Übereignung von Land zumeist, dass das Land kultiviert werden musste.

Trotz aller Rückschläge in Form von Dürren, Sand- bzw. Staubstürmen und Buschfeuern gelang es der Kolonie bald, sich selbst zu ernähren. Sie wurde damit ein immer attraktiveres Ziel für freie Siedler von den britischen Inseln, aber auch für deutsche Lutheraner. Schnell platzte die Kolonie um Sydney aus allen Nähten und die Kolonialregierung suchte händeringend nach einem Weg durch die scheinbar unüberwindlich steilen Klippen der **Blue Mountains,** die als Teil der Great Dividing Range die Ostküste vom Rest des Kontinents trennen. 1813 fanden *Gregory Blaxland, William Charles Wentworth* und *William Lawson* schließlich erstmals einen Weg durch die Blue Mountains und entdeckten zu ihrer Freude, dass dahinter eine schier **endlose Ebene** lag, die geradezu prädestiniert für eine landwirtschaftliche Nutzung schien. Gouverneur *Lachlan Macquarie* belohnte sie mit einem großen Stück Land in dem neuen Gebiet und ließ umgehend eine Straße nach Westen bauen, um die **Ausdehnung der Kolonie** voranzutreiben.

In den kommenden Jahren wurden überdies vorwiegend auf der Südhälfte des Kontinents **weitere Siedlungen** gegründet, aus denen schließlich die restlichen Bundesstaaten Australiens hervorgingen: 1824 Moreton Bay bei Brisbane (Queensland), 1831 die Siedlung Swan River bei Perth (Western Australia), 1835 Port Philip bei Melbourne (Victoria) und 1836 Adelaide (South Australia).

Das Flusssystem im Murray-Darling Basin lieferte das nötige Wasser für die Landwirtschaft im ariden **Hinterland der Great Dividing Range,** das man ohne die Umleitung des Wassers nicht hätte nutzen können. Man nennt die Region heute *food bowl* (Essensschale) der Nation, weil gut 80 % der landwirtschaftlichen Erzeugnisse Australiens hier angebaut werden – überwiegend auf riesigen, flachen Feldern mit überdimensional langen motorisierten Bewässerungsanlagen. Mit deren Hilfe werden im 12.168.000 Hektar großen, sichelförmigen *wheat belt* (Weizen-Gürtel) westlich der Great Dividing Range in Queensland, New South Wales, Victoria und South Australia über 60 % der gesamten australischen Getreideproduktion erzeugt. Der Rest kommt mehrheitlich aus dem zweiten *wheat belt*, im Südwesten Western Australias.

In **Queensland** ging die weitere Besiedlung weitaus langsamer voran, da man in dem tropischen Klima wenig Erfolg beim Anbau des lebensnotwendigen Weizens hatte. Man erkannte aber bald, dass sich die natürlichen Gegebenheiten der Region für den Anbau von Zuckerrohr eigneten. Daher wurde das Land in den Ebenen östlich der Great Dividing Range fast komplett für den **Zuckerrohranbau** in Beschlag genommen, die einheimische Flora wurde zurückgedrängt und der Lebensraum der vielfältigen Fauna zerstört. Um mit den preiswerten Anbietern aus anderen Ländern der Welt konkurrieren zu können, galt es für Australien, den größten Kostenfaktor menschliche Arbeitskraft durch Maschinen zu ersetzen. Tatsächlich wird heute die gesamte Ernte maschinell abgewickelt. Auch der Betrieb vieler kleiner Zuckerraffinerien war nicht rentabel, kostengünstiger ist der Einsatz des *cane train* (Zuckerrohrzug), der entlang aller Zuckerrohrfelder fährt und die Ernte von dort direkt zu den großen Raffinerien transportiert. Der schnelle Abtransport ist besonders wichtig, denn das geerntete Zuckerrohr muss binnen 24 Stunden weiterarbeitet werden, um Zucker höchster Qualität zu produzieren. Das Streckennetz des mit 610 mm extrem schmalspurigen *cane train* in Queensland umfasst heute über 4150 km und der Transport schlägt mit 30–40 % der gesamten Produktionskosten zu Buche. Rohzucker ist eines von Australiens bedeutendsten landwirtschaftlichen Exportprodukten.

Der Preis für den Anbau nicht-einheimischer Monokulturen ist jedoch sehr hoch. Diese Form der Landwirtschaft verursacht zusammen mit dem immer weiter fortschreitenden Kahlschlag der natürlichen Vegetation und der Zuführung von Phosphaten und Nitraten eine zunehmende Übersalzung, Übersäuerung sowie **Erosion der Böden.** Es mehren sich die Stimmen, die den Sinn der Selbstversorgung Australiens in Frage stellen. Der Preis, den man für die zunehmende Zerstörung des Kontinents zahlt, ist auf lange Sicht – insbesondere für die kommenden Generationen – sicherlich höher als der Preis für den Import landwirtschaftlicher Erzeugnisse aus anderen Ländern. Aber noch dehnen sich die **Anbauflächen** immer weiter aus. Während 1880 die Gesamtanbaufläche in Australien 1,8 Mio. Hektar umfasste, hatte sie sich bis 1930 fast versechsfacht und betrug im Jahr 2005 schließlich 26,7 Mio. Hektar. Das sind allerdings nur knapp 3,5 % des 7.692.024 km² großen Kontinentes. (In Deutschland sind 11,8 Mio. Hektar Ackerland 33 % der Gesamtfläche.) Davon verliert man Jahr um Jahr große Flächen an die Übersalzung, Übersäuerung und Erosion und eine Ausdehnung der Nutzflächen für den Pflanzenanbau ist nur noch sehr eingeschränkt möglich, da 41 % des Kontinents ohnehin für jegliche landwirtschaftliche Nutzung unbrauchbar sind und auf dem Rest der landwirtschaftlich nutzbaren Flächen fast ausschließlich Viehwirtschaft möglich ist. Das fragile australische Ökosystem droht immer weiter unwiederbringlich aus der Balance zu geraten.

Viele Farmer, deren Großväter das Land kahl geschlagen haben, kämpfen heute mit dem Erbe der **Übersalzung.** Sie pflanzen daher mehr und mehr salztolerante Gräser entlang der Felder. Aber dies mildert nur die Symptome und bekämpft die Ursachen nicht. Eine andere Möglichkeit ist, die Felder in kleinere Parzellen einzuteilen und an deren Rändern wieder einheimische Bäume anzupflanzen, die den Grundwasserspiegel niedrig halten und das Salz in den unteren Gesteinsschichten einschließen, anstatt es in die Flüsse auszuschwemmen. Doch auch wenn die Bereitschaft vieler Farmer sehr hoch ist, mit solchen Maßnahmen ihr Land für die Zukunft aufzuwerten, werden sie häufig von der finanziellen Realität eingeholt. Alle Veränderungen weg von der konventionellen Landwirtschaft hin zu nachhaltigem Anbau von Nutzpflanzen sind letztendlich mit hohen Kosten verbunden, bei denen die Regierung bislang keine Unterstützung gewährt, obwohl das für die Zukunft dieses Wirtschaftszweiges, der traditionell eines der Rückgrate der australischen Wirtschaft darstellt, dringend geboten wäre.

Rindviecher und Schafe

Die Ankunft der ersten zehn Merino-Schafe 1797 sollte die Zukunft Australiens bedeutend verändern. Zunächst war die Rinder- und Schafzucht nur zur Fleischproduktion vor Ort gedacht. Doch *John Macarthur* spezialisierte sich auf die Zucht von Merino-Schafen, die eine besonders feine Wolle produzierten. Als er 1822 zwei Goldmedaillen für seine nach Großbritannien exportierte Wolle erhielt, die ebenso gut war wie die feinste sächsische Wolle, begann der **Boom der Wollindustrie,** die „das erste Gold" Australiens war. Alle Kolonisten, die mehr Kapital zur Verfügung hatten, konzentrierten sich ab sofort besonders auf die Schafzucht mit dem Resultat, dass Australien die Wollexporte zwischen 1821 und 1844 von 79.450 Kilogramm auf 6.129.000 Kilogramm um das 77-fache stei-

019au Foto: na

gerte. 1850 stammte 50 % der Importwolle Großbritanniens aus Australien. *Macarthur* gilt seitdem als Pionier der australischen Wollindustrie zusammen mit *George Peppin,* dem Züchter der Peppin-Merinos, die heute gut 70 % der australischen Schafe ausmachen. Weitere über 10 % der australischen Schafe sind ebenfalls reinrassige Merino-Schafe: Saxon Merino, South Australian Merino und Spanish Merino. Die australischen Peppin Merinos gelten weltweit als die beste Schafsrasse, was die Qualität der Wolle anbelangt. Es ist daher nicht zufällig, dass in Australien 1937 das bekannte Wollgütesiegel eingeführt wurde, welches auch in Deutschland seit 1951 angewendet wird.

Die trockenen Gebiete im Süden Australiens wurden nunmehr mit Schafherden überhäuft und die Züchter drangen immer weiter ins aride bis semi-aride Hinterland Australiens vor, welches offiziell nicht zur Besiedlung oder Nutzung freigegeben war. Doch das Land war zu groß, als dass der Arm des Gesetzes bis dorthin reichen würde. Mit dem Goldrausch ab den 1850er Jahren kehrten viele Schafhirten ihren Herden den Rücken mit der Folge, dass Tausende von Schafen unbeaufsichtigt über das Land wanderten. Zum Erstaunen der Schafzüchter stieg dadurch die Qualität der Wolle und so wurde das Konzept der Schafhirten ganz abgeschafft. Stattdessen wurden riesige **Gebiete eingezäunt,** in denen mehrere tausend Schafe grasen konnten. Sogenannte *boundary riders* (Grenzreiter) mussten sich nur noch um die Instandhaltung der Zäune kümmern.

Diese Art von Weidegebieten wurde auch für **Rinder** eingerichtet, die man für die Fleischproduktion bis heute vor allem im Norden des Landes hält, wo die Sommer feuchter sind. Kühe für die Milchwirtschaft werden dagegen in den bergigen, kühleren Regionen entlang der Great Dividing Range und in Tasmania gehalten.

Die Schafe brachten noch mehr Neuheiten nach Australien. In den späten 1880er Jahren gründeten die Schafscherer erste Gewerkschaften, um sich für eine gesteigerte Qualität in der **Schafschur** und verbesserte Arbeitsbedingungen einzusetzen. Außerdem wurde damals die erste Schermaschine von *Frederick York Wolseley* erfunden. Die heutigen Maschinen basieren noch immer auf dem Wolseley-Design. Mit dem Kapital, dass durch die Wollwirtschaft nach Australien strömte, konnten sich andere weiterverarbeitende Industriezweige entwickeln und so setzte sich die **Industrialisierung** Großbritanniens auch in den australischen Kolonien fort.

Seit der Erfindung von synthetischen Textilien sank weltweit das Interesse an Wolle, aber dennoch ist Australien auch heute noch der Hauptproduzent von Wolle. Australien produziert ca. ein Viertel der Wolle auf dem Weltmarkt. Von den über 101 Mio. Schafen in Australien in den Jahren 2004/05 stammten fast 34 % aus New South Wales, der Rest vornehmlich aus Western Australia, Victoria und South Australia.

Die Welt der Bodenschätze

Schon ab 1851 wurden die Gewinne aus der Wollindustrie von etwas noch Kostbarerem abgelöst: **Gold!** Tausende von Goldsuchern kamen nach Australien, um ihr Glück auf den Goldfeldern in Victoria rund um Ballarat und Bendigo zu versuchen. Damit wurde das bis dahin anglo-keltisch dominierte Australien nun auch zum „gelobten Land" für Zehntausende Einwanderer aus aller Welt, darunter auch über 30.000 Chinesen. Der Goldrausch erfasste nach und nach alle australischen Kolonien, denn außer in Tasmania fand man in allen heutigen Bundesstaaten weitere Goldadern.

Im Gegensatz zu den kalifornischen Goldfeldern war in Australien außerdem mehr als nur Goldstaub oder kleine Körner zu finden: Ganze

Schafschur im Akkord (hist. Foto von 1951)

Goldnuggets waren im Gestein eingeschlossen und konnten einen Mann von einem Moment zum nächsten wirklich reich machen. Der größte Goldfund wog mehr als 235,1 Kilogramm und enthielt 93,3 Kilogramm pures Gold! Dieser sogenannte „Holtermann Nugget" wurde 1872 in Hill End in New South Wales durch *Bernhard Otto Holterman* gefunden. Viele der weltweit größten Nuggets kamen aus Australien: aus Victoria der „Welcome Stranger" mit 73,4 Kilogramm, der „Welcome" mit 69,9 Kilogramm und der „Hand of Faith" mit 27,2 Kilogramm purem Gold; aus Queensland der „Curtis" mit 28 Kilogramm und aus Western Australia der „Golden Eagle" mit 35 Kilogramm. Viel Aufsehen erregte auch der 12,4 Kilogramm schwere „The Yellow Rose of Texas", der 1980 für 350.000 $ an den berühmten australischen Geschäftsmann *Alan Bond* aus Perth verkauft wurde, der mit seinem Boot erstmalig für Australien den „America's Cup" gewann. Das Aufsehen war auch deshalb so groß, weil sich herausstellte, dass dieser Nugget eine Fälschung war – die Familie, die den Nugget in ihrer Garage in Perth produziert hatte, wurde 1991 verurteilt.

Durch die Goldfunde ab 1851 hatte sich die Bevölkerungszahl Australiens binnen zehn Jahren mehr als verdoppelt; die einzelnen Siedlungen in Australien wurden nach und nach zu eigenständigen Kolonien, die sich von New South Wales abspalteten; Melbourne wuchs explosionsartig zur größten Stadt Australiens an, in der sich das Banken- und Finanzwesen konzentrierte. Gold wurde zum Motor der Entwicklung der australischen Kolonien. Mit Erschöpfung der Goldfelder ab 1904 sank Australien in eine erste Wirtschaftskrise, begleitet von einer hohen Arbeitslosigkeit und Unruhen. Doch später wurden neue lukrative Goldadern gefunden, sodass in Australien nach wie vor Gold gefördert wird: Seit den 1980er Jahren steht Australien sogar an dritter Stelle der Gold fördernden Länder nach Südafrika und den USA. Das Gros des Goldes kommt heute aus *The Golden State* (Der goldene Staat), wie es passenderweise noch immer auf alten Nummernschildern in Western Australia zu lesen ist. Mitten in den Wüsten, wie z. B. in der Tanami-Wüste weitab von den australischen Großstädten, wird mit modernster Technologie Gold „gescheffelt". Es gibt heute keine *digger* (Grabende) mehr, wie man die Kumpels nannte, die unter harten Bedingungen in den ariden Zonen Australiens in den Goldbergwerken arbeiteten und häufig *two-up* spielten – das Werfen von zwei (oder drei) Münzen, um auf zwei (drei) Mal Kopf zu wetten. Ein Spiel, das man heute vor allem mit den ANZAC-Soldaten in Verbindung bringt, unter denen viele ehemalige Bergleute waren. Lange vorbei sind die Zeiten,

Warnschild vor einem Opalbergwerk in Coober Pedy

021au Foto: eg

als sich der einzelne Arbeiter mit Hacke und Spaten und eventuell etwas Sprengstoff einen Weg unter die Erde bahnte. Um die Arbeit zu erleichtern, wurden zahlreiche neue Maschinen erfunden – die Zahl der Patentanmeldungen in den Tagen des Goldrausches stellte die Weichen für die Moderne. Einer der wichtigsten Exportgüter der australischen Bergbauindustrie ist heute die Technologie: Software und High-Tech-Dienstleistungen sind die modernen Exportprodukte, die so erfolgreich sind, dass die Gehälter der im Bergbau Beschäftigten weit über dem australischen Durchschnitt liegen. Neben den traditionellen Unter-Tage-Bergwerken in New South Wales, die heute noch immer in Betrieb sind, gibt es heute vor allem riesige Tagebaue, die von gigantischen Schaufelbaggern bearbeitet werden. Das Landschaftsbild verändert sich dadurch maßgeblich, die Vegetation und die Tiere verschwinden, das Grundwasser wird immer wieder von den Mineralien im Gestein verseucht. Das ist alles in allem ein wahrer Albtraum für die Aboriginals, die in den Landschaftsformen die Spuren ihrer Vorväter sehen.

Doch Gold ist nicht alles. Australien hat auch **reiche Vorkommen an anderen Bodenschätzen,** allen voran Kohle, dann Eisenerz, Kupfer, Bauxit, Silber, Blei, Zink, Quarze und die größten Vorkommen an preiswertem Uranium. Nur die Öl- und Gasvorkommen sind eher bescheiden; sie decken lediglich das Gros des australischen Verbrauches und sind auch schon relativ erschöpft. 2005/06 lieferte die Bergbauindustrie (an erster Stelle wiederum Kohle) 37,6 % der australischen Exportgüter (über 10 % mehr als noch 2001!). Die Braunkohlevorkommen in Victoria sowie die Steinkohlevorkommen in Queensland und New South Wales sichern bislang den Löwenanteil der Stromversorgung Australien. Angesichts der durch fossile Brennstoffe verursachten Umweltprobleme plädieren Umweltschützer allerdings für einen Umstieg auf alternative Energiequellen, insbesondere träumen sie davon, in Australien vermehrt Sonnenenergie zu nutzen – dafür bietet sich der trockenste Kontinent der Erde, wo es häufiger als sonst irgendwo blauen Himmel gibt, ja geradezu an.

Die Bodenschätze waren neben der Wollindustrie das zweite Zugpferd der australischen industriellen Entwicklung, die den Ausbau der **Infrastruktur an Straßen und Eisenbahnverbindungen** begleiteten. Der Güterverkehr auf Schienen und mit den *Road Trains,* den überlangen Lastkraftwagen, ist auf einem so riesigen und trockenen Kontinent wahrlich eine herausragende Errungenschaft. Anfang 2004 erfüllte sich auch endlich der alte Traum, dass es eine durchgehende Zugverbindung von Adelaide im Süden quer durch das Herz Australiens bis nach Darwin ganz im Norden gibt. In der Vergangenheit hatte es viele regional begrenzte Eisenbahnstrecken gegeben, meist in der Umgebung von Bergwerken. Wenn die jeweiligen Bergwerkstollen jedoch erschöpft waren, wurden die Städte verlassen und die Schienen nicht länger gewartet. Nur wenige dieser Strecken werden heute als touristische Attraktionen instand gehalten.

Besonders faszinierend sind auch die großen **Diamantbergwerke** auf dem Kimberley-Plateau und die einzigartigen **Opalbergwerke.** Die preiswerten weißen Opale findet man in Andamooka und Coober Pedy (South Australia) sowie in White Cliffs (östlich von Broken Hill in New South Wales), die wertvollen schwarzen Opale hingegen in Lightening Ridge (westlich von Moree in New South Wales) und in Mintabie (nördlich von Coober Pedy am Stuart Highway in South Australia). Western Australia hat wiederum reiche Diamantvorkommen vorzuweisen.

Neben den besten Perlen der Welt hat Australien also so ziemlich alles zu bieten, was die Reichen und Schönen ihren Liebsten um den Hals legen möchten.

Die Launen der Natur

Australien ist in vielerlei Hinsicht ein **Kontinent der Superlative:** Er ist der trockenste, der flachste, der kleinste und der älteste (die wenigsten Veränderungen seit seiner Entstehung) Kontinent der Erde sowie auch der Kontinent mit der höchsten Zahl an tödlich giftigen Tierarten. Aber auch wenn das sehr bedrohlich klingen mag, so lag die durchschnittliche Lebenserwartung bei der Geburt eines Australiers mit 78,1 Jahren für Männer und 83 Jahren für Frauen doch über der deutschen mit nur 76,6 Jahren für Männer und 82,1 Jahren für Frauen. Aus europäischer Sicht mag das Leben in Australien mit den vielen tödlichen Tierarten, den Buschfeuern, den Zyklonen und der Hitze im menschenleeren Outback wie ein einziges lebensbedrohliches Abenteuer klingen. Auch der Mythos, dass es keine gefährlichen Erdbeben in Australien gibt, zerplatzte, als 1989 in Newcastle (New South Wales) ein Erdbeben mit moderaten 5,6 auf der Richterskala 13 Todesopfer forderte, außerdem mehr als 160 Verletzte und über 10.000 Gebäude mittelschwer bis schwer beschädigte. Doch auch in Australien stehen Herz- und Kreislaufkrankheiten sowie Krebserkrankungen an der Spitze der Todesursachen, während tödliche Unfälle - zu denen auch der Tod durch ein Zusammentreffen mit einem Tier zählt - im Jahr 2001 in Australien nur 3,8 % aller Todesfälle ausmachten, wogegen z. B. in Deutschland diese Zahl bei 4,1 % lag. Mit anderen Worten: In Australien lebt man trotz der zusätzlichen Gefahren insgesamt länger und sicherer.

Klimaextreme

Viele Auswanderer und Besucher Australiens träumen von dem ewig guten Wetter und bekommen je nach Ort und Jahreszeit in Australien mehr als eine Überdosis davon geboten. Es ist meist nicht nur kuschelig warm, sondern bullig heiß und vor allem im Norden unerträglich schwül. Aber auch eisige Kälte, kurze, dunkle Tage und viel Regen sind im Angebot. Auf der anderen Seite des Erdballs liegend, bietet Australien eine für Mitteleuropäer ungewohnte **Mischung an klimatischen Bedingungen.** Auf der Südhälfte des australischen Kontinents verläuft die Jahreszeitenfolge zeitversetzt vom Sommer im Dezember zum Winter im August, während die subtropische bis tropische Nordhälfte des Kontinents nur noch zwei **Jahreszeiten** kennt: die Regenzeit (in der es keineswegs immer regnet) und die Trockenzeit. Die Aboriginals differenzieren innerhalb dieser zwei vom Monsunklima beeinflussten „Jahreszeiten" jedoch jeweils mindestens drei Perioden, davon ist der sogenannte *build-up* (Aufbau) auch den nicht-indigenen Aussies ein Begriff. Denn in diesem Übergang von der Trockenzeit zur Regenzeit herrscht geradezu unerträgliche Hitze, die Wasserlöcher und Flüsse sind alle ausgetrocknet, die Fliegen werden zur richtigen Plage und schwelende Buschfeuer hüllen das Land zuweilen in Rauchschwaden. Die Varianten an klimatischen Bedingungen in Australien sind endlos und bieten einige ungewohnte Gefahren.

Zwischen Winter und Sommer

Tasmania und die australischen Alpen rund um Canberra bieten ein geradezu alpines Klima mit den zweithöchsten Niederschlagsmengen des gesamten Kontinents und viel **Schnee und Eis** im Winter, was den betuchten Wintersportlern Australiens ihr eigenes Ski- und Snowboardareal bietet. Die höchsten **Niederschläge** misst man an der Nordspitze des tropischen Queensland mit durchschnittlich knapp über 4400 mm pro Jahr, die sich in eher kurzen, aber kräftigen warmen Monsunschauern über das Land ergießen. In den relativ niederschlagsreichen gemäßigten Klimazonen von South Australia bis New South Wales ist man im Winter bestens vertraut mit einer Fülle an Grauschattierungen des wolkenverhangenen Himmels und diversen Arten von Regen, der tagelang andauern kann. Besonders Melbourne ist im Winter und Frühling für seinen Regenreichtum bekannt, wodurch es sich noch mehr wie eine mitteleuropäische Stadt im Sommer anfühlt.

Der **Wind,** der die Wolken von der Tasmanischen See heranbläst, bringt jedoch auch die bei Surfern so sehr beliebten Wellen zum Wellenreiten. Selbst im Winter kann man bei 16 °C **Wassertemperatur** im Southern Ocean die Hartgesottenen im Neoprenanzug antreffen, während im Pacific Ocean und an der Ostküste noch immer Shorts angesagt sind bei Wassertemperaturen zwischen 18 und 20 °C. Mit durchschnittlichen Wintertemperaturen von 5,7 bis 13,5 °C in Melbourne oder gemütlichen 8,4 bis 18,3 °C in Perth ist es im Süden des Kontinents ja auch eher frühlingshaft, verglichen mit winterlichen deutschen Durchschnittstemperaturen von 2 °C im Norden und –4 °C im Süden. Warum man es dennoch oft **als bitterkalt empfindet,** liegt daran, dass die Mehrheit der Haushalte keine Zentralheizung hat, sondern höchstens eine Reverse-Cycle-Klimaanlage (die auch warme Luft produzieren kann), eine Ölheizung oder einen kleinen elektrischen Heizlüfter, was dann viel teuren Strom verschlingt. Besonders in Steinhäusern fühlt man sich schnell wie im Kühlschrank und die Winterschuhmode im Haus besteht aus wärmenden Schafpelzschuhen, die so manch ein Europäer nicht im vermeintlich immer warmen Australien vermuten würde, wohingegen der Sommer von leger luftigen Flip-Flops bestimmt wird.

Obwohl die einheimischen Eukalyptusbäume ihre Blätter nicht saisonal verlieren und die Landschaft daher immergrün bleibt, sorgt das **frühe Dunkelwerden im Winter** dennoch auch in Australien für eine Winterdepression. Die Einteilung der Zeitzonen auf dem Kontinent sorgt dafür, dass die Sonne im Winter schon extrem früh am Morgen aufgeht, während jeder normale Aussie noch im Bett liegt, und schon am frühen Nachmittag wieder untergeht. Während des Ersten und Zweiten Weltkrieges war zwar in allen Bundesstaaten zum Stromsparen die Sommerzeit eingeführt, aber sofort nach Kriegsende wieder abgeschafft worden. Jeder Staat hat seitdem nach Lust und Laune ohne Koordination mit den anderen Bundesstaaten immer mal wieder die Uhren für die **Sommerzeit** zurückgedreht. Mit der Sommerzeit gewinnt man am Abend auch wertvolle Freizeit bei Tageslicht. Wenn man aus Mitteleuropa kommt, vermisst man in Australien die wunderbar langen Sommerabende, wo es bis 22 Uhr hell ist, in Sydney dagegen wird es z. B. im Sommer selbst bei Anwendung der Sommerzeit schon um 20 Uhr dunkel. Im Australian Capital Territory, in New South Wales, Victoria und South Australia hat man sich im 21. Jahrhundert endlich dazu durchgerungen, die Sommerzeit am gleichen Tag beginnen und enden zu lassen, nachdem die Unterschiede jahrelang für Chaos in der Logistik- und Kommunikationsbranche gesorgt hatten. Nur Tasmania tanzt noch ein wenig aus der Reihe und lässt die Sommerzeit zwei Wochen früher als die Festlandsstaaten beginnen. Versuche, die Entscheidung über die Zeitzonen und die Sommerzeit auf Bundesebene zu verlagern, waren 1992 gescheitert und so liegt sie weiterhin in der Hand der einzelnen Staaten. Zurzeit herrscht denn in Western Australia, im Northern Territory und in Queensland in allen Jahreszeiten immer dieselbe Uhrzeit. In diesen Staaten/Territorien hat sich die Bevölkerung in Referenden immer wieder gegen die Einführung der Sommerzeit ausgesprochen, so wie in Western Australia.

Unbarmherzige Sonne

Es herrscht mancherorts fast so etwas wie ein ewiger Sommer mit jährlich mehr als 3000 Stunden **Sonnenschein** in fast 70 % des Kontinents. Selbst das deutsche Rekordjahr 1959 brachte es nur auf eine höchste jährliche Sonnenscheindauer von 2329 Stunden (auf dem Klippeneck in der Schwäbischen Alp). Western Australia und South Australia sind die trockensten Bundesstaaten Australiens, wobei Perth mit Abstand die meisten Stunden Sonnenschein verzeichnen kann, während Adelaide im Winter und im Frühling auch von Regen und Wind geplagt wird, die von der Tasmanischen See kommen. Im Sommer regiert in beiden Städten der kristallklare blaue Himmel, auf dem nur im Einzelfall ein unbedeutender Wolkenschleier zu sehen ist. Das Quecksilber übersteigt im Januar die 35-Grad-Marke im Zentrum und steigt nicht selten über die 40-Grad-Grenze im Nordwesten Australiens. An der Küste ist dies bei einer sanften Meeresbrise noch zu ertragen, aber wer einmal im Frühling bzw. am Ende der Trockenzeit mitten im Outback mutterseelenallein einen platten Reifen in der prallen Morgenhitze wechseln musste, kann erahnen, wie tödlich die australische Sonne erst im Hochsommer sein muss.

Besonders mit einer anhaltenden **Hitzewelle** ist nicht zu spaßen, die z. B. 1939 438 Menschen das Leben kostete, während die Buschbrände am *Black Friday* im selben Jahr „nur" 71 Menschenleben nahmen. Viele halten einen Buschbrand fälschlicherweise für die größte Gefahr in Hitzezeiten und vergessen, dass die Gefahr, an den Folgen von Überhitzung zu sterben, viel größer ist, insbesondere, wenn man nicht genügend Trinkwasser dabei hat und keine schattenspendende Kleidung trägt. In Anbetracht dieser unangenehmen Seiten des „ewigen" Sonnenscheins sehnen sich manche Aussies – besonders die älteren Semesters – geradezu nach regnerischen oder zumindest leicht bewölkten Tagen mit einer kühlenden Meeresbrise.

Als wenn die Hitze nicht schon Grund genug wäre, sich in klimatisierte Räume zurückzuziehen und sich möglichst wenig in der Sonne aufzuhalten, sind die UV-Strahlen über dem südlichen Teil des australischen Kontinent auch besonders aggressiv. Australien hat die höchste Pro-Kopf-Rate an **Hautkrebserkrankungen** der Welt. Jährlich wird bei 8500 Australiern Hautkrebs (Melanom) diagnostiziert und 1000 von ihnen sterben daran. Unter freiem Himmel gilt seit der erfolgreichen Anti-Hautkrebs-Kampagne seit 1981 der Slogan *SLIP, SLOP, SLAP = slip on a shirt, slop on some sun-*

screen, slap on a hat (ein Shirt anziehen, Sonnencreme mit hohem Lichtschutzfaktor auftragen und einen Hut aufsetzen)! In der Schule sind die Kinder verpflichtet, beim Sport unter freiem Himmel einen breitkrempigen Schlapphut zu tragen, der sie vor den Gefahren der Sonne schützt. Für den aufgeklärten Australier ist es daher völlig unverständlich, warum sich heute noch so viele Nord- und Mitteleuropäer freiwillig in der Sonne braten - oder noch extremer - sich auf eine Sonnenbank legen, wo sie sich der Gefahr des Hautkrebses aussetzen und zudem den Prozess der Hautalterung künstlich beschleunigen. Für diejenigen, die immer noch glauben, das Hautkrebsrisiko sei halb so wild, hat die Krebsstiftung 2003 eine neue Kampagne gestartet: *Skin Cancer: It's killer body art* (Hautkrebs: Die tödliche Kunst am Körper), wo ein tätowierter Frauenrücken abgebildet ist, auf dem ein tödliches Melanom zu sehen ist. Der Grund für die größere Intensität der UV-Strahlen in der südlichen Hemisphäre sind große Ozonlöcher über der Antarktis, durch die die schädlichen UVB-Strahlen mit ungebremster Kraft in die Atmosphäre über der Antarktis und über dem südlichen Teil des australischen Kontinents eindringen. Diese Löcher in der Ozonschicht bilden sich alljährlich im August oder September und verschwinden allmählich im November. Im September 2003 war eines der Löcher mit 27 Mio. km^2 fast vier Mal so groß wie Australien.

Im ariden Binnenland auf der Südhälfte des Kontinents wird es geradezu unerträglich heiß, der rötliche Staub und Sand der erodierten Erde wird hier nur noch von *saltbush* zusammengehalten, das sind kleine silbergraue kniehohe Büsche, die den Salzgehalt in den verarmten Böden vertragen. In Coober Pedy, der berüchtigten Opalbergwerkstadt mitten in der wüstenartigen Landschaft des australischen Outback, lebt eine Vielzahl der Bewohner daher **unter Tage** auf der Flucht vor sommerlichen Temperaturen von bis zu 52 °C im Schatten.

Die Hitze birgt noch eine für Europäer ungewohnte Gefahr. Die einheimischen Pflanzen haben sich an die periodisch wiederkehrenden Dürreperioden angepasst, indem sie ihren Wasserhaushalt extrem optimieren können. Um das Baumherz in lang anhaltenden Dürrezeiten mit ausreichend Wasser versorgen zu können, lassen z. B. die Eukalyptusbäume **ganze Äste einfach absterben,** die dann unversehens abbrechen und niederstürzen können. In einer Dürrezeit sollte man daher seinen PKW nicht unter den vermeintlich schattenspendenen Eukalyptusbäumen parken, denn sonst könnte am nächsten Morgen unangenehmerweise ein ganzer Ast den Wagen unter sich begraben haben.

Slip, Slop, Slap – Warnschilder weisen auf den benötigten Sonnenschutz hin

Lang anhaltende Dürrezeiten, wie sie durch das Klimaphänomen „El Niño" immer häufiger auftreten, sorgen für die **bedrohlichen Buschfeuer,** die Australien alljährlich vor allem im Frühling und im Sommer heimsuchen. 1967 brannten im Süden Tasmaniens binnen 5 Stunden 264.270 Hektar Land ab, 62 Menschen wurden getötet und 1400 Häuser in der Umgebung von Hobart zerstört. Zu den größten Katastrophen gehört auch der 16. Februar 1983, bekannt als *Ash Wednesday* (Aschermittwoch), wegen der 180 Buschbrände, die an diesem Tag in Victoria 200.000 Hektar Farmland und mehr als 2000 Häuser niederbrannten sowie weitere 159.000 Hektar Farmland und mehrere 100 Häuser in den Adelaide Hills rund um Adelaide. Mehr als 21.000 Menschen halfen beim Kampf gegen die Brände, die teilweise durch Blitzeinschlag entstanden waren und teils durch achtlose Menschen. 75 Menschen verloren ihr Leben in dem Inferno, Hunderte wurden verletzt und Hunderttausende von Rindern und Schafen fanden den Tod. 1994 war wiederum ein einschneidendes Jahr mit mehr als 800 Buschfeuern in New South Wales, die 800.000 Hektar Land versengten, 4 Menschen das Leben kosteten und 250 Häuser niederbrannten. Die Brände waren unter dem Strich vielleicht weniger verhehrend, aber sie dauerten länger an und hatten Sydney vollkommen eingekreist. Ein neues Inferno am 18. Januar 2003 traf die Hauptstadt Canberra, wobei man 530 Wohnhäuser, aber dank der großräumigen Evakuierung nur 4 Menschenleben verlor.

Barmherzigkeit kennt das Feuer nicht, wohl aber die Natur. Wenn man auch nur einige Monate nach einem verheerenden Buschfeuer in die betroffenen Gebiete fährt, grünt und blüht wieder alles, so als sei es der schönste Frühling. Nichtsdestotrotz bedrohen die Buschfeuer den Lebensraum der Menschen und auch die Regeneration von Tierpopulationen, die kaum in die verstädterten Gebiete ausweichen können, ist gefährdet. Daher setzt man die alte, aber umstrittene Praxis der Aboriginals fort, **kontrollierte Buschbrände zu entzünden.** Das Unterholz muss regelmäßig zum Frühlingsbeginn abgebrannt werden, bevor es im Sommer durch die heißen Winde aus dem Landesinneren getrocknet wird und wie Zunder entflammen kann. Die Landschaft verändert sich dann in eine geisterhaft grau-schwarze Welt, in der aus den Schwelbränden weiterhin Qualm aufsteigt und eine Smogglocke den Blick gen Himmel trübt. Die Aboriginals betrieben das *fire stick farming* auch, um die Populationen bestimmter Tiere zu kontrollieren und das Wachstum der Pflanzen zu bestimmen. Denn faszinierenderweise hat sich auch die einheimische Flora ans Feuer angepasst. Einige Pflanzenarten wie Eukalyptus, Teebäume, *Paperbark* (Kajeputbaum) und *Banksia* haben eine dicke Rinde zum Schutz der Baumstämme und ihr Samen ist in einer dichten hölzernen Kapsel eingeschlossen, die sich überhaupt nur bei Feuerhitze öffnen kann, um dann zu keimen.

Feucht-heiße Tropen

Fast noch unerträglicher als die trockene Hitze im südlichen Outback ist die tropische Hitze im Norden des Kontinents. Gegen Ende der Trockenzeit wird es unerträglich schwül-heiß und die kleinen lästigen Fliegen werden nicht müde, sich in ganzen Schwärmen auf den Gesichtern der Menschen niederzulassen. Wenn dann endlich die Regenzeit beginnt, wird der Regen von heftigen Gewittern begleitet. 80 % aller australischen **Gewitter** toben sich im Northern Territory aus – ein ungewöhnliches und faszinierendes Naturschauspiel, das aber nicht ganz ungefährlich ist.

In der Regenzeit bilden sich auch immer wieder **Zyklone** mit zum Teil gewaltiger zerstörerischer Kraft und suchen die tropischen Küsten Nord- und Nordostaustraliens heim – von Broome in Western Australia bis nach Brisbane in Queensland. Im März 1899 riss Zyklon „Mahina" über 400 Menschen in Queensland in den Tod. Der schlimmste Zyklon der modernen australischen Geschichte war „Tracy", der mit Windgeschwindigkeiten von ca. 250 km/h 9 Stunden lang am Heiligabend 1974 über Darwin tobte und unglaubliche 195 mm Niederschlag mit sich brachte (der Jahresdurchschnitt im Herzen Australiens). Der Zyklon machte Darwin zu 80 % dem Erdboden gleich und forderte 65 Todesopfer und ca. 650 Verletzte. Gut 25.000 *Darwinites* wurden mit einem Schlag obdachlos. Ein solches Ausmaß an Zerstörung hatte man in Australien seit dem Bombenangriff der Japaner auf Darwin im Jahr 1942 nicht mehr gesehen. 1974 wütete auch Zyklon „Wanda" in der Gegend um Brisbane, 16 Menschen ertranken in den Fluten, in Brisbane wurden 17 Vororte überflutet (das Wasser stand 82 bis 132 cm hoch), 300 Menschen wurden verletzt und über 8000 Menschen wurden obdachlos. 1991 tötete Zyklon „Fifi" 29 Menschen auf hoher See vor der Küste von Western Australia und zuletzt (1997) forderte Zyklon „Justin" 7 Tote bei Innisfail in Queensland. Seit 1967 sind diese zerstörerischen tropischen Wirbelstürme für einen durchschnittlichen jährlichen Schaden von 266 Mio. $ verantwortlich.

Regenmassen sind jedoch nicht nur eine Begleiterscheinung der tropischen Zyklone. Im Norden Australiens fallen häufig große Mengen Niederschlag in sehr kurzer Zeit, das führt zu **sintflutartigen flash floods,** die die vertrockneten Flussläufe auf dem Land in Windeseile in reißende Flüsse verwandeln. Das Passieren der die Flussläufe kreuzenden Straßen ist dann oft unmöglich (über die Flussläufe, die die meiste Zeit des Jahres ausgetrocknet und daher problemlos zu durchqueren sind, führen keine Brücken).

Wunderlich gefährliche Tierwelt

Es ist eine Tatsache, dass Australien die Heimat für eine Vielzahl an Tierarten ist, deren Kontakt mit Menschen tödlich enden kann, aber deswegen befindet sich der Australier nicht ständig in Lebensgefahr. Schließlich steht der Mensch nicht auf dem Speisezettel dieser Tierarten (vom Salzwasser-Krokodil einmal abgesehen) und sie lauern den Menschen daher auch nicht auf. Ein Australier weiß um die Gefahren und meidet gefährliche Situationen, aber er lebt deswegen keinesfalls in ständiger Angst. Auch wenn die Versuchung manchmal groß ist, manche der faszinierenden Tiere einmal anzufassen, so sollte man dies grundsätzlich unterlassen, um sich erst gar nicht möglichen Gefahren auszusetzen. Darüber hinaus ist das Entfernen von Tieren und Pflanzen – egal ob tot oder lebendig – in allen Nationalparks, also auch den marinen Parks wie dem Great Barrier Reef oder Ningaloo Reef, verboten.

Zu Wasser

Haie haben in der Geschichte der Menschheit schon immer einen schlechten Namen als bedrohliche Raubtiere gehabt. Dabei bedrohen wir Menschen die **Haie** mehr als umgekehrt. Es gibt unter den weltweit 350 Haifischarten nur 4, die den Menschen auch auf ihren Speisezettel setzen würden: Am bekanntesten ist wohl aus den Filmen „Der Weiße Hai" der *Great White,* auch *White Pointer* genannt. Die anderen 3 sind der tigerartig gemusterte *Tiger Shark,* der *Oceanic Whitetipp Shark* und der wirklich etwas bullig aussehende *Bull Shark.* Diese 4 Arten kommen auch alle in den australischen Gewässern vor.

Die anderen 161 Haifischarten, die in den australischen Gewässern vorkommen, sind ungefährlich, so auch der mit bis zu 18 Metern größte Haifisch, der sich ausschließlich von Plankton ernährt: der *Whale Shark.* Man kann die *Whale Sharks* leicht an ihren weißen Körperpunkten erkennen und der Art, wie sie mit offenem Maul schwimmen, um wie Wale Plankton aus dem Wasser zu filtern. Sie kommen vor allem an der Westküste Australiens in der Gegend des Ningaloo Reefs vor.

Weil aber lange Zeit nicht zwischen „gutem" und „bösem" Hai unterschieden wurde und so manch eine Art für traditionelle *Fish'n'Chips* beliebt war, sind in den 1960er und 1970er Jahren einige völlig harmlose Arten durch Haifischfang fast völlig ausgerottet worden. Auf der 1999 erstellten Liste der bedrohten Arten stehen daher auch der bedrohlich aus-

Dieser weibliche Bull Shark kommt ins Museum

024au Foto: eg

sehende, aber harmlose *Grey Nurse Shark,* der an der Ostküste Australiens vorkommt. Wer heute einen solchen Hai in New South Wales tötet, sieht einer Geldstrafe von 10.000 $ entgegen.

Von den in der 200-jährigen Geschichte Australiens insgesamt gemeldeten 548 Haiangriffen endeten 182 tödlich. New South Wales führt die Statistik über die Zahl der Haiangriffe an mit 205 (davon 69 tödlich), danach folgt Queensland mit 201 (davon 68 tödlich). In den vergangenen 30 Jahren hat es 31 tödlich endende Haiangriffe gegeben, wobei allein in Queensland 12 Fälle vorkamen. Das ist wohl kaum als nennenswerte Gefahr zu bezeichnen, besonders wenn man bedenkt, dass jährlich 306 Menschen in Australien ertrinken und 2979 bei einem Autounfall sterben. Um den Menschen die Angst vor Haien jedoch etwas zu nehmen, werden z. B. alljährlich im Sommer in Sydney zum Schutz der Badenden Haiabfangnetze an kleinen Strandabschnitten installiert und die Küste wird außerdem vom Flugzeug und vom Strand aus überwacht. Denn man hat festgestellt, dass fast alle Angriffe durch Haie in den Sommermonaten Dezember bis Februar stattfanden.

Um das ohnehin geringe Risiko eines Haiangriffs zu minimieren, kann man sich an ein paar Regeln halten. Die erste Regel ist, nicht allein zu schwimmen, denn die Mehrheit der Attacken hat auf einzelne Schwimmer stattgefunden. Man sollte auch nicht dort baden, wo gefischt wird, denn dort schwimmt nun einmal das Futter der Haie herum und man stört den unter Umständen sehr hungrigen Hai bei seiner Nahrungssuche. Warum sollte er da nicht einen Bissen aus einem Mensch nehmen und sei es

025au Foto: eg

nur, um ihn aus seinen Fischgründen zu vertreiben? Mit einer blutenden Wunde ins Wasser zu gehen, ist auch nicht gerade zu empfehlen, denn das ist einfach ein zu schöner Köder. Auch das Glitzern von Schmuck oder reflektierender Kleidung kann Haie anlocken, selbst meine Hauskatze langt gerne mit ihren Krallen nach meiner Halskette.

Die gefährlichen Haie kommen übrigens ganz im Norden Australiens in der Timor Sea und im Gulf of Carpentaria nur ganz selten vor. Stattdessen lauert dort eine andere recht tödliche Gefahr: der **Box Jellyfish.** Diese durchscheinende Quallenart hat auf ihren bis zu 15 Tentakeln bis zu 5000 Stechzellen, die bei Berührung ein Gift auf die Haut bringen, das verbrennungsähnliche Wunden hervorruft. Der Schmerz, den die Stiche verursachen, ist so schlimm, dass man leicht einen Schock erleidet, überdies nicht mehr schwimmen kann und schlicht ertrinkt. Man sollte daher nie allein schwimmen gehen. Das einzige, was als Erste Hilfe hilft, bis der Patient das Gegengift bekommt, ist Essig. Daher findet man an der Nordküste von Queensland, Western Australia und des Northern Territory die typischen Schilder, die vor diesen Quallen warnen und an denen meist eine Flasche Essig baumelt. Den *Box Jellyfish* kann man zwar das ganze Jahr lang begegnen, aber in der Regensaison von ca. Oktober bis April sind so viele von ihnen im Wasser, dass es schlicht leichtsinnig ist, schwimmen zu gehen. Vor allem Touristen werden häufig Opfer der *Box Jellyfish,* weil sie dem menschenleeren weißen Sandstrand und dem türkisfarbenen Wasser der tropischen Küsten einfach nicht widerstehen können. Es gibt im

Übrigen noch mehr von diesen giftigen, kleinen, durchscheinenden Quallenarten in den Gewässern Australiens, die allerdings meist nicht so nah an die Küste kommen wie der *Box Jellyfish* oder generell seltener sind.

Neben den Quallen sorgen auch einige stechende Fischarten für seltene Todesfälle. Nördlich des südlichen Wendekreises trifft man besonders an den Korallriffen auf den Tarnungsspezialisten **Stone Fish,** der viele giftige Stacheln auf dem Rücken hat. Allerdings sticht er nur, wenn man auf ihn drauftritt oder ihn fangen möchte. Nach einem Stich wird das Opfer zeitweise gelähmt und erleidet einen Schock und wird ohne Hilfe ertrinken und sterben, wenn nicht schnell das Gegengift gespritzt wird.

In den warmen, tropischen Gewässern stößt man auch auf ca. 35 verschiedene Arten des bratpfannenförmigen *Stingray* **(Stachelrochen),** die nicht aggressiv sind, aber zu einem tödlichen Stich mit dem Schwanz ansetzen, wenn sie sich bedroht fühlen. 2006 wurde so auch der bekannte TV-Star *Steve Irwin* durch einen Stachelrochen getötet.

Gleiches gilt auch für die wunderschönen *Cone Shells* **(Kegelmuscheln),** von denen es gut 80 Arten in Australien gibt. Nur allzu oft sind Touristen an den Korallenriffen versucht, diese schönen Muscheln als Trophäe zu erobern. Ganz abgesehen davon, dass dies strengstens verboten ist, hat auch schon so manch ein Tourist die Quittung dafür prompt präsentiert bekommen. Denn die *Cone Shells* haben harpunenartige Zähne, die durch die Kleidung hindurch ihr Gift verspritzen können.

Mit **Seeschlangen** ist ebenfalls nicht zu spaßen. Als Letztes sei noch der überaus faszinierende **Blue-ringed Octopus** mit seinen irisierenden blauen Kringeln auf dem weißen Körper und den Tentakeln zu nennen. Diese Tintenfischart lauert Krebsen und Schnecken, ihren bevorzugten Leckerbissen, gerne in Felsvorsprüngen an Australiens Ostküste auf und teilt ihr tödliches Gift durch die Saugknöpfe an ihren Tentakeln aus. Die Tentakel der **Blue Bottle,** kleine, pieksende Quallen mit langen blauen Armen, sind hingegen nur sehr schmerzhaft, aber nicht gefährlich.

Trotz dieser vielen tödlichen Gefahren kann man in Australien schwimmen und tauchen gehen. Man sollte sich nur des kleinen Risikos bewusst sein und sich an die Grundregel halten, die Tiere nur aus der Ferne zu bewundern und ihnen nicht zu nahe kommen.

Abgesehen von all diesen Meerestieren, gibt es auch in den Flüssen Australiens gefährliche Tiere. In den Flüssen im Süden Australiens existiert ein Tier mit einem tödlichen Stachel auf der Innenseite seiner Hinterbeine: der *Platypus,* auf Deutsch **Schnabeltier** genannt. Der *Platypus* und der

Lebensrettend: eine Flasche Essig gegen das Gift der Quallen

Echidna, der **Schnabeligel,** sind weltweit die zwei einzigen Arten der Kloakentiere (in Papua Neuguinea gibt es eine langschnabelige Variante des *Echidna).* Um vom *Platypus* gestochen zu werden, muss man allerdings dummerweise den Versuch unternehmen, ihn fangen zu wollen, was eher unwahrscheinlich ist.

Eine wahrhaft tödliche Gefahr lauert jedoch im Mündungsbereich der Flüsse im Norden Australiens: die *salties,* wie man die aggressiven **Salzwasserkrokodile** verniedlichend nennt. Hier gibt es wahrhaft nichts zu verharmlosen. Wer mit einem *Saltwater Crocodile* schwimmen geht, muss mit dem Schlimmsten rechnen. Die *freshies,* wie man die *Freshwater Crocodiles* (Süßwasserkrokodile) nennt, sind hingegen nicht am Menschen interessiert, beißen jedoch schon mal aus Verteidigungsgründen zu, wenn man ihnen auf dem Boden eines Wasserlochs versehentlich auf die Nase steigt.

Als Letztes könnte man auch noch den **Bunyip** nennen, ein Fabelwesen, das die Flüsse, Sümpfe und Wasserlöcher unsicher macht – wie das Monster von Loch Ness in Schottland. Es heißt, dass der *Bunyip* besonders nach Einbruch der Dunkelheit gerne Menschen und andere Lebewesen frisst. Die Aboriginals meiden daher alle Gewässer, in denen jemals ein *Bunyip* gehaust haben soll. Ähnlich wie Nessie auf längst verschwundene Drachen anspielt, sollen die Fabeln über den *Bunyip* laut Wissenschaftlern auf den vor ca. 15.000–20.000 Jahren ausgestorbenen *Diprotodon* zurückgehen. Dieser rinozerosgroße Schrecken war jedoch eigentlich ein Pflanzenfresser und das größte Beuteltier, das jemals existiert hat. Es gibt vier Briefmarken in Australien, die den *Bunyip* abbilden.

Zu Lande

Wer nun glaubt, er sei zu Lande sicherer vor den tödlichen Gefahren durch Tiere, hat sich geirrt. Auch hier hat Australien eine Vielzahl an für den Menschen tödlichen Kreaturen zu bieten, die ihrem Opfer allerdings keineswegs auflauern, sondern sich nur im Falle der Selbstverteidigung gegen ihren vermeintlichen Angreifer richten. Wenn man aus Europa kommt, hat man mit giftigen **Schlangen** zwar keine Erfahrung, würde ihnen aber zumindest instinktiv aus dem Weg gehen. Die Liste der tödlich giftigen australischen Schlangen ist denn auch erschreckend lang: *Eastern Brown Snake, Western Brown Snake* oder *Gwardar, Dugite, Common Tiger Snake* auf dem Festland, *Black Tiger Snake* auf Inseln, *Coastal Taipan* an der Küste, *Fierce Snake* oder *Western Taipan, Red-bellied Black Snake, King Brown Snake* oder *Mulga Snake, Spotted* oder *Blue-bellied Black Snake, Papuan Black Snake, Death Adder, Copperhead, Rough Scaled Snake* oder *Clarence River Snake, Stephen's Banded Snake, Pale-headed Snake, Broad-*

headed Snake und *Small-eyed Snake.* Aber: Keine Panik, Schlangen gehen dem Menschen im Normalfall immer aus dem Weg und man muss, ehrlich gesagt, schon Glück haben, um überhaupt mal eine Schlange aus der Entfernung zu erblicken.

Von den beinlosen Kreaturen, die sich über das Land schlängeln, nun zu den achtbeinigen: Die tödlichste **Spinne** Australiens ist ausgerechnet in Sydney zu Hause. Die 4–7 cm große *Sydney Funnel-web Spider* kommt in einem 160 km Radius rund um Sydney vor und der Biss eines Männchens kann innerhalb von 15 Minuten tödlich sein. Die Spinnen leben in kleinen Höhlen, die sie ganz umsichtig mit ihrer Spinnseide verkleiden und nur die weitaus weniger giftigen Weibchen verirren sich im Sommer bei feuchtem Wetter in die Wohnhäuser. Dennoch ist es sehr selten, dass ein Mensch von ihnen gebissen wird. Bevor man das Gegengift 1980 entwickelt hatte, gab es insgesamt nur 13 bekannt gewordene Todesfälle aufgrund eines Bisses dieser Spinnenart, und seitdem hat es keinen einzigen Todesfall mehr gegeben. Oft mit der *Funnel-web Spider* verwechselt wird die *Mouse Spider,* die fast überall im Osten Australiens vorkommt; die Weibchen dieser Spinnenart sind fast ebenso giftig wie die *Funnel-web* und nehmen eine aggressive Pose ein, wenn sie zustechen wollen.

Im Normalfall nicht tödlich, aber äußerst schmerzhaft ist der Biss eines Weibchens der *Redback Spider.* Die sonst schwarze Spinne hat auf dem Rücken einen roten Fleck, weswegen sie den Namen Rotrückenspinne erhielt. Die maximal 2 cm kleine *Redback Spider* gehört zur Familie der *Widow Spiders,* die man auch von den Feldern Süditaliens als Schwarze Witwe kennt. Sie kommt in ganz Australien vor und versteckt sich gern in weniger genutzten Räumlichkeiten wie Garagen, Schuppen, Keller oder öffentlichen Toiletten. Es gibt daher viele Geschichten über die *Redback Spider* unter dem Toilettensitz. Weil sie so klein ist und sich in dunklen Ecken aufhält, in die man vielleicht unbedacht greift, weil z. B. der Tischtennisball dahin gerollt ist, kommt es jährlich zu knapp 3000 Bissverletzungen durch diese Spinnenart. Etwa 250 davon sind so schwer, dass ein Gegengift gespritzt werden muss.

Unangenehm ist auch der Biss der *White Tailed Spider,* die eine Zylinderform und eine weiß-graue Schwanzspitze hat, oder der *Black Window Spider* bzw. *Black House Spider,* die man in allen australischen Vororten finden kann. An den durch diese Spinnenart verursachten Bisswunden können sich äußerst schmerzhafte und Gewebe zerstörende Geschwüre und Blasen bilden. Eine solche Nekrose (Absterben von Geweben) kann auch durch die in Nordqueensland massenhaft vorkommenden *Wolf Spiders* verursacht werden, das sind nachtaktive Spinnen, deren Augen im Schein der Taschenlampe schillernd funkeln.

Das klingt alles sehr gefährlich, aber insgesamt sieht man die nicht-giftigen Spinnen wesentlich häufiger und auch Spinnen beißen nur, wenn sie sich bedroht fühlen. Schließlich ist ihr kostbares Gift vorwiegend dazu da, um ihre Nahrung zu betäuben und der Mensch gehört wahrlich nicht in ihre Nahrungskette. Die am häufigsten vorkommende und für den Menschen völlig ungefährliche Spinne, deren Äußeres und schiere Größe Unerfahrenen leicht einen Schreck einjagen kann, ist die *Huntsman Spider.* Exemplare dieser Art kommen gerne bei Abend in die Häuser, um sich von den Insekten zu ernähren, die im künstlichen Licht herumschwirren.

Abgesehen von Spinnen können auch einige Arten von **Ameisen, Hundert- und Tausendfüßlern** sowie **Käfern** giftig sein. Aber in der Regel sind deren Bisse nur unangenehm schmerzhaft und können im schlimmsten Fall eine allergische Reaktion hervorrufen wie ein Bienen- oder Wespenstich. Weitaus gravierender ist hingegen der Stich einer bestimmten **Zeckenart** und von **Skorpionen.** Auch kleine **Blutegel** saugen sich unangenehmerweise in den Regenwäldern gerne an Menschen fest.

Am besten ist, man lernt, sich von den *creepy crawlies* (furchteinflößende Krabbeltiere) fernzuhalten. Dann gibt es auch nichts zu befürchten.

Geplagtes Australien

Australier werden nicht müde, von ihren **Tierplagen** zu sprechen und verteufeln viele der nicht-einheimischen Raubtiere, die ihrer Meinung nach sowohl ihre Landwirtschaft gefährden als auch für das Aussterben von immer mehr einheimischen Tierarten verantwortlich sind. Das dient dann auch nur zu gern als Entschuldigung dafür, dem Jagdinstinkt zu folgen und diese Tiere ohne Rücksicht auf Verluste zu töten. Im Northern Territory gibt es seit 2002 alljährlich in Pine Creek die umstrittene **Schweine- und Katzenjagd,** die dazu gedacht ist, die sich massiv vermehrenden verwilderten Tiere zu dezimieren. Dazu treffen sich Jäger aus Perth, Melbourne und Outback Queensland und erschießen ganz legal jede wilde Katze oder jedes wilde Schwein, das ihnen vor den Lauf kommt. Ebenso enthusiastisch werden Agakröten überfahren und wer die Leiche der größten vorzeigen kann, gewinnt einen Preis, ebenso wie derjenige, der das schönste Fell einer getöteten wilden Katze vorweisen kann. Begleitet wird das Ganze von einem Ball und Wettstreiten im Armdrücken und Messerwerfen. Der „wilde Westen" ist eben in Australien noch sehr lebendig. Dabei sind die Gründe für die rapide Ausbreitung so manch einer nicht-einheimischen Tierart – wie meist – in der Störung des natürlichen Gleichgewichts durch den Menschen selbst zu suchen.

Der Dingo und andere Raubtiere

Das einzige Raubtier, dass nicht von den Europäern nach Australien gebracht wurde, ist der **Dingo,** ein wilder Hund, der sich aus dem grauen Wolf entwickelt hat und vor etwa 5000 Jahren mit Seefahrern von Südostasien nach Australien kam. Er war vermutlich für das Aussterben des einheimischen Raubtieres *Thylacine,* eine karnivore (fleischfressende) Beuteltierart, auf dem Kontinent verantwortlich, weil Letzteres offenbar im Konkurrenzkampf um die Nahrung unterlag. Lediglich in Tasmania überlebte dieses größte australische Raubtier bis etwa Anfang des 20. Jahrhunderts, weshalb es auch als *Tasmanian Tiger* bezeichnet wird.

Für den Dingo, auch australischer Wildhund genannt, boten die Schafe und Kälber der Viehzüchter seit Ankunft der Europäer eine willkommene Abwechslung auf dem Speiseplan. Somit wurde der Dingo zum größten Feind der Viehzüchter. Um ihren kostbarsten Besitz vor hungrigen Dingorudeln zu schützen, stellten die Schafzüchter Fallen auf, erschossen oder vergifteten die Dingos, egal ob es wirklich wilde Dingos oder aber von Aboriginals als Jagdhunde abgerichtete Dingos waren. Weil die Schafzucht für die australische Wirtschaft von größter Bedeutung war, begannen einzelne Viehzüchter in den 1880er Jahren, ihre Grundstücke zum Schutz vor den Dingos einzuzäunen, denn diese können knapp 1,50 Meter hohe Hindernisse nicht überspringen. Man zahlte auch ein „Kopfgeld" für jeden Skalp eines erschossenen Dingos: In den 1930er Jahren waren es 2 Pfund.

So entstand auch der Mythos, dass der Dingo ein für den Menschen gefährliches Raubtier sei. Diesen Mythos benutzte zum Beispiel die Australierin *Lindy Chamberlain, um das* Verschwinden ihres Babys *Azaria Chamberlain* zu erklären. Die Mutter gab an, ihr Baby sei von einem Dingo geraubt worden. Niemand glaubte ihr und sie wurde für den Mord an ihrem Kind verurteilt. Auch in dem Film „A Cry in the Dark" (Ein Schrei in der Dunkelheit), der nach dieser wahren Geschichte von dem australischen Regisseur *Fred Schepisi* 1988 gedreht wurde, wurde die Mutter als schuldig dargestellt. 1988 tauchten jedoch neue Beweise auf und sie wurde freigesprochen, dennoch haben heute noch viele Australier Zweifel, ob der Dingo wirklich das Baby geraubt hat und ob die mittlerweile in die USA emigrierte *Lindy Chamberlain* nicht die Geschichte mit dem Dingo nur erfunden hat, um ihre Tat zu verschleiern.

Weil die Wartung der ellenlangen Zäune zu zeitintensiv und kostspielig für jeden Einzelnen war, schlossen sich die Farmer zusammen und zäunten größere zusammenhängende Flächen ein. Man stelle sich vor: Auf dem Höhepunkt dieser flächendeckenden Einzäunung wanden sich über 48.000 km Zaun durch den australischen Outback. Nach dem Zweiten

Weltkrieg 1946 begann die australische Regierung mit dem Bau des längsten Zaunes der Welt, *The Dog Fence* **(Dingo-Zaun),** der sich von South Australia über 5400 km Länge quer durch den Kontinent bis nach Queensland erstreckt und somit zweieinhalb Mal länger ist als Chinas Große Mauer! Entlang des Zaunes gibt es bis heute auch Giftfallen, um die Zahl der Dingos (und die der Füchse) zu begrenzen. Dingos bleiben auf der Westseite des Zaunes und Schafe auf der Ostseite, während Rinder auf beiden Seiten gehalten werden – vorwiegend jedoch auf der Dingo-Seite, da sie nicht so anfällig für Dingoangriffe sind wie Schafe .

Der Zaun musste natürlich regelmäßig kontrolliert werden, und der erste offizielle Regierungsinspektor *Len Burden* ritt die Strecke auf einem Kamel ab, bis er einen Geländewagen für die Inspektion zur Verfügung gestellt bekam. Der Unterhalt des Zaunes ist auch heute noch eine kostspielige Angelegenheit mit ca. 10.000 $ pro zu reparierendem Kilometer, aber ohne den Zaun wäre die Schafzucht nicht rentabel. Denn als z. B. 1989 ein Teil des *Dog Fence* durch eine Überschwemmung weggespült worden war, verlor man in dem kurzen Zeitraum bis zur Reparatur des Zaunes 20.000 Schafe an die Dingos. Heute werden jedoch immer mehr Zaunabschnitte durch solarbetriebene elektrische Zäune ersetzt, die die Kosten des Unterhalts wesentlich reduzieren, weil die Tiere schon beim geringsten Kontakt wegen des elektrischen Schocks vom Zaun ablassen. Es reicht, einem Tier aus einem Rudel einen elektrischen Schock zu versetzen, damit das gesamte Rudel kehrt macht. Diese Form der Zäune kommt außerdem mit weniger Metalldraht aus. Diese neuen Abschnitte mit elektrischem Zaun bieten auch Schutz vor Füchsen, wilden Katzen, Kaninchen, verwilderten Hunden und den Dingos, die durch Kreuzung mit einst domestizierten Hunden die Fähigkeit zu springen entwickelt haben.

Verwilderte Katzen, die man vorwiegend östlich des Dingo-Zaunes antrifft, haben einen extrem schlechten Ruf in Australien, weil man lange Zeit annahm, dass sie die Hauptursache für das Aussterben der kleinen Beuteltierarten und der einheimischen Vögel sind. Allerdings hätten sich die verwilderten Katzen nie in solchen Massen vermehren können, hätten die Menschen die Dingos und auch die Füchse nicht aus der Gleichung herausgenommen. Ohne die Anwesenheit dieser natürlichen Feinde haben sich die verwilderten Katzen natürlich nicht nur ungehemmt vermehren können, sondern haben auch keinen Konkurrenten mehr in der Nahrungskette zu fürchten.

Es werden langsam die Stimmen laut, die aufgrund dieser Zusammenhänge dafür eintreten, nicht länger den Dingo zum Feind Nummer Eins zu erklären. Schließlich ist der Dingo nicht per se ein schädliches Raubtier, sondern eine schützenswerte einheimische Spezies. Im Ngarkat Conservation Park und im Big Desert Conservation Park in Victoria, wo die besonderen Ngarkat-Dingos leben, hat man trotz der Lage östlich des *Dog Fence* nun auch aufgehört, die Tiere mittels Fallen zu töten. Die gefährlichsten Feinde der Schafe sind ohnehin nicht die Dingos an sich, sondern vielmehr die vielen Kreuzungen der Dingos mit verwilderten, ehemals domestizierten Hunden, deren Instinkt auf die Jagd von Schafen vorprogrammiert ist. Wie man die Spreu vom Weizen trennen soll, weiß man jedoch nicht. Ein Programm zum Schutz des einheimischen vollblütigen Dingos muss noch erfunden werden.

Kängurus und Emus

Ebenso wie bei den verwilderten Katzen ist die Population der großen **Kängurus** auf der Ostseite des Dingo-Zaunes extrem in die Höhe geschnellt, weil ihr natürlicher Feind, der Dingo, ihnen dort nichts mehr anhaben kann und überdies die Tiertränken ihre Versorgung mit Wasser decken. Heute gibt es daher weitaus mehr Kängurus in Australien als bei Ankunft der Kolonisten. Damals war die Sichtung eines Kängurus etwas Seltenes, während Kängurus heutzutage auf jeder Grünfläche eines Campingplatzes im Busch in Gruppen grasen. Es ist wahrlich keine bedrohte Tierart, denn 2002 zählte man einen Bestand von 58,6 Mio., damit gibt es doppelt so viele Kängurus wie Rinder und in etwa halb so viele wie Schafe in ganz Australien. Sie konkurrieren mit den Schafen um das wenige Grün und werden daher von den Viehzüchtern als Plage betrachtet.

Die hüpfenden Kreaturen standen daher immer auf der Abschussliste und nicht wenige australische Männer erinnern sich ganz mannhaft an einen Ausflug zum illegalen *roo shooting* (Känguruschießen) in ihrer Kindheit und Jugend mit ihrem Papa. Dabei kichern sie gern darüber, wie dumm die Kängurus sind, die sich bereitwillig in der Dämmerung jeder Lichtquelle entgegenrecken und so ein prächtiges Ziel zum Abdrücken abgeben, welches nur Dummköpfe verfehlen. Man braucht jedoch eine Lizenz für das nicht-kommerzielle Erschießen von Kängurus, welches lediglich Farmern gestattet ist, die nachweisen können, dass die Kängurus ihren Viehbestand durch Weideüberlast gefährden. Kommerzielles Töten erfolgt hingegen nach Abschussquoten, die seit 1978 alljährlich von den Nationalparks per Flugzeugkontrolle festgelegt werden – im nationalen Durchschnitt ca. 10–15 % der Känguru-Population. Nur fünf Känguruarten sind für die kommerzielle Nutzung ihres Fleisches und Leders freigegeben, ansonsten sind alle Kängurus geschützt. 1985 war in diesem Zusammenhang auch der *Code of Practice for the Humane Shooting of Kangaroos* (Richtlinie zum humanen Abschuss von Kängurus) festgelegt worden, wonach die Tiere mit einem Kopfschuss getötet werden sollten, da

064au Foto: at

dies als die einzig „humane“ Art gilt. Trotzdem vergrößert sich der Tierbestand von Jahr zu Jahr und man sucht nach Möglichkeiten der Kontrolle und auch der Nutzung der Tiere.

Das **Fleisch der Kängurus** wurde in Australiens moderner Geschichte bisher nur selten zum menschlichen Verzehr genutzt, sondern lediglich als Haustierfutter. Das Leder wurde weiterverarbeitet. Dabei ist Kängurufleisch im Vergleich zu anderen Fleischarten gesünder: Es hat ebenso wenig Fett und Cholesterin, aber ebenso viel Protein und Eisen wie ein fettarmes Hähnchenbrustfilet. Doch da das Fleisch traditionell als minderwertig gilt und zudem dessen Konsum unpatriotisch wäre für ein Land, dass durch Schaf- und Rinderzucht groß geworden ist und wo daher überwiegend Schafs- und Rindfleisch gegessen wird (wohingegen Schweinefleisch in der australischen Küche eine geringe Rolle spielt), konnte sich das Kängurufleischangebot an den Fleischtheken lange Zeit nicht durchsetzen. Auch wenn seit der BSE-Krise Kängurufleisch immer häufiger in Europa in den Kühlregalen auftauchte, erlebte man in Australien selbst immer mehr Widerstand von Tierliebhabern, die dagegen wetterten, dass nicht noch ein süßes felliges Tier auf dem Speisezettel der Menschen landen müsse. Dabei würde dadurch ja nicht der Fleischkonsum steigen, sondern sich lediglich verlagern: weniger Konsum von Fleisch der nichtheimischen Rinder und Schafe, die das Gleichgewicht der Natur empfindlich stören, zugunsten des Konsums von natürlich anwesenden einheimischen Tieren, deren Populationen ohnehin dezimiert werden müssen. Seit der Jahrtausendwende wird verstärkt über den Erhalt der Artenvielfalt diskutiert und die australische Regierung, Unternehmen der Känguru-Industrie und Organisationen, die um die nachhaltige Entwicklung Australiens bemüht sind, setzen sich für die kommerzielle Nutzung von Kängurufleisch ein. Kängurufleisch wird jetzt wieder vermehrt für den menschlichen Verzehr abgepackt und an viele große Supermarktketten national und international verkauft. Die Känguruindustrie erzeugte 2002 ein Einkommen von 200 Mio. $ und beschäftigte 4000 Menschen, Tendenz steigend.

Im Vergleich dazu ist die Produktion von Emufleisch (jährliches Einkommen von 6–8 Mio. $) von weitaus geringerer Bedeutung. Der Unterschied zur Känguruindustrie besteht darin, dass es sich bei den **Emus** um eigens für die Fleischproduktion gezüchtete und nicht um wilde Tiere handelt.

Jagdsporttiere und andere Importe

Der Wunsch, in der neuen Heimat etwas Englisches wiederzufinden, resultierte darin, dass die beliebten englischen Jagdsporttiere Kaninchen, Hasen, Füchse und Rehe nach Australien eingeführt wurden.

Die wilden **Kaninchen** vermehrten sich wie die sprichwörtlichen Karnickel. Schon 6 Jahre, nachdem z. B. ein Farmer 1859 nur 24 Exemplare auf einer Farm in Victoria freigelassen hatte, erschossen die Farmer auf dem Gelände derselben Farm 20.000 von ihnen. Nur steckte dahinter keine jadgsportliche Absicht mehr, sondern wirtschaftliche Notwendigkeit, denn die Kaninchen fraßen einfach alles kahl und rissen den Boden zudem mit ihren Bauten auf, was die Erosion beschleunigte. Entsprechend findet man die australische Kaninchenplage (heute ca. 300 Mio. Tiere) auch im Guinness-Buch der Rekorde in der Kategorie „Katastrophalste Einführung von Tieren".

Die Kaninchen hatten auch negative Auswirkungen auf die einheimische Fauna. Denn alle eingeführten Tierarten kämpfen mit den einheimischen Tierarten um die Nahrungsquellen und dabei hatten die kleineren Beuteltiere wie *Bandicoots, Potoroos, Bettongs, Quolls, Bilbies* etc. häufig das Nachsehen, die überdies östlich des *Dog Fence* als Mahlzeiten für Füchse und verwilderte Katzen dienten. Etwa 20 Arten kleiner Beuteltiere sind in den vergangenen 100 Jahren bereits ausgestorben und die meisten der noch existierenden Arten sind heute selten oder gefährdet.

Für die meisten Australier ist das Kaninchen das, was für den Rest der Welt die Ratte ist. Bei dem Gedanken an einen Kaninchenbraten dreht

Emus bei Mt. Compass, SA

sich dem Aussie nur der Magen um: Pfui Teufel, ein Nagetier! Ein Kaninchen ist auch nicht süß, die Haltung als Haustier ist z. B. in Queensland verboten und wird mit ca. 3000 $ Bußgeld geahndet, wenn man erwischt wird. Auch der Osterhase ist passé. Stattdessen gibt es seit 1991 den *Easter Bilby* in Schokoladenform, benannt nach dem *Bilby,* einem kleinen Beuteltier aus der Familie der *Bandicoots,* das vom Aussterben bedroht ist.

Zum Schutz vor der Kaninchenplage gibt es den *No. 2 Rabbit Proof Fence* (kaninchensicherer Zaun) in Queensland, der die Kaninchen aus dem Land der Farmer halten soll. Die Kaninchen versetzen sowohl Gemüsebauern als auch Viehzüchter in Angst und Schrecken, da sie erbarmungslos die Ernte oder das wenige Grün, dass den Zuchttieren als Nahrung dient, restlos abnagen. In Queensland wurde bereits 1886 ein Gesetz zum Bau eines kaninchensicheren Zaunes erlassen, der heute die Darling Downs und das Moreton-Gebiet schützt. Zwischen 1886 und 1929 wurden 1171 km Zaun durch die Regierung, 9837 km durch das Anti-Kaninchen-Kommitee und weitere 36.396 km von Privatpersonen errichtet. Zwischen 1886 und 1929 wurden 1171 km Zaun durch die Regierung, 9837 km durch das Anti-Kaninchen-Kommitee und weitere 36.396 km von Privatpersonen errichtet. Die hohen Kilometerzahlen rühren daher, dass damals Grundstücke einzeln eingezäunt wurden. Die alten Privatzäune und auch den Zaun des Anti-Kaninchen-Komitees ließ man verfallen oder entfernte sie, da sie sich als uneffektiv gegen die Kaninchen erwiesen hatten. Von dem durch die Regierung errichteten Zaun sind heute noch 555 km übrig, deren Wartung durch 16 Vollzeit- und zwei Teilzeitwärter erfolgt.

Im Kampf gegen die Kaninchen setzt man auch gezielt Krankheiten ein wie *Myxomatosis* und seit den 1990er Jahren den Calici-Virus, der durch Köder, die besonders gern von Kaninchen gefressen werden, verbreitet wird. Nach einigen Verbesserungen des Köders konnte man schließlich bis 2003 bis zu 80 % der Kaninchenpopulation ausrotten. Der australienweite Einsatz des Calici-Virus ist eine der weltweit größten Anwendungen einer biologischen Waffe. Somit wird der teure Unterhalt des ineffektiven Zaunes letztendlich überflüssig werden.

Das ist alles etwas fragwürdig, wenn man bedenkt, dass die importierten **Huftiere,** die so vehement vor den „Tierplagen" geschützt werden, selbst mit ihren harten Hufen die Grasnarbe zerstören und die Erosion beschleunigen auf einem Kontinent, auf dem es nicht ein einziges einheimisches Huftier gibt. Schafe, Rinder, Ziegen, Rehe, Schweine, Esel, Pferde und asiatische Wasserbüffel kamen erst mit der Gründung der Strafgefangenkolonie nach Australien. Die asiatischen Wasserbüffel fügen außerdem der Sumpflandschaft im Northern Territory Schaden zu, indem sie Pfade vom Meer zu den Süßwasserflüssen austreten und so Wasserkanäle kreieren, die das Salzwasser in die Sümpfe leiten. Diese vertragen jedoch den hohen Salzgehalt nicht und ihre Fauna stirbt infolgedessen ab. Das betrifft z. B. die Populationen des *Paperbark* (Kajeputbaum), die als einzige Baumart in den Sumpfgebieten überleben konnten, weil sie sich daran angepasst haben, in der Regenzeit komplett im Wasser stehen zu können.

In Western Australia wurde 1902 der sogenannte *No. 1 Rabbit Proof Fence* von der Südwestküste zur Nordwestküste über 2000 km errichtet und mithilfe von bis zu 350 Kamelen instand gehalten. Da dieser die Kaninchen jedoch nicht hat zurückhalten können, wurde der Zaun nicht mehr gewartet; die Kamele wurden daraufhin einfach freigelassen und haben sich seither in den ariden Zonen Western Australias zu einer Population von ca. 200.000 wilden **Kamelen** vermehrt. Als einziges nicht-einheimisches Tier richtet das Kamel relativ geringen Schaden im empfindlichen natürlichen Gleichgewicht Australiens an. Es hat weder harte Hufe, noch bedroht es die kleinen Beuteltiere und es konkurriert auch wenig um Nahrung mit einheimischen Tieren. Dennoch werden die wilden Kamele heute ebenfalls als Schädlinge empfunden, da sie zuweilen die Zäune und Tiertränken der Farmer beschädigen. Infolgedessen gab man auch sie zum Abschuss frei und verwendete nur gelegentlich das Fleisch für die Produktion von Haustierfutter. Seit Anfang des 21. Jahrhunderts wird wieder geprüft, ob die Tiere nicht sinnvoll als Fleischlieferanten und als lebende Tiere für den Export vermarktet werden können. Sie könnten z. B. nach Saudi Arabien oder in die Vereinigten Arabischen Emirate exportiert werden, denn dort ist diese dromedarische Kamelart bereits ausgestorben.

In der Süßwasserwelt gibt es auch noch einen Fisch, der den Australiern ein Dorn im Auge ist: der **Karpfen.** Eine vermutlich aus Asien stammende Karpfenart wurde Anfang der 1960er Jahre aus Deutschland eingeführt und in der Fischzucht eingesetzt. Die Karpfen wurden aber schnell unbeliebt, weil sie einerseits so sehr am Boden der Flüsse wühlen, dass das Wasser trübe wird, und weil sie andererseits die einheimische Flora und Fauna schädigen, indem sie sich leicht in übergroßen Zahlen fortpflanzen. Schon 1962 stand der Karpfen auf der Liste der schädlichen Tiere, der unregistrierte Besitz wurde mit 1000 $ Bußgeld geahndet und die Fische wurden in einer groß angelegten Aktion mithilfe von über 1300 Flussdämmen in Victoria vergiftet. Es wurden jedoch nicht alle erwischt und illegale Züchter hatten ohnehin ihre Zucht nicht vernichtet. Trotz aller Versuche, den Karpfen ganz zu eliminieren, ist es bis heute nicht gelungen. Bis eine genetische „Waffe" gegen die Karpfen gefunden wird, ist die einzige Methode, sie aus dem Wassersystem des Darling-Murray Basins herauszufischen. Da die Fische jedoch das Label „Plage" haben, werden sie nicht einmal gerne von den Australiern gegessen und so ist der Ansporn zum Angeln hier die reine Lust am Töten von Tieren, die in ihren Augen auf einer Stufe stehen mit den Karnickeln.

Insekten- und Krötenplagen

Eine Plage, für die man in Australien bislang noch kein Rezept gefunden hat, sind die australischen **Buschfliegen.** Insbesondere im Outback landen diese kleinen agilen Brummer in Scharen auf Ihrem Gesicht und es bleibt Ihnen nichts anders übrig, als wie die Australier den *Aussie salute* zu üben: das ständige Wegwedeln der Fliegen, was so aussieht, als wollten Sie jemanden auf der gegenüberliegenden Straßenseite grüßen. Not macht erfinderisch und gegen die Misere mit den Fliegen erfand man einen typisch australischen Hut, an dem rundum Korken an Bändern von der Hutkrempe herunterbaumeln. Diese bleiben beim Gehen immer in Bewegung und hindern die lästigen Fliegen am direkten Landeanflug auf das Gesicht des Trägers.

Die größere, schillernde Variante ist die **australische Schafsschmeißfliege** *(Sheep Blowfly)* und sie ist verantwortlich für den abgrundtiefen Hass der Australier auf Fliegen. Die Schmeißfliegen legen gerne ihre Eier in das Fell der Schafe, wo aus den Eiern dann Maden werden, die sich in das Fleisch der Schafe hineinfressen. Das verursacht schlimme Entzündungen, an denen die Schafe verenden können. Wenn man bedenkt, dass eine weibliche Schmeißfliege bei einem Wurf rund 200 Eier legt, kann man sich vorstellen, welch einen verheerenden Effekt 200 Maden im Fell der Schafe haben können. Noch werden die Tiere dagegen mit bestimmten Chemikalien geschützt, aber in Zukunft könnte eine neue Schafsrasse die Lösung des Problems sein, denn im Mai 2000 erblickte „Matilda", das erste geklonte Merino-Schaf, in South Australia das Licht der Welt. Mittels Gentechnologie hofft man nun zu erreichen, was innerhalb von 200-jähriger Zucht nicht gelungen ist: die Schafe gegen einen Befall durch Schmeißfliegen resistent zu machen.

Australien kämpft noch mit einer Vielzahl an weiteren Insekten, die sich immer wieder plagenartig über das Land ausbreiten. Im Südosten sind es **Heuschreckenschwärme,** die den Himmel verdunkeln, und in ganz Australien leiden die Hausbesitzer unter dem Schaden, den **Termiten** anrichten können. Die Termiten bauen bis zu 2,5 Meter hohe Termitenhügel, besser gesagt -säulen, in die Gärten der Aussies, um einen Zaunabschnitt herum und marschieren in Reih und Glied quer durch das Haus der Aussies, wenn es ihnen gefällt.

Noch ein Import der Europäer muss genannt werden: die südamerikanische **Agakröte,** in Australien *Cane Toad* genannt. 1935 wurden erstmals

Agakröten auf den australischen Zuckerrohrfeldern ausgesetzt, weil man hoffte, die Agakröten würden zwei Skarabäuskäfer-Arten ausschalten, deren Larven die Wurzeln des Zuckerrohrs auffressen, was die Pflanze absterben lässt. Doch das Ganze ging nach hinten los, denn die Greyback-Käfer hielten sich kaum auf dem Boden auf, sondern flogen zwischen den Zuckerrohrhalmen umher und die Frenchi-Käfer fielen zu einer Zeit über die Felder her, wenn die Agakröten nicht anwesend waren, weil das Zuckerrohr noch so klein war, dass es keinen Schutz zum Verstecken vor potenziellen Angreifern bot. Abgesehen davon gab es für die Agakröten reichlich andere Nahrung und sie waren nicht auf diese beiden Käferarten als Nahrungsquelle angewiesen.

Das Tragische an diesem fehlgeschlagenen Versuch ist, dass die Agakröten einen toxischen Schleim auf dem Rücken produzieren, der ihre Angreifer tötet, wenn sie die Agakröten fressen und der auch uns Menschen verätzen kann. Immer mehr einheimische Tierarten, die sich von Fröschen ernähren, fallen so den Agakröten zum Opfer. Noch dazu fressen die Agakröten alle kleinen Tiere, die nur irgendwie in ihr Maul passen, von Insekten bis zu kleinen Beuteltieren.

Weil den Agakröten ein natürlicher Feind fehlt, der gegen ihr Gift immun ist, verbreiten sie sich rapide in bedrohlichen Zahlen. Lediglich die australische Elster *(Magpie)* hat gelernt, diese Kröten ungefährdet zu verzehren. Die Elstern werfen die Agakröten schnell auf den Rücken, picken ihre Eingeweide heraus und lassen den Rest der Kröte zurück. Doch ist das erst ein zaghafter evolutionärer Anfang. Bis mehr Tiere die Fähigkeit entwickeln, dem Gift der Agakröte zu entgehen, breitet sich die Pest weiter nach Norden und Süden aus. Im Dezember 2003 überschritt die Agakröte auch den Arnhem Highway und ist damit jetzt offiziell in den Kakadu National Park im Northern Territory eingedrungen, der für seine besondere Vielfalt an Vogelarten bekannt ist. Man kann nur hoffen, dass vielleicht das Salzwasserkrokodil so richtig auf den Geschmack kommt und die Verbreitung der Agakröte einschränkt, denn ein einziges Agakrötenweibchen kann bis zu 30.000 Eier legen.

Während unsereins Mäusefallen aufstellt oder im Garten auf einen Maulwurf Jagd macht, verbringen die Aussies ihre Zeit mit der Ausmerzung der Agakröte. Es wird den Bürgern empfohlen, die Kröten auf ihren Grundstücken einfach in Plastiktüten einzusammeln, 16 Stunden einzufrieren und dann zu vergraben oder auf dem Komposthaufen zu entsorgen. Wem das alles zu viel Aufwand ist, der veranstaltet auch gern Autorennen, wobei er versucht, so viele Agakröten wie möglich platt zu fahren – ein etwas makaberer Sport, aber gut gegen die Langeweile in den ländlichen Gegenden.

026au Foto: ab

DIE AUSTRALISCHE IDENTITÄT

For above all, Australia is Australian.
It is indeed an astonishing thing
how strong a character Australia has
- so strong that the ever-continuing waves of British migrants
have no impact on it, but are ruthlessly bent on its pattern.

(Denn vor allem ist Australien australisch.
Es ist in der Tat eine erstaunliche Angelegenheit,
wie stark Australiens Charakter ist
- so stark, dass die endlosen Schübe von britischen Migranten
keinerlei Wirkung darauf haben,
sondern gnadenlos in sein Schema gepresst werden.)

(*John Douglas Pringle,*
ehemaliger Redakteur der „Sydney Morning Herald")

Im Laufe der australischen Geschichte ist viel Negatives über die Aussies gesagt worden: Sie wurden belächelt als Bewohner einer britischen Kolonie ohne eigene Kultur und für ihr verformtes raubeiniges Englisch, ihre Manieren und Umgangsformen betrachtete man als verroht und überhaupt seien es einfach nur notorische Trinker und letztendlich nur ein Haufen Kriminelle. Auf der anderen Seite kommen heute alle Australienbesucher zurück mit dem höchsten Lob über die enorme Freundlichkeit, Entspanntheit, Sportbegeisterung und Unvoreingenommenheit der Aussies. Man kennt sie auch als Menschen, die besonders hart im Nehmen sind und jede Krise mit einer Portion Humor, Lebensfreude, Freundlichkeit und Hilfsbereitschaft meistern. Sie haben scheinbar das Geheimnis des Savoir-vivre gefunden, welches beim Besucher unmittelbar den Wunsch weckt, nach Australien auszuwandern.

Am Australia Day zeigt man Flagge, selbst wenn es nur eine improvisierte ist

Die stereotypen Aussies

Wenn man selbst noch nicht in Australien gewesen ist, kennt man die Aussies meist nur aus Film und Fernsehen – und dann auch noch mit deutschen Synchronstimmen. Eher selten begegnet man ihnen auf unseren europäischen Touristenpfaden und so spiegelt unser Bild von Australiern meist eines der vielen Klischees wider, mit denen das australische Fremdenverkehrsbüro die Touristen anlocken will: mit den stereotypen Outback-Typen. Von dem durchschnittlichen Australier in den Städten kann man sich in Europa kaum ein Bild machen. Der Outback-Typ ist allerdings absolut in der Minderheit, denn von den insgesamt über 20 Mio. Einwohnern leben schon allein rund 13 Mio. in den 8 Hauptstädten der Bundesstaaten und Territorien und die Mehrheit der verbleibenden über 7 Mio. Einwohner lebt in den Städten entlang der Küste. Sieht man im Fernsehen einmal eine Reportage über eine der australischen Citys, wirkt die Stadt mit ihren Hochhäusern im *Central Business District* wie eine amerikanische Stadt auf uns. Die Passanten mit ihren Anzügen, Kostümen, förmlichen Hemden und Blusen erinnern ebenfalls an typische Bilder aus den Bürovierteln amerikanischer Städte. Leider wird häufig abseits des *Business District* in den Großstädten kaum gefilmt, sondern es werden dann lieber Aufnahmen im exotischen Busc gemacht.

Klassische Outback-Typen

Die allzu gern romantisierten Outback-Typen leben abgeschieden von den Großstädten auf riesigen roterdigen Farmen, umgeben von wenig Grün und unter sengender Sonne. Ihre Gesichter sind von der Sonne gezeichnet, tiefe Furchen graben sich in die gebräunte, ledrige Haut. Die *stockman's hats* (breitkrempige Hüte) der uraustralischen Marke „Akubra" spenden den Augen wohltuenden Schatten, die langen braunfarbenen Drizabone-Ölmäntel bieten bei Regen den idealen Schutz und ein Paar „R. M. Williams" oder „Blundstone"-Schuhe tragen sie über Jahre über das Land. Bei winterlich-nassen Temperaturen laufen sie vor allem im Haus in kuschelig warmen *ugg-boots* bzw. *uggies* aus Schafsfell herum, die neuerdings von einer amerikanischen Firma im großen Stil für die amerikanische Film-Schickeria zu extrem teuren Preisen vermarktet werden.

Auf den Farmen der **Schaf- und Rinderzüchter** pumpt ein Windrad das Grundwasser in die meterlangen Tränken für die Tiere, auf kleineren Farmen treibt man noch auf Pferden das Vieh zur Schafschur oder zum Abtransport zusammen – ganz in der Art des einst beliebten 1980er-Jahre-Fernsehdreiteilers „Die Dornenvögel", der auf dem Erfolgsroman der australischen Bestseller-Autorin *Colleen McCullough* basiert. Auf den großen Farmen setzt man heute jedoch Motorräder, Quads (vierrädrige Motorräder) oder gar Hubschrauber ein. Wer nicht an das Stromnetz angeschlossen ist, hört den lieben langen Tag lang den Generator vor sich hin brummen, der die Haushaltsgeräte, die Lampen und natürlich den Fernseher versorgt. Kerosin und Petroleum sind somit weiterhin unverzichtbar.

Trotz aller aufkommenden Lagerfeuer-Romantik war und ist ein Leben im sogenannten Outback ein hartes Brot: einerseits wegen der unerbittlichen Natur und zum anderen weil sich die harte Arbeit in der Viehwirtschaft schon lange nicht mehr so bezahlt macht wie noch in den Blütejahren der Wollindustrie im 19. Jahrhundert. Da die Entwicklung weltweit in Richtung Industrialisierung und Dienstleistungsgesellschaft ging, waren die althergebrachten landwirtschaftlichen Exportprodukte nicht mehr so gefragt. Ein Leben im Outback abseits der Annehmlichkeiten der australischen Metropolen wählt heute nur der geringste Teil der Bevölkerung. In den Hauptstädten sieht man die Cowboys und Cowgirls, die man in Australien übrigens **Jackaroos und Jillaroos** nennt, nur noch einmal jährlich auf den *Royal Shows,* zu denen sie stolz in ihrem allradbetriebenen *bushbasher* (Jeep) angereist kommen, wo sie ihre Zuchttiere vorstellen und ihre Reit- und Schafschurkünste u. Ä. demonstrieren.

Die Großstädter haben große Ehrfurcht vor den Männern und Frauen, die im Outback leben. In ihren Augen sind sie **die wahren Aussies.** Sie sind ein Überbleibsel aus nur scheinbar vergangenen Zeiten, denn sie sind im Kampf ums Überleben noch wie die Kolonisten und Pioniere der ersten Stunde auf Gedeih und Verderb den Elementen des unwirtlichen Kontinents ausgeliefert: der Fata Morgana, dem Durst und der Nachtkälte in der Wüste, der Überflutung der Straße und dem Festsitzen im Sand, den tödlichen Schlangen, Krokodilen, Spinnen und Skorpionen.

Die Menschen, die im Outback leben, sind hart im Nehmen, schlau, ein wenig stoisch bis schlichtweg stur. Dabei sind sie, wenn es darauf ankommt, immer helfend zur Stelle und wissen auch in scheinbar aussichtslosen Momenten immer noch Rat. Sie kennen kein Pardon, wenn es darum geht, einen Dingo zu erschießen und seinen Skalp abzutrennen, um die Belohnung dafür kassieren zu können. Sie zucken kaum mit der Wimper, wenn sie ein Wildschweinferkel brutal gegen einen Zaunpfosten schleudern, bis es sich nicht mehr bewegt, und erfreuen sich an dem Sport, in Queensland oder im Northern Territory Agakröten mit dem Auto zu überfahren. Sie kennen kein Erbarmen mit den Tieren, die sie für Schädlinge halten, während sie z. B. einem verwundeten Emu den Gnadenschuss verpassen. Zeit für Sentimentalitäten gibt es nicht inmitten einer rauen und unbarmherzigen Natur. Dieser australische Typus wurde

027au Foto: eg

auch bei der Eröffnungszeremonie der Olympischen Spiele 2000 in Sydney einer internationalen Zuschauerschaft vorgeführt, als Reiter in traditionellen Viehtreibermänteln zur Musik des australischen Klassikers „The Man from Snowy River" ins Stadion hineintrabten.

Eine besondere Variante des Outback-Typen ist der **Crocodile Dundee,** den man Anfang des letzten Jahrhunderts noch in den Sümpfen des Top End antreffen konnte: ein Kerl, der die tödlichen Salzwasserkrokodile, die gefährlichsten Reptilien der Welt, bezwingen kann. Krokodilzähne im Hutband eingearbeitet und an einer Lederschnur um den Hals gewunden, sonnengebräunt, blond und blauäugig in Safari-Kleidung, mit einem großen Buschmesser am Gürtel und einem breiten australischen Akzent – so lernte man in den 1980er Jahren den australischen Komiker *Paul Hogan* in seinen „Crocodile-Dundee"-Filmen kennen. In den Filmen markierte er den harten Abenteurer und den echten Mann, der die Frauen zu umgarnen weiß, aber auch etwas grobschlächtig und dumm daherkommt. Mit seinem breiten uraustralischen Gruß *G'day* ist er wohl eher eine komödiantische Ausgabe von *Robert Redford* in „Out of Africa", der letztendlich einen ähnlichen Typus Mann verkörpert, von dem die Frauen in der heutigen Zeit träumen: den Safari-Helden, den harten Mann ohne jegliche Angst, der im Einklang mit der Natur lebt.

An Stelle von *Hogan* war *Steve Irwin* getreten, die quasi „grüne, umweltfreundliche" Version. Der **Crocodile Hunter** verdiente sein Geld in der gleichnamigen Fernsehserie nicht damit, dass er Krokodile erlegte, sondern er stellte auf seine frech-fröhliche Art mit einem breiten Queenslander Akzent insbesondere die Reptilienwelt Australiens in seinem *Australia Zoo* und in der Wildnis vor. Dabei ging es um Tierschutz, Erhaltung der Flora und Fauna, Biodiversität, Aufklärung und Information. Dennoch ging es noch immer um Heldentum, denn auch er „riskierte" sein Leben, um ein Tier zu retten oder es der Zuschauerschaft aus nächster Nähe vorzustellen. Dass er im Januar 2004 seinen kaum einen Monat alten Sohn *Bob* ins Krokodilgehege mitnahm und als Showeinlage nur einen Meter von den zuklappenden Kiefern eines Krokodiles entfernt hinhielt, machte jedoch weltweit eher negative Schlagzeilen. Nichtsdestotrotz wurde der blonde und blauäugige *Steve Irwin* wegen seiner ansteckend begeisternden Art von den Kindern, aber auch von so mancher Dame als wahrer Safari-Held angehimmelt. Entsprechend groß war die Anteilnahme, als er im Jahr 2006 durch den Stich eines Stachelrochens tödlich verunglückte.

Die „zahmere" Variante des naturverbundenen Burschen mit einem Herz für Tiere hatte ihre Glanzzeit mit **Skippy,** wo der Held allerdings das Buschkänguru selbst ist und weniger der blonde *Park Ranger,* sprich der Nationalpark-Aufseher, mit seinem Sohnemann. Diese TV-Serie der späten 1960er Jahre nach einem ähnlichen Strickmuster wie die amerikanischen Pendants „Lassie" und „Flipper" wurde in über 100 Länder verkauft. Sie spielte nördlich von Sydney in einem Nationalpark und handelte eben auch von Heldentum. Sie zeigte, wie abenteuerlich das Leben im australischen Busch sein kann. Australier sind potenziell – sogar in einer Vier-Millionen-Großstadt wie Sydney – den tödlichen Gefahren der wilden Natur weitaus mehr ausgeliefert als wir in unserem harmlosen Mitteleuropa. Die hohe Zahl der für den Menschen tödlichen Tierarten (siehe auch Kapitel „Die Launen der Natur": „Wunderlich gefährliche Tierwelt"), Gefahren durch Buschbrände oder Zyklone u. v. m. lassen Situationen entstehen, wo man – auch im Alltag – schnell zum Helden werden kann.

Alles in allem verkörpern die hier beschriebenen Outback-Typen die wahren **australischen Ocker** – das sind die raubeinigen Aussies, deren Sprache vom *Queen's English* weit entfernt ist, stattdessen von typisch uraustralischen Ausdrücken und Pub-Jargon wimmelt und zudem mit einem charakteristischen Outback-Akzent ausgesprochen wird.

Der Farmer Steven Hill –
mit einer Fliege am Kinn (die sind nun mal nicht zu vertreiben)

Sonnenverwöhnte Surfies und Rettungsschwimmer

Nach dem Zweiten Weltkrieg änderte sich das Image Australiens und anstelle des Outback-Typen wurde nun der junge Rettungsschwimmer als der Aussie schlechthin heroisiert und später unter den Jugendlichen der *Surfie.* Idealisiert wurde das lockere **Leben am Strand,** wo sich alles um die Eroberung der Welle dreht. Hier wimmelt es heute noch von schön gestylten, von der Sonne braun gebrannten Körpern, von Mädels in winzigen Bikinis und coolen Jungs in knielangen *boardies,* mit Badelatschen und schlappen Stoffhüten zum Schutz gegen die Sonne. Schließlich wohnt auf dem australischen Kontinent, der mehr als 35.000 km Küstenlinie hat, die Mehrheit der Bevölkerung in der Nähe des Ozeans, und die neu gewonnene Freizeit in der postkolonialen Zeit des wirtschaftlichen Wachstums und des zunehmenden Wohlstandes gestaltete man mehrheitlich an den vielen weißen Sandstränden und am klaren blauen Wasser.

Mitten in den australischen Metropolen kann man den jungen **Surfies** mit ihrem Board unter dem Arm begegnen, die gerade mit öffentlichen Verkehrsmitteln auf dem Weg zu den stadtnahen Stränden sind. Das Surfen mag zwar auf Hawaii erfunden worden und in Kalifornien als Erstes aufgelebt sein, aber die Surfie-Subkultur hat in Australien ebenfalls ihren festen Platz. In Sydney wurde 1964 auch die erste Weltmeisterschaft im Surfen von der *Australian Surfriders Association* organisiert. Der Kult der jungen Baby-Boomer-Generation hatte Hochkonjunktur nach Erfindung von Surfboards aus Polyurethaneschaum und Fiberglas, die das schwere Balsaholz ablösten. Später ermöglichte die Entwicklung des in Australien besonders beliebten Shortboards ein noch offensiveres Manövrieren.

Es begann alles 1915, als *Duke Kahanamoku* aus Hawaii nach Sydney kam und die örtliche Bevölkerung mit seinem Ritt auf den Wellen erstaunte. Er nahm eine Frau mit auf seinem Longboard, die die **erste australische Surferin** werden sollte: *Isabel Letham.* Wenig später revolutionierte sie auch die Schwimmmode mit ihrem zweiteiligen Badeanzug, der sich extrem von den damals üblichen hochgeschlossenen und knielangen Varianten der weiblichen Badenden unterschied – und das in einer Zeit, wo man erst seit knapp 13 Jahren überhaupt tagsüber im Meer baden durfte. Bis 1902 durften Männer und Frauen nur abends oder frühmorgens baden gehen und dann auch nicht zur gleichen Zeit.

Weil die Brandung gefährlich sein kann, wurde 1906 der **erste Rettungsschwimmerclub der Welt** in Bondi Beach bei Sydney gegründet. Die Rettungsschwimmerkultur wurde auch von den Amerikanern übernommen und verfolgt uns heute bis ins Fernsehen mit TV-Serien wie dem amerikanischen „Baywatch" oder den australischen Serien „Water Rats"

(Die Hafencops) und „Police Rescue“ (Police Rescue – Gefährlicher Einsatz). Der australische Fotograf *Max Dupain* fing in den späten 1930er Jahren den Kult um die Beach-Kultur und die schönen Körper in seinen bekannten Fotografien ein, allen voran in seiner bekanntesten Fotografie „The Sunbaker“. Die Hollywood-Beach-Filme der 1950er und 1960er Jahre erhoben die gestählten Rettungsschwimmer zu modernen Helden. Und auch die Fotografin *Anne Zahalka* fing in dieser Zeit die Atmosphäre der großen Schwimmevents an den australischen Küsten ein.

Die australischen Kinder können schon ab dem Alter von 7 Jahren an den Trainingsprogrammen teilnehmen, um ein **Nipper** zu werden – die australische Freischwimmerauszeichnung für die Jüngsten. Es gibt heute in Australien über 40.000 7–12-jährige *Nipper,* die lernen, sicher im *surf* zu schwimmen und auf einem Board zu paddeln. Übrigens bedeutet *surf* ganz einfach „Brandung“ und weil es in Australien vordergründig immer ums Schwimmen im offenen Meer in der Brandung geht, nennen sich die Schwimmclubs entsprechend *Surf-Club* und haben zunächst einmal nichts mit Surfen zu tun. Als 13–15-jährige Junioren werden sie in das Rettungsschwimmen eingewiesen und bleiben dann meist ein Leben lang im Surfclub aktiv und nehmen an den jährlichen Wettbewerben teil. Wen wundert es da noch, dass Australien solche starken **Schwimmer** hervorbringt wie zuletzt bei den Olympischen Spielen in Sydney den Freistil-Schwimmer *Ian Thorpe* über die Distanz von 400 Meter, *Grant Hackett* für die 1500 Meter und *Susie O'Neill* für 200 Meter. Zu den Schwimmlegenden gehören auch *Kieren Perkins* als der Schwimmer, der 12 Weltrekorde brach und mehrere Goldmedaillen gewann, sowie *Shane Gould,* die als einzige Frau in den 1970er Jahren alle Weltrekorde über alle Distanzen von 100 bis 1500 Meter Freistil hielt!

An dem Erfolg der Aussies war der **Bademodenhersteller Speedo** mit dem Bumerang als Logo nicht ganz unbeteiligt, denn 1928 erfand er den ersten Schwimmanzug aus Seide, den legendären *Racerback,* der die herkömmlichen Schwimmanzüge aus Wolle ersetzte, die vollgesogen bis zu 5 Kilogramm schwer werden konnten! 1956 wurde das gesamte australische Olympiateam mit „Speedo“ ausgestattet und gewann gleich 8 Goldmedaillen, unter den Schwimmern waren auch die Schwimmlegende *Dawn Fraser,* der noch zwei Mal Gold über 100 Meter Freistil bei den Olympiaden 1960 und 1964 holte, sowie *Murray Rose,* der hier auch 3 Goldmedaillen einstrich und in seiner Karriere 15 Weltrekorde brach. Ein Jahr später brachte „Speedo“ den weltweit ersten Nylon- und in den 1970er Jahren dann den ersten Nylon-Lycra-Schwimmanzug auf den Markt und auch heute noch revolutioniert die Firma die Schwimmwelt mit immer neuen High-Tech-Materialien.

Die herkömmlichen **Männerbadehosen** nennt man in Australien auch entsprechend *speedos,* aber diese sind mittlerweile unter der jungen männlichen Bevölkerung recht unbeliebt, denn sie werden eigentlich nur noch von Rettungsschwimmern oder aber mit Vorliebe von Schwulen und alten Männern getragen. Die jungen Schwimmer und Surfer hüllen sich hingegen in *boardies,* längere Shorts, die die Knie schützen, wenn man auf dem Surfboard von der Hocke in den Stand springt, und die von der Surfwear-Marke „Quicksilver" auf den Markt gebracht wurden. Ihren durchtrainierten Schwimmerkörper und ihre Surfer-Coolness präsentieren die jungen Aussies nun einmal in den farbenfrohen Hemden und T-Shirts der **kultigen Surfwear-Marken.** Zu den Surfwear-Herstellern gehört allen voran die Firma „Mambo", deren Geschichte 1984 mit einem T-Shirt begann, auf dem ein Hund eine Musiknote auspupste („Dog Trumpet"). Seitdem bekleiden die Designs des Gründers *Reg Mombassa* die Körper der jungen Aussies in höchst australischer Manier mit großbusigen Frauen und anderen Hügeln sowie Bier saufenden Kängurus und Emus. Weniger plakativ sind die Surfwear-Marken „Quicksilver", „Rip Curl", „Billabong" und „O'Neill", die sich auch um das Sponsoring der großen Events im Surfen, Snowboarden, Skateboarden etc. verdient machen. Besonders „Quicksilver" revolutionierte die Surfwelt, indem die Firma Anfang der 1990er Jahre als Erste die bis dahin stiefmütterlich behandelten Frauenwettbewerbe sponserte.

Auf die legere Bekleidungsart der *Surfies* (und auch der Aboriginals) zielen die Schilder an den Pubs, Restaurants und Cafés ab, die darauf hinweisen, dass sie nur ordentlich gekleidet betreten werden dürfen, denn egal ob in Perth, Brisbane oder Sydney, mitten im Großstadtdschungel ist so manch ein Aussie immer mal wieder barfuß unterwegs. Mit ordentlicher Bekleidung ist dabei keineswegs eine Krawatte gemeint, sondern trockene Shorts, T-Shirt und ein Paar Schuhe sind schon ausreichend, denn sonst kämen die Badenden und Surfer einfach mit nacktem Oberkörper, barfuß, nass und versandet vom Strand herein. **Nacktheit** ist in Australien ohnehin nicht angesagt, wo sich die Prüderie der viktorianischen Zeit gut erhalten hat und FKK weitgehend verpönt ist. Selbst an den wenigen offiziellen Nacktstränden fallen dennoch selten die Hüllen. Egal wie winzig der Bikini ist, zumindest der muss sein.

In puncto Mode wurde die Surfie-Kultur zum Mainstream Australiens, mit der sich so gut wie alle jungen Leute identifizieren, obwohl längst

Auf die Welle, fertig, los – Surfer in Maroubra

028au Foto: eg

nicht jeder junge Aussie ein Teil dieser Kultur ist. Ausnahmen bestätigen natürlich die Regel und auch der *Aussie Goth* wird eher schwarz tragen, der Punk allerhand Abgerissenes, der Möchtegern-Rapper die üblichen Fetzen seines Rap-Idoles auf „MTV" bzw. dem australischen Musik-TV-Programm „Rage". Als die **Surfgemeinde** in den 1960er Jahren immer größer wurde, wurde sie zunächst von der Schwimmergemeinde gemieden, denn die jungen Menschen, die immer nur auf der Suche nach der guten oder gar perfekten Welle waren, stellten mit ihren Brettern eine Gefahr für ihre schwimmenden Mitmenschen dar. Die Surfer hatten bald den Ruf, unverantwortliche junge Leute zu sein, die nur an ihre eigenen Interessen denken. Das Surfen wurde schnell zum Kult, als der 19-jährige *Bernard „Midget" Farrelly* 1964 vor über 60.000 Zuschauern die „World Surfboard Championships" am Manly Beach bei Sydney gewann. Weitere Surflegenden aus *Down Under* wurden *Mark Richards, Wayne „Rabbit" Bartholomew, Robert „Nat" Young, Pete Townend, Wayne Lynch* und natürlich die derzeitige sechsfache Weltmeisterin *Layne Beachley.* Torquay wurde zum Surfie-Mekka in Victoria, wo am Bell's Beach der berühmte *Rip Curl Pro Surfing Classic* die ganze Surfie-Gemeinde in Atem hält, und die *Northern Beaches* von Sydney brachten viele der großen australischen Surfer hervor.

Es folgte die Kultur der **„Sucher",** die die australische Küste auf und ab fuhren, auf der Suche nach der perfekten Welle. Aus dieser Zeit stammt neben dem *panel van,* einem Kombi, auch der 1974 erstmals vom Band gelaufene „Holden Sandman“, in den man locker ein Surfbrett und alle anderen Notwendigkeiten für ein Surfie-Leben verstauen konnte. Es ist ein Kombi, der vom Design her an einen Leichenwagen erinnert und dessen fensterlose Seiten sowie die hintere Ladeklappe (neben den serienmäßigen großen, geschwungenen Lettern *SANDMAN*) oft mit großen Airbrush-Malereien über die gesamte Fläche verziert sind. Wichtiger als Fenster war oftmals, dass man genügend Platz darin hatte, um ein Mädel flachzulegen und so gilt es noch immer als ein Albtraum für australische Väter (und auch Mütter), wenn der neue Freund die pubertierende Tochter in einem solchen Vehikel abholen möchte. Die eindeutigen Absichten werden auch augenzwinkernd auf Aufklebern oder personalisierten Autokennzeichen signalisiert, z. B. mit „Random Breast Testing Station“ (Willkürliche Brust-Test-Station) – als Wortspielerei auf den Begriff für die Polizeistationen, die von Zeit zu Zeit entlang der Highways in Betrieb genommen werden, um die Fahrtüchtigkeit von LKWs zu überprüfen. Noch deutlicher ist z. B. der Aufkleber *Get a Big V8 Up Ya* (Kriege einen großen V8 auf dich), was natürlich nicht auf die Motorisierung des Wagens, sondern auf die Größe des männlichen Geschlechts anspielt. Endlos viele gibt es von diesen mehr oder weniger geschmackvollen Slogans, die zumindest zum Schmunzeln anregen.

Das Surfen war und ist in erster Linie kein Sport, sondern eine **neue Lebensart,** fast eine Religion. Viele gingen für 2–4 Monate im Jahr irgendwelchen Jobs nach, mit denen sie genügend Geld für den Unterhalt des Surfboards und des Autos verdienten, und den Rest der Zeit verbrachten sie *on-the-road* – eine etwas andere Art des Hippietums als in Europa. Sie rebellierten gegen die langweilige Tagein-tagaus-Routine und vergnügten sich mit leichten bzw. willigen Mädchen, den *surfie chicks,* die von den scharfen Surfie-Jungs wie Motten vom Licht angezogen wurden. Mädels auf Surfbrettern waren in den späten 1970er Jahren immer noch ungern gesehen. Der Sport blieb bis in die 1990er Jahre eine hart umkämpfte Männerdomäne. Erst mit der amerikanischen Surferin *Lisa Anderson,* die 1994, ’95, ’96 und ’97 die Surf-Weltmeisterschaft der Frauen gewann, und mit der Erfindung von speziellen *board shorts* für Frauen, die endlich den unhandlichen Bikini für die Surferinnen ablösten, begeisterten sich weltweit mehr und mehr Frauen für den Sport. Ein wahrer australischer Kultfilm, in dem die Surfie-Kultur der späten 1970er und frühen 1980er Jahre pointiert widergespiegelt wird, ist *Bruce Beresfords* „Puberty Blues“ von 1981.

Ende der 1970er Jahre entstand die Stadt **Surfers Paradise,** die nicht zufällig diesen Namen bekam, an Queenslands Gold Coast. Anfangs noch ein kleines Nest, welches wir als „Dorf" bezeichnen würden (was es jedoch in Australien nicht gibt; jede Ansammlung von Häusern mehrerer Familien, die einen Ortsnamen bekommt, ist gleich eine Stadt), war dieser Flecken bei den *Surfies* äußerst beliebt. Ihnen folgten die finanzkräftigen Investoren (allen voran japanische) der Touristikbranche und verwandelten den kilometerlangen Strandabschnitt in eine Urlaubsmeile für die Beach-Touristen mit eher scheußlichen Hochhäusern, die am Abend lange Schatten auf den Strand werfen. Dennoch ist es ein Ort für Surfer und Möchtegern-Surfer geblieben, nur der Hippie-Lack ist spätestens seit Ende der 1990er Jahre ab.

Viele der *Surfies* frönen noch immer einer rebellischen Antikultur zum 9-bis-17-Uhr-Rhythmus der angepassten „Arbeitsdrohnen", aber nicht wenige *Surfies* integrieren ihre Surfleidenschaft auch in ihr Berufsleben, indem sie einem weniger anspruchsvollen Job nachgehen und nach Feierabend jede Minute in ihr Hobby stecken.

Die „dunkelhäutigen" Ureinwohner

Wer glaubt, alle schwarzhäutigen Menschen Australiens seien Aboriginals, oder alle **Aboriginals** müssten schwarz aussehen, ist auf dem Holzweg. Die indigene Bevölkerung unterteilt man in Australien offiziell in „Aboriginals" und „Torres Strait Islander", was schon eine extreme Pauschalisierung und Vereinfachung darstellt, denn es kommt für sie in etwa der Aussage gleich, ein „Westler" oder „Europäer" zu sein. Die indigene Bevölkerung sieht sich selbst in der Regel wesentlich differenzierter, d. h. als zugehörig zu bestimmten Volksgruppen. Es gibt kein Volk der Aboriginals, sondern eine Vielzahl an Völkern (z. B. Koori in New South Wales, Koorie in Victoria, Murri in Queensland, Palawa in Tasmania, Nyoongar in Western Australia, Nunga in South Australia, Yolngu im Northern Territory, aber auch das sind nur einige wenige Beispiele für jeden Bundesstaat), die vor Gründung der britischen Kolonie seit Tausenden von Jahren auf dem australischen Kontinent, welches somit ihr Land war, sesshaft waren. Sie sprachen einst ca. 200–250 verschiedene Sprachen und noch mehr Dialekte. Wollen sie sich selbst seit Ankunft der Kolonisten von diesen abgrenzen, nennen sich die Aboriginals verallgemeinernd zwar durchaus *blackfella* und ihr Gegenstück entsprechend *whitefella,* aber diese Bezeichnungen gelten nun einmal nicht als politisch korrekt, wenn sie aus dem Mund eines nicht-indigenen Einwohners kommen.

Die **Torres Strait Islanders** sind nicht einmal mit den Aboriginal-Völkern des Kontinents verwandt. Auch die Bezeichnung Torres Strait Islander ist lediglich ein Oberbegriff für die indigenen Bewohner der Torres-Strait-Inseln an der nördöstlichen Spitze des Kontinents, die 1879 von Queensland annektiert wurden. Die Torres Strait Islanders sind eine Mischung von Polynesiern, Melanesiern und indigener Bevölkerung der Torres-Strait-Inseln. Von diesen Bewohnern sind ca. 80 % seit dem Zweiten Weltkrieg aus wirtschaflichen Gründen auf das australische Festland übergesiedelt.

Die einzige **Gemeinsamkeit zwischen Aboriginals und Torres Strait Islanders** ist, dass sie der gleichen restriktiven und paternalistischen Gesetzgebung ausgeliefert waren, die ihnen bis 1967 nicht nur die australische Staatsbürgerschaft verwehrte, sondern sie allgemein von den Dienstleistungen der australischen Gesellschaft ausschloss. Die sozialen Indikatoren beider Volksgruppen stimmen daher bis heute überein, wenn es um Ausbildung, Gesundheit und Beschäftigung geht.

In einer Vielzahl an europäischen Fernsehreportagen sieht man Aboriginals fast immer halbnackt, mit Puder „bemalt", auf dem Didgeridoo blasend, mit *clap sticks* (Klanghölzer) trommelnd sowie wilde Tänze und andere Fragmente aus ihrem kulturellen Repertoire aufführend. Diese **Traditionen** stammen aus einer Zeit, als die Pflege und Nutzung des Landes ihrer Ahnen noch in ihren Händen lag, und spielen in ihrem heutigen Leben meist kaum noch eine Rolle.

Sicherlich ist es interessanter, einen Beitrag über die Aboriginals im Northern Territory zu drehen, wo sie mit immerhin 25 % den höchsten **Anteil an der Bevölkerung** eines Bundesstaates/-territoriums innehaben. In den anderen Staaten und Territorien gehen die Aboriginals mit nur 0,5–3 % der Bevölkerung in der Masse der nicht-indigenen Einwohner Australiens unter. Tatsächlich leben jedoch nur 12,5 % aller Aboriginals im Northern Territory. Das Gros lebt in den anderen Bundesstaaten und wie auch der Rest der australischen Bevölkerung vorwiegend in den küstennahen Städten. Tatsache ist außerdem, dass die Aboriginals schon lange Kleidung tragen, wie alle anderen Aussies auch, auch wenn sie in einer *Community* im Outback des Northern Territory wohnen.

Diese **Communities,** von denen die meisten aus den ehemaligen Aboriginal-Reservaten oder christlichen Missionen hervorgegangen sind, haben seit den 1970er Jahren, aber insbesondere seit der Unterzeichnung des *Native Title Act* (Gesetz über Rechtsansprüche der Ureinwohner) 1993 wegen der sich daraus ergebenden Landrechte der Aboriginals eigenständige „Gemeinderäte" entwickelt. Diese kümmern sich vor allem auch um die finanziellen Belange der *Community* – die Verwaltung von Geldern aus den Zahlungen der Bergwerksunternehmen für die Nutzung von Aboriginalland, aus der Vermarktung von Aboriginalkunst, aus Dienstleistungen in der Tourismusbranche, aus der Herstellung von Produkten unter Verwendung von einheimischen Pflanzenarten u. v. m. Die

Communities sind im Grunde kleine Dorfgemeinschaften, die nach dem Kommunenprinzip zusammenleben, was als solches eine logische Fortsetzung der Lebensweise ihrer Vorfahren ist, die auch nicht als Einzelgänger durch das Land zogen. Dabei werden traditionelle Lebensweisen je nach *Community* durchaus wieder in das moderne Leben eingebracht, z. B. im Sprachgebrauch, beim Feiern von Festen, beim Abhalten von traditionelle Zeremonien etc. Weniger als 1000 Aboriginals (von über 460.000) leben nach Schätzungen in einem solch abgelegenen Gebiet, dass sie mehr oder weniger von der Außenwelt abgeschlossen sind, aber auch dann ist es keinesfalls so, dass sie dort wieder als Sammler und Jäger leben. Wenige Einzelpersonen haben dies allerdings für einen begrenzten Zeitraum immer mal wieder gemacht, um spirituell wieder mehr in Kontakt mit ihrer alten Kultur zu treten.

Die Mehrheit der Aboriginals und Torres Strait Islanders leben in dörflichen Gemeinden im Outback, wo sie sich dem Blickfeld der Mehrheit der australischen Bevölkerung und auch der Touristen entziehen. Die verbleibenden ca. 150.000 Aboriginals leben in den **Großstädten** in „normalen" australischen Häusern, wo sie schlicht in der Masse der nicht-indigenen Aussies untergehen. Man würde außerdem die meisten Aboriginals im Straßenbild gar nicht erkennen, denn die Zahl der vollblütigen Aboriginals (besonders in den Städten) ist heute weit geringer als die der halbblütigen, und diese sehen ebenso europäisch, südeuropäisch, indisch etc. aus wie unzählige andere Australier. Daher fallen einem Reisenden in den australischen Städten oft nur die Alkohol trinkenden, verarmten Aboriginals auf, die in den Parks herumhängen oder auch mal Passanten ansprechen. Die Mehrheit der Aboriginals in den Städten befindet sich jedoch wie der Rest der australischen Bevölkerung auf der Arbeit oder im Haus und fällt daher nicht ins Auge.

Die Zahl von ingesamt 460.140 indigenen Einwohnern in Australien ist auch nur eine Schätzung, da diese auf der freiwilligen Angabe der indigenen Bevölkerung bei den heute fünfjährlich stattfindenden Volkszählungen basiert. In Anbetracht der Tatsache, dass sich die Politik der Wiedergutmachung und Aussöhnung gegenüber der indigenen Bevölkerung noch in den Kinderschuhen befindet, ist es nicht verwunderlich, dass längst nicht jeder indigene Australier sich auch als solcher bei der Volkszählung klassifiziert. (Die unsinnige Diskussion darüber, nach wie vielen Generation der „Blutvermischung" ein Mensch noch Aboriginal oder schon „weiß" ist, sei hier außer Acht gelassen.) Das Misstrauen und die Angst sitzen tief. Mehr über die Geschichte und die heutige Situation der Aboriginals in Australien erfahren Sie in dem Kapitel „Die Aboriginals" in „Der kulturhistorische Rahmen".

Definitionen eines „richtigen“ Australiers

Wer sind denn nun die Australier wirklich? Hier gibt es viele Abgrenzungen. Da sind zum einen die Ur-Aussies, die von den Strafgefangenen oder den freien Siedlern der ersten Stunde abstammen, und zum anderen die später Gekommenen, die auch noch akzeptabel sind. Aber wie steht es da schon um die Chinesen, die zur Zeit des Goldrausches kamen, oder um die Griechen, Italiener, Vietnamesen usw. Wer ist ein wahrer Aussie?

Abgrenzung von den Poms, Kiwis und Yanks

Bowl faster: When you play Test cricket
you don't give Englishmen an inch.
Play it tough all the way.
Grind them to the dust.

(Wirf schneller. Wenn du Test Cricket spielst,
solltest du den Engländern keinen Millimeter entgegenkommen.
Spiele hart bis zum Ende.
Schinde sie bis zum Gehtnichtmehr.)

(*Don Bradman,* legendärer australischer Cricketspieler)

Von der Alten Welt, Großbritannien, wollen sich die Australier deutlich unterscheiden, auch wenn das Gros ihrer Vorfahren von den britischen Inseln stammt. Aber das England der britischen Queen steht für eine chancenungleiche Klassengesellschaft, steht für Borniertheit, Überheblichkeit und Manieriertheit der Blaublütigen und der Reichen. Es steht für die britische Armee, die im Namen Großbritanniens 61.720 Australier im Ersten Weltkrieg verheizte, womit Australien die höchste Todesziffer der alliierten Streitkräfte (im Verhältnis zur Einwohnerzahl) zu beklagen hatte. Es steht für die Willkür des kolonialen Herrschaftsapparates, der die Verlierer der britischen Gesellschaft als Strafgefangene ans andere Ende der Welt verschickte.

Die Briten sind nun einmal **Poms,** die Kurzbezeichnung für *POHM's – Prisoners Of Her Majesty,* sprich: Gefangene Ihrer Majestät. Noch genauer gesagt sind es notorische Nörgler, die das Haar in der Suppe förmlich suchen. Und daran hat sich bis heute nichts geändert. Die frisch eingewanderten *poms* haben an allem etwas auszusetzen in Australien: Es fehle den Australiern an Kultur, Bildung, Benehmen und Tafelmanieren. Aber abgesehen von den allgemeinen Anklagen beschweren sie sich mit Vorliebe auch über alle praktischen Dinge des Lebens: Warum es die Steaks nur im Familienpack gibt, obwohl man doch Single ist! Woher die Banken die Unverschämtheit nehmen, einem so viel Geld aus der Tasche zu ziehen? Und vieles mehr. Grundsätzlich beschwert sich der Brite immer lauthals über alles, was beim Aussie der 2. oder 3. Generation nur noch ein Lachen und ein Schulterzucken hervorruft. All dies verschafft ihnen den landläufigen Beinamen *whingeing poms,* sprich: nörgelnde Briten.

Ebenso häufig betitelt man sie als *pommie bastards* und meint es je nach Tonlage meist gar nicht so sehr beleidigend, sondern eher als eine Art Verniedlichung für „armes Schwein". Da es aber ebenso im Sinne von „verdammtes Arschloch" gemeint sein kann, kann man nach den Anti-Diskriminierungsgesetzen jetzt für diese Beschimpfung belangt werden, ebenso wie hierzulande der Einsatz des Stinkefingers und beleidigender Äußerungen durch aufgebrachte Autofahrer seit den 1980er Jahren chancenreich vor Gericht gebracht werden kann. Die Verniedlichung des Wortes „Bastard" hat nicht zuletzt seinen Ursprung darin, dass Aussies glauben, dass jeder, der nicht das Glück hat, einen australischen Pass zu besitzen, per Definition immer ein *poor bastard* (armes Schwein) ist, egal aus welchem Land er oder sie kommen mag. Die einzigen *lucky bastards* (glücklichen Schweine) sind nun einmal die Aussies, auch wenn Amerikaner das ebenso von sich glauben. Der Aussie würde dem Amerikaner daraufhin immer antworten, dass er wohl noch nicht in Australien gewesen sei.

Man hört *pommie bastard* aber sicherlich auch im Zusammenhang mit dem guten alten *pommie bashing,* sprich: Schlechtmachen der Briten. Schließlich muss man den Briten doch zeigen, wo die Grenzen sind. Am liebsten tut man dies im sportlichen Bereich. Nichts ist genugtuender als zu wissen, dass man die *poms* wieder im Cricket geschlagen hat. Wenn die Aussies tatsächlich einmal von den Briten im Sport geschlagen wurden, ist das mit Sicherheit ein Grund, sie als *pommie bastards* zu beschimpfen. Und wenn im Rugby-Weltcup beim Halbfinale England und Wales aufeinandertreffen, dann steht man selbstverständlich auf Seiten der Waliser, auch wenn man sonst keinen Deut mit ihnen zu schaffen hat. Überhaupt – für die Schotten, Waliser, aber auch für die Iren hat man kein „Schimpfwort" im australischen Englisch. Sie sind ja auch historisch von den Engländern unterdrückt worden und damit grundsätzlich eher Leidensgenossen oder einfach Kumpels im Kampf gegen die britische bzw. englische kulturelle Vorherrschaft. Und *mateship,* d. h. Kameradschaft, geht dem Aussie wirklich über alles.

Um beim Sport zu bleiben, aber zu dem Thema **Kiwis,** wie die Neuseeländer genannt werden, hinüberzuwechseln, kann man das Beispiel vom Rugby-Worldcup gleich weiterspinnen: Tritt England gegen Neuseeland an, sind die Aussies ganz auf der Seite der *Kiwis.* England muss auf jeden Fall immer eins auf den Deckel bekommen. Aber spielen die *Kiwis* gegen die Waliser, dann kann Wales mit der Unterstützung der Aussies rechnen. Mit den Neuseeländern verbindet Australien eine Hass-Liebe, die man vielleicht mit dem Gerangel zwischen Holland und dem flandrischen Teil Belgiens vergleichen kann. Dass immer mehr Neuseeländer seit den 1980er Jahren nach Australien auswandern, ohne ihre neuseeländische Staatsbürgerschaft aufzugeben, aber das australische Sozialversicherungssystem voll nutzen können, sorgt unter den Aussies für Unmut.

Die Australier sprechen denn auch häufiger von Neuseeland als dem siebten australischen Bundesstaat, einerseits in Anlehnung daran, dass Neuseeland tatsächlich einmal Teil der britischen Kolonie war, aus der schließlich der australische Staat hervorging. Andererseits bezieht sich das darauf, dass Neuseeland militärisch, aber auch wirtschaftlich von Australien ziemlich abhängig ist. Im Ersten Weltkrieg zogen beide gerade von Großbritannien unabhängig gewordenen Staaten als Alliierte Großbritanniens als **ANZACs** *(ANZAC: Australian and New Zealand Army Corps* – Australisches und Neuseeländisches Armeekorps) in die Schlacht bei Gallipoli im Osmanischen Reich. Im Grunde ist man also tief im Herzen mit den Neuseeländern verbunden und wenn einer von beiden in Not sein sollte, käme der andere ANZAC-Partner sicherlich sofort zu Hilfe. Aber aufgrund der feinen kulturellen Unterschiede und der Rivalität, die zwischen großen Brüdern und kleinen Brüdern herrscht, sollte man nie den Fehler begehen, einen Australier für einen *sheepshagger* (Schafbumser), sprich Neuseeländer, zu halten, denn dann wäre der Australier tief beleidigt. (Gleiches gilt im Übrigen auch, wenn man einen Neuseeländer für einen Australier hält.) Aussies nehmen mit Vorliebe die Art der *Kiwis,* Englisch zu sprechen, auf die Schippe. Die Neuseeländer sprechen zum Beispiel den urenglischen Imbiss *fish and chips* (Fisch und Pommes frites) *fuschen'tschups* aus, worüber sich die Aussies allzu gern lustig machen.

Während die neuseeländische Aussprache scherzhaft als Sprachfehler der *Kiwis* verunglimpft wird, betrachten die Aussies den breiten amerikanischen Akzent in der Regel als einen plumpen Übergriff auf ihre Hörorgane. Hier sind die Aussies dann doch versucht, dass sonst so ungeliebte hochnäsige „Sprechen mit der Pflaume im Mund" – wie das Sprechen von *Queens English* umschrieben wird –, dem breiten Akzent der **Yanks** vorzuziehen. In diesem Akzent drückt sich, nach Empfindung der Aussies, etwas Billiges, Aufdringliches und zu Extrovertiertes aus, was den Aussies, die im wahrlich viktorianischen Zeitalter geformt wurden, mehr als fern liegt. An den Amerikanern stört sie aus denselben Gründen die vorlaute, angeberische Art.

So wie zahlreiche andere Länder der Welt seit dem Zweiten Weltkrieg viele Amerikanismen in ihren Sprachgebrauch aufgenommen haben, so findet man typisch amerikanische Schreibweisen von englischen Wörtern mehr und mehr auch im australischen Englisch vor. Dass durch *Paul Hogan* in „Crocodile Dundee" bekannt gewordene *G'day* ist oft dem neutralen, aber amerikanischen *Hi* gewichen. Als Australien 1966 endlich seine ureigene Währung bekam und das seit 1909 gültige britische System mit der Unterteilung eines australischen Pfund in 20 Schilling à 12 Pence abgelöst wurde, nannte man die neue Dezimalsystem-Währung „Dollar" und „Cent" ganz nach dem amerikanischen Vorbild (auch wenn die Vorderseite aller Münzen, aber auch des rosafarbenen 5-$-Scheins von *Queen Elizabeth II.* geziert wird). Mit diesen Anleihen aus der Neuen Welt auf der anderen Seite des Pazifischen Ozeans kann man als Australier leben, aber die zunehmende Überschwemmung mit amerikanischen Produkten als Folge der Öffnung des australischen Binnenmarktes seit Mitte der 1980er Jahre ist so manch einem Australier ein Dorn im Auge. Man fürchtet eine Überflutung Australiens mit Amerikanismen und den Verlust der besonderen uraustralischen Eigenheiten. Das ist um so bedenklicher, da Amerika die Australier nicht so recht ernst nimmt, sondern sie lediglich als belustigende Zeitgenossen betrachtet, die sich von der englischen Queen bis heute nicht haben freischwimmen können. In der Musikbranche kann man daher schon so manch einen Song entdecken, der sich gegen diese Überflutung ausspricht. Am deutlichsten ist es wohl in dem Song „Australia, don't become America, McDonalds and Coca Cola, don't let them control ya!" von der Sydneysider Band „Cranky".

Das alles wird verschärft durch die Zwänge, die sich aus dem **ANZUS-Vertrag von 1952** ergeben. Mit diesem Vertrag haben sich Neuseeland und Australien verpflichtet, den USA bei Kriegshandlungen beizustehen und dafür im Gegenzug den militärischen Schutz gewährt zu bekommen, den Großbritannien nach dem Zweiten Weltkrieg nicht mehr bieten wollte und konnte. Seit Unterzeichnung des Abkommens war Australien an jeder kriegerischen Auseinandersetzung der USA militärisch beteiligt, seien es der Korea-Krieg, Vietnam, Afghanistan oder Irak, um nur einige zu erwähnen. Alles in allem ist das mehr als Grund genug, auf den Amerikanern herumzuhacken, und dieses *bashing* (Schlechtmachen) ist im Vergleich zum *pommie bashing* dann nicht einmal als freundschaftlicher Wettbewerb gemeint. Das bekommen auch die vielen amerikanischen Einwanderer zu spüren, deren Zahl sich seit den 1970er Jahren verdop-

Kulturelle Abstammung der heutigen Aussies

6,7 Mio.	Australien
6,4 Mio.	England
1,9 Mio.	Irland
500.000–999.999	Italien, Deutschland, China, Schottland
150.000–499.999	Griechenland, Niederlande, Libanon, Indien, Polen, Vietnam, Malta, Philippinen, Neuseeland, Türkei, Kroatien, Serbien, indigenes Australien (Aboriginal), Wales, Mazedonien, Frankreich, Spanien, indigenes Neuseeland (Maori), Ungarn, Russland, Sri Lanka (Singhalesen), Südafrika
50.000–149.999	USA, Korea, Dänemark, Österreich, Kambodscha, Portugal, Ukraine, Japan, Indonesien, Samoa, Ägypten, Schweden, Juden (aus aller Welt), Schweiz, Chile, Thailand, Kanada
20.000–49.999	Lettland, Iran, Syrien, Malaysia, Finnland, Bosnien, Mauritius, Norwegen, Tschechien, Fidschi, Rumänien, Tonga, Armenien, Slowenien, Pakistan, Afghanistan, Laos, Litauen, Irak, Burma/Myanmar, Albanien
5000–19.999	Torres-Strait-Inseln, Bangladesch, Papua-Neuguinea, Sri Lanka (Tamilen), Cook-Inseln, Estland, Slowakei, Palästina, El Salvador, Argentien, Osttimor, Uruguay, Somalia
2500–4999	Peru, Kurdistan, Taiwan, Bulgarien, Sudan, Brasilien, Kolumbien, Australische Südseeinseln, Äthiopien, Nepal, Simbabwe, Jordanien, Mexiko
weniger als 2500	70 weitere Herkunftsregionen

Quelle: *ABS 2001 Ancestry Responses 2001, Census of Population and Housing* (Ergebnisse des Zensus 2001 bezüglich der Frage, welcher kulturellen Abstammung die Bevölkerung ist, d. h. wo sie selbst, die Eltern oder Großeltern geboren sind.)

pelt hat: In der Volkszählung 2005 waren es fast 65.000 in den USA geborene Australier. Die Kritisierung der amerikanischen Bush-Regierung findet selbst auf öffentlich-rechtlichen TV-Sendern in Australien statt, z. B. in der humoristisch-bissigen Sendung „CNNN", die an die unverblümten ersten Jahre bei RTL denken lässt.

Aus **Kanada** sind hingegen nur an die 33.000 Menschen nach Australien eingewandert. Als Handelspartner spielt es nur eine Nebenrolle, aber die Australier sympathisieren mit dem nordischen Auswanderungsland, weil es von seinem übermächtigen Nachbarn USA kulturell erdrückt wird. Die letzten beiden englischsprachigen Länder, aus denen neue Einwohner nach Australien kamen, sind **Südafrika** mit an die 119.000 Menschen und **Simbabwe** (Rhodesien) mit ca. 21.000 Menschen.

Abgrenzung von den neuen Australiern

Ein großer Teil der heutigen Australier hat keinerlei familiäre Bindungen nach Großbritannien; sie kommen aus Südeuropa, Mitteleuropa, Nordeuropa, Osteuropa, Lateinamerika, Afrika, Nordamerika, dem Nahen Osten und Asien. Ein Viertel der australischen Bevölkerung wurde laut Volkszählung von 2006 im Ausland geboren, die meisten von ihnen nach wie vor in Großbritannien und Irland (1,2 Mio. Einwohner). Von den über 20 Mio. Australiern sprechen zu Hause über 50.000 eine der indigenen Sprachen Australiens (vor allem Kriol – eine australische Kreol-Variante –, Pitjantjatjara und Warlpiri) und über 2,5 Mio. Menschen eine „Immigranten"-Sprache, allen voran Italienisch, Griechisch, Kantonesisch, Arabisch (inklusive Libanesisch), Vietnamesisch und neuerdings kommen verstärkt Sprecher von Hochchinesisch sowie Filipino hinzu.

Die erste große Gruppe an nicht anglo-keltischen Immigranten waren Tausende deutschsprachige Einwanderer, die sich ab den 1830er Jahren in South Australia, Queensland, aber auch New South Wales niederließen. Insgesamt lebten 1914 über 100.000 **Deutschsprachige** in Australien. Sie waren zunächst eine gern gesehene Minderheit im anglo-keltischen Australien, da ihre Mentalität nicht so fremd war und da man sie für ihre handwerklichen Qualitäten und für ihre Arbeitsamkeit sehr schätzte. Mit Beginn des Ersten Weltkrieges kam jedoch eine starke anti-deutsche Haltung auf, da Deutschland der Feind des ehemaligen australischen Mutterlandes England war. Die Namen der kleinen deutschen Siedlungen in Australien wurden anglisiert, deutsche Schulen mussten schließen, Deutsch durfte nicht länger unterrichtet werden, Arbeit zu finden wurde für Deutsche schwierig und viele Deutsche wurden in Arbeitslager interniert. Der Einwandererstrom aus Deutschland kam während des Ersten Weltkrieges zum Erliegen, bis in den 1930er Jahren deutsche Intellektuelle und Juden vor Hitlers Regime nach Australien flüchteten. Während des Zweiten Weltkriegs brachte man mehr als 1600 deutsche Kriegsgefangene aus dem pazifischen Raum nach Australien, von denen die meisten nach Ablauf des Krieges in Australien blieben. Nach Kriegsende kehrten Zehntausende Deutsche ihrer vom Krieg zerstörten Heimat den Rücken und wanderten nach Australien aus.

Die Deutschen, Niederländer, Skandinavier, Schweizer, Österreicher und andere Nord- und Mitteleuropäer, die nach dem Zweiten Weltkrieg nach Australien auswanderten, hatten wenig Probleme, sich in Australien anzupassen. Sie waren immer noch lieber gesehen als **Einwanderer aus Süd- und Osteuropa sowie dem Nahen Osten,** gegen die viele Australier eine Abneigung hegten. So äußerten bei Befragungen in Melbourne Australier die Auffassung, dass sie lieber Deutsche aus dem besiegten Nazi-Deutschland aufnähmen als Italiener oder Griechen, denn von denen (und auch von den Maltesern, Polen, Jugoslawen und Libanesen) seien schon mehr als genug in den 1920er Jahren als *assisted emigrants* (unterstützte Emigranten) nach Australien gekommen. Ähnlich wie man in Deutschland nach dem Zweiten Weltkrieg auf die Gastarbeiter aus Italien, Griechenland und später der Türkei herabsah, so reagierte man in Australien auch verächtlich auf diese Volksgruppen aus dem südlichen Europa, die man allesamt als *wogs* bezeichnete. *Wog* ist ein Schimpfwort, das in England für *Wealthy Oriental Gentleman* (reicher orientalischer Herr) stand und sich gegen aus Afrika oder Asien stammende Menschen richtete, in Australien aber einfach für Südeuropäer und Menschen aus dem Nahen Osten angewendet wurde und schließlich auch ironisch als *Welcome Overseas Guest* (Willkommener Gast aus Übersee) übersetzt wurde. Die Südländer ihrerseits nannten die weißen, vornehmlich anglo-keltischen Aussies im Gegenzug einfach *skip* oder *skippy* in Anspielung auf die TV-Serie „Skippy" der 1960er Jahre, in der ein Känguru die Hauptrolle spielte. Ebenfalls abwertend gemeint war die Bezeichnung *dogga* für Aussies (als Kurzwort für *dogger,* einen Dingo-Jäger), welche von den Südländern als Gegenbeleidigung erfunden wurde, weil sie mit *dago* (eine übliche englischsprachige Beleidigung für alle Menschen spanischer, portugiesischer und italienischer Abstamung, als Verballhornung des Namens *Diego*) beschimpft wurden.

Seit den 1950er Jahren sind die italienisch- und griechischstämmigen Einwohner die beiden größten Volksgruppen von nicht-englischsprachiger Herkunft in Australien. Typischerweise waren sie ungelernte Arbeitskräfte, die sich in Australien immer dort niederließen, wo schon andere Italiener bzw. Griechen wohnten. Somit konnten sie vor Ort ein Stück Heimat erhalten und ihre Religion und Kultur auch in Australien aufrechterhalten, indem sie gemeinsam Kirchen bauten, Zeitungen in ihrer Sprache herausgaben, ihre Heimatsprache lehrten und vieles mehr. Ihre Andersartigkeit rief bei der englischstämmigen Bevölkerung einige Befremdung hervor, aber hat über die Jahre insbesondere die kulinarische Landschaft Australiens bereichert– ähnlich wie in Mitteleuropa.

Als Pizza, Pasta und Gyros zu etwas Alltäglichem für die Australier geworden waren, richtete sich das kritische australische Auge auf die neuen **asiatischen Einwanderer** aus China, Vietnam, Indonesien, Malaysia,

Nachkommen chinesischer Einwanderer beim Bummel in Melbourne

030au Foto: eg

Hong Kong, den Phillippinen, Indien etc. sowie dem Nahen Osten. Im Zuge der weltweiten Friedensbewegung, die aus Protest gegen den Vietnamkrieg erwachsen war, überwand man jedoch die Ängste vor der *Yellow Peril* (gelbe Gefahr) und öffnete die australischen Pforten für die Einwanderer aus den krisengeschüttelten ost- und südostasiatischen Nachbarländern Australiens.

Die neue Politik des Multikulturalismus seit den 1970er Jahren beendete die rassendiskriminierende *White Australia Policy* (siehe auch Kapitel „Von White Australia Policy bis multikulti" in „Der kulturhistorische Rahmen"). Nicht beseitigen konnte sie die Angst der Menschen vor dem Fremdartigen und viele vorwiegend anglo-keltische Australier betrachten die neuen Einwohner immer wieder mit Argwohn und Ablehnung. Das zeigt sich im

Wirken von *Pauline Hansons* nationalistischer One-Nation-Partei in den 1990er Jahren, aber auch in der Politik der konservativen Howard-Regierung, die die Einwanderungsquoten im Vergleich zu den vorangehenden Regierungen wieder zurückschraubte und nicht-englischsprachige Beschilderung in den Städten für Unsinn hält. Dabei wurden die Quoten von der Howard-Regierung nicht etwa zurückgeschraubt aufgrund von Überlegungen zur Tragbarkeit des Bevölkerungswachstums für den australischen Kontinent, sondern schlicht aus rassistischen Beweggründen, die eine Verlangsamung der Einwanderung von asiatischen Menschen zum Ziel hatte.

Von dem Gros der Bevölkerung wurden im Grunde nur die kulinarischen Genüsse der verschiedenen **Küchen** gern angenommen. Und man hat in Australien örtlich einige neue **Festlichkeiten** dazubekommen wie das jüdische *Hanukkah,* den muslimischen Ramadan, das indische Lichterfest *Deepavali* und das chinesische Neujahrsfest nach dem Mondkalender. Vor allem Letzteres wird längst nicht nur innerhalb der chinesischen Familien gefeiert, sondern auch in den Chinatowns der Städte finden ein, zwei Wochen lang Veranstaltungen statt, deren Höhepunkt die Parade mit dem Drachen und die chinesischen Feuerwerke sind – eine Festivität, die auch von nicht-chinesischen Australiern besucht wird und von den Fremdenverkehrsämtern als touristisches Highlight angepriesen wird. Viel mehr verstehen die meisten Australier nicht von den vielen fremden Kulturen. Die Menschen aus diesen Kulturen scheinen in Australien in ihrer eigenen Welt zu leben, machen allerdings durchaus zu einem gewissen Grad einen Assimilierungsprozess durch. Als Reaktion auf die Tatsache, dass gut 10 % der australischen Bevölkerung zu Hause eine nicht-englische Sprache spricht, wurde Ende der 1970er Jahre der öffentlich-rechtliche Fernseh- und Radiosender „SBS" *(Special Broadcasting Services)* geschaffen. Er sendet heute Fernseh- und Radioprogramme in über 60 Sprachen (im Fernsehen mit englischen Untertiteln).

Trotz aller Abgrenzung gegenüber den erst seit den 1970er Jahren verstärkt eingewanderten Bevölkerungsgruppen aus Asien und dem Nahen Osten ist die Grundhaltung der Bevölkerung ihnen gegenüber deutlich besser als noch zu Zeiten der *White Australia Policy.* Anhand der Tatsache, dass z. B. Italiener und Griechen in den Augen der Bevölkerungsmehrheit heute – im Unterschied zur Mitte des 20. Jahrhunderts – ganz normale Aussies sind, weiß man, dass der Prozess der Akzeptanz nicht innerhalb einer Generation abgeschlossen werden kann, sondern es erst mit den Kindern und Enkelkindern zur Integration in die australische Gesellschaft kommt. Die vielen weiß-asiatisch gemischten Pärchen im Straßenbild der Citys geben daher die Zukunft schon vor.

Nationales Selbstbewusstsein?

Mit dem australischen Nationalstolz ist es so eine Sache. Die Voraussetzung für ein echtes nationales Selbstbewusstsein wäre, sich als homogene Bevölkerungsmasse zu verstehen. Dies fällt Australiern schwer, da die Menschen sich kulturell sehr voneinander unterscheiden. Wenn man als Mitteleuropäer darüber nachdenkt, was ein Australier ist, sieht man als Erstes ein Klischeebild vor sich: meist einen Mann – eine australische Frau stellt man sich eher selten vor –, der leicht rothaarig geraten ist und Sommersprossen sowie eine sehr weiße Haut hat. Die Statistik spricht jedoch eine andere Sprache: Australier können Italiener, Griechen, Deutsche, Libanesen, Inder, Malteser, Vietnamesen, Chinesen etc. und natürlich Aboriginals oder Torres Strait Islanders sein.

Die Definition der australischen Identität hat sich im Laufe der über 200-jährigen Geschichte immer wieder gewandelt. Zunächst gab es keinen Grund, um stolz darauf zu sein, auf dem australischen Kontinent zu leben, denn es war lediglich eine Kolonie der Strafgefangenen. Mit der Ankunft der freien Siedler begann zaghaft ein wesentliches australisches Ideal zu entstehen, das ein *fair go,* sprich eine **faire Chance für jedermann,** beinhaltete. Die entstehende Gemeinschaft sollte auf keinen Fall so ungerecht wie die britische und andere europäische Klassengesellschaften sein, in denen man keine Chance hatte, wenn man nicht in die richtige Familie hineingeboren worden war. Dazu gehörte auch, sich von den alten Standesunterschieden zu verabschieden. Das erklärte Ziel war eine **egalitäre Gesellschaft,** in der jeder *low-key* („einen Ton tiefer", Unauffälligkeit und Zurückhaltung in der Masse) bewahren und nicht über's Ziel hinausschießen sollte. Das hieß nicht, dass alle von Geburt an gleich sind oder keiner materiell besser gestellt sein darf als andere, aber es bedeutete, dass sich alle gleich geben sollten. So sollte zwischen dem Firmenboss und dem Arbeiter die größtmögliche Gleichbehandlung herrschen. Das gilt bis heute: Man duzt sich, unterhält sich locker (am besten über das allgemeingültige Thema Sport) und kleidet sich wie alle *smart casual* (z. B. legeres Hemd und Hose, Bluse oder Trägertop mit Rock oder Hose, aber bitte nicht zu schick!). Schließlich weiß jeder, dass der Boss mehr Geld verdient, dass muss dieser nicht noch nach außen demonstrieren.

In den 100 Jahren zwischen der Entstehung der ersten Strafgefangenenkolonie und der Gründung des *Commonwealth of Australia* 1901 hatte sich ein relativ klares Profil der Australier herausgebildet: Diese sprachen (im Vergleich zum Mutterland England) einen eigenen Dialekt, und zu ihren typischen Berufen zählten Schafscherer, Farmer, Viehtreiber, Bergmann etc. Die Australier waren Überlebenskämpfer, die dem Busch Land zur Urbarmachung abgerungen hatten sowie gemeinsam gegen Buschfeuer und andere natürliche Gewalten gekämpft hatten. Besonders typisch für diese Menschen war, dass sie ungeachtet der Unterschiede in Herkunft, Glauben oder Stellung in der einstigen Heimatgesellschaft zusammenarbeiteten. Das Konzept der *mateship,* der **Kameradschaft,** war besonders für Arbeiter, Farmer, Bergleute, aber auch für die Soldaten, die im Ersten Weltkrieg kämpften, von höchster Bedeutung. Doch auch wenn die Australier Mann und Frau heute gleichermaßen mit *mate* anreden, muss einschränkend gesagt werden, dass der Egalitarismus nur innerhalb der Grenzen der Männerwelt Geltung hatte und auch nur, wenn man zum exklusiven Kreis gehörte, d. h. zu einer Gruppe von Menschen gleicher Gesinnung in einem bestimmten sozialen Umfeld.

Das Konzept der Gleichheit ungeachtet der Herkunft galt nur, so lange man weiß oder noch besser anglo-keltischer Herkunft war. Die einheimische Bevölkerung der **Aboriginals** und der Torres Strait Islanders hatte weder die gleichen, geschweige denn ältere Rechte. Aboriginals und Kolonisten standen sich nur so lange wohlwollend gegenüber, bis die Kolonisten mehr und mehr Land in Besitz nahmen, rodeten und bepflanzten – ohne jede Rücksicht auf die Aboriginals, die dort deutlich sichtbar wohnten und jagten. Die Aboriginals, die sich den Kolonisten in den Weg stellten, wurden getötet oder verletzt. Dieser sogenannte *Frontier Conflict* (siehe auch Kapitel „Die Aboriginals" in „Der kulturhistorische Rahmen") ist der erste Krieg auf australischem Boden, der in den Geschichtsbüchern bis weit in die 1990er Jahre hinein totgeschwiegen wurde. Die Geschichtsbücher werden nun langsam umgeschrieben, an den Schulen wird die neue Geschichte gelehrt und die Medien schreiben kontrovers über jedes neue Buch, das sich mit diesen Themen befasst. Ins Bewusstsein aller Australier ist die Wahrheit jedoch noch lange nicht vorgedrungen. In den Köpfen der meisten lebt die „Gründungslüge" weiter, die sich darauf stützt, dass es sich bei dem australischen Kontinent angeblich um *Terra Nullius* (Niemandsland) handelte, sprich ein Land ohne zivilisierte Bevölkerung im westlichen Sinne, welches man einfach in Besitz nehmen durfte und infolgedessen auch keine Rücksicht auf die „wilden schwarzen Barbaren" nehmen musste. Diese Einschätzung resultierte darin, dass man die Wünsche oder gar Rechte der Aboriginals nicht zu beachten brauchte. Es wird einige Generationen dauern, bis das kollektive Vergessen der Geschichte in Bezug auf die Aboriginals in den Geschichtsbüchern aller Bundesstaaten angeklagt wird und bis alle Generationen in der Schule die Wahrheit über die Aboriginals vermittelt bekommen haben – inklusive der Aboriginals selbst. Da die Lehrmaterialien in den Bundesstaaten und die Lehrpläne von Schule zu Schule zudem unterschiedlich sein können, wird es noch einige Zeit dauern, bis das Wissen über die Aboriginals Allgemeingut wird – zum Beispiel das Wissen darüber, dass einst auf den Farmen viele Aboriginals einzig für Kost und Logis in sklavenartiger Manier arbeiteten. Ohne die Kenntnisse der Aboriginals über die natürliche Umgebung, das Klima etc. wäre so manch ein weißer Farmer oder Viehtreiber wirtschaftlich längst nicht so erfolgreich gewesen. Erst wenn sich mehr weiße Australier überhaupt tiefer gehend mit dem Thema befassen und die Schuld ihrer Vorfahren anerkennen können, werden sie nicht mehr so nervös reagieren, wenn man sie auf die Aboriginals anspricht.

Die indigene Bevölkerung selbst versucht, sich Schritt für Schritt eine gleichwertige Stellung in der modernen australischen Gesellschaft zu erkämpfen. Bis es so weit ist, werden viele Aboriginals von Minderwertigkeitskomplexen und Gefühlen der Verlorenheit geplagt. Noch dazu fragt sich so manch ein hellhäutiger Aboriginal, ob er sich überhaupt so nennen darf. Was bedeutet es, ein Aboriginal zu sein? Denn heute ist nur noch die Minderheit der Aboriginals vollblütig, die Mehrheit hatte einen weißen Farmer, Schafscherer, Bergmann, Viehtreiber etc. zum Vater, Großvater oder Urgroßvater oder eine weiße Frau zur Mutter, Großmutter oder Urgroßmutter. Mit der Vermischung des Blutes vermischten sich auch die Kulturen. Besonders problematisch ist die Situation für die *Stolen Generation* (siehe auch Kapitel „Die Aboriginals“ in „Der kulturhistorische Rahmen“), da viele Betroffene erst vor wenigen Jahren ihre Herkunft herausfanden und zum Teil entdeckten, dass sie gar keine „Weißen“, sondern eigentlich Aboriginals sind. Wenn man seine eigenen Wurzeln nicht einmal richtig kennt, wie soll man sich dann als „Australier“ fühlen?

Ähnlich wie die indigene Bevölkerung sitzen viele nicht-anglo-keltische Aussies oft zwischen zwei Stühlen. Um die Bevölkerungszahl zu vergrößern, war Australien im 20. Jahrhundert gezwungen, Hunderttausende **Einwanderer aus dem nicht-englischsprachigen Europa** aufzunehmen. Die Einwanderer der ersten Generation, die zu Hause kein Englisch sprechen und deren Kinder mit den Traditionen des Herkunftslandes ihrer Eltern aufwachsen, sind zunächst einmal gänzlich entwurzelt. Barbecue und Bier gehören zunächst nun einmal nicht zur Kultur der italienischen, griechischen oder serbischen Familien. Die Großeltern dieser Einwanderer waren auch nicht als Australier am Ersten Weltkrieg beteiligt, der das australische Nationalgefühl so sehr geprägt hat. Sie haben natürlich auch keine Verbindungen zu der ersten Generation der Strafgefangenen, noch hatten sie jemals mit der für Australiens Wirtschaft so wichtigen Wollindustrie zu tun. Während sich die nord- und mitteleuropäischen Einwanderer weitgehend an das Lebensmuster der anglo-keltischen Australier anpassten, hielten die südeuropäischen Einwanderer mehr an den Bräuchen und Traditionen ihrer Heimat fest und sorgten so für Befremden in der anglo-keltischen Bevölkerung. Die südeuropäischen Einwanderer bezeichnen sich in der Regel immer zuerst als Italiener etc. und dann erst als Australier. Ihre Kinder hingegen tun es genau umgekehrt, denn sie assoziieren mit der Heimat ihrer Eltern eher nur einen Ort, wo man vielleicht ein paar Mal im Leben seine „fremdartige" Verwandtschaft besucht oder auch einfach nur Urlaub macht. Sie wurden in Australien geboren und kennen nur diese Gesellschaft wirklich.

Wenn sie sich auch nicht mit dem anglo-keltischen Bild von Australien identifizieren, so identifizieren sie sich doch mit dem **multikulturellen Mix** Australiens, der ihnen erlaubt, die Traditionen ihrer Eltern in Australien fortzuführen und dennoch Australier zu sein. Egal ob Katholiken, Anglikaner, Baptisten, Anhänger der Uniting Church, Presbyterianer, Lutheraner, Griechisch-Orthodoxe, Russisch-Orthodoxe, Juden, Buddhisten, Hindus, Muslime, Sikhs, Baha'i, Konfuzianer, Taoisten, Atheisten, Agnostiker etc. oder Anhänger des traditionellen animistischen Glaubens der Aboriginals und Torres Strait Islander, in Australien finden sich Anhänger der verschiedensten Glaubensrichtungen. Hier ist alles erlaubt und Staat und **Religion** sind wirklich voneinander getrennt. Es gibt keinen verpflichtenden Religionsunterricht an den Schulen, man muss auf keine Bibel schwören und es finden sich keine religiösen Aussagen auf der Währung (wie z. B. in den USA mit „In God We Trust"). Intoleranzen bezüglich des Glaubens nach Art Nordirlands, Ex-Jugoslawiens oder des indischen Subkontinents kennt man in Australien daher auch nicht, denn schließlich sind viele Einwanderer vor dieser Art Konflikte nach Australien geflüchtet. Im Gegensatz zu den USA, Kanada und anderen Einwanderungsländern trafen die Einwanderer in Australien auf die unumstößlichen Grundsätze des *fair go* (faire Chance – d. h. Chancengleichheit ungeachtet der gesellschaftlichen Stellung oder der Geburt), und des Egalitarismus, der den kleinsten gemeinsamen Nenner in der Neutralität und Akzeptanz sucht und nicht im Diskurs darüber, welche Religion die herrschende sein soll. Diese Grundsätze entstanden bei den Strafgefangenen und den ersten freien Siedlern und werden bis heute als Kern des australischen Denkens angesehen. Natürlich gibt es auch immer wieder Spannungen, wie jüngst nach dem Terroranschlag auf das World Trade Center am 11. September 2001, als sich auch in Australien eine erhöhte Angst vor dem Islam breit machte. Aber es überwiegt doch immer wieder der Grundsatz „leben und leben lassen". Darauf sind die Australier unendlich stolz und sie setzen alles daran, das Klima der Toleranz zu erhalten. Eine ausgeprägte und geradezu fanatische Religiosität wie z. B. in den USA empfinden die Australier als erschreckend und als Einschränkung von Individualität und Freiheit. Und so bleibt für die Australier die Frage des Glaubens eine ganz persönliche und sie sprechen darüber nicht mehr oder weniger als über ihre sexuellen Neigungen.

In den Reihen der Aussies anglo-keltischer Herkunft gibt es solche, die sich lieber mit England, Wales, Schottland oder Irland identifizieren, und unter diesen wiederum viele, die die australische Staatsbürgerschaft bis heute nicht angenommen haben, weil sie die australische Kultur für **unterentwickelt oder primitiv** halten. Tatsächlich entwickeln sich die australischen Künste oftmals nur als Reaktion auf Kunstbewegungen auf dem europäischen Kontinent oder in den USA. Rein australische Schöpfungen, die nicht durch Großbritannien und die USA beeinflusst wurden, sind eher selten. Dazu zählen insbesondere Neuschöpfungen durch Aboriginals in den Bereichen Malerei und Tanz, aber diese haben eben auch reichlich wenig mit dem „weißen Australien" zu tun. Die Australier verbeugen sich meist vor der „wahren Kultur" aus Europa. Was auch immer von dort importiert wird, ist in ihren Augen zwangsläufig besser. Mittlerweile ist außerdem fast alles, was man in Australien erwirbt, in Südost- und Ostasien hergestellt. Der Import der Waren ist sehr preisgünstig, da Australien eines der Länder mit den lockersten Bestimmungen für den internationalen Handel ist. Die Wirtschaft Australiens kämpft daher seit den 1980er Jahren darum, einheimische Produkte und Arbeitsplätze zu erhalten. Mit Slogans wie *100 % Australian Owned and Operated* wird dafür geworben, dass die Australier in Australien hergestellte Produkte statt Importprodukte kaufen.

Dennoch gibt es auch eine enorme Zahl an Aussies, die sich stolz als solche bezeichnen und ihren Pass als den am heiß begehrtesten der Welt ansehen. Sie mögen sich zwar noch uneinig sein über den Grad des erlaubten Aussie-Englisch und ob nicht die kultiviertere Aussprache eines Adelaidian oder Perthian dem breiten Akzent eines Queenslander oder Sydneysider vorzuziehen ist. Alle glauben sie jedoch fest an den Mythos, dass Australien der **„Himmel auf Erden"** ist und der *Human Development Indicator* der Vereinten Nationen gibt ihnen Recht. Dieser Indikator für die menschliche Entwicklung misst zurzeit für 177 Länder vergleichend den Wohlstand der Menschen, basierend auf einer Vielzahl an Daten bezüglich Lebenserwartung, Wissen und Lebensstandard. Australien lag im Jahr 2006 auf Platz Nummer 3 nach Norwegen und Island (Schweiz Platz 9, Österreich Platz 14, Deutschland Platz 21). Die Australier sind zunehmend stolz auf ihre multi-nationale und multi-ethnische Herkunft, denn letztendlich kamen sie alle aus demselben Grund hierher: weil sie in ihren Heimatländern politisch oder wirtschaftlich bedroht waren und in Australien eine bessere Welt für sich selbst, ihre Familie und auch für andere schaffen

071au Foto: eg

wollten. Diese Aufgabe verbindet, und die Australier versuchen, sie gemeinsam so tolerant und liberal wie möglich zu meistern.

Insgesamt sind die Aussies auf die Verwirklichung ihrer egalitären Ideale besonders stolz, da diese ihre Gesellschaft zu einer besseren Gesellschaft im Vergleich zur Alten Welt in Großbritannien machen. Die **negativen Effekte des Egalitarismus** werden dabei leicht übersehen. Diese bestehen in einem zuweilen eher übertriebenen Verlangen nach Gleichförmigkeit und in einer Abneigung gegen alles, was aus der Gleichförmigkeit herausragt, sprich auch gegen Individualität, wenn diese einen extrovertierten Charakter hat. Wer zum Beispiel im Vergleich zur Masse zu „imperialistisch schicke" und „aufgetakelt wirkende" Kleidung trägt, fällt unangenehm auf. Melbourner oder Sydneysider *city slicker* (kultivierte Großstadtmenschen) sind für Bewohner von weniger „hippen" Städten daher schon ein Stein des Anstoßes.

Ein typisch australisches Verhaltensmuster nennt man **tall poppy syndrome.** Die *tall poppies* – hoch gewachsene Mohnblumen – laufen Gefahr, abgesäbelt zu werden, wenn sie zu hoch wachsen, denn der Stiel ist zu dünn, um allein aus der Masse herausragen zu können. *Tall poppies* gilt es, wieder auf die „normale" Länge zu bringen. Das hat folgende Auswirkungen: Bei einer Zusammenkunft von Aussies sollten sich alle gemäß dem kleinsten gemeinsamen Nenner kleiden, unterhalten und verhalten sowie Angebereien oder gar nur Mitteilungen über ihre Erfolge und Leistungen - egal auf welchem Gebiet - unterlassen. Wenn sie auf eine bestimmte Errungenschaft angesprochen werden, von der jemand gehört haben sollte, sollten sie diese sogar aktiv herunterspielen. Das betrifft den Grad der Bildung und des Wissens, eine Beförderung, Gehaltserhöhung oder Auszeichung gleich welcher Art. Konformität ist gefragt. Letztendlich ist dieser Zwang zur Gleichförmigkeit auch nur eine Form der Diskriminierung.

Am allerwenigsten akzeptabel ist eine solch „hochgewachsene Mohnblume" auf dem politischen Parkett. Australische **Politiker** geben sich daher im Vergleich zu Politikern anderer Länder extrem bescheiden, zeigen sich der Öffentlichkeit eher beim Fußballspiel als bei der „Promi"-Party und sind verpflichtet, auf dem Teppich zu bleiben. Wenn Sie einmal die Gelegenheit haben, die Häuser einiger australischer Ministerpräsidenten der Bundesstaaten, aber auch des Premierministers zu lokalisieren, werden Sie sich etwas über die „stinknormale Gegend" ohne augenscheinliche *Security* wundern.

Auch andere **Prominente** müssen sich bedeckt halten, wenn sie nicht in Grund und Boden gestampft werden wollen. Während sich Stars und Sternchen aus anderen Ländern z. B. in Hollywood, Cannes oder Venedig bei den „MTV Music Awards" oder „Top of The Pops" feiern lassen können und von ihnen sogar erwartet wird, mit exentrischen Eskapaden Stoff für die Glamourpresse zu liefern, lobt man in Australien nur die eher bescheidenen Stars. Wem der Erfolg zu Kopf steigt und wer überheblich in das Licht der Öffentlichkeit tritt, sich unter Umständen außerdem der permanenten „Fahnenflucht" schuldig macht wie *Nicole Kidman, Elle McPherson* oder auch *Kylie Minogue,* hat mit bitter-böser Kritik in der australischen Heimat zu rechnen. *Low-key* (unauffällig und zurückhaltend) zu bleiben trotz aller technischen, wissenschaftlichen, künstlerischen oder politischen Erfolge ist hingegen mehr als begrüßenswert, damit kein Neid aufkommen kann.

„100 % Australian Owned" -
die Werbung für einheimische Produkte zielt auf das Nationalgefühl der Käufer

Die nationalen Symbole

Jedes Land bekommt bei seiner Geburt ein Arsenal an offiziellen und inoffiziellen Nationalsymbolen, die bei den Bürgern des Landes häufig Freude, Stolz oder Rührung hervorrufen oder die ganz simpel zur Unterscheidung von anderen Ländern dienen. Australien bekam jedoch bei der Gründung des unabhängigen *Commonwealth of Australia* **keine eigenen nationalen Symbole,** sondern verwendete zunächst weiterhin wie in den Kolonialtagen die britischen Symbole: britische Münzen und Geldscheine, britische Kolonialbriefmarken, der britische *Union Jack* als Flagge, das britische Staatswappen, die britische Nationalhymne, das britische Siegel. Selbst die Feiertage waren importiert.

Inzwischen wurde ein Katalog an Symbolen entwickelt, mit denen die Nation Australien nach außen hin repräsentiert wird und mit denen sie sich auf dem internationalen Parkett - im Sport, in der Außenpolitik, in der Wirtschaft, im Tourismus oder im Kriegsfall - zu erkennen gibt. Und die Sammlerwelt kann ihre Kollektion von Münzen, Geldscheinen oder Briefmarken um die jungen australischen Kreationen erweitern.

Die offiziellen und inoffiziellen Staatssymbole

Seit Kapitän *James Cook* 1770 erstmals die *Union Flag* an Sydney's Botany Bay hisste und die Ostküste Australiens im Namen von König *George III.* zu britischem Besitz erklärte, flatterte die britische Flagge an den australischen Fahnenmasten. Heute ist eine kleine Version des rot-weiß-blauen *Union Jack* mit den drei christlichen Kreuzen für St. George von England, St. Andrew von Schottland und St. Patrick von Irland noch immer Bestandteil der australischen **Nationalflagge.** Als man bei Gründung des *Commonwealth of Australia* einen Wettbewerb um das Design einer ureigenen australischen Fahne für den Seehandel und als Staatsflagge ausschrieb, wurden 32.823 Vorschläge eingereicht, von denen sich 5 Vorschläge aus unterschiedlichsten Gegenden Australiens fast deckten. Diese fünf wurden als Basis für das Design genommen: Der kleine *Union Jack* befindet sich oben links, darunter der Commonwealthstern und rechts das „Kreuz des Südens" als landläufiges Symbol für *Terra Australis.* Als Grundfarbe für die Staatsflagge wurde Blau und für die Handelsflagge Rot gewählt. Dem Parlament wurden die Designs nicht zur Absegnung vorgelegt. Stattdessen reiste der Vorschlag nach London zu König *Edward VII.,* der 1902 der australischen Regierung seine Zustimmung mitteilte. Die Sterne der Flagge wurden 1903 und 1909 noch einmal leicht angepasst, doch die Flagge hatte keinen legalen Status außerhalb des Seehandels.

Erst nach dem Zweiten Weltkrieg, als Großbritannien Australien militärisch im Stich gelassen hatte und sich Australien zwangsläufig endgültig von dem ehemaligen Mutterland abzunabeln begann, wurde 1953 das Fahnengesetz verabschiedet, das ein für alle mal Blau als die Grundfarbe der australischen Nationalflagge bestimmte und festlegte, bei welchen Anlässen die Flagge auch im zivilen Bereich statt des *Union Jack* zu verwenden sei. Dennoch dauerte es immer noch bis weit in die 1960er Jahre, bis die Australier die Flagge auch wirklich bei allen Anlässen gebrauchten, wie es das Fahnengesetz von 1953 vorschrieb, da die Mehrheit der Bevölkerung sich selbst eher als Briten ansah. Erst mit wachsender nicht-anglokeltischer Bevölkerung nahm der Gebrauch der australischen Flagge automatisch zu, denn für die Italiener, Deutschen, Niederländer, Serben, Tschechen etc. bedeutete nur die australische Flagge die Freiheit, die sie sich beim Verlassen ihrer Heimat erträumt hatten, nicht aber der *Union Jack*. Seit 1967 gibt es passend zur blauen und roten Flagge auch noch eine weiße Version für die australische Marine und seit 1982 auch eine hellblaue Version für die Luftstreitkräfte, die außerdem ein Känguru im Kreis als Hoheitszeichen trägt.

Heute gibt es jedoch eine rege Diskussion um die Änderung der australischen Flagge, weil das britische Hoheitszeichen darin überaus unpassend erscheint in einer zunehmend multikulturellen Gesellschaft, deren Bindung an Großbritannien seit 1901 stark zurückgegegangen ist. Für viele Australier ist der *Union Jack* in ihrer Flagge ein Zeichen von Unterwürfigkeit, die mit dem wachsenden australischen Selbstbewusstsein nicht mehr zu vereinbaren ist. Australien und Neuseeland sind heute neben Fidschi und Tuvalu die einzigen Commonwealth-Länder, die noch den *Union Jack* in ihrer Flagge tragen (darüber hinaus ist der *Union Jack* noch Flaggenbestandteil im amerikanischen Bundesstaat Hawaii und den kanadischen Bundesstaaten British Columbia, Victoria und Ontario). Viele Australier träumen davon, dass irgendwann ein Referendum zur Änderung der Flagge abgehalten wird und Australien wie Kanada zu einem phantastischen eigenen Flaggendesign findet, mit dem sich wahrhaft alle Australier identifizieren können. Das britische Hohheitszeichen sollte dann nicht mehr Bestandteil der australischen Flagge sein, auch wenn die Farbgebung z. B. durchaus die historischen Wurzeln zeigen dürfte (rot-weiß für die Flagge des St. George von England, blau-weiß für St. Andrew von Schottland und weiß-rot für St. Patrick von Irland) und nicht zwangsläufig die grün-goldenen Nationalfarben enthalten müsste, die Australier bei internationalen Sportveranstaltungen zu tragen pflegen.

Es gibt auch Vorschläge, den *Union Jack* auf der australischen Fahne einfach durch die seit 1995 offiziell anerkannte schwarz-gelb-rote Flagge der

Aboriginals zu ersetzen. Das macht aber wenig Sinn, denn die Flagge der Aboriginals würde kaum für ganz Australien stehen können, da sie nur eine Minderheit der multikulturellen australischen Gesellschaft widerspiegelt. Außerdem wird durch diese Flagge nicht einmal die zweite indigene Bevölkerungsgruppe Australiens, die Torres Strait Islander, repräsentiert, die seit 1995 auch über eine offiziell anerkannte eigene Flagge verfügt. Einen geeigneteren Ansatz könnten vielleicht die Designs der anerkannten Flaggen der australischen Territorien bieten, wie des Australian Capital Territory (1993), des Northern Territory (1978) und auch der Norfolk Island (1980), die keinen *Union Jack* tragen und darüber hinaus die Eigenheiten des jeweiligen Territoriums darstellen. Mittlerweile fand schon drei Mal ein Wettbewerb zur Gestaltung einer neuen australischen Flagge statt und mit Sicherheit wird es in näherer Zukunft ein Referendum zur Änderung der Flagge geben, wie schon 1984 für die Nationalhymne.

Bei der Gestaltung des **Staatswappens** gab es bedeutend weniger Querelen. Die 1908 offiziell anerkannte Version, in der ein Schild von einem Emu und einem Känguru gehalten wird, wurde 1912 nur leicht geändert. Seitdem sind die Wappen der sechs Bundesstaaten des *Commonwealth of Australia* auf dem Schild zu sehen, eingebettet in einen Wattle-Busch, das florale Emblem Australiens, statt wie in der Variante von 1908 mit einem englisch anmutenden Rasen als Hintergrund. Darunter läuft ein Band, auf dem *Australia* steht. Das Staatswappen ist auch auf dem seit 1949 existierenden australischen Reisepass abgebildet und war auch auf der alten Sixpenny-Münze des britischen Sterling-Systems zu sehen, welches ab 1966 durch den Australischen Dollar ersetzt wurde. Es ist auch auf dem berühmten *baggy green* abgebildet, der berühmten weiten, grünen Kappe für das australische Nationalteam im Test Cricket, die seit den 1920er Jahren in der gleichen Form aus reiner australischer Wolle in absoluter Handarbeit produziert wird.

Neben zahlreichen Tieren gelten besonders der Bumerang und das Didgeridoo zu den weniger offiziellen Symbolen für *Down Under.* Die Aboriginals verwendeten ehemals allerlei Wurfstöcke zum Jagen von Tieren, zum Schneiden von Fleisch, zum Graben und bei bestimmten Zeremonien als Rhythmusinstrument. Eine spezielle Art dieser Wurfstöcke sind die **Bumerangs,** die in einem Bogen zurück zum Werfer fliegen. Bumerangs wurden nur von den Aboriginals im Südosten und Südwesten Australiens verwendet. Bumerangs sind üblicherweise 30–74 cm lang mit zwei geraden Armen in einem engen leicht abgerundeten Winkel, mit den Endstücken leicht in entgegengesetzte Richtung gedreht.

Das Staatswappen, hier an einem Gerichtsgebäude

032au Foto: eg

Das nach Urwald klingende **Didgeridoo,** welches als das älteste bekannte Musikinstrument der Welt gilt und die typischen wummernd dumpfen Töne von sich gibt, ist ein ca. 1,30 Meter langes Blasinstrument der Aboriginals. Es besteht traditionell aus einem von Termiten ausgehöhlten Ast, der mit einem Stock oder heißen Kohlenstücken von innen glatt geschabt wird. Das Holz ist meist *Stringy Bark, Wooly Butt, River Red Gum* oder *Ironwood;* preiswerte Souvenirstücke werden aus Bambus gefertigt. Das Mundstück besteht aus gehärtetem Wachs oder heute auch Gummi. Um darauf zu spielen, drückt man den ganzen Mund auf die Öffnung und bläst hinein. Mit Bewegungen der Wangen, Zunge und Lippen verändert man den Klang, während man immer wieder durch die Nase ein- und dabei gleichzeitig durch den Mund ausatmet. In den vergangenen Jahren, insbesondere seit den Olympischen Spielen in Sydney, ist das Didgeridoo auch immer häufiger bei enthusiastischen europäischen Straßenmusikanten im Einsatz.

Für die Aussies gibt es auch einige **australische Erfindungen,** die Australien symbolisieren, wie z. B. die *Hills clothes hoist* (Wäschespinne), die in den 1950er und -60er Jahren in den Gärten der Aussies und auf der ganzen Welt Einzug hielt. Die Wäschespinne wurde 1926 durch *Gilbert Toyne* erfunden, aber erst durch *Lance Hill* ab 1948 in Serie produziert und vermarket.

Die Nationalhymne

Ein Grund für die Zögerlichkeit bei der Änderung der australischen Flagge mag auch darin liegen, dass die Änderung der Nationalhymne nicht den Grad an Nationalstolz auslöste, wie man es sich gewünscht hatte. Am 21. Mai 1977 hielt die Übergangsregierung mit dem von Generalgouverneur *Jim Kerr* eingesetzten *Malcolm Fraser* (nachdem *Gough Whitlam* als Premierminister abgesetzt worden war) ein **Referendum über die Frage der Nationalhymne** ab. *Whitlam* hatte 1974 das bis dahin gültige britische „God Save The Queen" für alle nicht-königlichen Anlässe durch „Advance Australia Fair" ersetzt, was die Fraser-Regierung im Januar 1976 wieder rückgängig machte. „God Save The Queen" sollte nun auch wieder bei allen Anlässen der militärischen Verteidigung und beim Einbürgerungseid gespielt und gesungen werden, während man über die Nationalhymne für alle anderen Anlässe, wie z. B. bei sportlichen Ereignissen, noch einmal entscheiden müsse. Vier Möglichkeiten wurden zur Wahl gestellt: „God Save The Queen", „Advance Australia Fair", der frisch in South Australia komponierte „Song Of Australia" und das allseits beliebte Volkslied „Waltzing Matilda" von *Banjo Paterson*. Das Rennen machte „Advance Australia Fair" mit 43,29 % gegenüber 28,28 % für „Waltzing Matilda", während der „Song Of Australia" nur im Bundesstaat South Australia (wo der Komponist herstammte) eine Mehrheit für sich verbuchen konnte.

Mit dem Ergebnis war jedoch niemand recht zufrieden, denn der Text der zweiten, dritten und vierten Strophe von „Advance Australia Fair" stellte ebenso eine **Glorifizierung Großbritanniens** dar wie auch das royalistische „God Save The Queen". So ließ man das Thema zunächst erst einmal ruhen. Als die Olympischen Spiele in Los Angeles nahten, hieß es 1984 nun endlich Nägel mit Köpfen zu machen, denn man wollte die Sportler nicht wieder mit „God Save The Queen" zu den Spielen schicken. Der amtierende Generalgouverneur *Sir Ninian Steven* erinnerte sich an das Ergebnis des Referendums von 1977 und erklärte kurzerhand **„Advance Australia Fair"** endgültig zur offiziellen Nationalhymne Australiens. Ebenso schnell deklarierte man die Farben Grün und Gold als die Nationalfarben, die das australische Olympiateam nun erstmals tragen sollte. Man beschloss die dritte und vierte Strophe des von *Peter Dodds McCormick* komponierten Originals einfach nicht zu singen, weil diese die britische Herkunft zu sehr glorifizierten. Aus dem gleichen Grund wurden außerdem die folgenden acht Verse der zweiten Strophe durch neue ersetzt: *„When gallant Cook from Albion sailed, To trace wide oceans o'er. True British courage bore him on, Til he landed on our shore. Then here he raised Old England's flag, The standard of the brave. With all her faults we*

Advance Australia Fair

Australians all let us rejoice,
For we are young and free;
We've golden soil and wealth for toil;
Our home is girt by sea;
Our land abounds in nature's gifts
Of beauty rich and rare;
In history's page, let every stage
Advance Australia Fair.
In joyful strains then let us sing,
Advance Australia Fair.

Beneath our radiant Southern Cross
We'll toil with hearts and hands;
To make this Commonwealth of ours
Renowned of all the lands;
For those who've come across the seas
We've boundless plains to share;
With courage let us all combine
To Advance Australia Fair.
In joyful strains then let us sing,
Advance Australia Fair.

Australier, lasst uns alle jubeln,
Denn wir sind jung und frei;
Wir haben goldene Erde und Reichtum durch unsere Müh;
Unsere Heimat ist vom Meer umschlossen;
Unser Land ist reich an natürlichen Gaben
Von reicher und seltener Schönheit;
Lasst in jedem Abschnitt der Geschichtsschreibung
Das schöne Australien voranschreiten.
Dann lasst uns in freudigen Klängen singen,
Schreite voran, schönes Australien.

Unter unserem strahlenden Kreuz des Südens
Werden wir mit unseren Herzen und Händen arbeiten;
Lasst uns unsere Föderation
Berühmt unter allen Länder machen;
Für diejenigen, die über die Meere gekommen sind
Haben wir grenzenlose Ebenen zu teilen;
Mit Courage lasst uns alle zusammenarbeiten
Zum Voranschreiten des schönen Australiens.
Dann lasst uns in freudigen Klängen singen,
Schreite voran, schönes Australien.

love her still; Britannia rules the wave." („Als der tapfere Cook von Albion lossegelte, Um einer Spur über weite Ozeane zu folgen. Wahrer britischer Mut trug ihn weiter, Bis er an unserer Küste landete. Hier hisste er dann die Flagge des Alten England, Die Standarte der Kühnen. Mit all ihren Fehlern lieben wir sie noch; Britannia beherrscht die Welle.").

Die kosmetischen Reparaturen an dem Lied ließen die Bevölkerung den ursprünglichen Text jedoch nicht vergessen, der weder den indigenen Bewohnern noch den neuen Einwanderern aus aller Herren Länder seit dem Zweiten Weltkrieg Rechnung trug. Selbst die Australier britischer Herkunft bevorzugten dann doch lieber das alte „God Save The Queen". Statt der übereilten Entscheidung 1984 hätte es eines weiteren Referendums sowie neuer Vorschläge bedurft, um wirklich eine das moderne Australien repräsentierende Nationalhymne zu erhalten, die von der Bevölkerungsmehrheit mit Stolz mitgesungen werden kann. Die jetzige Hymne ist aber weiterhin so unpopulär, dass auch bei den Olympischen Spielen 2000 in Sydney so manche australischen Sportler, Zuschauer oder sogar Politiker die zwei Strophen der Hymne nicht mitzusingen vermochten, weil sie den Text nicht auswendig kannten, und daher peinlicherweise nur pro forma die Lippen bewegten.

Die Augen der Australier werden dagegen beim Klang der **„inoffiziellen Hymne" Waltzing Matilda** feucht, die wirklich alle Aussies, auch die neu Eingewanderten, kennen. Der Text erzählt zwar von vergangenen Glanzzeiten der Wollindustrie und des Viehtreibens, aber dies ist nun einmal die ureigene australische Geschichte, an der die indigene Bevölkerung ebenfalls beteiligt war und mit der sich auch die neuen Einwanderer seit Mitte des 20. Jahrhunderts identifizieren können. Wenn es auch wenig mit dem modernen Australien zu tun hat, so steht dieses Volkslied doch für australisches Kulturgut, das von allen Aussies gleich welcher Herkunft akzeptiert wird und das angereichert ist mit typisch australischen Worten. Dennoch bleibt es eben nur ein Volkslied und wird als solches voller Inbrunst gerne mitgesungen.

Als Hymne wünschen sich die Aussies jedoch ein Lied, das es vermag, den Bogen von der Vergangenheit bis in die Zukunft zu schlagen und alle Facetten ihres Landes wiederzuspiegeln. Es könnte also in Zukunft durchaus noch einmal einen Volksentscheid über die Nationalhymne, die Nationalflagge und andere nationale Symbole geben.

Weihnachtsdekoration kommt in Australien ohne Schnee und Eis aus

Die australischen Feiertage

Die meisten Feier- und Jahrestage Australiens wurden aus den Heimatländern der Kolonisten in die einzelnen Kolonien importiert. Da diese lange Zeit voneinander unabhängig waren und auch heute noch als unabhängige Bundesstaaten im *Commonwealth of Australia* organisiert sind, gab und gibt es je nach Bundesstaat einige Unterschiede. Unverändert geblieben sind natürlich die religiösen Feiertage der einzelnen Religionsgruppen wie Christen, Juden, Buddhisten, Hindus, Moslems etc. Bei den öffentlichen Feiertagen sind allerdings nur die christlichen von Bedeutung, denn obwohl es in Australien Einwanderer aus aller Herren Länder gibt, **überwiegt die Bevölkerung mit christlichem Glauben.** Bei der Volkszählung 2001 bezeichneten sich 27 % der australischen Einwohner als Katholiken, 21 % als Anglikaner, 21 % als Anhänger anderer christlicher Glaubensrichtungen und lediglich 5 % als Anhänger nicht-christlicher Glaubensrichtungen. 16 % gaben an, keinem Glauben zu folgen, und 10 % ließen die Frage unbeantwortet.

Christliche Feiertage und Jahreswechsel

Weihnachten und Silvester

Entsprechend werden der 25. Dezember, Karfreitag und Ostern auch am anderen Ende der Welt als Feiertage begangen. **Weihnachtsbaum** und Weihnachtsschmuck sehen *Down Under* nicht viel anders aus als in

034au Foto: at

Europa oder Amerika, nur die verwendeten Pflanzenarten stammen aus der heimischen Flora und werden schlicht *Christmas Bush, Christmas Orchid, Christmas Bells* oder *Christmas Tree* genannt, denn in der Hitze bei 35 bis über 40 °C im Schatten fühlen sich die traditionellen Weihnachtsgewächse der nördlichen Hemisphäre nicht wohl. In den letzten Jahren erfreut sich daher auch der unverwüstliche Kunststoffbaum immer größerer Beliebtheit.

Eines ist jedenfalls ganz klar, auf eine weiße Weihnacht hofft man in Australien nicht. Lediglich in Tasmania kann man manchmal auf einem weit entfernten Berggipfel etwas Schnee liegen sehen. Eis bekommt man nur in der Form von Kühleis unter den Austern, Hummer, Shrimps und Krebsen am kalten Büffet oder in Form von Eiswürfeln im Getränk zu sehen. Bei der **Hitze** gibt es traditionell kalten Braten und Salate statt Heißes aus dem Ofen. Australische Spezialitäten aus den frühen Kolonialtagen wie *Billy Can Pudding, Christmas Damper, Drover's Plum Pudding* oder *Festive Windmills* kennt heute so gut wie niemand mehr.

Statt eines Schneesturmes muss man in der tropischen Nordhälfte des Kontinents mit tropischen Wirbelstürmen rechnen. Heiligabend 1974 zerstörte einer der verheerendsten Zyklone in der Geschichte Australiens die damals 40.000 Einwohner zählende Stadt Darwin im Northern Territory.

Auf der Südhälfte des Kontinents kämpft man hingegen mit gefährlichen **Buschfeuern,** die sich nicht nur durch die Wälder der Nationalparks fressen, sondern zum Teil auch die Randgebiete der Städte erreichen und alles verschlingen, was brennbar ist. Im Sommer 2001/2002 gingen so allein rund um Sydney etwa 170 Wohnhäuser in Flammen auf, 2002/2003 herrschte wegen der vorangegangenen Dürre eine noch größere Feuersbrunst, die 530 Wohnhäuser in der Hauptstadt Canberra niederbrannte.

Weil einige Australier die Heimeligkeit einer weißen Weihnacht bei klirrender Kälte vermissten, kam eine Gruppe von irischstämmigen Australiern 1977 auf die Idee, in den kältesten Monaten des Jahres in den Blue Mountains bei Sydney ein winterliches Festmahl abzuhalten, mit Weihnachtskeksen und der Chance auf ein paar Schneeflocken auf den bis zu 1180 Meter hohen Gipfeln. Die örtliche Hotellerie und Gastronomie witterte darin eine Geschäftsidee und veranstaltet seit 1980 alljährlich von Juni bis August das sogenannte **Yulefest** (nach den heidnischen germanischen und keltischen Bräuchen der Wintersonnenwende benannt, die das Weihnachtsfest mit seinen Traditionen so sehr geprägt haben), wo man zumindest das alte europäische Weihnachtsgefühl beim Kaminfeuer genießen kann.

Während sich am ersten Weihnachtstag traditionell die Familie zu einer Weihnachtsmahlzeit trifft, stehen am **26. Dezember** öffentliche Ereignisse mehr im Vordergrund. In South Australia wird der *Proclamation Day* begangen, der Tag, an dem 1836 die *Province of South Australia* ausgerufen wurde. Und zwei Sport-Events stehen an diesem Tag auf dem Programm: das Sydney-to-Hobart-Jacht-Rennen und die Eröffnung des fünftägigen **Boxing Day Test Match** im Cricketstadion von Melbourne. Die Sydneysider und Melbournians sind in Scharen vor Ort dabei oder nehmen am Jachtrennen sogar selbst teil und der Rest Australiens folgt den Events live auf den Fernsehbildschirmen. Die große Mehrheit der Aussies schaut sich sicherlich das Cricketspiel an, dass einst in Adelaide stattfand, aber seit Weihnachten 1968 auf dem prestigereichen *Melbourne Cricket Ground* ausgetragen wird.

Das 630 Seemeilen lange **Sydney-to-Hobart-Jacht-Rennen** findet seit 1945 jährlich um 13 Uhr ab Nielsen Park statt. Aus dem damaligen Rennen, an dem nur 9 Jachten beteiligt waren, entstand auf Initiative des ersten Gewinners *John Illingworth ein* jährliches Event unter den Mitgliedern seines Jachtclubs. Fast 60 Jahre später ist es zu einem der bedeutendsten Jachtrennen der Welt geworden, an dem alljährlich ca. 55–155 Jachten teilnehmen, darunter auch die ein oder andere aus z. B. Großbritannien, den USA, Neuseeland oder auch mal den Niederlanden oder Schweden. Während der Gewinner 1945 sechseinhalb Tage brauchte, kommen die Jachten heute nach weniger als zwei Tagen in Hobart an. 1998 versetzte es die Nation in Angst und Schrecken, als ein starker Sturm mit Winden von 90 Meilen pro Stunde und 80 Fuß hohen Wellen 6 Segler das Leben kostete und 48 Menschen per Hubschrauber gerettet werden mussten. Von den 155 Jachten vollendeten nur 44 das Rennen, 5 Schiffe sanken und 4 verloren ihren Mast. Doch schon im nächsten Jahr wurde das Rennen wieder mit ungebrochener Begeisterung – sowohl seitens der Teilnehmer als auch seitens der Zuschauer – ausgetragen.

Neben diesen traditionellen Events an den Weihnachtstagen werden in der Vorweihnachtszeit in den meisten großen australischen Städten **Carols by Candlelight** veranstaltet. Die Idee dazu stammte von dem Radiosprecher *Norman Banks,* der 1937 in Melbourne eine Schar von einsamen Menschen um sich versammelte, um gemeinsam Weihnachtslieder bei Kerzenschein im Park zu singen. Heute kommen Tausende in den öffentlichen Parkanlagen zusammen, um mitzusingen oder dem Chorgesang zuzuhören. Die Lieder selbst sind die international bekannten Weihnachtsklassiker, bis auf das ein oder andere australische Lied wie *John Wheelers* „The Three Drovers“, *Rolf Harris'* „Six White Boomers“ oder *Colin Buchanans* „Aussie Jingle Bells“, in dem es nur so vor Australianismen wimmelt. Familien kommen gerne früh und machen ein gemütliches Picknick daraus. Sie bringen – wie bei vielen Veranstaltungen – eine Decke mit, eige-

Aussie Jingle Bells

Dashing through the bush, in a rusty Holden Ute,
Kicking up the dust, esky in the boot,
Kelpie by my side, singing Christmas songs,
It's Summer time and I am in my singlet, shorts and thongs.

Oh! Jingle bells, jingle bells, jingle all the way,
Christmas in Australia on a scorching summer's day, Hey!
Jingle bells, jingle bells, Christmas-time is beaut!
Oh what fun it is to ride in a rusty Holden Ute.

Engine's getting hot, we dodge the kangaroos,
The swaggie climbs aboard, he is welcome too.
All the family's there, sitting by the pool,
Christmas Day the Aussie way, by the barbecue.

Refrain: *Oh! ...*

Come the afternoon, Grandpa has a doze,
The kids and Uncle Bruce, are swimming in their clothes.
The time comes 'round to go, we take a family snap,
Pack the car and all shoot through, before the washing up.

Refrain: *Oh! ...*

Spritzen durch den Busch, in einem rostigen Holden Ute,
(das Pick-up-Automodell der australischen Opel-Marke „Holden")
Wirbeln den Staub auf, Kühlbox im Kofferraum,
Kelpie (austr. Hirtenhund) an meiner Seite, singe ich Weihnachtslieder,
Es ist Sommerzeit und ich bin in meinem Unterhemd, Shorts und Flipflops.

Oh! Glocken klingeln, Glocken klingeln, klingeln überall,
Weihnachten in Australien an einem brütendheißen Sommertag, Hey!
Jingle bells, jingle bells, Weihnachtszeit ist superschön!
Oh wie viel Spaß es macht, in einem rostigen Holden Pick-up zu fahren.

Der Motor wird heiß, wir weichen den Kängurus aus,
Der Mann mit dem Aussie-Schlafsack klettert an Bord, er ist auch willkommen.
Die ganze Familie ist da, sitzt am Swimmingpool,
Weihnachtsfeiertag nach australischer Manier, beim Barbecue.

Kommt der Nachmittag, macht Großvater ein Nickerchen,
Die Kinder und Onkel Bruce schwimmen in ihren Kleidern.
Es kommt die Zeit zu gehen, wir machen das Familienfoto,
Packen das Auto und alle hauen schnell ab, vor dem Abwasch.

ne Klappstühle und einen ganzen Korb voller Leckereien für den Tag in sommerlichem Sonnenschein. Vor Ort gibt es Notenblätter zu kaufen, Kerzen oder neuerdings die weniger gefährlichen Glühstängel. Es gibt Speisen und Getränke, deren Verkaufserlös einem wohltätigen Zweck zugute kommt. Und natürlich gibt es auch längst die live im Fernsehen übertragene Veranstaltung bei der australische Stars ihre Stimme für einen guten Zweck zur Verfügung stellen.

Für die Kirchengänger läuft alles so ab, wie wir es auch in Europa kennen, am Heiligabend oder am ersten Weihnachtsfeiertag geht es in die **Kirche,** in der auch schon mal eine Krippenszene aufgebaut ist oder nachgespielt wird. **Weihnachtsgeschenke** werden auf die übliche Weise unter den Baum gelegt und mit der gleichen Spannung aufgemacht wie bei uns. Die Häuser werden innen und außen mit Weihnachtslichtern dekoriert und auch die Einkaufsstraßen sind festlich erleuchtet. Besonders in South Australia gibt es einige kleine Städte, die mit ihrer **Weihnachtsbeleuchtung** als touristische Winterattraktion ebenso berühmt sind wie deutsche Städte für ihre Weihnachtsmärkte.

Auffallend anders ist, dass man die Weihnachtszeit in Australien als die *silly season* bezeichnet, also die **verrückte Jahreszeit.** Damit ist jedoch nicht so etwas wie die Karnevalssaison gemeint, die in Europa am 11.11. startet und durch den Winter führt, sondern einfach nur die Verrücktheit, die mit dem Trubel um die Weihnachtseinkäufe und dem Beginn der Sommerferien einsetzt. Am reich gedeckten Weihnachtsbüffet findet man Papierhüte, Luftschlangen, kleine Knaller, Trillerpfeifen und dergleichen, die man von den britischen Inseln am Silvesterabend kennt.

Bei einer großen Silvesterparty kommen diese durchaus noch einmal zum Einsatz, aber wie auch in Europa werden **Silvesterfeiern** vorwiegend im Kreis von Familie und Freunden organisiert und man schaut sich dann gemeinsam das große offizielle Silvesterfeuerwerk in der City an. Zum Leidwesen der Australier – insbesondere der männlichen – gibt es schon lange keine Raketen mehr zu kaufen und den Bürgern ist das Abschießen von Feuerwerkskörpern nicht gestattet. Der **Neujahrstag** ist dann wie bei uns ein einfacher öffentlicher Feiertag, an dem sich die Bevölkerung von den Strapazen der Feierlichkeiten am Vortag erholt.

Feierliche Aufmärsche kennt man ebenfalls in Australien. Im Dezember gibt es hier und da einen *Christmas Pageant* **(Weihnachtsumzug)** mit märchenhaft geschmückten Wagen, die den Tag markieren, an dem *Santa Claus,* sprich der Nikolaus bzw. der Weihnachtsmann, in die Stadt kommt, begleitet von Feen, Elfen und anderen Wesen aus der Märchenwelt. Diese für Kinder erfundene neuere Tradition, anknüpfend an die traditionelle Ankunft des *Nikolaus* bzw. *Sinterklaas,* kam vermutlich mit neueren deutschen und niederländischen Einwanderern nach Australien und ist daher am ehesten in South Australia zu finden, wo sich diese Einwanderer besonders zahlreich niedergelassen haben. Was es jedoch mit dem Heiligen *St. Nikolaus* auf sich hatte, das weiß keiner mehr. Und man nennt den Nikolaus in Australien auch immer öfter schlicht *Father Christmas* (Väterchen Weihnacht, das entspricht unserem Weihnachtsmann) – in diesem Namen erinnert gar nichts mehr an den Heiligen. Die Bekleidung der modernen Nikolaus- bzw. Weihnachtsmann-Figur ist wie auch in Europa meist nur noch in Rot-Weiß gehalten (was auf eine Kreation des Illustrators *Haddon Sundblom* zurückgeht, der diese Figur 1931 für eine Coca-Cola-Kampagne in den USA schuf).

Ostern

Über die beiden letzten christlichen Feiertage Karfreitag und Ostern gibt es kaum etwas zu berichten, denn diese werden außerhalb der religiösen Familien und der Kirchengemeinden wirklich fast nur noch als langes Wochenende im Sinne von Urlaub genossen. Wie in Europa werden Ostereier und -hasen aus Schokolade in den Supermärkten verkauft, um anschließend am Ostersonntag im Haus oder Garten für die Kinder versteckt zu werden. Hier gibt es dann aber doch eine Besonderheit in Australien: den **Easter Bilby!** Weil Kaninchen seit ihrer Einführung in Australien als Plage gelten und jährlich ca. 600 Mio. $ Schaden anrichten, wurde die Verwendung von Osterhasen aus Schokolade in den 1990er Jahren zunehmend unpopulär. Schließlich macht es wenig Sinn, ein solch schädliches Tier auch noch zu verherrlichen. Die Australische Anti-Kaninchen-Forschungs-Stiftung erfand daher 1991 das Maskottchen der Anti-Kaninchen-Kampagne, den *Easter Bilby*. Der *Bilby* ist ein vom Aussterben bedrohtes kleines, einheimisches Beuteltier aus der Bandicootfamilie, das lange Ohren und eine spitze Nase hat. Name und Gestalt dieses Tieres wurde zur Grundlage für eine Reihe an Bilby-Produkten, von deren Verkaufserlös die Tiere besser geschützt werden konnten. So gibt es den *Bilby* seit 1994 auch in Schokoladenform von dem australischen Schokoladenhersteller „Darrell Lea". Mit Slogans wie *Bilbies NOT Bunnies* wurde eine Kampagne gegen die Schokoladenosterhasen geführt – seitdem steht der Osterhase im wahrsten Sinne auf der Abschussliste.

Nichtchristliche Feiertage

Wie sehr sich Australien von den Traditionen des christlichen Osterfestes entfernt hat, lässt sich auch daran ablesen, dass z. B. zur Osterzeit die *Royal Easter Show* in Sydney stattfindet, wo es nicht im entferntesten um die

Wiederauferstehung Christi geht, sondern einzig und allein um eine Art Kirmes, organisiert durch die örtliche Landwirtschaftsgesellschaft. Diese **Royal Shows** gibt es in allen australischen Großstädten einmal im Jahr an unterschiedlichen Daten und die jeweiligen Tage sind in der entsprechenden Stadt immer öffentliche Feiertage. Ein Ziel der *Royal Shows* ist es, die Bevölkerung wieder mit den Wurzeln der australischen Agrarwirtschaft in Kontakt zu bringen. Um das zu erreichen, werden zahlreiche Wettbewerbe, die mit der traditionellen Landwirtschaft zu tun haben, veranstaltet. Beispielsweise stellen auf dem Showgelände *Jackaroos* (Cowboys) und *Jillaroos* (Cowgirls) ihre Zuchttiere vor: Vom Pferd über Schaf, Rind und Huhn bis hin zu Hund und Katze lässt man die Tiere nach dem Motto „Welches Tier ist das schönste im ganzen Staat" gegeneinander antreten. Ähnlich geartete Wettbewerbe gibt es mit Wollprodukten und Zierpflanzen. Beim Schafe- und Pferdespringen sowie beim Galopprennen geht es darum, das schnellste oder geschickteste Tier zu prämieren. Außerdem kann man beim Holzhacken, Schafescheren oder auch Peitschen-krachenlassen miteinander konkurrieren. Das Ganze ist eingebettet in gute alte Rummelplatz-Atmosphäre und Markttreiben. An mehr oder weniger kommerziellen Marktständen kann man Kunsthandwerk und landwirtschaftliche Produkte kaufen, aber vor allem auch die bei Kindern und Jugendlichen so beliebten *showbags* (Show-Taschen), die für ca. 4–20 $ Süßigkeiten und allerlei populäre Spielzeuge u. Ä. enthalten. Darüber hinaus gibt es musikalische Einlagen aller Art und auch verrückte Auto-, BMX-Rad- und Motorradvorführungen. Diese Tage sind vor allem Familientage; die Singles erfreuen sich schlicht an einem arbeitsfreien Tag, an dessen Vorabend sie sich in geselliger Runde mal wieder ordentlich betrinken, denn sich zu betrinken ist nun einmal eine wichtige Sache.

Neben den *Royal Shows* gehören zu den spezifisch australischen Feiertagen auch die von Bundesstaat zu Bundesstaat verschiedenen **sportlichen Events,** die den Angestellten und den Schulkindern einen freien Tag bescheren. In Hobart ist es die „Royal Hobart Regatta" im Februar und in Launceston, Melbourne und Adelaide sind es Pferderennen: der „Launceston Cup", der „Melbourne Cup", der „Adelaide Cup Carnival" und der „Volenteers Day". Dass an diesen Tagen Firmen und Schulen geschlossen werden, können vielleicht nur die Bewohner der echten Karnevals- und Faschingshochburgen nachvollziehen, wo am Rosenmontag auch alles „dicht" ist.

Den **Tag der Arbeit** nennt man in Australien in den meisten Bundesstaaten *Labour Day,* aber der Termin ist von Staat zu Staat ein anderer. In Victoria und Western Australia fällt er in den März, in Queensland in den Mai, in New South Wales, im Australian Capitol Territory und in South

Australia in den Oktober. In Tasmania ist der Termin im März, aber hier nennt sich der Tag *Eight Hours Day;* und im Northern Territory heißt der Tag *May Day* und findet - wie der Name schon sagt - im Mai statt.

Es wird aber noch mehr aus der Reihe getanzt. In Canberra gibt es am dritten Montag im März nach Abschluss des 10-tägigen Kulturfestivals *Celebrate Canberra Festival* den **Canberra Day,** mit dem der offiziellen Gründung der Stadt am 12. März 1913 gedacht werden soll und an dem der Bürger des Jahres für Canberra gewählt wird. Ein weiterer besonderer Gründungsfeiertag wird jährlich am 1. Juni in Western Australia als **Foundation Day** (Gründungstag) begangen. An diesem Tag wird der westaustralische Bürger des Jahres geehrt, dürfen neue Bewohner einen feierlichen Schwur auf die australische Staatsbürgerschaft leisten, werden historische Gebäude der Öffentlichkeit zugänglich gemacht und finden weitere Aktivitäten statt. In Nord-Tasmania bemüht man sich nicht einmal um einen tieferen Sinn und nennt einen Feiertag im November schlicht **Recreation Day** (Freizeit-Tag) und fast noch profaner heißt ein Feiertag im August im Northern Territory ganz einfach **Picnic Day.**

Traditionsreiche politische Feiertage

Einer der ältesten und zugleich am meisten sinnentleerten Feiertage ist der Geburtstag der Monarchin, des Staatsoberhaupts von Australien. Der heute als **Queen's Birthday** gefeierte Tag steht in den meisten Bundesstaaten an einem Montag im Juni im Kalender, in Western Australia in der Regel jedoch erst im September oder Oktober - und das obwohl *Queen Elizabeth II.* eigentlich am 21. April Geburtstag hat. Wen kümmert's! Damit folgt man nur dem internationalen Trend der ehemaligen Länder des einstigen britischen Empires, den Feiertag anlässlich des Geburtstages der Monarchin auf einen Zeitpunkt im Jahresverlauf zu legen, zu dem noch ein Feiertag gewünscht wird. Zumindest wird an diesem Tag seit 1975 eine Ehrung verliehen, die *Queen's Birthday Honours,* mit denen ein herausragender Beitrag für das Wohlergehen der australischen Nation gewürdigt wird. Obwohl die verschiedenen verliehenen Titel des *Order of Australia* („Orden Australiens") -„Officers of the Order of Australia", „Members of the Order of Australia" und „Medals of the Order of Australia" - angestaubt und hochgestochen klingen, können die geehrten Personen sowohl einfache Bürger von nebenan als auch zum Beispiel erfolgreiche australische Sportler sein. Im Gegensatz zu den ersatzlos gestrichenen ehemaligen Feiertagen *Empire Day* bzw. *Commonwealth Day,* an denen immer ein großes Feuerwerkspektakel veranstaltet wurde, was die Massen in den Bann zu ziehen vermochte, ist die Zahl der Australier, die am vergleichsweise langweiligen *Queen's Birthday* aktiv teilhaben, wohl verschwindend gering. Längst trägt man keine pro-royalistischen Buttons mehr an diesem Tage und „God Save The Queen" bringt wohl kaum noch jemand über die Lippen. Die Royalisten sind in Australien inzwischen in der Minderheit. Die Mehrheit der Australier freut sich einfach auf das lange Wochenende und hofft, dass der Feiertag auch bestehen bleibt, falls Australien schließlich doch in eine Republik umgewandelt werden sollte. Man kann den Tag dann ja ganz einfach anders nennen, Hauptsache, es kommt kein weiterer Arbeitstag dazu.

Einer der ältesten Feiertage mit ursprünglich ebenso imperialistischer Bedeutung ist der **Australia Day** am 26. Januar oder einem um den 26. Januar herum gelegenen Montag. Es ist der Tag, an dem Kapitän *Arthur Philip* in Sydney an Land ging und die Strafgefangenenkolonie New South Wales gründete. Das ist auch der Grund, warum dieser Tag für lange Zeit ausschließlich in New South Wales als *Foundation Day* gefeiert wurde. Schließlich markierte der Tag zunächst einmal die Gründung der Strafgefangenenkolonie, was nicht unbedingt ein Tag zum Jubeln war. Nach Gründung des *Commonwealth of Australia* begann man jedoch den Tag als ursprünglichen Gründungstag des modernen Australiens anzusehen, dessen 150ster Jahrestag 1938 dann auch in der ganzen Nation mit Feuerwerken gefeiert wurde, bis er sich schließlich 1946 bei allen Bundesstaaten und Territorien als Feiertag etablierte. In der ehemaligen Provinz South Australia (und daher auch in dem ehemals zu South Australia gehörenden Northern Territory) störte man sich am längsten an diesem nationalen Feiertag, da South Australia schließlich als einziger Bundesstaat nicht als Strafgefangenenkolonie gegründet worden war, sondern als Provinz der freien Siedler.

Schon 1938 organisierten indigene Aktivisten wenige Stunden vor der traditionellen theatralischen Re-Inszenierung der Ankunft von Kapitän *Philip* eine Trauertag-Konferenz, um für die Gleichstellung der Aboriginals und für das Recht auf Staatsbürgerschaft zu kämpfen, die den Aboriginals bislang verwehrt worden waren. Für die Aboriginals gilt dieser Tag auch als *Survival Day* (Tag des Überlebens), weil sie trotz der für ihre Völker verhehrenden Invasion der Weißen dennoch nicht ausgelöscht wurden. Entsprechend herrschen gemischte Gefühle über dieses größte Event im australischen Feiertagskalender. Einerseits wird der Tag wie die meisten Feiertage heute nur noch als Anlass für ausgiebige Feierlichkeiten und viel Bierkonsum genommen. Andererseits hat er für die Aboriginals politisch gesehen weiterhin die Bedeutung eines Tages der Trauer. Insbesondere für die Kooris, die Aboriginals im Osten von New South Wales, gilt er als der Tag der Invasion und des Beginns des Völkermordes an den Aboriginals.

Es gibt daher Stimmen, die darauf hoffen, den Nationalfeiertag irgendwann auf einen neutralen Tag verlegen zu können, zum Beispiel auf den Tag, an dem aus Australien per Referendum eine Republik wird. Bis dahin nutzt die australische Regierung den *Australia Day* als Forum, um das Nationalbewusstsein zu stärken und für die australische Staatsbürgerschaft zu werben, die von vielen (insbesondere britischen) Einwohnern trotz vieler Jahre in Australien noch nicht angenommen wurde. Dabei macht die Werbetrommel aber nicht Halt: Um der ewigen Diskussion um die Veränderung der Staatsflagge entgegenzuwirken, wirbt die Regierung mit Informationen für die Staatssymbole wie die Staatsflagge und die Nationalhymne, damit diese zu starken Symbolen für Australien werden. Außerdem werden an diesem Tag weitere herausragende Persönlichkeiten im Rahmen des *Order of Australia* honoriert.

Ein weiterer bedeutsamer Feiertag für die Australier ist der **ANZAC Day** *(ANZAC = Australian and New Zealand Army Corps)* am 25. April oder am darauf folgenden Montag. An diesem Tag marschieren in ganz Australien die Veteranen aller kriegerischen Konflikte, an denen Australien beteiligt war, im Morgengrauen durch ihre jeweilige Stadt. Mit dem Slogan *Lest We Forget* (Damit wir nicht vergessen) wird aber ganz besonders der australischen und neuseeländischen Soldaten im Ersten Weltkrieg gedacht, deren Kampf an der Seite der Alliierten mit allein 61.720 australischen Gefallenen und ca. 156.000 Verwundeten das Blutgeld für die Nationbildung darstellte. Es ist ein sehr emotionaler Tag, geprägt von Stolz, Dankbarkeit und Traurigkeit, die bei den Kranzniederlegungen und Reden an den Kriegsdenkmälern zum Ausdruck kommen. Die örtlichen Kriegsdenkmäler, bei denen die Märsche der alten Veteranen enden, stellen meist einen *digger* dar. *Digger* wird als Ausdruck für die ANZAC-Soldaten benutzt, weil viele von ihnen zuvor auf den Goldfeldern nach Gold gegraben hatten, aber auch weil im Krieg ständig neue Schützengräben gegraben werden mussten. Zum Zeitvertreib spielten die Soldaten gerne *two-up* – das Werfen von zwei (oder drei) Münzen, um auf zwei (drei) Mal Kopf zu wetten –, besonders an den Kriegsschauplätzen in Flandern, wo die Mehrheit der Gefallenen begraben liegt. Ein Australier, der Europa besucht, wird daher oft nach Flandern wollen, um vor Ort die Gräber der gefallenen ANZAC-Soldaten zu besuchen. Das ist ein Wunsch, der besonders bei Deutschen Unbehagen hervorruft, denn schließlich war es die Generation ihrer Großeltern, die den Finger am Abzug hatte. Ressentiments gegenüber den Türken wegen der verheerenden Schlacht bei Gallipoli bestehen weniger, weil auch sie nur Alliierte in einem Krieg waren, in dem sie ebenso sehr wie die ANZACs verschlissen wurden.

Doch die Bedeutung des *ANZAC Day* geht noch weiter. Während die ANZAC-Veteranen nach den Märschen in den Pubs verschwinden, um sich zu betrinken und – erfüllt von verklärten oder schmerzlichen Erinnerungen – zusammen wie in alten Zeiten *two-up* zu spielen, halten die Politiker an den Kriegsdenkmälern weitere Gedenkansprachen und loben die Qualitäten und Ideale der Australier: Hilfsbereitschaft, Freiheit, Loyalität, Kameradschaft und Zähigkeit.

An diesem Tag gilt übrigens die Ausnahmeregelung, dass *two-up,* das sonst in der Öffentlichkeit verboten und nur in Casinos erlaubt ist, ungeniert an allen Straßenecken gespielt werden darf.

ANZAC Day in Adelaide, Dawn Service

Kultur und Kunst

In Australia we've got culture up to our freckles.

(In Australien haben wir Kultur bis an unsere Sommersprossen.)

(*Les Patterson,* australische Komikerfigur,
dargestellt von dem bekannten Komiker *Barry Humphries*)

Da die Geschichte des modernen Australien gerade mal knapp über 200 Jahre zurückreicht, müssen sich die Aussies nur allzu oft den Vorwurf der **Kulturlosigkeit** anhören. Sie glauben allerdings selbst auch nicht daran, eine ausgeprägte australische Kultur – sprich etwas Ureigenes auf dem Gebiet der Künste – geschaffen zu haben, sondern betrachten sie als reine Imitation der Kultur ihrer Heimatländer. Dennoch haben sowohl das moderne als auch das alte Australien mehr als genug eigene geistige, künstlerische und gestalterische Leistungen aufzuweisen. Natürlich gab und gibt es Wechselwirkungen mit den europäischen und amerikanischen Kunst-, Literatur- und Musikströmungen etc., dennoch sind im Laufe der australischen Geschichte einige typisch australische Ausprägungen entstanden, die so in keinem anderen Winkel der Welt zu finden sind.

Das Besondere am durchschnittlichen Aussie ist jedoch, dass er mit den klassischen Künsten oftmals nichts zu schaffen haben möchte. Diese gehören für ihn in die Welt der Reichen und Überkandidelten, die er entsprechend des *tall poppy syndrome* auf ein „normales" Niveau zurückgestutzt wissen möchte. Die klassischen Künste werden oft schlicht abgetan als *artsy-fartsy* (künstlerisch-furzartig = Schnickschnack). Vielleicht sind die Lokalregierungen aus diesem Grund auch so freigiebig, wenn es um den kostenlosen Eintritt in ihre Kunstmuseen geht. Die Politiker hoffen, so die Hemmschwelle der Aussies gegenüber der Bildenden Kunst abzubauen, die schließlich ein Aushängeschild für die australische Kultur ist.

Die allgemeine Volkskultur

Das typisch Australische in den ersten 100 Jahren der australischen Malerei, Literatur und Musik waren die Themen der natürlichen Gegebenheiten des Kontinents und der Zähmung des Landes durch die Kolonisten und Einwanderer. In Großbritannien wurden die **phantastischen Schilderungen über den Fünften Kontinent** von Kapitän *James Cook* und der

Besatzung der „Endeavour" nach ihrer Rückkehr 1771 begeistert aufgenommen. Viel Aufsehen erregten vor allem die ersten Zeichnungen über die australische Flora und Fauna, die zusammengetragen wurden von der wissenschaftlichen Besatzung der „Endeavour", darunter den Botanikern *Joseph Banks* und *Daniel Solander* sowie dem Illustrator *Sydney Parkinson.* Niemand hatte schließlich jemals zuvor eine solch merkwürdige Kreatur wie ein Känguru gesehen, geschweige denn all die wundersamen exotischen Pflanzen, von denen die Botaniker über 1000 Beispiele aus einer Bucht bei Sydney (die daher den Namen *Botany Bay* erhielt) mitgebracht hatten. Interessant waren zum Beispiel die verschachtelten Formen der australischen Blüten der Fabacea-Familie wie die *Sturt's Desert Pea* (die später Vorbild für das florale Emblem von South Australia wurde), die komplexe artischocken- bis zapfenartige Struktur der Pflanzen der Proteaceae-Familie wie die *Waratah* (Emblem von New South Wales), die Struppigkeit der Myrtaceae-Familie wie der *Tasmanian Blue Gum* (Emblem Tasmanias) oder nicht zuletzt die fächer- oder fingerartigen Gewächse aus den Reihen der Haemodoraceae-Familie wie das *Kangaroo Paw* (Emblem von Western Australia) ... Auf großes Interesse stießen auch solche merkwürdigen Kreaturen wie der *Weedy Seadragon,* optisch eine Art Kreuzung zwischen einem Seepferdchen und einer bräunlichen Algenart, die hüpfenden Säugetiere mit einem Bauchbeutel wie der *Black-footed Rock Wallaby* aus der Kängurufamilie oder der wie ein Knuddelbär aussehende Koala ... Endlos könnte man die Liste fortsetzen, aber noch erwähnt seien die Zeichnungen, auf denen die indigene Bevölkerung dargestellt wurde.

Dem Lockruf des Exotischen und faszinierend Neuartigen folgend, brachen viele Botaniker, Zoologen, Geologen und andere Forscher zum Fünften Kontinent auf. Ihre Zeichnungen, Karten, Beobachtungen und Erfahrungsberichte wurden vielfach veröffentlicht. Aufgrund des großen Respekts vor der Pionierleistung der australischen Entdecker tauchen diese seit den 1920er und 1930er Jahren immer wieder als Figuren in **historischen Romanen** auf und sind Gegenstand von Biografien und Autobiografien. In der Romantrilogie „The Timeless Land" (1941), „Storm of The Time" (1948) und „No Barrier" (1953) von *Eleanor Dark* steht zum Beispiel die Freundschaft zwischen Gouverneur *Philip* und dem Aboriginal *Bennelong* im Mittelpunkt, womit auch erstmals die Aboriginals in sympathischer Weise in den Vordergrund eines Romanes gerückt wurden. Die Autorinnen *Marjorie Barnard* und *Flora Eldershaw,* die gemeinsam unter dem Pseudonym *M. Barnard Eldershaw* veröffentlichten, schrieben gleich eine ganze Reihe an historischen Romanen. Der Roman „Voss" des australischen Nobelpreisträgers für Literatur *Patrick White* basiert auf den Tagebüchern der Entdecker *Ludwig Leichhardt* und *Edward John Eyre.*

In der **Malerei** galt es, das gleißend helle Licht, die bizarren ungewohnten Formen und die andersartigen Nuancen der Farbpalette Australiens auf Papier oder Leinwand zu bekommen. Einer der ersten, dem dies gelang, war der britischstämmige Maler *John Glover*. Er kam 1831 im Alter von 54 Jahren nach Tasmanien, kurz bevor die letzten Aboriginals des Volkes der *Bangenerwappo* nach Flinders Island ausgesiedelt wurden. Wenn sein Stil auch noch von einer klassisch-europäischen Schule zeugt, so machten ihn die Darstellungen von Aboriginals in ihrer natürlichen Umgebung jedoch zu einem einzigartigen australischen Maler. Der 1852 zu den australischen Goldfeldern gereiste Wiener *Eugène von Guérard,* der 1882 im Alter von 71 Jahren nach Europa zurückkehrte, war einer der ersten, dem es gelang, den besonderen Zauber der australischen Landschaft einzufangen, wobei man in seinem poetisch-romatischen Ausdruck deutlich die Beeinflussung durch *Caspar David Friedrich* aus seiner Zeit an der Düsseldorfer Akademie von 1839 bis 1844 erkennen kann. Dann wäre da der Schweizer *Louis Buvelot,* der 1865 im Alter von 51 Jahren nach Australien emigrierte und auf dessen Bildern die Landschaft und die Tierwelt Australiens nicht länger wie ein exotischer Fremdkörper, sondern vertraut wirkten – weshalb man in ihm heute den Vater der australischen Landschaftsmalerei sieht. Mit den Pinselstrichen all dieser herausragenden Maler wurde die australische Landschaft lebendig: das Astwerk der Eukalyptusbäume mit seiner ungewohnten Dynamik, die gedeckten pastellfarbigen Schattierungen des silbergrau-grünen Blattwerkes und der silbergraubraun gefleckten Baumstämme sowie die feurigen Gelb-, Orange-, Rot- und Violetttöne eines australischen Sonnenunterganges, sanft gedämpft durch aufgewirbelten Staub in den ariden Landstrichen ...

Diese ungewohnte Dynamik und Farbgebung der australischen Landschaftsmalerei wurde besonders virtuos eingefangen von den Malern der *Heidelberg School* in den 1890er Jahren (benannt nach dem Ort Heidelberg bei Melbourne, in dem einige Maler der Gruppe gern malten). Ihre impressionistischen Bilder waren allerdings nicht länger nur ein Abbild der australischen Landschaft, sondern romantisierten das Leben im australischen Outback. Die Malereien von u. a. *Tom Roberts, Arthur Streeton, Charles Conder* und dem deutschstämmigen *Hans Heysen* trafen die Stimmung der freien Siedler genau auf den Kopf, die nach Australien gekommen waren, um ihr Glück auf den Goldfeldern oder in der Vieh- und Wollwirtschaft zu versuchen, und begonnen hatten, in Australien ihr permanentes neues Zuhause zu sehen.

In dieser Zeit entstand auch das Bedürfnis nach einer eigenen **Literatur,** nach Geschichten, die von der Realität des Alltags der Siedler auf dem Fünften Kontinent erzählten. Die 1880 in Sydney gegründete Zeitschrift „Bulletin“ avancierte mit ihren Veröffentlichungen von australischen Gedichten, Kurzgeschichten und Essays schnell zur beliebtesten Zeitschrift Australiens. Mit dem 1890 im „Bulletin“ erschienenen Gedicht **„The Man from Snowy River“** wurde *Banjo Paterson,* alias *Andrew Barton Paterson,* zu einem der berühmtesten australischen Dichter. Sein Gedicht heroisierte Pferd und Reiter sowie die hart arbeitenden Buschleute in der Region des Snowy River, wo nach dem Zweiten Weltkrieg auch gigantische hydroelektrischen Kraftwerksanlagen errichtet wurden, bei deren Bau mehr als 100.000 neue Einwanderer aus über 30 Ursprungsländern Arbeit fanden. Somit trifft dieses Gedicht gleich doppelt den Nerv der Aussies, den der nach Pferderennen Verrückten und den der Einwanderer aus alten Zeiten und ihrer Nachkommen, die die Zeit des Aufbaus des Landes in ihren Gedanken romantisieren. So ist es denn auch kaum verwunderlich, dass das Gedicht gleich mehrfach verfilmt wurde, als „The Man from Snowy River“, als „Return to Snowy River“ und in der TV-Serie „Snowy River: The MacGregor Saga“.

Noch mehr folkloristische Wehmut löst bis heute *Patersons* Ballade **„Waltzing Matilda“** aus, die den Status einer heimlichen Nationalhymne Australiens hat und von der es eine Vielzahl an Variationen mit unterschiedlichen Akzenten in den Texten (die hier abgedruckte ist die bekannteste Version von *Marie Cowan* von 1903), aber auch mit verschiedenen Melodien gibt. In Anerkennenung von *Patersons* Bedeutung für die australische Kultur findet sich denn auch sein Konterfei auf dem blauen 10-$-Schein.

Eine ebenso wichtige Ikone in den Herzen der Aussies ist der Schriftsteller und Dichter **Henry Lawson,** der mit seinen einfachen Charakterstudien das Leben der Menschen im Busch beschrieb. Seine Klassiker der 1880er und 1890er Jahre wie „The Drover's Wife“, „While the Billy Boils“ oder „Joe Wilson and His Mates“ verbanden die Aussies über die Grenzen ihrer jeweiligen Kolonien hinaus und ließen ein Gefühl der Gemeinsamkeit wachsen, dass sicherlich mit entscheidend war für den Prozess der Vereinigung der Kolonien zum *Commonwealth of Australia.* Er wurde daher auch nach seinem Tod 1922 als erster Schriftsteller in einem Staatsbegräbnis beigesetzt.

In der **Musik** wurde und wird das ewig beliebte Thema „australisches Buschleben“ von Songschreibern wie zum Beispiel *Slim Dusty,* alias *David Gordon Kirkpatrick,* umgesetzt. Und Songs hat er in den über 50 Jahren als Countrysänger reichlich geschrieben; kurz vor seinem Tod war er gerade bei der Aufnahme des 106ten Albums. Die Songs der australischen Countrymusik-Legende handeln vom Leben der einfachen Menschen im Busch und von deren Geschichten und werden abends am Bartresen oder

Waltzing Matilda

Once a jolly swagman camped by a billabong,
Under the shade of a Coolibah tree.
And he sang as he watched and waited till his billy boiled:
You'll come a-waltzing
Matilda with me?

Waltzing Matilda, Waltzing Matilda,
You'll come a-waltzing Matilda with me?
And he sang as he watched and waited til his billy boiled:
You'll come a-waltzing Matilda with me.

Down came a jumbuck to drink at that billabong,
Up jumped the swagman and grabbed him with glee.
And he sang as he shoved that jumbuck in his tuckerbag:
You'll come a-waltzing Matilda with me.

Refrain: *Waltzing Matilda, ...*

Up rode the squatter, mounted on his thoroughbred,
Down came troopers – one, two, three.
Whose is that jumbuck you've got in the tuckerbag?
You'll come a-waltzing Matilda with me.

Refrain: *Waltzing Matilda, ...*

Up jumped the swagman and sprang into the billabong.
You'll never catch me alive said he,
And his ghost may be heard as you pass by that billabong:
You'll come a-waltzing Matilda with me.

am Lagerfeuer zum Besten gegeben. Seinen Tod im Jahr 2003 empfanden die Australier wie den Verlust eines Vaters und so ist es kaum verwunderlich, dass auch ihm die Ehre eines Staatsbegräbnisses zuteil wurde. Er war auch der erste Australier überhaupt, der mit seinem wundervoll uraustralischen Song „Pub With No Beer" von 1958 international einen Hit landete und eine goldene Schallplatte erreichte; den Song sang man bei seinem Begräbnis noch einmal zum Abschied.

Abgesehen von der Landschaft und dem Leben der Wanderarbeiter, Viehtreiber, Schafscherer, Landbesitzer und deren Frauen im Outback, wovon auch heute noch ein Großteil der Bücher in den *Australiana* genannten Abteilungen der Buchhandlungen handelt, ist das tragische Heldentum der **bushranger** eine weitereres beliebtes Thema in den Ge-

Einst campte ein fröhlicher Wanderarbeiter an einem Wasserloch,
Im Schatten des Coolibah-Baumes.
Und er sang, während er zusah und darauf wartete, bis sein Kessel kochte,
Kommst du mit mir auf Wanderschaft (den Schlafsack „Matilda"
auf die Walz nehmen)?

Auf Wanderschaft, auf Wanderschaft,
Kommst du mit mir auf Wanderschaft?
Und er sang, während er zusah und darauf wartete, bis sein Kessel kochte:
Du kommst mit mir auf Wanderschaft.

Herunter kam ein Schaf, um am Wasserloch zu trinken,
Herauf sprang der Wanderarbeiter und ergriff es mit Freude.
Und er sang, als er das Schaf in seinen Proviantsack stopfte:
Du kommst mit mir auf Wanderschaft.

Refrain: Auf Wanderschaft, ...

Herauf ritt der Landbesitzer auf seinem Vollblut sitzend,
Herunter kamen berittene Polizisten – eins, zwei, drei.
Wem gehört das Schaf, das du in deinem Proviantsack hast?
Du kommst mit mir auf Wanderschaft.

Refrain: Auf Wanderschaft, ...

Auf sprang der Wanderarbeiter und hüpfte in das Wasserloch.
Du fängst mich nie lebend, sagte er,
Und sein Geist kann gehört werden, wenn man das Wasserloch passiert:
Du kommst mit mir auf Wanderschaft.

schichten und Erzählungen der Aussies. Der Kultur der Gesetzlosigkeit bzw. der Auflehnung gegen die Polizei, andere Gesetzeshüter und die Reichen stehen die Aussies, die auch heute noch ihren Politikern nicht über den Weg trauen, grundsätzlich positiv gegenüber. In vielen Fällen waren die *bushranger* – ebenso wie die bemitleidenswerten Strafgefangenen, die nach Australien verschickt worden waren – aufgrund einer Verkettung von unglücklichen Umständen geradezu in die Kriminalität getrieben worden oder selbst unschuldig in einen Schlamassel hineingeraten. Letztendlich sind all die gebeutelten Aussies, die um ihr Überleben kämpften, Archetypen des *Aussie battler* (Kämpfer). Dazu zählen der unschuldig wegen Mordes verurteilte Strafgefangene in *Marcus Clarkes* Roman „(For the Term of) His Natural Life" von 1874 oder der *bushranger Captain*

Starlight, dessen Leben in dem berühmten Buch „Robbery Under Arms" 1888 von *Rolf Boldrewood,* alias *Thomas Alexander Browne,* beschrieben wurde.

Nicht zu vergessen ist der berühmteste aller *bushranger,* **Ned Kelly** (mehr über sein Leben siehe im Kapitel „Rechte und Pflichten der Aussies": „Von Gesetzlosigkeit bis Zucht und Ordnung"), dessen Geschichte unter anderem von dem weltberühmten australischen Schriftsteller *Peter Carey* in dem Roman „The True History of the Kelly Gang" von 2000 verarbeitet wurde. Die Geschichte der *Kelly Gang* wurde auch mehrfach verfimt: als Erstes 1906 als „The Story of the Kelly Gang", dann noch 8 Mal – einmal sogar mit *Mick Jagger* in der Hauptrolle – und zuletzt 2003 durch *Gregor Jordan* mit dem australischen Schauspieler *Heath Ledger* in der Rolle des Ned Kelly. Auch in der Kunstwelt konnte man sich dieser Legende nicht entziehen: *Sidney Nolan* begeisterte in den 1940er Jahren mit einer Serie von über 30 Malereien, auf denen die Figur des *Ned Kelly* abgebildet war, die Museen und Galerien der Welt. Noch mehr Künstler setzten diesem Helden in ihrer Arbeit ein Denkmal: die Malerin *Christine Wake* 2002 in einer Ausstellungsreihe, der Maler *Patrick William Marony* (der 1911 auch einen Film über den *Bushranger Ben Hall* gemacht hat) 1894 und viele andere. Der erfolgreichste Comic über *Ned Kelly* stammte aus der Feder von *Monty Wedd* und wurde 146 Wochen lang in den 1970er Jahren abgedruckt. Eine politisch unkorrekte Version namens „Iron Outlaw and Steel Sheila" von *Graeme Rutherford* und *Gregor MacAlpine,* in der politische und gesellschaftliche Organisationen Australiens durch den Kakao gezogen wurden, erschien regelmäßig im „Melbourne's Sunday Observer".

Nicht fehlen in der Riege der allgemeinen Volkskultur darf natürlich die **Pop- und Rockmusikkultur** seit den späten 1960er Jahren, die junge Australier regelmäßig an den Wochenenden und während Festivals auf Konzerte in den Pubs, Stadien und Konzertgebäuden lockt. Die erste australische Band mit großem internationalem Erfolg war die Hardrock-Band „AC/DC". Wahre australische Kultur vertrat jedoch die Sydneysider Poprock-Band „Midnight Oil" in den späten 1970er Jahren. Mit ihren Texten setzte sich die Band ausdrücklich für politische Themen in Australien ein: gegen den Walfang, gegen Atomversuche und vieles mehr. Weitaus poppiger kamen die Australianismen Anfang der 1980er Jahre von der Melbourner Band „Men at Work" daher mit Hits wie „Down Under", ebenso

Auf dem Cricket Oval in Adelaide beim Musikfestival „The Big Day Out"

065au Foto: at

wie von der Sydneysider Gitarrenband „INXS" und von „Crowded House". Eine unverkennbare australische Handschrift trägt auch der schon seit drei Dekaden erfolgreiche Songschreiber und Sänger *John Farnham.* Bei den australischen Popsternchen *Kylie Minogue, Danii Minogue, Jason Donovan, Delta Goodrem, Holly Valance* und dem australischen Gewinner der „Australian Idols" (Pendant zu „Deutschland sucht den Superstar") *Guy Sebastian* haben weder Musik noch Texte etwas typisch Australisches – es ist einfach nur Pop, zumeist in London produziert.

Wichtig für die Popularisierung der alternativen Musikszene von Weltmusik bis Independent, Metal, Hardrock, Techno und House ist vor allem der Jugendradiosender „Triple J" aus Sydney, der in den 1990er Jahren landesweit auf Sendung ging. Dadurch wurde eine Fülle an australischen Bands in Australien bekannt gemacht wie das Rock-Trio „Silverchair" aus Newcastle, die „The Whitlam's", die Grungemusiker „Powderfinger" und die Brisbaner Band „Savage Garden", die Alternative-Band „Grinspoon", die Rocksängerin *Kasey Chambers,* die australische „Barbie" *Sophie Monk,* die funky Sydneysider Combo „Machine Gun Fellatio", die alternative Rockband „The Superjesus" aus Adelaide, die Grunge-Band „Jebediah" aus Perth, die gefeierte Songschreiberin „Missy Higgins" und viele mehr. Absolut kultig wegen ihrer schrägen Texte war die immer nur verkleidet auftretendende Band „TISM", besonders mit ihrem Album „wankerdotcom“, wo z. B. in dem Song „Whatareya?“ die Proleten und Möchtegern-Typen auf die Schippe genommen werden. Auch die Band „Regurgitator“ ist sich nie für ein paar augenzwinkernd zynische Worte zu schade, gepaart ist das Ganze mit erfrischender elektronischer Sonnenschein-Musik. Etwas rockig-alternativer gibt es solch augenzwinkernden Texte auch bei „Spiderbait“. Die Liste könnte man endlos fortsetzen.

Die Musikszene profitiert von der lebendigen Livemusikszene in den australischen Pubs, wo vor allem am Wochenende aufgetreten wird. Das größte Event in der Musikfestivalszene Australiens ist „The Big Day Out“, ein eintägiges Pop- und Rockfestival mit namhaften internationalen und nationalen Bands, das an der Gold Coast, in Sydney, in Melbourne, in Adelaide und in Perth stattfindet. So ziemlich alle jungen und jung gebliebenen Leute in Australien träumen alljährlich davon, daran teilzunehmen.

Darüber hinaus sorgt eine ungeheure Fülle an jährlichen und zweijährlichen **Festivals und Events** für die kulturelle Bereicherung der Aussies in den Sparten Musik, Kunst, Tanz, Theater etc. Viele kleine Festivals, die von Non-Profit-Organisationen organisiert werden, erhalten Zuschüsse aus der Staatskasse, vom australischen Kultusministerium. Im Jahr 2003 erhielten 35 Festivals im ganzen Land insgesamt knapp über 450.000 $ zugesprochen.

Ab Weihnachten setzt der sommerliche Festival-Marathon ein. Zu den ganz großen gehören die mehrwöchigen Festivals der Künste in den australischen Metropolen, wo nationale und internationale Größen der Theater-, Musik- und Tanzszene sowie weniger bekannte Künstler auftreten. In Sydney ist es das „Sydney Festival“, in Victoria das „Castlemaine State Festival“, in Adelaide das „Adelaide Festival of Arts“. Dabei gibt auch immer eine Vielzahl an Gratisveranstaltungen, bei denen die Aussies schon Stunden vorher mit Sack und Pack, sprich Klappstühlen, Picknickkorb, ausreichend Alkoholischem im *esky* (Kühlbox), Naschereien, einer Wolldecke etc., ankommen, um sich einen guten Platz zu reservieren und es sich dort dann den ganzen Tag lang gut gehen zu lassen.

Aus Protest gegen die Mainstream-Festivals der Künste entstand in den 1970er Jahren das zweijährlich stattfindende alternative „Adelaide Fringe Festival“, das es verstand, die Herzen der jungen Leute, die bis dahin mit den klassischen Künsten nur wenig am Hut hatten, für Kunst und Kultur zu erobern. Seit den 1980er Jahren gibt es auch in Melbourne, Hobart und Darwin jeweils ein „Fringe Festival“. Doch das „Adelaide Fringe Festival“ ist nach wie vor das bedeutendste und mit über 900.000 Besuchern 2006 auch das größte Festival in Australien; es wird weltweit nur noch vom „Fringe (Edinburgh Festival)“ in Großbritannien mit 1,7 Mio. verkauften Tickets in 2007 übertroffen. Eine weitere Besonderheit in Adelaides

Festivalkalender ist das „WOMADelaide Festival", welches ganz der *World of Music Arts and Dance* verschrieben ist, wo sich internationale Künstler aus der Sparte Weltmusik und Tanz vorstellen und auch viele Workshops veranstalten. Das Festival „Sydney Gay Lesbian Mardi Gras" steht ganz im Zeichen der schwul-lesbischen Kultur, von Literatur über Kunst bis Theater und Film, und endet jedes Jahr mit einem eindrucksvollen karnevalsartigen Umzug durch die Stadt.

Die mystisch-indigene Kultur

Das vornehmste Aushängeschild für wahrhaft reine australische Kultur ist die der indigenen Völker, die vereinfachend als Aboriginals und Torres Strait Islanders bezeichnet werden. Diese Kultur wurde jedoch in den ersten hundert Jahren der Besiedlung Australiens durch die Europäer größtenteils ignoriert. Außer einigen bescheidenen anthropologischen Sammlungen, von denen z. B. von 1837 bis 1854 nur 25 Exponate im Besitz des *Australian Museum* in Sydney waren, gab es nur wenige Bezüge zu den einheimischen Einwohnern des Kontinents. Im Journalismus und in der Literatur der neuen Bewohner spielten die Aboriginals und Torres Strait Islanders kaum eine Rolle. Und auch diese kleine Sammlung an **ethnografischen Ausstellungsstücken** in Sydney ging verloren, als sie drei Jahre nach der *Sydney International Exhibition* 1879 im eigens dafür erbauten grandiosen *Garden Palace* durch ein Feuer zerstört wurde. In Melbourne – der australischen Kunsthochburg – gibt es hingegen eine respektable Sammlung; darunter sind auch die 38 *bark paintings* (Baumrinde-Malereien) aus der Sammlung von *Baldwin Spencer,* der diese 1912 im westlichen Arnhem Land zusammentrug, und die von *Paddy Cahill* in Oenpelli gesammelten *X-ray paintings* (Röntgen-Malereien). Eine der umfassendsten ethnographischen Sammlungen von Zeugnissen der indigenen Kultur findet man jedoch heute im *South Australian Museum* in Adelaide in der *Australian Aboriginal Cultures Gallery.* Hier wird man eingeweiht in die Nutzungsarten der alltäglichen Werkzeuge der indigenen Bevölkerung, von Messern, Schabern, Äxten, Speeren, Schildern, Körben, Trink- und Essgefäßen und Grabstöcken bis hin zu den nicht von allen indigenen Völkern genutzten Didgeridoos und Bumerangs. Viele der bedeutendsten Kunstwerke der Aboriginals finden sich hingegen in der *National Gallery of Australia* in Canberra.

Dennoch ging die **einstige kulturelle Vielfalt** der indigenen Völker, die zwischen 200 und 250 verschiedene Sprachen und noch mehr verschiedene Dialekte sprachen, größtenteils unbeachtet verloren. Aus den Zeiten vor der Ankunft der Briten ist nur wenig mündlich überliefert worden, insbesondere die Ältesten, die das Wissen über die alten Traditionen an ihre Nachkommen weitergaben, fielen dem Völkermord und den durch die Weißen eingeschleppten Krankheiten zum Opfer. Außerdem war es den indigenen Völkern während der Assimiliationspolitik des 20. Jahrhunderts untersagt, in ihren eigenen Sprachen zu unterrichten und die Trennung der Kinder von ihren Familien *(Stolen Generation)* führte zu einer weiteren Entfremdung der Aboriginals von ihrer traditionellen Kultur. Nur in den bevölkerungsärmeren Regionen im ariden Outback und im Top End, dem tropischen Norden Australiens, konnte das Wissen um die alten Traditionen in der Isolation stärker bewahrt werden. Aus den Überlieferungen der Völker des Zentrums und des Nordens können daher Rückschlüsse auf die verlorene Kultur der anderen Völker gezogen werden. Jedoch überall dort, wo heute die Bevölkerungsdichte sehr hoch ist, ist die Kultur der einst in diesen Gebieten lebenden Aboriginals fast völlig zerstört worden. Man muss sich hier größtenteils auf die Interpretation der **archäologischen Funde** stützen. Dazu gehören die *shell midden* (Muschelhalden) der damals im Großraum Sydney sesshaften Eora, die aus Muschelüberresten, Fischgräten, Tierknochen und alten weggeworfenen Werkzeugen aus Stein, Muschel oder Knochen bestehen. In Jinmium im nördlichen Western Australia hat man eine Vielfalt an Steinwerkzeugen gefunden, die seit 1996 für viel Diskussion um die Datierung der Objekte sorgt, die zwischen 10.000 und 116.000 Jahren rangiert. Und im westlichen New South Wales fand man den bereits erwähnten „Mungo-Mann", den bislang ältesten Fund eines humanoiden Schädels in Australien.

Überall im Land kann man auf **traditionelle Felsmalereien und -gravierungen** der Aboriginals stoßen, meist an Höhleneingängen oder unter überhängenden Felsen. Manche der Malereien sind so alt, dass keiner mehr etwas über ihre Bedeutung weiß. Andere sind neueren Datums oder wurden im Laufe der Geschichte bis in die Gegenwart immer wieder ausgebessert oder gar übermalt. Es handelt sich dabei häufig um Anschauungsmaterial, um Wissen an das jeweilige Aboriginal-Volk weiterzugeben; darunter finden sich z. B. Darstellungen von der Jagd, um sie den jungen Männern zu vermitteln, oder Darstellungen von essbaren Pflanzen und Früchten, damit sich die Frauen Kenntnisse darüber aneignen können. Einige der Felsmalereien sind heute für Touristen zugänglich und zum Verständnis werden insbesondere in Nationalparks von Aboriginals oder anderen Parkrangern Führungen angeboten. Wiederum andere gelten als geheime Orte, zu denen nicht-indigene Personen keinen Zutritt haben. Oftmals werden diese noch immer für bestimmte Zeremonien der indigenen Bevölkerung genutzt; weil es jedoch geheim ist, gibt es nur wenig allgemein bekannte Details darüber. Sicher ist jedoch, dass das Recht zum

Übermalen oder Restaurieren nur wenige Mitglieder eines Volkes haben. Dargestellt sind außerdem die Aboriginals selbst und ihre Spuren in der Landschaft, Tiere und deren Spuren, spirituelle Wesen sowie *Corroborees* – Zusammenkünfte von verschiedenen Völkern.

Gemalt wurde mit Erdfarben aus rotem und gelbem Ocker, weißem Pfeifenton, Gips und Kohle. Die „Pinsel" waren angekaute, faserige Zweige oder einfach die Finger. Rund um Sydney war die **Schablonentechnik** sehr beliebt, wobei ein Objekt wie eine Hand, ein Tierfuß oder ein Bumerang vor den Fels gehalten und dann feuchte Farbe mit dem Mund rund um das Objekt geblasen wurde, bis der Umriss des Objektes sich deutlich abzeichnete. Im Northern Territory und auf den Torres Strait Islands wurde auch auf *Paperbark* (Kajeputbaum-Rinde) gemalt, dabei wurde die **X-ray-Maltechnik** (Röntgen-Maltechnik) angewandt, wobei Tiere und Menschen so dargestellt werden, dass man ihre Knochen oder Gräten und ihre inneren Organe sieht.

Von alltäglichen Jagdszenen und praktischen Informationen über Nahrungsquellen u. Ä. einmal abgesehen, sind die Darstellungen oftmals Szenen aus der **mystischen Schöpfungsgeschichte – der Traumzeit** der Aboriginals. Gemäß der indigenen Weltanschauung hinterlässt jede Handlung eine Spur in der natürlichen Umgebung und somit ist alles in der Natur mit den metaphysischen Geschöpfen verbunden, die das Land kreierten und auch heute noch auf der spirituellen Ebene existieren. Die Bedeutung von bestimmten Orten und Kreaturen ist an ihren Ursprungsort in der Traumzeit gebunden und bestimmte Orte haben eine besondere Ausstrahlung, die sie zu heiligen Orten werden lassen, wo man als Eingeweihter mit den spirituellen Wesen in Verbindung treten kann.

Nachdem der *Commonwealth of Australia* sich insbesondere im Ersten Weltkrieg als australische Nation von seinem ehemaligen Mutterland hatte lösen können und ein erstes Gefühl der Zusammengehörigkeit als australisches Volk entstanden und gewachsen war, gab es ab den 1930er Jahren immer mehr Australier, die ihren indigenen Mitmenschen und deren Kultur wieder mehr Beachtung schenkten. Da die indigene Bevölkerung seit Mitte des 19. Jahrhunderts gezwungen war, in Reservationen oder Missionen zu leben, nahmen sich besonders **christliche Missionare** der Kultur der indigenen Bevölkerung an. In der *Hermannsburg Lutheran Mission,* 130 km westlich von Alice Springs im Northern Territory, machte der nicht-indigene Künstler *Rex Battarbee* den Arrente-Aboriginal *Albert Namatjira* mit der westlichen Aquarellmalerei vertraut und half ihm, 1936 seine erste Ausstellung in Melbourne zu organisieren. Außer der Darstellung von australischer Landschaft als solcher hatte seine Kunst allerdings wenig mit der traditionellen Malerei der indigenen Bevölkerung gemeinsam.

Die typische Symbolik der Aboriginals fehlte vollends in seinen Werken. Die Ausstellung wurde jedoch ein großer Erfolg und es folgten weitere bis in die 1950er Jahre hinein.

Namatjira wurde zum Wegbereiter für die Mitglieder der **Papunya-Tula-Gruppe** in der Nähe von Alice Springs, denn ihnen wurde gezeigt, dass man sich als Maler in der Welt der Weißen ein gewisses Maß an Respekt und nicht zuletzt ein eigenes Einkommen verschaffen konnte. Anfang der 1970er Jahre ermutigte der Schullehrer *Geoffrey Bardon* die indigene Gemeinschaft in Papunya Tula, ihre Malereien mit Acrylfarben auf Leinwand zu bannen, statt auf den Körpern der Mitglieder ihres Volkes. Die traditionelle Kunst der Aboriginals wurde so zu ihrer Stimme, mit der sie auf sich aufmerksam machen und von sich erzählen konnten, was bei nicht-indigenen Australiern bis hin zu internationalen Käufern auf großes Interesse stieß. Das war in der Zeit, wo in Australien politisch der Weg der Wiedergutmachung begann, wo den Aboriginals soeben das Wahlrecht zuerkannt worden war, wo nicht-indigene und indigene Aktivisten sich für die Rechte der Aboriginals einsetzten und erste Anti-Diskriminierungsgesetze verabschiedet wurden.

Die Schule der Papunya-Tula-Gruppe und die sogenannten Western-Desert- und Central-Desert-Schulen brachten die bekannte Punktmalerei hervor, bei der die Motive nicht „ausgemalt", sondern durch viele nebeneinander gesetzte Punkte oder Striche gemalt werden. Außer mit Acrylic auf Leinwand wurde diese Technik auch auf Batiken umgesetzt. Aus dieser Kunstbewegung sollte eine regelrechte **Kunstindustrie** werden, die heute die wirtschaftliche Existenz der indigenen Bevölkerung in den *Communities* stützt. Aus dem Arnhem Land im Top End kommen hingegen Malereien auf Baumrinde, Webereien, aber auch aus Holz geschnitzte Skulpturen von „Mimi-Geistern", die für die Aboriginals im Norden Australiens spirituelle Bedeutung haben. In der Kimberley-Region werden Malereien auf Leinwand und Baumrinde gebannt sowie eine Reihe an rituellen Objekten hergestellt. Die Torres Strait Islanders sind hingegen bekannt für ihre künstlerischen Skulpturen und für prächtigen Kopfschmuck, der bei Tänzen genutzt wurde.

Die **traditionelle Symbolik der Bilder** ist für uneingeweihte Betrachter nicht gerade leicht zu entschlüsseln, da es nur wenige erläuternde Ausführungen seitens der Künstler gibt. Es gibt jedoch immer wiederkehrende Elemente – wie sitzende Frau, sitzender Mann, Wasserloch, Regenbogenschlange, Emuspuren, Känguruspuren, Bumerang, Speer, Buschfeuer, Fluss, Ameisen, Regen, Speerwerfer, *coolamon* (Frauenkorb zum Sammeln von Pflanzen, Früchten, aber auch zum Graben nach Wasser etc.), Echsenspuren, Honigameisen, Schlange, Verweilorte, Wege, Camporte

u. v. m. – die von allen australischen Völkern gleichermaßen verwendet bzw. verstanden werden.

In der **modernen indigenen Kunst** haben sich eine Vielzahl von Künstlern mehr oder weniger weit von den traditionellen Themen und Darstellungsformen entfernt und begeistern nun die Kunstwelt der USA, Großbritanniens, Europas und Australiens mit einer völlig neuen Sprache, die man bislang noch nicht gesehen hat. Die Werke dieser Künstler sind heute die Glanzstücke aller australischen Kunstmuseen, die um den Erwerb der besten Stücke wetteifern. Berühmt geworden sind vor allem die Arbeiten von der Alhalkere-Frau *Emily Kam Kngwarray* aus der Region von Alice Springs, die die traditionell auf Frauenkörper angebrachten Muster in Punktmalereitechnik bleibend auf Leinwand oder Batik bannte; *Nym Bandak* mit komplexen semi-gegenständlichen Szenen aus einem *Dreaming* (eine Art Vision mit Kontakt zur Traumzeit) oder dem Alltäglichen; *Rover Thomas* mit plakativen Impressionen von Spuren in der Landschaft aus der traditionellen Vogelperspektive; *John Mawurndjul* mit seinen eher geometrischen Designs der Landschaft des Nordens auf Baumrinde; *Fiona Foley* mit ihren hochmodernen Installationen, die meist politische Inhalte haben; *Tracey Moffatt* mit erzählerischen Fotomontagen über die Träume ihrer modernen indigenen Protagonisten; sowie den Künstlern der Ramingining- und Wik-Communities.

Die Vermarktung der indigenen Kunst hat in der Vergangenheit oft zu Missbrauch geführt, indem die Kunstwerke ohne Zustimmung des Künstlers reproduziert und darüber hinaus auch keine Tantiemen gezahlt wurden. Heute gibt es daher eine Fülle an Gesetzen, um eine zukünftige Ausbeutung der Künstler zu vermeiden. Einer der bekanntesten Fälle von **Urheberrechtsverletzung** betraf ein von einem indigenen Künstler gemaltes Bild, auf dem ein Aboriginal zu sehen war. Diese Malerei wurde auf der Rückseite des 10-$-Geldscheins abgebildet, der anlässlich der Feierlichkeiten zum 200-jährigen Bestehen Australiens herausgegeben worden war, ohne die Zustimmung des Künstlers einzuholen. Als dieser protestierte, mussten die Geldscheine aus dem Verkehr gezogen werden.

Im 20 Jahrhundert wurden auch zunehmend interessierte **nicht-indigene Künstler,** Schriftsteller, Musiker und Filmemacher zu selbsternannten Sprachrohren für die Aboriginals. Nachdem in der Kolonialzeit bereits erste Schriftsteller von indigenen Protagonisten erzählt hatten, wurden nun mehr und mehr die traditionell nur mündlich überlieferten Geschichten der indigenen Bevölkerung niedergeschrieben. Da es aber eine Fülle von „geheimen Geschichten" gibt, z. B. über den Initiierungsort der jungen Männer oder solche, die geheimes Frauenwissen betreffen, wird nur ein Teil der Geschichten überhaupt an Fremde bzw. Nicht-indigene weitergegeben. Noch dazu wurden die Geschichten ja in den einheimischen Sprachen und Dialekten erzählt, welche die nicht-indigenen Autoren nicht beherrschen, weshalb sie nur das aufschreiben konnten, was ihnen die übersetzende Person in Kreol oder Englisch zu vermitteln vermochte oder bereit war. Die nicht-indigenen Autoren konnten daher die Realität der Aboriginalwelt immer nur bruchstückhaft erfassen, und ihre Beobachtungen, Berichte und Erzählungen sind daher in höchstem Maße subjektiv, so wie auch in *Eleanor Darks* oben erwähnter Trilogie.

Das erste realistisch formulierte Porträt einer Aboriginal-Frau wurde von *Katherine Susannah Prichard* in ihrem Roman „Coonardoo" 1929 erschaffen. Sie war als Gründungsmitglied der australischen kommunistischen Partei eine der umstrittensten australischen Schriftstellerinnen ihrer Zeit und ihre Werke sind daher in viele Sprachen der ehemals kommunistischen Länder übersetzt worden. In *Dame Mary Duracks* „Kings in Grass Castles" von 1959 wird die koloniale Realität der Viehtreiber und ihr Verhältnis zur indigenen Bevölkerung mit allen Auswirkungen in den Mittelpunkt gestellt. In dem Werk „The Roaring Nineties" von 1946 portraitierte *Katherine Susannah Prichard* die Aboriginals als gütige Retter – ein erzählerisches Motiv, das von den nicht-indigenen Schriftstellern und Filmemachern immer wieder gerne aufgegriffen wurde und wird. So auch in *Nicolas Roegs* Verfilmung von *James Vance Marshalls* Roman „Walkabout" von 1971, in dem zwei Kinder aus Sydney, die sich im australischen Outback verlaufen haben, nur durch die Hilfe eines jungen Aboriginals überleben, der sich gerade auf seiner Initiierungswanderschaft befindet. Wird nicht diese sentimentale Perspektive gewählt, bleiben die Aboriginals in der nicht-indigenen australischen Literatur reine Randfiguren, über die man kaum etwas erfährt.

Als die nicht-indigene Bevölkerung ab Ende der 1960er Jahre begann, Parallelen zwischen der herrschenden Rassendiskriminierung in Australien und der Apartheid in Südafrika zu sehen, erwachte ein politischer Aktivismus für die Sache der Aboriginals. Seitdem findet man in der nicht-indigenen Literatur zunehmend das **Motiv der Misere der Aboriginals.** So auch in *Louis Nowras* Theaterstück „Capricornia" nach dem Roman von *Xavier Herbert,* welches bezeichnenderweise 1988 im Jahr des 200. Jahrestages der australischen Kolonialisierung uraufgeführt wurde. Die Schuld der „Weißen" und die Unschuld der Aboriginals ist seit der offiziellen Anerkennung der *Stolen Generation* im Jahre 1995 und dem 1997

037au

dazu erschienenen Abschlussbericht „Bringing Them Home" zu einem beliebten und viel diskutierten Thema in den australischen Künsten geworden.

David Unaipon war 1929 der erste **indigene Autor,** von dem in Australien etwas veröffentlicht wurde. Er setzte sich insbesondere dafür ein, dass die Kultur der Aboriginals besser verstanden würde und durfte der *Royal Commission* als Ratgeber in Fragen bezüglich der indigenen Bevölkerung zur Seite stehen. Sein Konterfei ist auf der Frontseite der gelblichen 50-$-Banknote zu sehen und alljährlich wird der *David Unaipon Award* an einen bislang unveröffentlichten indigenen Autor vergeben.

1965 wurde der erste Roman aus der Feder eines Aboriginals veröffentlicht: „Wild Cat Falling" von *Mudrooroo* (alias *Colin Johnson*), in dem der herrschende Rassismus der Weißen gegenüber den Schwarzen eine große Rolle spielt. Auch in *Fred Schepisis* Film „The Chant of Jimmie Blacksmith" von 1978 nach einem Roman von *Thomas Keneally* steht der Rassismus der nicht-indigenen Australier auf der Anklagebank. Der Aboriginal *Kevin Gilbert* wurde mit seinem Theaterstück „The Cherry Pickers" und seinem Buch „Living Black" von 1968, in denen er für ein Umdenken der Aboriginals in Richtung Zukunft plädierte, zum Pionier der Aboriginal-Literatur. Er wollte mit seinen Werken die Aboriginals aufrufen, aus der passiven Rolle als Opfer herauszutreten und aktiv zu werden, um die Aboriginal-Identität im modernen Australien neu zu definieren. Er war damit einer der Ersten, die deutlich machten, dass eine Veränderung hin zu einem besseren Leben nicht auf politischer Ebene allein bewirkt werden kann, sondern in den Köpfen und in den Taten vor allem der Aboriginals selbst beginnen muss.

Seit den 1980er Jahren ist eine ungeheuere Flut an von Aboriginals geschriebenen Büchern erschienen. Dazu gehört auch die bahnbrechende

Autobiografie „My Place" (1987) aus der Feder von *Sally Morgan*, welche die Geschichte der *Stolen Generation* aus der Sicht der Enkeltochter einer Betroffenen veranschaulicht. Darin begibt sich die Protagonistin auf eine Suche nach der Vergangenheit der eigenen Familie und heraus kommt am Ende eine Suche nach der Identität als Aboriginal. In dem Buch werden auch erstmals die Folgen der sexuellen Beziehungen zwischen Schwarzen und Weißen thematisiert, die in der hohen Zahl an halbblütigen Aboriginals in der Gegenwart resultierten. Das Buch trifft genau ins Herz der Aussies und steht an vielen Schulen und Universitäten Australiens längst auf dem Lehrplan. Das Thema der *Stolen Generation* wurde auch 2002 in *Philip Noyces* Film „Rabbit-Proof Fence" („Long Walk Home") und 1999 in dem feinfühligen Film „Radiance" von der indigenen Filmemacherin *Rachel Perkins* anschaulich dargestellt. In Letzerem wird die gesamte Tragweite der grausamen Entwurzelung der halbblütigen *Stolen Generation* von ihrer Kultur besonders deutlich.

In Australien blüht auch eine reiche moderne **Theater- und Tanzszene** der Aboriginals: Dazu zählen die „Aboriginal and Torres Strait Islander Dance Company", das „Aboriginal Islander Dance Theatre" und das „National Black Theatre", am bekanntesten ist jedoch die „Bangarra Dance Company" unter der Leitung des Aboriginals *Stephen Page*. Sie revolutionieren Tanz und Theater durch eine Kombination moderner westlicher Elemente mit traditioneller Symbolik und Bewegungsabläufen der indigenen Völker Australiens und haben damit eine einzigartige rein australische Form des Tanzes kreiert. Die indigene Schauspielerin *Deborah Mailman* begeisterte ebenfalls mit ihrer One-woman-show „The Seven Stages of Grieving" die internationalen Kritiker und erfreut seitdem die australische Fernsehkultur mit ihrer Rolle in der australischen TV-Serie „The Secret Life Of Us". Sie war 2002 auch eine der neun porträtierten modernen indigenen Frauen in *Leah Purcells* erfolgreichem Buch „Black Chicks Talking", welches 2003 auch mit *Leah Purcell* und anderen indigenen Schauspielerinnen als Theaterstück auf die Bühnen der australischen Metropolen kam. Der Songwriter und Dramaturg *Jimmy Chi* aus dem multikulturellen Broome erntete in den 1990er Jahren mit seinen Musicals „Bran Nue Dae" und „Corrugation Road" wahre Kassenhits. Letzteres bricht denn auch einige Tabus rund um Geisteskrankheiten, Missbrauch, Sexualität und Religion mit Humor und Optimismus.

Auch auf dem Gebiet der **populären Musik** sangen und spielten sich in den 1990er Jahren junge indigene Musiker in die australischen Charts, unter ihnen die Sängerin *Christine Anu,* deren Debütalbum „Stylin'Up" das gesamte Jahr 1995 in den Top 100 blieb, und die Songwriter *Archie Roach* und *Ruby Hunter,* die Jazz, Blues, Country und Pop vermischen. Erwähnenswert sind auch die Band „Yothu Yindi", die in ihren Songs ihre traditionelle Sprache verwendet und so dazu beiträgt, dass die Sprachen der Aboriginals auch von den jungen Leuten beibehalten werden, und die politisch engagierte Band „Coloured Stone" aus Alice Springs.

Hinzu kommen immer neue Bands und eine reiche Countrymusik-Kultur mit politischen Inhalten sowie eine neue Literatur, Dichtung, Performance, Visuelle Kunst u. a., die im öffentlich-rechtlichen TV- und Radio-Sender „ABC" in den „Message Stick"-Beiträgen regelmäßig vorgestellt werden.

039au Foto: eg

AUSSIE WAY OF LIFE – GESELLSCHAFT UND LEBENSARTEN

Suddenly, 12.000 miles away, I saw Australia for the first time:
an enormous suburb stretching from Melbourne to Brisbane
- a million backyards laid end to end -
people walking and talking as if they'd been lobotomised
- an endless pub with pot-bellied guys in shorts
propped in the doorways like fibreglass dummies.

(Plötzlich, 12.000 Meilen weit weg, sah ich Australien zum ersten Mal:
ein enormer Vorort, der sich von Melbourne bis Brisbane erstreckt
- eine Million Gärten aneinander gereiht -
Menschen, die gehen und reden als seien sie gehirnamputiert
- ein endloser Pub mit bierbäuchigen Kerlen in Shorts,
in den Türrahmen gelehnt wie Schaufensterpuppen.)

(*Barry Oakley*, australischer Schriftsteller und Dramaturg)

Das Motto „Höher, schneller, weiter" gehört vielleicht zum Lebenstraum einiger weniger Individuen, aber die Mehrheit der Aussies will einfach nur ein **bequemes Leben** haben, einen ruhigen Job, ein eigenes Haus, eine eigene Familie und nette Freunde. Und, man will sich nicht langweilen. Deswegen findet man sich häufig zum gemütlichen Barbecue zusammen, fließt allgemein viel leckeres Bier in lockerer Runde und gibt es eine ordentliche Dosis an aufregenden Sportevents. Die Unterschiede zur Lebensart in Mitteleuropa liegen in den Besonderheiten der australischen Gesellschaft, die sich aus der Größe und Lage des Landes am anderen Ende der Welt – weit entfernt von Europa oder Nordamerika – ergeben. Aufgrund der natürlichen Gegebenheiten auf dem trockensten, flachsten und unwirtlichsten Kontinent der Welt (abgesehen von der Ant-

Die Hills verließen das stressige Sydney, um mit dem verdienten Geld eine Mango Farm in Pine Creek zu führen und sich ihren Kinderwunsch zu erfüllen.

arktis) hat sich das Gros der Bevölkerung in dem schmalen niederschlagsreicheren Küstenabschnitt im Südosten angesiedelt. Dort scheinen sich die Menschen in einem schier **unendlichen Vorort** aneinander zu drängen, mit nur wenig Platz zwischen den einzelnen Grundstücken, die meist ganz von einem Einfamilienhaus mit ein oder zwei Stockwerken ausgefüllt werden. Durch das viele schöne Wetter verwandelt sich der Garten jedoch in weiteren Lebensraum: Der Grill wird zum zweiten Herd und die Grünfläche zum eigentlichen Esszimmer, welches sich sonst in der Regel auf den einfachen Küchentisch in der offenen Küche beschränkt. Die Aussies leben im sprichwörtlichen *Great Outdoors* – sprich in der freien Natur. Sie leben im „Busch", der für sie gleich in ihren Gärten mit den wilden einheimischen Pflanzen beginnt – auch inmitten ihres verbauten *Suburbia* (Vorstadtsumpf). Die enormen Distanzen auf dem Kontinent, aber auch innerhalb der extrem großflächigen Metropolen werden in der Regel mit dem Auto zurückgelegt; zu Fuß geht man höchstens zum Pub an der nächsten Ecke, aber bestimmt nicht zum Supermarkt. Draußen im wahren Busch, abseits der endlosen Vororte der australischen Metropolen, diktiert der weiträumige, staubige, oft wüstenartige Outback oder der tropische Dschungel eine andere Lebensart, die nur wenig mit der der Stadtbewohner gemeinsam hat.

Sesshaftigkeit und Nomadentum

Schon die **indigene Bevölkerung** beugte sich dem Diktat des riesigen und größtenteils unwirtlichen Kontinents. Im Osten waren die Völker eher sesshaft, da die reiche Flora und Fauna zum Ernten und Jagen vor Ort einlud. In Victoria betrieb das Gunditjmara-Volk in der Region des Condah-Sees sogar eine regelrechte Aalzucht mit einem komplexen künstlich angelegten Teichsystem sowie Räucherhütten, um die Ausbeute zu „verkaufen" bzw. mit anderen Völkern gegen Quarz- und Feuerstein zu tauschen. Das Gros der indigenen Völker lebte jedoch als Jäger und Sammler, die je nach Region zu einem unterschiedlichen Grad an Nomadentum gezwungen waren, weil z. B. die wüstenartigen Landstriche im Zentrum des Kontinents nur wenig Nahrung hergaben oder z. B. der Norden mit seinen Wasserfluten während der Regenzeit undurchdringbar wurde.

Das Besiedlungsmuster seit Gründung der Kolonie zeigt nur allzu deutlich, dass sich auch die Europäer dem Diktat der natürlichen Gegebenhei-

Briefkästen, verstreut wie die Bewohner der Gegend

ten haben beugen müssen. Die Mehrheit der Aussies lebt im vergleichsweise fruchtbaren Osten des Kontinents **zwischen der Great Dividing Range und dem Meer.** Hier findet ein reger Austausch zwischen den Bewohnern der einzelnen Bundesstaaten statt; das Netz der Infrastruktur ist hier am engsten geflochten: Straßen, Stromversorgung, Telefonverbindungen, Wasserversorgung, öffentlicher Verkehr, Krankenversorgung, Ausbildung – die bestmögliche Versorgung nach modernen Standards ist gewährleistet.

Westlich der Great Dividing Range werden die Abstände zwischen den australischen Metropolen beträchtlich und man muss eine Tages- oder Zweitagesreise mit dem PKW veranschlagen, um in eine der Großstädte des Ostens zu gelangen. Eine der längsten Distanzen sind die 3912 km von Perth nach Sydney, die man heute bequem und vergleichsweise günstig mit dem Flugzeug zurücklegen kann. Will man jedoch von Perth aus einfach nur zur Farm eines Onkels, irgendwo an einer Sandpiste nördlich von Kalgoorlie am Rand der Little Sandy Desert gelegen, ist man ebenfalls gut einen Tag unterwegs. So leben viele Menschen im Outback notgedrungen noch immer ein recht „nomadenhaftes" Leben. Die Viehtreiber müssen die riesigen Weidegründe kontrollieren und das Vieh über Tage hinweg für den Abtransport zusammentreiben. Auch der Transportweg zu den Verbrauchermärkten ist lang. Die Bergwerksarbeiter und ihre Familien sind auf ständiger Wanderschaft von Job zu Job, von Ort zu Ort; wenn die Familie die ständigen Umzüge satt hat, fliegt der Vater meist für Wochenschichten ein und aus. Aber auch zur Deckung der eigenen Versorgung mit Lebensmitteln, Treibstoff, Gas, Haushaltsgütern, Kleidung etc. muss so mancher Outback-Bewohner mindestens eine Tagesfahrt in die nächstgrößere Stadt in Kauf nehmen. Und damit es in dieser nächstgrößeren Stadt überhaupt etwas zu kaufen gibt, müssen nicht zuletzt die Fahrer der *Road Trains* (LKWs mit mehr als zwei Anhängern) die Waren regelmäßig dorthin bringen. Diese Fahrer verbringen wahrlich viele Jahre ihres Lebens auf Achse.

Leben im Outback

The bush consists of stunted, rotten native apple trees, no undergrowth. Nineteen miles to the nearest civilisation - a shanty on the main road ... There is nothing to see, however, and not a soul to meet. You might walk for twenty miles along this track without being able to fix a point in your mind, unless you are a bushman. This is because of the everlasting, maddening sameness of the stunted trees.

(Der Busch besteht aus verkümmerten, verrotteten heimischen Apfeläumen, kein Dickicht. Neunzehn Meilen zur nächst gelegenen Zivilisation - eine Hütte an der Hauptstraße ... Es gibt nichts zu sehen, egal wie sehr man schaut, und keine Menschenseele anzutreffen. Man mag 20 Meilen entlang dieses Pfades laufen, ohne einen Anhaltspunkt fixieren zu können, es sei denn du bist ein Buschmann. Der Grund ist die ewige, wahnsinnig machende Gleichheit der verkümmerten Bäume.)

(*Henry Lawson,* Schriftsteller, aus seiner Erzählung „The Drover's Wife")

Abseits der australischen Metropolen und östlich der Great Dividing Range lebt die Minderheit der Aussies in Abgeschiedenheit vom Gros der Bevölkerung. Im Outback liegen zuweilen Hunderte von Kilometern zwischen den *homesteads,* den Wohnhäusern auf einer **station (Farm).** Dazwischen liegt staubiges, extrem regenarmes Land, wo man kaum einen größeren Busch oder gar Baum zu sehen bekommt; mehr als borstiges Spinifex-Gras oder gräulicher *Salt Bush* wächst dort kaum. Endlos viele *homesteads* sind heute verlassen; ganze Geisterstädte bzw. -dörfer aus schönen alten Sandsteinbrocken kann man im Outback antreffen. Die 3018 Kilometer von Adelaide nach Darwin sind gesäumt von Ruinen der *stations,* die in den 1860er Jahren nach einer Serie von Dürren aufgegeben wurden. Auf den noch betriebenen Farmen erinnern alte rostige

Windräder daran, wie seit eh und je das Grundwasser angezapft wird, um dort draußen die Wasserversorgung für Mensch und Tier zu garantieren. Komplexe, rostige Gitterkonstruktionen aus Metall entlang der sandigen Pisten markieren die Sammelstellen, wo man Rinder oder Schafe zum Verladen auf einen *Road Train* zusammentreibt. Riesige Gebiete sind als Weideflächen eingezäunt und dort wo eine Straße auf einen Zaun trifft, findet man ein Gatter davor oder aber eine Grube mit einzelnen Metallstangen darüber, deren Abstände so groß sind, dass die Huftiere sie nicht überqueren können.

Die **Hitze** ist im Outback oft unerträglich. In der Opalbergwerksstadt Coober Pedy haben die Menschen aus der Not eine Tugend gemacht und nutzen die Stolleneingänge als Wohnraum, um der gleißenden und brennenden Sonne bei Temperaturen über 40 °C im Schatten in die kühlere Tiefe des Bergwerkschachtes zu entfliehen. In dieser Stadt im Outback South Australias lebt die Mehrheit der Bevölkerung unter Tage in ehemaligen *dug-outs* (Bergwerksstollen) oder eigens angelegten unterirdischen Räumlichkeiten. Selbst die serbisch-orthodoxe Kirche vor Ort stellt sich von außen betrachtet als ein Erdhügel (mit einem Kreuz darauf) dar, von dem man eine Längsseite bis zu 4 Meter tief abgetragen hat, sodass eine Wand mit Fenstern und einer Tür zur Straßenseite entstehen konnte. Tritt man durch die Tür ein, führt ein Lehmtunnel tiefer in den Hügel hinein, bis man sich 3 bis 4 Meter unter der Eingangsebene befindet, wo es im Sommer wie Winter angenehm temperiert ist.

Überall im Outback passiert man am Straßenrand in unregelmäßigen Abständen eine Reihe an zerbeulten Briefkästen aus billigem Blech. Darauf steht entweder ein Personenname, der Name des *homestead wie* „Wallatinna", „Granite Downs", „Mount Cavenagh" etc. oder auch der Name der *Aboriginal Community* (Aboriginal-Gemeinde) wie „Indulkana", „Mimili", „Fregon" etc. In diese Gegenden verirren sich nur Viehtreiber, Aboriginals, manchmal ein Bus, aber auch der ein oder andere abenteuerlustige Geländewagenurlauber. Einen konventionellen täglichen **Postdienst** gibt es hier meist nicht mehr. Auf der Strecke von Adelaide nach Darwin befördern die Busse der nationalen Reisebuslinien „Greyhound" oder „McCafferty's" daher mehr als nur die Personen an Bord. Im Laderaum befindet sich auch eine Anzahl an Postsäcken, die von den Busfahrern an bestimmten Haltestellen entlang der Strecke zur weiteren Verteilung abgegeben werden. Je entlegener der Ort ist, zu dem die Briefkästen gehören, desto wahrscheinlicher holen die Bewohner ihre Post dort nur einmal wöchentlich ab. Liegen die Siedlungen jedoch viel zu weit von der Bundesstraße entfernt, fällt ihnen die Post vielfach vom Himmel auf den Kopf, sprich per Flugzeugabwurf.

Vom Himmel kommt noch mehr Gutes. Das Surren eines nahenden Flugzeuges ist eines der schönsten Geräusche für all diejenigen, die sich gleichwo in Australien draußen im Busch in Not befinden. Die **Fliegenden Ärzte,** wie wir sie aus der australischen TV-Serie der 1980er Jahre kennen, wurde 1928 in Cloncurry, Queensland, von Reverend *John Flynn* für ein Jahr probeweise ins Leben gerufen. Schon 1930 wurde der *Royal Flying Doctor Service* landesweit eingerichtet und garantierte erstmals eine verlässliche medizinische Versorgung im Outback. Bis dahin konnte auch ein leichter Unfall bzw. eine ernste Krankheit den sicheren Tod bedeuten, weil man keine Möglichkeit hatte, rechtzeitig ärztliche Hilfe zu bekommen. Dieser Service ist nach wie vor die größte Flugambulanz der Welt, die zwar Gelder vom Staat erhält, aber nur mit den Spenden der Kommunen am Leben erhalten werden kann. In Anerkennung seiner bemerkenswerten Pionierleistung ziert denn auch das Konterfei des Flugambulanzgründers *Flynn* die Rückseite des roten 20-$-Scheins.

In einer Zeit, wo nur noch wenige nicht-indigene Familien in den *homesteads* im Outback leben, sind heute 80 % der Patienten Aboriginals von den *Communities.* Als Beispiel müssen an einem typischen Tag in 200 km Entfernung drei Patienten eingesammelt werden: eine Person mit Blinddarmentzündung, ein Kind mit Lungenentzündung, ein Mann mit gebrochenem Arm und einigen gebrochenen Rippen. Letzterer war schon von der Unfallstelle 10 km zum nächsten *homestead* gelaufen, um überhaupt Hilfe rufen zu können und von dort dann noch 200 km über Schotterpisten zum Flugplatz gefahren worden, wo ihn die Flugambulanz schließlich einsammeln konnte. In extrem dringenden Fällen müssen die Flugzeuge jedoch auch einfach auf einer Sandpiste mitten im Busch landen.

Auch das Goldbergwerk mitten in der Tanami-Wüste im Northern Territory kann nur mit Hilfe von Flugzeugen am Laufen gehalten werden. Die 210 Arbeitskräfte werden hier in wöchentlichen Schichten ein- und ausgeflogen; in einer solch **gottverlassenen Gegend** hält es sonst keiner lange aus. Aus diesem Grund war der Aufbau von Buschkrankenhäusern im Outback einst eher von Misserfolg gekrönt, denn es war kaum Personal zu finden, das zu einem Leben im Busch bereit war. Die Einrichtung einer Flugambulanz war daher die ideale Lösung.

Das Problem der Schulbildung im Outback wurde mit der sogenannten **School of the Air** gelöst, die 1951 erstmals von der *Flying Doctor Basis* in Alice Springs auf VHF (hoher Frequenz) *on Air* ging. Die Grundschulkinder (1.–7./8. Schuljahr) aus den isolierten Regionen im Herzen Australiens mussten nun nicht länger gezwungenermaßen in ein Internat in der nächstgrößeren Stadt übersiedeln, sondern konnten von Zuhause aus via

Radio und Post ihre Schulbildung absolvieren. Seit 1974 ist die *School of the Air* vom *Royal Flying Doctor Service* unabhängig, hat eine eigene Radiofrequenz und die beteiligten Familien haben alle eigene Sende- und Empfangsgeräte. Zwei Mal wöchentlich meldet sich die Stimme der Lehrerin für 30 Minuten live zur verabredeten Zeit zu Wort. Klassenkameraden bekommen diese Schüler nur selten zu sehen, denn die nächsten wohnen unter Umständen gut drei Stunden Fahrzeit entfernt. Die Lehrerin sehen sie meist auch nur einmal im Jahr von Angesicht zu Angesicht, wenn diese ihre Eleven mit dem Auto besucht und bei der Gelegenheit gleich neues Unterrichtsmaterial mitbringt.

Doch die Transportmittel wandeln sich nach und nach. Schon 1991 wurden gut ein Viertel dieser jährlichen Besuche per Flugzeug ausgeführt. Und 1992 wurden erste Versuche mit **virtuellen Klassenräumen** via Satellitenbildern und Internetanbindung gemacht, um das veraltete System mit Radio, Telefon und Post zu ersetzen. Seitdem werden die betroffenen Haushalte nach und nach mit Laptop sowie neuen Telefon- und Faxanlagen ausgestattet, wodurch sie im Grunde noch moderner arbeiten als die Kinder in den Großstädten. Dabei profitieren nicht nur die Kinder, sondern auch die Erwachsenen, die nun dasselbe System für eine Erwachsenenbildung in Form eines Internet-Kurses beim zuständigen TAFE-College (*Technical And Further Education* = technische Ausbildung und Erwachsenenbildung) zur beruflichen Fortbildung nutzen können.

Fortbewegung in der Weite

Das Tor zur Entwicklung Australiens war die Entdeckung des ersten Weges durch die einst **schier undurchdringlich wirkende Great Dividing Range,** die den fruchtbaren Osten von dem ariden Zentrum und Westen des Kontinents trennt. Der alten Straße grob folgend windet sich heute noch der Great Western Highway von Sydney bis nach Bathurst, quer durch das landschaftlich wunderschöne Gebiet der Blue Mountains. Auf der von *William Cox* auf Geheiß von Gouverneur *Macquarie* 1814 gebauten Straße faszinieren die teilweise noch erhaltenen Abschnitte, wo man die Handarbeit der 28 Strafgefangenen bewundern kann, die eigenhändig die 160-km-Strecke in nur 6 Monaten mit den einfachsten Werkzeugen aus dem Gestein gehauen haben (mehr solcher Pionier-Infrastruktur gibt es auf der Old Great North Road von Sydney in die Weinregion Hunter Valley). Zu Beginn der alten Strecke durch die Blue Mountains findet sich gleich zu Anfang auf dem Mitchell's Pass bei Glenbrook **die älteste Steinbrücke Australiens:** die Lennox Bridge aus 1833, gebaut von *David Lennox* zusammen mit 20 Strafgefangenen.

Eisenbahnen und Kamelkarawanen

Entlang der historischen Straße durch die Blue Mountains windet sich auch Australiens erste überregionale Eisenbahnstrecke. An den steilen Hängen der Great Dividing Range am Rand der westlichen Ebene war jedoch nicht ausreichend Platz, um die Strecke so zu bauen, dass der Zug serpentinenartige Kurven fahren kann. Die zwischen 1866 und 1869 erbaute Strecke wurde schließlich so angelegt, dass die sogenannte **Zig Zag Railway** im Zickzack den Berg hinunterfahren kann. Ähnlich wie bei einer Murmelbahn verlaufen die Schienen parallel zueinander von oben nach unten den steilen Berghang hinunter. Der Zug fährt also zuerst vorwärts, dann wird die Lokomotive vom bisherigen Zugkopf an das Zugende umgesetzt, die Weichen werden auf die Schienenspur eingestellt, die „parallel" zur gerade befahrenen Spur weiter in Richtung Tal führt, und der Zug fährt in die Richtung, aus der er gerade gekommen war, jedoch nicht wieder bergauf, sondern bergab. Das ganze Prozedere wiederholt sich mehrfach, bis der Zug endlich in der Ebene angekommen ist, wo wieder genügend Platz zum Kurvenfahren zur Verfügung steht. Die drei großen Sandstein-Viadukte und der 68,6 Meter lange Tunnel auf der Strecke galten seinerzeit als eine der größten technischen Leistungen Australiens. Mit dieser Eisenbahnlinie war der erste Schritt getan, rund um Sydney ein dichtes Nahverkehrsnetz aufzubauen, welches heute Pendler aus allen Richtungen bequem in den *Central Business District* der City bringt.

Australiens größte Metropolen Sydney und Melbourne haben bislang das dichteste Schienennetz, wobei beide Städte eigene Wege bei der Gestaltung des **öffentlichen Nahverkehrs** eingeschlagen haben – von historischen durch Pferde gezogenen bis zu modernen elektrifizierten Straßenbahnen, Bussen etc. Melbourne betrieb sein gesamtes Netz bis zur Elektrifizierung mit Kabelbahnen, auch Standseilbahnen genannt, wie einst auch San Francisco und viele bergige Ortschaften der Schweiz etc. Sonst gab es in Australien nur eine Hand voll solcher Bahnen, die durch ein Seil den Berg hinaufgezogen wurden – u. a. in Sydney.

Die letzte Linie des ehemaligen Straßenbahnsystems in Sydney wurde 1961 eingestellt, aber seither wurde ein dichtes Nahverkehrsnetz per Bus sowie kombinierter unter- und überirdischer Metro entwickelt. Der Neid auf Adelaides und Melbournes historische Straßenbahnlinien führte dazu, dass Sydney 1997 eine neue Straßenbahnlinie und außerdem eine touristische Monoraillinie, eine Einschienenbahn, rund um das frisch sanierte Stadtviertel Darling Harbour durch die private Melbourner Firma „Connex" errichten ließ. Die Einschienenbahn ist dabei nicht wie die Wuppertaler Schwebebahn hängend konstruiert, sondern „sattelt" auf einer breiten Schiene, die auf einem von Säulen getragenen Baukörper in 10 Meter

Höhe verläuft. Dieses Prinzip wurde unter anderem auch bei den Monorailbahnen in Houston (USA), zwischen Tokyo und Haneda angewandt.

In Melbourne war das Straßenbahnnetz hingegen beibehalten und nach und nach modernisiert worden. Das älteste Exemplar der historischen Straßenbahnwagen – von innen charmant mit Holz verkleidet – dreht heute zum kostenlosen Sightseeing (bemannt mit einem Führer, der die Sehenswürdigkeiten unterwegs beschreibt) einen Kreis in der Innenstadt.

Einen kostenlosen Busservice kennt man jeweils auch in den Innenstädten von Adelaide und Perth, durch den das Einkaufen und Arbeiten in den großflächigen Citys erleichtert werden soll. In Adelaide wurde das Gros der Straßenbahnlinien bis 1958 eingestellt, nur die historische, innen holzverkleidete Bahn von Glenelg nach Adelaide ist bis heute in Betrieb. Hauptsächlich erfolgt der Nahverkehr durch moderne Züge und Busse. 1986 wurden die nordöstlichen Vororte Adelaides mit der 12 km langen sogenannten „O-Bahn" an die Stadt angebunden. Das ist ein einmaliges Bussystem auf „Schienen", d. h. auf einer betonierten Fahrspur, aus der die Busse nicht ausbrechen können und auf der keine anderen Fahrzeuge fahren dürfen. Dieses System wurde in Deutschland entwickelt und in den 1980er Jahren erstmals in Essen eingeführt; außerdem gab es Pläne für Mannheim. In Essen wurde das System jedoch nicht weiter ausgebaut (die Busse fahren aber noch auf den Linien nach Kray) und in Mannheim entschied man sich schließlich gegen die Umsetzung. In Brisbane wurde das einstige Straßenbahnnetz 1969 und in Perth sogar schon 1958 komplett eingestellt; heute gibt es jedoch in beiden Städten ein sich stetig erweiterndes modernes U-Bahn- bzw. Bus- und Eisenbahnnetz.

Typisch für alle australischen Bundesstaaten ist die Vielfalt an privaten und staatlichen Bus- und Zuglinien, die in keiner Weise aufeinander abgestimmt zu sein scheinen und für die es auch keine zentrale Informationsstelle gibt. Daher kann die Reiseplanung, wenn man in einen weiter entfernten Vorort oder in einen anderen Bundesstaat fahren möchte, sehr rechercheaufwendig werden.

Beim australischen Eisenbahnennetz gibt es noch so manche andere Kuriosität, zum Beispiel die **unterschiedlichen Spurweiten der Eisenbahnen,** die von den einzelnen Kolonialregierungen vor 1901 verwendet wurden. Als wolle man so seine Individualität unter Beweis stellen, eröffnete 1854 die Eisenbahnlinie von Melbournes Flinders Street Station nach Port Melbourne mit 1600 mm Spurweite, im Unterschied zu der in New South Wales vorhandenen europäischen Spurweite von 1435 mm. South Australia und Tasmania verwendeten auch die 1600 mm Spurweite, aber in Queensland liefen die Züge auf 1067 mm. Eine Person, die 1917 von Perth nach Brisbane reiste, musste sechs Mal auf einen neuen Zug umsteigen.

041au Foto: at

Aber noch viel schlimmer und kostspieliger war, dass die Güter entsprechend häufig umgeladen werden mussten: Schmalspur von Perth nach Kalgoorlie, Breitspur nach Adelaide, Breitspur nach Melbourne, Breitspur nach Albury, Standardspur nach Sydney, etc.

Seit Februar 1970 kann man jedoch theoretisch mit dem *Indian Pacific* ohne Umsteigen von Perth nach Sydney reisen und seit Juni 1995 auch bis nach Brisbane auf einer durchgehenden Standardspurweite von 1435 mm. Da die Betreiber jedoch unabhängige private Eisenbahngesellschaften sind, muss man immer noch mindestens zweimal in einen neuen Zug umsteigen und sich bei den drei verschiedenen privatisierten Eisenbahngesellschaften „Queensland Rail", „Countrylink" und „Great Southern Railway" separat die Tickets kaufen. Die Spurweitenunterschiede sind auch noch lange kein Schnee von gestern, es gibt noch etliche Bahnkilometer zu standardisieren, damit der Güterverkehr innerhalb Australien schließlich kostengünstiger wird.

Die neueste infrastrukturelle Errungenschaft Australiens ist die Fertigstellung der **Eisenbahntrasse von Alice Springs nach Darwin** 2003. Damit ist die Hauptstadt des Top End nach vielen gescheiterten Versuchen endlich an das Eisenbahnnetz der anderen Hauptstädte angebunden. Anfang 2004 rollte der legendäre *Ghan* (benannt nach den Afghanen, die einst die Kamelkarawanen durch die Wüste führten, s. u.) erstmalig in der australischen Geschichte auf seiner 47-Stunden-Fahrt über 2979 km quer durch das Herz Australiens von Adelaide bis nach Darwin. Den meisten Gütern, die so transportiert werden, schadet die lange Reise nicht; und auf einem *Road Train* würde es mindestens genauso lange dauern. Der Personenverkehr auf der Strecke ist dagegen ein nostalgischer Luxus. Das preiswerteste Ticket für Erwachsene für die gesamte Strecke von Adelaide nach Darwin kostet 710 $ für einen Sitzplatz, wer im Schlafwagen reisen will, muss sogar 2760 $ hinblättern – also alles andere als günstig, wenn man bedenkt, dass der dreieinhalb Stunden dauernde Flug für rund 220 $ zu haben ist.

Bei solchen **Bahnfahrpreisen** ist es kaum verwunderlich, dass die langen Zugstrecken nur abenteuerlustige Touristen und australische Rentner ansprechen – frei nach dem Motto „der Weg ist das Ziel". Letztere bekommen die Tickets besonders vergünstigt. Sie können sich dabei der Nostalgie hingeben, denn auf der Strecke des oben genannten *Ghan* und des *Queenslander* von Cairns nach Brisbane sind historisch anmutende Züge im Einsatz, die an den legendären Orientexpress erinnern. Dazu gibt es dann beim *morning tea* (zweites Frühstück) auch *scones* – traditionelles englisches Teegebäck, das mit Rahm und Erdbeermarmelade gereicht wird, sowie eine Tasse *English Breakfast Tea*.

Eine transkontinentale Zugfahrt ist in Australien eine Sache der Geduld. Je nach Zug variiert die maximale **Geschwindigkeit** von 60 km/h im *Gulflander* in Queensland bis zu 160 km/h im seit 1998 betriebenen *Tilt Train* (Neigetechnik-Zug) auf den Strecken zwischen Brisbane und Rockhampton sowie Brisbane und Cairns. Auch wenn der Personenverkehr und die Umwelt in Australien mit Sicherheit von wesentlich schnelleren Zügen profitieren könnte, ist eine Umstellung des Streckennetzes einfach zu kostspielig.

Abgesehen von der Schneckengeschwindigkeit, in der man sich quer durch den Kontinent zu bewegen scheint, mutet auch das Prozedere an so manchem Bahnhof wie eine Zeitreise in die Vergangenheit an. Auf der Strecke von Cairns nach Brisbane dauert jeder **Stopp am Bahnhof** für un-

Signalstation der ersten Eisenbahnlinie nach Westen
durch die Great Dividing Range

sere Verhältnisse sehr lang. Die Lautsprecherstimme ruft die Insassen von den Wagennummern X bis Y auf auszusteigen. Neue Passagiere steigen ein, dann vergehen einige Minuten, es macht einen Ruck und der Zug rückt etwas weiter vor und die Passagiere von den Wagennummern Y bis Z werden gebeten auszusteigen. Die Bahnhöfe von Annodazumal sind für die modernen langen Züge einfach zu kurz und so wird in Raten entladen. Raucher sehen diesen Pausen mit Wonne entgegen, denn natürlich ist in den Zügen das Rauchen verboten. Sie steigen also flugs beim ersten Stopp aus, rauchen eine, bis der Zug auf Position zwei vorgerückt ist, und steigen dann mit aufgefülltem Nikotinpegel wieder ein.

Der *Ghan* ist im Übrigen benannt nach den Afghanen, die einst die Karawanen von bepackten **Kamelen** durch die Wüste führten, als es zwischen Oodnadatta und Alice Springs noch keine Eisenbahnlinie gab. Die Kamele trugen die Güter über 600 km von der damaligen Endhaltestelle des *Old Ghan* nach Alice Springs. 1929 wurde die Eisenbahnstrecke bis nach Alice Springs erweitert und die Kamelkarawanen wurden überflüssig. Ohne die Kamele, die erstmals 1840 in Australien eingesetzt wurden, wäre die Fertigstellung der Telegrafenlinie von Adelaide nach Darwin 1872 ebenso wenig möglich gewesen wie der Bau des Grenzzaunes von Queensland, der transkoninentalen Eisenbahnstrecke von Port Augusta nach Kalgoorlie oder die Errichtung des *Rabbit-Proof Fence* in Western Australia.

Mit den ca. 10.000 bis 12.000 nach Australien importierten Kamelen kamen auch ca. 3000 **Afghanen** ins Land, die sich in der hohen Kunst verstanden, diese Tiere durch die Wüste zu geleiten. Wo auch immer sich die wenigen Afghanen in Australien niederließen, um dem Geschäft der Kameltreiberei nachzugehen, blieben sie eine isolierte Bevölkerungsgruppe, die getrennt von den Europäern und Aboriginals lebte. Den von ihnen bewohnten Stadtteil nannte man für gewöhnlich *Ghan Town*. Zeugnis dieser Zeit sind sowohl in Adelaide als auch in Perth je eine Moschee, die seinerzeit von den Afghanen erbaut wurden.

Mit Beginn des Automobilzeitalters wurden die Kamele nicht mehr für Transportzwecke benötigt und einfach in den Wüsten frei gelassen, wo sie sich seither munter vermehrt haben. Heute trifft man die Kamele nur noch bei touristischen Outback-Safaris an oder beim „Alice Springs Camel Race", einem Kamelrennen, welches 1970 aufgrund einer Wette zwischen zwei Stadtbewohnern seinen Anfang nahm. Seit 1975 ist es vom *Lions Club* als jährliches Event adoptiert worden und trägt alljährlich zum Amüsement der Bevölkerung bei. Die wilden Kamele werden jedoch auch meistbietend nach Saudi Arabien und in die Vereinigten Arabischen Emirate verkauft, die diese reinrassigen Tiere sehr zu schätzen wissen.

Outbackpisten und Road Trains

Das Straßennetz in Australien beläuft sich auf über 810.000 km, von denen allerdings ca. 80 % einfache Schotterpisten oder Feldwege sind und auf denen höchstens ein Viertel der über 13,5 Mio. im Jahr 2005 gemeldeten Fahrzeuge unterwegs sind. Diese Outbackpisten sind zunehmend beliebt bei Touristen für abenteuerliche Fahrten mit einem *4WD,* sprich einem Wagen mit Allradantrieb. Unter den touristisch genutzen Strecken sind einige ehemalige Kamelrouten in South Australia. Der **Oodnadatta Track** führt zum Beispiel von Marree entlang kleiner Wasserlöcher nach Oodnadatta über den riesigen Eyre-See, der nur nach einem starken Regenguss etwas Wasser führt. Am Rand der Simpson-Wüste führt die Strecke ansonsten nur durch unzählige rote und weiße Sanddünen und trifft schließlich nördlich von Coober Pedy auf den Stuart Highway. Ebenfalls von Marree startet der **Birdsville Track,** der quer durch die Tirari-Wüste und Sturt-Stony-Wüste nach Birdsville in Queensland führt. Es ist eine der einsamsten Straßen Australiens, aber auch eine der bekannsteten, denn hier entlang wurden riesige Rinderherden nach Port Augusta und später nach Marree getrieben, um von dort per Eisenbahn zu ihrem Verkaufsort transportiert zu werden. Weil es entlang der Strecke keine natürlichen Wasserlöcher gibt, bohrte die südaustralische Regierung in 50-km-Abständen artesische Brunnen, damit Mensch und Tier auf der Strecke überleben konnten; wie sonst sollte man die Tränkung von Tausenden von Rindern bewältigen! Entlang dem Birdsville Track machten Fluten, Sandstürme und lange Dürren den frühen Siedlern das Leben schwer. Aber auch der gut vorbereitete 4WD-Tourist hat die unerbitterliche Natur zu fürchten. Alljährlich kommt es zu Todesfällen auf Australiens Wüstenpisten, weil die Reisenden durch eine Autopanne gezwungen sind, längere Zeit in der Wüste auszuharren, darauf nicht vorbereitet sind und somit meist an Dehydrierung sterben.

Heute machen viele australische, aber auch internationale Touristen die Reise entlang der faszinierend kargen und unwirtlichen Wüstenlandschaft. Hinter ihnen türmt sich eine große Staubwolke auf und vor ihnen liegt eine moderne Version des **Walkabout.** Walkabout nannte man es, wenn ein Aboriginal die Farm eines Europäers einfach für Tage oder für immer verließ, um zu seiner traditionellen Lebensart im Busch zurückzukehren und wieder in Kontakt mit seiner Spiritualität zu kommen. Der australische Regisseur *Nicolas Roeg* machte daraus 1971 einen Film, in dem zwei Kinder aus Sydney im Outback von South Australia landen und sich in der Wüste behaupten müssen. Sie lernen dort einen Aboriginal kennen, der ihnen die Wasserlöcher zeigt, ihnen Essbares aus der australischen Natur anbietet und sie nach Darwin führt. Vor allem aber lernen sie eine Lebenswelt abseits ihrer gewohnten Zivilisation kennen, eine Lebenswelt, der sie – nach Sydney zurückgekehrt – in gewisser Weise nachtrauern, weil ihnen deren Ursprünglichkeit und Einfachheit im Großstadtleben verwehrt bleibt.

Der nach dem polnischen Grafen *Paul Edmund de Strzelecki* benannte **Strzelecki Track** ist eine trostlose Strecke von Innamincka an der Grenze zu Queensland durch die Sturt-Stony-Wüste und Strzelecki-Wüste nach Lyndhurst nördlich der Flinders Ranges. Auf dieser Strecke wurde einst das Vieh aus dem Norden auf Adelaides Märkte getrieben. Dieser Track wurde auch berühmt durch den *Bushranger Captain Starlight* alias *Harry Redford,* der 1870 tausend Rinder aus Queensland stahl und entlang des Tracks bis nach Blanchewater trieb, wo er sie für stolze 10.000 $ verkaufte. Heute verkehren vor allem *Road Trains* auf dieser Sandpiste zu den Gasfeldern rund um Momba.

Über einfache Schotter- oder Sandpisten rasen die furchteinflößenden **Road Trains** (LKW mit mehr als zwei Anhängern) mit ihrer Ladung. In New South Wales, wo das Zugstreckennetz an dichtesten ist, durften die *Road Trains* in den vergangenen Jahrzehnten nur im weniger dicht vernetzten Westen des Bundesstaates ausschließlich zum Transport von Vieh verkehren. 1996 wurden die Gesetze jedoch gelockert und nun trifft man die überlangen Brummis außerhalb des Großraumes Sydney auch mit Weizen- und Baumwolle an.

Die wahren Giganten unter den *Road Trains* findet man jedoch im Outback von Western Australia, South Australia, Queensland und des Northern Territory. In einem Land, in dem es heute nur ein 40.000 km langes Schienennetz gibt (privat und staatlich) – weniger als das insgesamt 44.400 km umfassende Netz der flächenmäßig viel kleineren Bundesrepublik Deutschland –, ist man auf die Dienste der übergroßen Lastwagen zur Beförderung von Gütern quer durch den riesigen Kontinent angewiesen.

LKW-Fahrer zu sein, ist eine Sache, aber einen *Road Train* mit vier oder mehr Anhängern über die Sandpisten im australischen Outback zu steuern, ist ein himmelweiter Unterschied. Die *truckies,* wie man die LKW-Fahrer nennt, lenken zum Beispiel ellenlange Tanklastwagen von Alice Springs direkt in die Tanami-Wüste zur Versorgung der Maschinerie des dort gelegenen Goldbergwerks. Auf der Strecke kann man in der Regenzeit immer mal wieder von einem Regenschauer überrascht werden, der die sonst trockenen Flussbetten innerhalb einer Stunde in tückische Flüsse und den staubigen Straßenuntergrund in Schlammlöcher verwandeln kann, in denen der *Road Train* einzusacken droht. An anderen Stellen ist

Eine asphaltierte Straße ist für den Road-Train-Lenker eine leichte Übung

042au Foto: eg

der Sand auch im trockenen Zustand verräterisch, denn wenn man dort anhält, sinken die Reifen ein. Bei dem Gewicht eines solch langen LKW's kann man sich vorstellen, dass dieser dann wirklich festsitzt. Die *truckies* halten daher engen Funkkontakt miteinander, um sich gegenseitig als echte *fair dinkum mates* (wahre Kumpels) aus der Patsche helfen zu können. Es ist ein harter Job, bei dem nicht nur die Fähigkeiten als Fahrer, sondern auch die als Mechaniker gefordert werden. Da Fahrten über Sandpisten das Material aufs Extremste strapazieren, müssen die *Road Trains* ständig auf lockere Schrauben und gefährliche Haarnadelrisse an der Achse, Anhängerkupplung etc. überprüft werden – ganz zu schweigen davon, wie häufig auf der Fahrt ein platter Reifen zu wechseln und zu flicken ist.

Während es den Auftraggeber ein Vermögen kostet, wenn seine Ware nicht rechtzeitig eintrifft, kann es darüber hinaus lebensgefährlich sein, draußen in der Wüste zu stranden. Verwitterte und verrostete Maschinen, die vor Jahren in der Wüste zurückgelassen wurden, warnen vor dem Leichtsinn, ohne genügend Wasser, Sonnenschutz, Nahrung und Ersatzteile in die Wüste zu fahren.

Auf den Outbackpisten liegen häufig auch **Kängurukadaver,** die in der Regel die Folge eines Zusammenstoßes mit einem motorisierten Fahrzeug sind. Aus diesem Grund haben *Road Trains,* Reisebusse und Fahrzeuge, die oft auf diesen Strecken verkehren, auch als zusätzliche Stoßstange ein großes *roo bar* (Känguru-Gitter) oder nach amerikanischem Vorbild ein *bull bar* (Bullen-Gitter). Damit begrenzt man zumindest den Schaden am Fahrzeug, wenn es zu einem Zusammenstoß kommt, schließlich bezahlt diesen Schaden kaum eine Versicherung. Wer einmal die mehrtägige Busfahrt von Adelaide nach Darwin über Nacht erlebt hat, kennt das gruselige Geräusch der brechenden Knochen der wilden Tiere. Die Spuren des fatalen Zusammenpralls in Form von Haar und Blut poliert der Busfahrer beim nächsten Stopp ganz nonchalant mit einem Lappen weg - nichts für schwache Gemüter. Hier im Busch gilt ganz nüchtern der darwinistische Gedanke der natürlichen Selektion: *Survival of the Fittest* (Überleben der Bestangepassten). Kängurus haben nun einmal die lästige Angewohnheit, immer auf eine Lichtquelle zuzulaufen, anstatt davor wegzulaufen. Somit treffen sie in ihrer aktiven Zeit zur Morgen- und Abenddämmerung fatalerweise nur allzu oft auf die Stoßstangen der vorbeifahrenden Fahrzeuge.

Beängstigend ist überdies auch das **Zusammentreffen mit einem entgegenkommenden Road Train** auf den Outback-Schotterstraßen. Die gewaltigen LKWs dürfen 90–100 km/h fahren (und tun es auch!), beanspruchen einen Großteil der Straße für sich und allein der Druck von den vorbeibrausenden über 100 Tonnen schweren Kolossen fegt jedes andere Fahrzeug von der Straße. Selbst einen *Road Train* auf einer asphaltierten Straße zu überholen, ist meist keine gute Idee, denn er kann bei drei Anhängern über 53 Meter lang sein und somit einer Autoschlange von gut 10 Autos gleichen, bei der man ein Überholmanöver in einem Schwung auch nicht erwägen würde. Ganz abgesehen davon wirbeln die Ungetüme enorme Staubwolken auf, die einem die Sicht nehmen, man sollte daher sowieso einen gehörigen Abstand zu den Road Trains einhalten.

Es ist ohnehin schwierig, das Fahrzeug bei dem ewigen Auf und Ab der Straßen mit tückischer „Wellenbildung" *(corrugation)* unter Kontrolle zu halten. Weil es so gefährlich ist, werden regelmäßig Straßenarbeiter ausgeschickt, die die Schotterstraßen mit einem *grader* (einer Art Planiermaschine) wieder schön eben „hobeln" sollen. Wegen der extremen Materialbeanspruchung auf solchen verformten Fahrbahnen lassen die meisten Mietwagenfirmen keine Fahrten auf Schotterstraßen zu (bzw. der Versicherungsschutz gilt dann nicht).

Die eigenen vier Wände

Ein **eigenes Haus** zu besitzen - ein Ort des Schutzes –, in dem man eine Familie gründen und fortführen kann, das ist der *Great Australian Dream* (großer australischer Traum). Dieser fand auch bei der Eröffnungszeremonie der Olympischen Spiele 2000 in Sydney seinen Ausdruck in den Rasen mähenden Männern, was an den internationalen Fernsehbildschirmen vielleicht mit Verwunderung verfolgt wurde. Die Rasen mähenden Männer standen synonym für die glücklichen australischen Besitzer eines Eigenheims auf einem typischen *quarter acre block,* sprich ca. 1000-m^2-Grundstück, mit durchschnittlich 3 Schlafzimmern und einem Garten, in dem man am Wochenende gestalterisch tätig wird. Zwar ist es auch in Europa ein Traum, ein eigenes Haus zu bauen, aber die meisten können sich das nun einmal nicht leisten und sind daher lebenslang Mieter. Nicht jedoch in Australien. Bis vor kurzem konnte sich die Mehrheit wirklich ein eigenes Haus leisten. Dabei muss man es nicht gleich selbst bauen. Kaufen reicht schon, denn schließlich haben die Bewohner in den urbanen Gebieten Australiens nicht unbedingt vor, ihr ganzes Leben in dem einen Haus zu verbringen, sondern sie ziehen meist ein paar Mal um – je nach Job oder aber Anzahl der Kinder. Jedoch, egal ob Eigentum oder zur Miete, alle Australier möchten wie 80 % aller australischen Haushalte in einem freistehenden Haus leben.

Das erklärt dann auch, warum die **australischen Städte** im Verhältnis zu ihrer Einwohnerzahl eine solch enorme flächenmäßige Ausdehnung erreichen: Im Großraum Sydney verteilen sich die knapp über 4,2 Mio. Einwohner auf großzügige 12.407 km^2, wobei davon nur ca. 4000 km^2 bewohnt werden, der Rest ist Buschland. Auch in Melbourne, der zweitgrößten Stadt Australiens, verteilen sich fast 3,6 Mio. Einwohner auf 7695 km^2. Zum Vergleich: Berlin bringt 3,4 Mio. Einwohner auf nur 891 km^2 unter, in New York City leben auf ca. 800 km^2 knapp über 8 Mio. Einwohnern gleich doppelt so viele Menschen wie in Berlin. Im Rest der Welt wachsen die Städte nun einmal eher in die Höhe statt in die Breite. Australien bleibt jedoch auch hier seinem Superlativ treu, der flachste Kontinent der Welt zu sein. Abgesehen von den Bürogebäuden im Central Business District der jeweiligen Metropole findet man nur wenige Hochhaus-Wohnsilos im zentralen Stadtbereich.

Die Anfahrtszeiten von den urbanen Vororten bis zur Arbeitsstelle sind für die *cityslicker* (Großstadtbewohner) der australischen Metropolen daher oft recht lang. Es zeichnet sich jedoch eine Veränderung ab. In Sydney z. B. wurden die ehemaligen viktorianischen Arbeiter-Reihenhäuschen in den zentrumsnahen Stadtvierteln wie Glebe, Balmain und Potts Point als hipper Wohnraum von der Mittel- und Oberschicht entdeckt, die lieber wieder näher am Puls der City leben wollen als draußen in *Suburbia.* Sie konnten außerdem mit Immobilienspekulationen – stadtnahe historische Bauten aufkaufen, sanieren und teuer weiterverkaufen – einen schnellen Dollar verdienen. Zudem kommen immer mehr Migranten aus Übersee nach Australien, die neuen Wohnraum benötigen, d. h. es herrscht eine zunehmende Knappheit an bezahlbaren Häusern. Die Folge ist insbesondere seit der Jahrtausendwende ein gefährlicher Anstieg bei den privaten Immobilienpreisen, der inzwischen auch andere australische Metropolen erfasst hat. Die Haushalte sind extrem überschuldet und gepaart mit dem Anstieg des Zinsniveaus kann so manch einer seine Hypothek nicht mehr abbezahlen, mit durchschnittlichen Kosten von über 300 $ pro Woche in den drei teuersten Städten Sydney, Darwin und Canberra. Während die Baby-Boomer-Generation (1946–61 geboren) die Häuser einfach so kaufen oder zumindest in einem überschaubaren Zeitraum abbezahlen konnte, hat die nachrückende „Generation X" das Pech, dafür einfach nicht das nötige Kleingeld zur Verfügung zu haben.

Man könnte sagen, was soll's, in Europa funktioniert es ja auch, als Mieter durchs Leben zu gehen. Aber in Australien rangieren Sicherheit und Geborgenheit – das ist es vor allem, was ein eigenes Haus bietet – ganz oben in der Werteskala. Die Tatsache, dass man seit einiger Zeit einen größeren Teil seines Einkommens auf diese „Sicherheit" verwenden muss, führt dazu, dass man weniger Geld hat, um seinen Kindern eine gute Ausbildung und Freizeitaktivitäten zu bieten. Diese Umstände und Sorgen verursachen Angst, belasten und greifen die Gesundheit an.

Im Zuge der jüngsten Immobilienspekulationen wurden auch mehr und mehr zentrumsnahe „Luxuswohnungen" gebaut, die besonders von gutbetuchten asiatischen Einwanderern angemietet werden. Die Mehrheit der Bevölkerung bevorzugt aber Eigentum. Lediglich 26 % aller australischen Haushalte leben zur **Miete,** ganz im Unterschied z. B. zu Deutschland, wo ca. 57 % ihre Wohnräume anmieten. Von einer so hohen Zahl an Mietern zu hören erschreckt die Australier, weil es sich bei Deutschland dann schwerlich um ein *lucky country* handeln kann. Noch mehr schockiert man Australier allerdings mit der Nachricht, dass man laut mitteleuropäischen Mietverträgen verpflichtet ist, bei Ein- oder Auszug den Wohnraum zu renovieren. Und noch unglaublicher empfinden sie die Mitteilung, dass man seine Küche mitnimmt oder aber eine Abstandszahlung dafür verlangen kann. In Australien sind all diese Dinge die Angelegenheit des Vermieters – eine Küche mit Herd, Ofen, Kühlschrank, Schränken, aber auch Einbauschränke in Schlafzimmern, Abstellkammer etc. sind immer schon vorhanden, wenn man zur Miete einzieht (oder auch ein Haus von einem Vorbesitzer kauft). Aber nicht nur für Mieter, auch für Käufer von Wohnraum sind manche Bedingungen in Australien günstiger als in Mitteleuropa. Es ist zum Beispiel die Angelegenheit des Verkäufers (ebenso wie des Vermieters), die Courtage an den Makler zu zahlen. Das einzige, was der australische Käufer an Zusatzkosten zahlen muss, ist eine vergleichsweise geringe Gebühr an das zuständige Amt für die Überschreibung des Eigentums.

Heiße Räder – mehr als nur fahrbarer Untersatz

Love me, love my Holden.
I laid that on the line with the missus before we were spliced.

(Liebe mich, liebe meinen Holden.
Das habe ich klargestellt, bevor ich mich mit meiner Alten vermählt habe.)

(*Henry Williams,* Autor des sexistischen Buches
„My Love had a black speed stripe")

Ohne ein Auto kann man sich in den ländlichen Gegenden, aber auch in den Metropolen aufgrund der enormen Entfernungen nur umständlich und langwierig von A nach B bewegen. Ein Zwei-Personen-Haushalt wird daher fast immer auch zwei Autos haben und sobald die Jugendlichen das Fahralter von 16–21 Jahren erreichen (verschieden je nach Bundesstaat), kommen weitere PKWs hinzu. Im Durchschnitt behalten Aussies die einmal **angeschafften Fahrzeuge** viel länger als die Mitteleuropäer, da der Markt für neuere Gebrauchtwagen relativ klein ist, die Kosten für einen Neuwagen sehr hoch, dagegen die für den Unterhalt eines Wagens relativ niedrig sind. In den australischen Bundesstaaten, in denen man sein Auto einer Art TÜV-Test unterziehen muss, gibt es auch auffällig mehr neuere Wagen als z. B. in South Australia oder im Northern Territory, wo man ein Auto einfach fahren kann, bis es wirklich zusammenbricht – egal was für Emissionswolken es hinter sich in die Luft bläst oder ob die Bremsen noch funktionieren. Das muss man selbst entscheiden.

Das Spannende an dem Thema Auto sind jedoch die Vorlieben bestimmter junger Männer, wenn es darum geht, ein besonders heißes Auto zu fahren und damit nach Möglichkeit die Herzen der Mädels zu erobern. In den australischen Metropolen und in *Suburbia* fällt der tiefe, röhrende Sound der sportlichen aufgemotzten **Muscle Cars** aus den 1970er Jahren auf. Diese Autos sind schnell, laut, tiefergelegt, breitreifig und – wie in den besten Opel-Manta- oder Golf-GTI-Zeiten – gebohnert und gewienert, in exotischen Lackierungen von zitronengelb bis lila, gern auch mal mit Plüschbezügen, dröhnendem Subwoofer, vielen anderen Extras und der passenden „Mieze" auf dem Beifahrersitz. So manch ein Bastler modifiziert seinen Wagen nach dem Vorbild des „Interceptor", *Mel Gibsons* Auto im Post-Ölkrisenfilm „Mad Max", oder bei schlechterem Geschmack à la *David Hasselhoffs* Vehikel in der amerikanischen TV-Serie „Nightrider". Außerdem gibt es natürlich eine Menge junger Australier, die davon träumen, in *Allan Moffats* oder *Peter Brocks* (zwei Idole am australischen Motorsport-Himmel) Fußstapfen zu treten. In Australien teilt sich die Gemeinde der Muscle-Car-Fahrer jedenfalls ganz klar in zwei Lager: Man schwört entweder auf „Holden" (die australische Variante von „General Motors", die auf dem europäischen Kontinent als „Opel" und auf den britischen Inseln als „Vauxhall" produziert wird) oder aber auf „Ford", die auch ureigene australische Designs in Australien vom Band laufen lassen. Zu welcher Fraktion man gehört, ist schon fast eine Religion, die mehr oder weniger von Generation zu Generation, vom Vater an den Sohn weitergegeben wird. Echte Klassiker unter den *Muscle Cars* sind der „Holden Monaro", „Holden Torana" und „Ford Falcon".

Die Fahrer dieser Wagen sind zu 99 % junge Männer, die sich in großen Cliquen zusammentun, um auf einsamen Landstraßen oder Straßen im Industriegebiet Rennen zu fahren oder Reifenspuren auf dem Asphalt zu hinterlassen – ein wahrer Volkssport im Kampf gegen die Langeweile, wobei es natürlich auch immer darum geht, die Position des „Alphamännchens" in der Clique zu erringen. Beliebte Varianten sind auch sogenannte *burnouts,* das Qualmenlassen der Reifen, oder *donuts,* das schnelle Fahren im Kreis. Man wundert sich manchmal, wie viele Reifen sie wohl im Jahr verschleißen!

Ebenso gelangweilte junge Männer, die *blue-collar-workers,* so benannt nach den Kragen ihrer Blaumänner, röhren mit ihren **V8 Utes** durch die Straßen. Das sind Fahrzeuge, in denen gleich hinter dem Fahrer- und Beifahrersitz eine große Ladefläche anfängt. Dieses Modell nennt man bei uns schon mal Pick-up, allerdings haben die Pick-ups selten einen V8-Motor, noch fährt man hierzulande damit Autorennen wie in Australien. Auch hier gilt die Gretchenfrage: „Holden" oder „Ford". Was die Jungs auf der Ladefläche eigentlich spazieren fahren, sieht man meist nicht, da sie fast immer mit einer Leder- oder Kunststoffplane abgedeckt ist. Man kann nur vermuten, dass dort eine Menge Platz ist für ein paar Kartons mit Bier und vielleicht einen Campingstuhl für die nächste Barbecue-Einladung.

Auf dem Lande oder in ärmeren Vororten werden uralte, verbeulte *V8 Utes* der Marke „Holden" oder „Ford" mit allerlei Accessoires „verschönert": zusätzliche Scheinwerfer auf dem Dach, breitere Stoßstangen, mit denen das Auto auch einen Zusammenstoß mit einem Känguru ohne Kratzer überlebt, oder endlos viele Aufkleber von den B'n'S-Veranstaltungen. *B'n'S* steht für *Bachelor and Spinnster Ball* (Junggesellen- und Junggesellinnen-Ball). Das sind Kennenlernpartys für die ländliche junge Bevölkerung, die sich doch überdeutlich vom Debütantinnenball in Wien unterscheiden. Es sind nach australischer Manier eher vulgäre Trinkgelage, bei denen ein *technicolor yawn* (Gähnen in Technicolor-Farben, was die Farbgebung des Erbrochenen meint) zu vorgerückter Stunde die Runde macht. Es hat irgendwie eine Menge mit „Ballermann Sechs" gemeinsam. Die vielen Beulen im Blech sind übrigens meist nicht nur durch unbeabsichtigte Unfälle entstanden, sondern gehen auch auf den Spaß zurück, einander mit den Autos zu rammen oder ähnliche gefährliche Spielchen zu treiben. Wie wesentlich die Autokultur für das Leben junger Männer ist, kann man auch vermuten anhand der Beinamen, die die Jungs manchmal bekommen. Gibt es in einer Clique mehrere Kerle namens *Wayne,* nennt man sie einfach nach den Autos, die sie fahren: Galaxie Wayne für den „Ford-Galaxie"-Fahrer, Torana Wayne für den „Holden-Torana"-Fahrer und Commodore Wayne für den „Holden-Commodore"-Fahrer etc.

In den Augen der V8-Fahrer sind die Typen mit den *Fast Four* (schnelle vier - entsprechend der Zylinderzahl), d. h. den Rotary- und Turbo-Motoren nur möchtegern motorisiert. Das Aufheulen von Wagen mit dieser Motorisierung lockt bei den V8-Fans nur ein müdes Lächeln hervor. Aber die Fast-Four-Autos sind gefährliche Geschosse, bei denen das geringe Gewicht im Verhältnis zur Leistung in einem starken Missverhältnis steht, weswegen man in New South Wales nur nach einigen Jahren Fahrpraxis einen solchen Wagen fahren darf. Dies ist nur eine der vielen Regelungen, die man in Australien in den 1980er und 1990er Jahren einführte, um die jährliche Zahl der Todesopfer durch Verkehrsunfälle zu reduzieren, welche in den 1970er Jahren mit über 3500 jährlich ihren Höhepunkt erreicht hatte. Die Maßnahmen zeitigten Erfolg, z. B. sank die Zahl der bei Verkehrsunfällen getöteten jungen Männer zwischen 17–25 Jahren auf ein Drittel in den 1980er und 1990er Jahren. Dennoch sterben in dem Alter zwischen 0 und 39 Jahren heute nach wie vor fast vier Mal mehr Männer (bzw. Jungen) als Frauen (bzw. Mädchen).

Fatal ist auch die Tatsache, dass Überprüfungen der Funktionsfähigkeit der Autos (analog dem TÜV-Test in Deutschland) noch immer nicht in allen Bundesstaaten Pflicht sind. So kommt es, dass z. B. auf den Straßen in South Australia und im Northern Territory Wagen fahren, die so sehr aufgemotzt wurden, dass sie 20–50 % mehr PS als ursprünglich haben, allerdings ohne dass die Bremsen, die vermutlich ohnehin schon hoffnungslos abgenutzt waren, auch entsprechend angepasst worden wären. Das sind alles in allem Verhältnisse, die an den sprichwörtlichen Wilden Westen erinnern. Der ganze Kult um die Vehikel ist mindestens so verrückt wie der Kult um den „Opel Manta" und den „Golf GTI" in den 1980er Jahren in Deutschland. In Australien wird der Kult um die „Holden" zurzeit in der Theateradaption von *Henry Williams* amüsantem sexistischem Buch „My Love had a black speed stripe" auf die Schippe genommen; hier dreht sich sich alles um einen *yobbo* (Proleten) und dessen Liebe zu seinem „Holden Monaro".

Rechte und Pflichten der Aussies

I pledge my loyalty to Australia and its people,
Whose democratic beliefs I share,
Whose rights and liberties I respect,
Whose laws I will uphold and obey.

Ich schwöre Australien und seinem Volk meine Treue,
deren demokratischen Glauben ich teile,
deren Rechte und Freiheiten ich respektiere,
deren Gesetze ich wahren und befolgen werde.

(Schwur, den Einwanderer bei der Einbürgerung in Australien leisten)

Die Zeiten, da ein Bewohner Australiens lediglich als *British Subject* innerhalb des *British Commonwealth* klassifiziert wurde, gehören seit 1949 endgültig der Vergangenheit an und seit 1986 kann man für ein in Australien geborenes Kind die **australische Staatsbürgerschaft** schon beantragen, wenn nur ein Elternteil die australische Staatsbürgerschaft oder aber eine unbefristete Aufenthaltsgenehmigung hat. Mit der Staatsbürgerschaft geht wie in jedem Land ein ganzer Katalog an Rechten und Pflichten einher. Zunächst einmal herrscht z. B. wie in allen westlichen Ländern eine Schulpflicht bis zum 10. Schuljahr; einen Führerschein kann man je nach Bundesstaat ab 16, 18 oder 21 Jahren erwerben; in allen Bundesstaaten hat man ab dem Alter von 18 Jahren die Pflicht, zur Wahl zu erscheinen; man muss allerlei Steuern zahlen; man darf seine Meinung frei äußern, auch wenn dies nicht ausdrücklich in der Verfassung steht; man hat ein Recht darauf, nicht diskriminiert zu werden; man wird im Krankheitsfall, als Arbeitsloser, als Sozialfall und im Rentenalter finanziell unterstützt; und man hat sich natürlich an die Gesetze des Staates zu halten etc. Wie das im Einzelnen alles vor sich geht, kann man sich vorstellen. Dennoch gibt es einige australische Besonderheiten, die das Leben der Menschen *Down Under* etwas anders als bei uns gestalten.

Demokratie mit Wahlzwang

Das politische Gebilde Australien steckt wirklich voller Widersprüche. Es ist seit 1901 ein unabhängiger Staat, aber dennoch steht die Königin von Großbritannien, Ihre Majestät *Elizabeth II.*, zugleich als Königin von Australien als Staatsoberhaupt an der Spitze der **parlamentarisch-demokratischen Monarchie** Australiens und jedes der sechs Bundesstaaten. Die Interessen der Queen in Australien werden vertreten durch den föderalen *Governor-General* (Generalgouverneur) und die jeweiligen *Governors* (Gouverneure) der sechs Bundesstaaten, die vom Premierminister bzw. vom jeweiligen Ministerpräsidenten des Bundesstaates vorgeschlagen und dann von der Queen ernannt werden. Diese sieben Repräsentanten der Queen dürfen jedoch durch eine ungeschriebene Konvention de facto nur etwas auf Anraten der demokratisch gewählten australischen Minister entscheiden – heißt es. Doch 1975 wurde das australische Volk von der Monarchie eines Besseren belehrt. Denn als die *Liberals* dem von *Gough Whitlams* Labor-Regierung vorgelegten Haushaltsbudget nicht zustimmen wollten und die Regierungsgeschäfte einfach nicht weitergingen, griff der damalige Generalgouverneur *John Kerr* ein, setzte flugs den Premierminister *Gough Whitlam* ab und ersetzte ihn durch *Malcolm Fraser* als Interimspremierminister bis zu den Neuwahlen. So viel zur Unabhängigkeit Australiens von den Vertretern der britischen Monarchie. So viel aber auch zur politischen Mündigkeit der australischen Volksvertreter, denn de facto hatte sich die Regierung in eine Sackgasse hineinmanövriert, war aber auch nicht bereit, sich Neuwahlen stellen.

Freiwilligkeit scheint keine Stärke des politischen Systems Australiens zu sein. Es herrscht in Australien nämlich seit 1924 kein Wahlrecht, sondern eine **Wahlpflicht** bzw. Erscheinungspflicht. Wenn man einfach auf der Couch sitzen bleibt, weil man keine Lust hat, ins Wahllokal zu gehen, führt das zu einer Vorladung vor Gericht, wo man ein Bußgeld von 50 $ plus die Gerichtskosten zahlen muss. Ab dem 18. Lebensjahr hat heutzutage jeder australische Staatsbürger am Wahltag vor der Urne zu erscheinen oder an der Briefwahl teilzunehmen. Natürlich kann man dann immer noch einen ungültigen Wahlzettel abgeben, wenn man aktiv keine Wahl treffen möchte.

Bei der letzten Bundeswahl am 10. November 2001 waren 4,82 % aller Stimmen für die Wahl des Repräsentantenhauses ungültig (die vierthöchste Zahl der ungültigen Stimmen in Australiens Geschichte. Durch die Erscheinungspflicht hat man in Australien immer eine phänomenal hohe **Wahlbeteiligung** von durchschnittlichen 91–96 % der Bevölkerung (Zum Vergleich: Bei der Bundestagswahl 2005 in Deutschland lag die Wahlbeteiligung bei 77 %). Wie viele von den durchschnittlich 4–9 % der Bevölkerung, die seit 1924 nicht an der Wahl teilnahmen, tatsächlich vor Gericht erscheinen mussten und die Gebühr zu zahlen hatten, ist statistisch nicht erfasst. Fest steht jedoch, dass im Ausland lebende Australier nicht zur Teilnahme an der Wahl verpflichtet sind und in letztgenannter Prozentzahl enthalten sind (2007 lebte fast eine Million australischer Staatsbürger in Übersee).

Zu den Nachteilen des Erscheinungszwanges gehört, dass dadurch vermutlich die Zahl der sogenannten *donkey votes* (Esel-Stimmen) unnötig steigt – das sind absichtlich unsinnig ausgefüllte, aber gültige Wahlzettel. Welche Motive bei den Einzelnen tatsächlich dahinterstehen, lässt sich allerdings schwer herausfinden, da die Wahl ja geheim ist. Ein weiterer Minuspunkt ist, dass uninformierte Wähler willkürlich eine der angebotenen *how-to-vote-cards* (Wie-man-wählt-Karten) als Grundlage für ihre Wahl nehmen. Diese Karten werden außerhalb der Wahllokale von Freiwilligen der verschiedenen Parteien angeboten und zeigen, wie die Wahlzettel ausgefüllt werden müssen, damit die entsprechende Partei eine Stimme erhält. Aber solche Möglichkeiten der Einflussnahme gibt es immer, Erscheinungspflicht hin oder her.

Zur Stimmabgabe wird man auch bei den unregelmäßig abgehaltenen **Referenden** aufgefordert, in denen es darum geht, über vorgeschlagene Verfassungsänderungen zu entscheiden. Die Teilnahme ist hier ebenfalls ein Muss. Ein Vorschlag kann nur angenommen werden, wenn eine doppelte Mehrheit erzielt wird, d. h. eine Mehrheit auf nationaler Ebene und außerdem eine Mehrheit in der Hälfte aller Bundesstaaten. (Seit 1977 dürfen auch die Einwohner der australischen Territorien stimmen, aber ihre Stimmen kommen nur in der nationalen Wertung zur Geltung, nicht jedoch in der Wertung der Bundesstaaten, da die Territorien zu keinem der Bundesstaaten gehören.) In der australischen Geschichte sind bislang nur 8 der insgesamt 44 Referendumsvorschläge positiv entschieden worden.

Großes Aufsehen zog zum Beispiel das Republiks-Referendum von 1999 auf sich. Die **Frage der Gründung einer Republik** hängt eng mit der Frage der endgültigen Loslösung von Großbritannien zusammen. Der Erste Weltkrieg wird klassisch als der Moment in der australischen Geschichte angesehen, in dem das knapp 13 Jahre junge, weitgehend unabhängige *Commonwealth of Australia* endlich auch psychologisch deutlich vom Mutterland abnabelte. Dass Australien trotz alledem administrativ weiterhin mit Großbritannien verbunden blieb und die Queen bis heute Staatsoberhaupt Australiens ist, traf und trifft nicht auf die Zustimmung aller Australier. Viele wünschen sich einen „echten" Unabhängigkeitstag wie in den USA, ein Datum, das die Freikämpfung vom Mutterland symbolisiert. Mit etwas Neid blicken die Australier auf Südafrika, wo 1961 eine unabhängige Republik gegründet wurde (auch wenn dies in erster Linie geschah, weil man Südafrika wegen seiner Apartheit-Politik aus dem Com-

Das Government House in Sydney - Regierungssitz der einstigen Kolonie New South Wales und heute des gleichnamigen Bundesstaates

043au Foto: eg

monwealth ausgeschlossen hatte). Und die Australier beneiden die Kanadier um das 1982 vom britischen Parlament erlassene und durch *Queen Elizabeth II.* verkündete Gesetz, demzufolge die britische Kontrolle über Kanada formell beendet wurde, indem Kanada die komplette Verantwortung für alle zukünftigen Änderungen der kanadischen Verfassung erhielt - obwohl die Queen bis heute auch das formale Staatsoberhaupt von Kanada ist und wie in Australien durch einen *Governor-General* vertreten wird. Die Nicht-Royalisten Australiens glauben, dass eine Republik auch den Nationalstolz der Australier erhöhen würde; und sie diskutieren über eine Nationalflagge, die sich aus den grün-goldenen Nationalfarben und den Flaggen der indigenen Bevölkerungsgruppen zusammensetzt.

Im Republiks-Referendum von 1999 wurde die Frage gestellt, ob das *Commonwealth of Australia* die Queen und ihren Repräsentanten in Australien durch einen Präsidenten ersetzen solle, der durch eine Zweidrittelmehrheit des Parlaments gewählt werden würde. Das vernichtende Ergebnis: Nur 45,13 % der Australier stimmten dafür und in keinem Bundesstaat erhielt der Vorschlag eine Mehrheit. Dabei ist es durchaus nicht so, dass die Australier nach einem „God Save The Queen" verlangen. Meinungsumfragen zufolge hätten die Australier die einfache Frage: „Wollt ihr eine Republik?" mehrheitlich mit „Ja" beantwortet. Da das Referendum aber eine Republiksgründung an das Modell der Präsidentenwahl durch eine Zweidrittelmehrheit der beiden Kammern des Parlaments statt an eine Direktwahl des Präsidenten durch das Volk (wie in den USA) knüpfte, hieß das Gesamtergebnis ganz klar „Nein". Die Queen darf noch ein paar Jahre Staatsoberhaupt bleiben, bis zum nächsten Mal, wenn die Republiksfrage wieder in irgendeiner Form als Referendum dem Volk zur Entscheidung übergeben wird.

Bis dahin bleibt alles beim alten. Die australische Volksvertretung besteht aus einem etwa alle drei Jahre **frei gewählten Zweikammernparlament** mit 150 Sitzen im Repräsentantenhaus *(Lower House)* und 76 Sitzen im Senat *(Upper House)*. Dessen Abgeordnete nominieren die Minister, die die Regierungsgeschäfte führen.

Der Regierungschef ist der **Premierminister,** der eigentlich ein Mitglied des Repräsentantenhauses sein muss. Eine Ausnahme war der Premierminister *John Gorton,* der bei seiner Wahl im Januar 1968 noch Senator war, aber 3 Wochen später vom Senat zurücktrat und für das Repräsentantenhaus kandidierte. Der erste Premierminister war in den Jahren 1901–1903 *Edmund Barton.* Seither hat es 24 weitere australische Premierminister gegeben, unter denen 3 weniger als einen Monat im Amt gewesen sind: *Francis Forde* (8 Tage im Juli 1945), *Earle Page* (20 Tage im April 1939) und *John McEwen* (22 Tage beim Jahreswechsel 1967/68). Ihre Namen kennt heute kaum noch ein Aussie. Ganz anders ist es mit dem Namen von *Robert Gordon Menzies,* der dieses Amt über die australische Rekordzeit von insgesamt 17 Jahren bekleidete (1939–1941 und 1949–1966). Er war einer der Mitgründer der konservativen, rechts-orientierten *Liberal Party,* die in der Nachkriegszeit zur stärksten Partei Australiens aufstieg. Daneben dominieren heute noch zwei weitere politische Kräfte die australische Parteienlandschaft: die gegenwärtig koalierende, ebenfalls konservative und rechts-orientierte *National Party* einerseits und die links-orientierte *Australian Labor Party* andererseits. In der australischen Nachkriegsgeschichte gelang es der *Labor Party* bislang nur für drei relativ kurze Perioden zu regieren. Die berühmten Labor-Premierminister waren 1972–1975 *Gough Whitlam,* 1983–1991 *Bob Hawke* und zuletzt 1991–1996 *Paul Keating.* Seit 1996 (seit vier Amtsperioden) schwingt *John Howard* an der Spitze der Liberal-National-Koalition das Zepter. Bei den voraussichtlich Ende 2007 (aber spätestens Januar 2008) stattfindenden Parlamentswahlen könnte die *Labor Party* mit ihrem Parteichef *Kevin Rudd* der vielkritisierten Howard-Ära endlich ein Ende setzen.

Im Übrigen ist es nicht so, dass ausschließlich australische Staatsbürger in Australien wählen dürfen. Auch britische Staatsbürger, die sich seit Inkrafttreten des *Nationality and Citizenship Act* 1949 nicht dazu entschlossen, die australische Staatsbürgerschaft anzunehmen, aber am Stichtag, dem 25. Januar 1984, als *British Subject* auf der Liste der Wahlberechtigten standen, haben das Recht, in Australien an den Parlamentswahlen teilzunehmen. Bei den Wahlen für das Parlament des Bundesstaates darf in Queensland zusätzlich jeder britische Staatsbürger wählen, der bis zum 31. Dezember 1991 auf der Liste der Wahlbeteiligten stand. Darüber hinaus gibt es bei den Wahlen zu den Parlamenten der Bundesstaaten noch einige andere, nicht weiter nennenswerte Unterschiede.

Die *British Subjects* haben klassischerweise ihre Wurzeln in Großbritannien, denn alle anderen Einwanderer (auch die aus den ehemaligen britischen Dominions), die einst mit dem Label *British Subject* versehen worden waren, fanden das Prädikat „australischer Staatsbürger" bei weitem attraktiver.

Ein weiteres historisch bedeutsames Referendum endete mit dem deutlichsten „JA" in der Geschichte der australischen Referenden. Am 27. Mai 1967 sprachen sich 90,77 % aller Wahlberechtigten und die Mehrheit in allen Bundesstaaten dafür aus, dass die **Aboriginals endgültig als vollwertige australische Staatsbürger anerkannt** werden. Mit Einverleibung des australischen Kontinents 1788 durch die Briten wurden die Einheimischen automatisch zu *British Subjects,* die bei Gründung des *Commonwealth of Australia* diesen Status auch offiziell auf dem Papier bekamen. Aber de facto wurden ihen nie dieselben Rechte zuteil wie den nicht-indigenen *British Subjects*. Mit der Definition der australischen Staatsbürgerschaft 1949 wurden die Rechte der indigenen *British Subjects* nun auch in entsprechenden Gesetzen offiziell beschnitten; sie hatten kein Recht auf freie Meinungsäußerung, freie Wohnortwahl, Ausübung ihres Glaubens, Ausbildung, Arbeit u. a. Erst seit dem oben genannten Referendum von 1967 nimmt die indigene Bevölkerung auch wirklich an den Volkszählungen und an den Wahlen teil. Es wurde damit zum offiziellen Stichtag, an dem das moderne Australien 66 Jahre nach seiner Gründung endlich den steinigen Weg zur Wiedergutmachung begann.

Ein weiteres wichtiges Referendum betraf 1977 das **Wahlrecht für die Bewohner der zwei Territorien** Northern Territory und Australian Capital Territory. Gemäß der Verfassung hatten nämlich nur Einwohner der Bundesstaaten das Recht zu wählen, nicht jedoch die Bewohner der australischen Territorien, die direkt dem *Commonwealth* unterstellt sind. Besonders für die Bewohner des Northern Territory war dies von Bedeutung, da das Northern Territory von 1863 bis 1911 ein Teil des australischen Bundesstaates South Australia war. In dieser Zeit waren sie also Einwohner von South Australia und durften als solche von 1901 bis 1911 an den Parlamentswahlen teilnehmen, verloren hingegen mit der Abtrennung des Northern Territory von South Australia 1911 ihr Wahlrecht und jegliche politische Repräsentanz. Fortan unterstanden die 3572 nicht-indigenen Bewohner des Northern Territory dem Auswärtigen Amt, bis sie ab 1918 durch ein Mitglied im Repräsentantenhaus vertreten wurden, welches allerdings bis 1968 kein volles Wahlrecht hatte. 1974 schließlich hielt das Northern Territory die ersten Wahlen für sein Unterhaus ab. Aber erst mit dem Referendum von 1977 erhielten alle Territorianer des Northern Territory und des Australian Capital Territory das Recht, an den nationalen Parlamentswahlen und Referenden teilzunehmen. So gab es beim nächsten Referendum schlagartig über 200.000 neue Einwohner, die auf nationaler Ebene mitreden durften. Seit dem 1. Juli 1978 hat das Northern Territory auch ein eingeschränktes Selbstverwaltungsrecht, d. h. die vom legislativen Unterhaus des Northern Territory beschlossen Gesetze können vom Commonwealth-Parlament in Canberra verworfen werden. Einen Schritt weiter zu gehen und zum siebten Bundesstaat aufzusteigen, wurde im Referendum von 1998 von der Mehrheit der Einwohner des Northern Territory abgelehnt. Wenn die Zeit gekommen ist, wird es allerdings sicherlich noch einmal ein Referendum zu diesem Thema geben. Da die fertig gestellte Eisenbahnlinie von Adelaide nach Darwin das Northern Territory als Tor zu Asien wirtschaftlich erstarken lassen wird, ist damit zu rechnen, dass auch bei den Einwohnern des Northern Territory der Wille zur Selbstbestimmung wachsen wird.

Neben den Referenden zu Fragen, die eine Verfassungsänderung zur Folge haben, gibt es jedoch auch noch **einfache Volksentscheide** auf nationaler oder bundesstaatlicher Ebene, die lediglich den Charakter einer Meinungsumfrage haben und deren Ergebnisse keine Veränderung der Gesetzeslage zur Folge haben müssen.

Von weitreichender Tragweite waren die beiden ersten nationalen Volkentscheide 1916 und 1917 mitten im Ersten Weltkrieg, in denen sich das australische Volk beide Male mit einer knappen Mehrheit dagegen aussprach, dass die **Wehrpflicht** auch bei Kriegshandlungen zu gelten hätte, die nicht auf australischem Boden oder australischen Gewässern stattfinden. (Die Referenden waren nötig, da damals die Frage der Wehrpflicht nicht gesetzlich geregelt war.) Es blieb der australischen Regierung daher nichts anderes übrig, als weiterhin mit heroischen Plakaten für Soldaten zu werben, die sich für den Dienst im Ersten Weltkrieg einberufen lassen würden. „Australien hat Großbritannien 50.000 weitere Männer versprochen. Wirst DU uns helfen, dieses Versprechen zu halten" hieß es zum Beispiel auf einem der vielen Plakate, die Soldaten im Hintergrund und vorn ein Känguru zeigten. Bei dem Volksentscheid ging es jedoch um mehr als um eine einfache Entscheidung für oder gegen die Wehrpflicht, es ging auch um mehr als die Entscheidung für oder gegen den Krieg. Viele Gewerkschaften waren gegen die Wehrpflicht und den Krieg, weil dieser in ihren Augen den Imperialismus unterstützte und nicht im Sinne der internationalen Vereinigung der Arbeiter war. Ebenso setzte sich der katholische Erzbischhof *Dr. Daniel Mannix* in Melbourne vehement gegen den kapitalistischen Krieg ein: „Die vorrangige Pflicht und Loyalität der Australier sollte erst Australien, dann dem Empire gelten". Er kritisierte überdies, dass die 18 Jahre jungen australischen Männer, die in die Schützengräben zum Sterben geschickt wurden, nicht einmal zum Thema Krieg befragt wurden, da sie erst ab dem 21. Lebensjahr wahlberechtigt waren; er kritisierte auch, dass die Frauen, die selbst nicht in den Krieg ziehen mussten, mit ihrer Stimme im Volksentscheid junge Männer in den Tod schicken durften. Wehrpflichtsbefürworter wie der damalige australische Premierminister *Billy Hughes* betrachtete die Bereitstellung von Männern im Krieg hingegen als „den Preis, den wir für unsere nationale Existenz und unsere Freiheiten zahlen müssen".

Keine räumlich uneingeschränkte Wehrpflicht zu haben, sorgte in Australiens Geschichte, z. B. während des Zweiten Weltkrieges, des Vietnam-Krieges und der Osttimor-Krise, immer wieder für politischen Aufruhr. Sechs Wochen, nachdem Australien in den Zweiten Weltkrieg eingetreten war, kündigte der damalige Premierminister *Robert Menzies* an, die Wehrpflicht angesichts der militärischen Erfolge der Japaner auf den südwestpazifischen Raum auszudehnen. Der Oppositionsführer *John Curtin* an der Spitze der Labor-Partei sprach sich jedoch dagegen aus und so wurde die Entscheidung auf die Ebene der Bundesstaaten verlagert, deren Parlamente jeweils über den Gesetzesentwurf abstimmten; in vier der sechs Bundesstaaten trat daraufhin die erweiterte Wehrpflicht für die Dauer des Krieges in Kraft. Selbst diejenigen, die im Ersten Weltkrieg noch komplette Gegner der Wehrpflicht waren, waren nun angesichts der japanischen Bedrohung in den Gewässern rund um Australien um einiges williger, die australischen Männer per Zwang in den Kampf zu schicken. Die Regierung *Menzies* steuerte Australien noch durch weitere Kriegsbeteiligungen: den Korea-Krieg (1950–1953), die Krise in Malaysia (1950–1960), die Konfrontation in Indonesien (1964–1966) und schließlich auch den Vietnam-Krieg (1962–1972). 1964 beschloss seine Regierung zunächst eine zweijährige Wehrpflicht nach einem Zufallsverfahren für Männer ab 20 Jahren, d. h. von allen ab 20-jährigen Männern in Australien wurden per Zufallsgenerator 33.000 Männer über ihr Geburtsdatum ausgewählt und zum Wehrdienst einberufen. 1965 entschied das australische Parlament, die seit Ende des Zweiten Weltkrieges wieder auf das australische Territorium als Aktionsraum begrenzte Wehrpflicht zugunsten einer Teilnahme am Vietnam-Krieg auf ganz Übersee auszuweiten. So waren zwischen 1965 und 1972 von den über 800.000 registrierten australischen Soldaten über 63.000 Männer zum Wehrdienst eingezogen. Von ihnen waren ca. 19.000 in Vietnam im Einsatz, wo 200 getötet und 1279 verletzt wurden. Der Vietnamkrieg bedeutete schließlich das politische Aus für *Robert Menzies* als Premierminister. Die neue Labor-Regierung mit *Gough Whitlam* an der Spitze betrachtete in den folgenden Friedenszeiten den Wehrdienst als eine zu große finanzielle Belastung für den Staatshaushalt und schaffte die allgemeine Wehrpflicht ganz ab. Da die Regierungen die Mehrheit der Australier nie richtig für die Idee hatten begeistern können, die Männer zum Wehrdienst zu zwingen, gibt es seitdem nur noch eine reine Berufsarmee in Australien.

Blokes und Sheilas – Rollenverteilung der Geschlechter

Denkt man als Mitteleuropäer an Australier, kommt einem meist sogleich das Bild von Strafgefangenen, Schafscherern, Krokodiljägern, ANZAC-Soldaten oder Farmern in den Sinn – alles *blokes,* wie man in Australien die Männer bezeichnet. Von den *sheilas,* wie man die **Frauen in Australien** traditionell nannte, haben wir meist gar keine richtige Vorstellung. Die aus Filmen bekannten Australierinnen wie *Nicole Kidmann, Judy Davis, Cate Blanchett, Rachel Griffiths* oder *Naomi Watts* hat man in Europa erst so richtig kennen gelernt, als sie Australien in Richtung Hollywood oder Großbritannien verlassen hatten und dort Karriere machten. Gleiches gilt auch für die Australierinnen in der Musikbranche wie *Olivia Newton-John, Natalie Imbruglia, Kylie Minogue, Holly Valance* oder auch *Delta Goodrem.*

Die einzige Ausnahme scheint *Toni Collette* zu sein, die durch ihre Rolle in dem Film „Muriel's Wedding" von 1999 auch ein Körnchen Wahrheit über gewisse australische Frauen transportierte. Sie verkörperte dort den Typus der simplen jungen Australierin auf dem Lande oder in der Kleinstadt, die aus der traditionellen Lebensweise der Generation ihrer Mütter als Heimchen am Herd ausbrechen möchte. Diese Müttergeneration wird seit den 1970er Jahren treffend vom Komiker *Barry Humphries* in seiner Kultfigur „Dame Edna Everage" dargestellt. Die zeitgenössische Variante der gelangweilten Hausfrau in *Suburbia* wurde pointiert in der schon kultverdächtigen australischen TV-Serie „Kath and Kim" des Senders ABC porträtiert.

Da sich die Frauenbewegung in Australien mit einiger Verspätung im Vergleich zu den USA oder Europa entwickelte, wird in Australien das generelle Frauenbild noch stark von der Rolle als Hausfrau und Mutter bestimmt. Dass Frauen – sofern sie keine Kinder haben – auch arbeiten gehen, ist dabei nichts Ungewöhnliches, denn die unwirtlichen Bedingungen des Kontinents haben von Anfang an das Mitarbeiten der Frauen in bestimmtem Rahmen erforderlich gemacht. Insbesondere in solchen historischen Perioden wie während des Ersten Weltkrieges, als Australien 61.720 junge Männer verlor, und während der Spanische-Grippe-Epidemie 1919 in New South Wales, als 12.000 Menschen starben, musste einfach jeder mit anpacken. Aber generell sollten die Frauen neben ihrer Arbeit an Heim und Herd vorwiegend in all den klassisch weiblichen Aufgabenbereichen tätig werden – als Kellnerinnen, in den Restaurantküchen, in der Putzbranche, auf der Farm, in der Krankenversorgung etc.

Das besondere an der australischen Frau war und ist **ihre Raubeinigkeit in der Männerdomäne Australien.** Die Einwanderungspolitik beschränkte sich ja auch lange Zeit nur auf Männer. Es waren Männer, die das Land rodeten und für die Landwirtschaft nutzbar machten. Es waren Männer, die die Straßen bauten und den Kontinent als Pioniere durchquerten. Es waren Männer, die aus der Strafgefangenenkolonie das *Commonwealth of Australia* schmiedeten. Die weiblichen Strafgefangenen der *First Fleet,* der Ersten Flotte von England zur Gründung der Strafgefangenenkolonie 1788, wurden hauptsächlich für ihre lustvollen Dienste bekannt, denn nicht wenige von ihnen hatten sich in England der Prostitution schuldig gemacht und waren aus diesem Grund zur Deportation nach *Down Under* verurteilt worden. Die später einwandernden Ehefrauen von freien Siedlern durften nicht zimperlich sein, denn es galt, mit beiden Händen zuzupacken, um gemeinsam mit ihren Ehemännern auf einen grünen Zweig zu kommen.

Als die verschiedenen australischen Kolonien sich etabliert hatten und in der Zeit nach dem Goldrausch die Industrialisierung Australiens und erster Wohlstand einsetzte, erhoben sich auch die ersten Stimmen für Frauenrechte. Unter ihnen war z. B. *Louisa Lawson* (Mutter des berühmten Dichters *Henry Lawson),* die Australiens **erste feministische Zeitschrift** „Dawn" herausgab. Ihren journalistischen und politischen Bemühungen, wie auch denen von *Rose Scott, Vida Goldstein* und *Annette Bear-Crawford,* ist es zu verdanken, dass das **Wahlrecht für Frauen** eine Bedingung für die Föderationsgründung 1901 wurde. Bereits 1894 gewährte South Australia als erste Kolonie den Frauen das Wahlrecht und das Recht, ins Parlament gewählt zu werden. *Catherine Helen Spence* wurde bei einer Wahl in South Australia 1897 als **erste weibliche politische Kandidatin** aufgestellt. Zur Ehrung für diese Vorreiterrolle wurde sie auf der Rückseite des rosa-farbenen 5-$-Föderationsgeldscheins abgebildet, dessen Vorderseite der „Vater der Föderation", *Sir Henry Parkes,* ziert. (Dieser Geldschein wurde 2001 anlässlich der 100-Jahresfeier des *Commonwealth of Australia* von der australischen „Reserve Bank" als Gedenkgeldschein in

066au Foto: at

Umlauf gebracht und existiert heute neben der 5-$-Banknote mit den Abbildungen von *Queen Elizabeth* und dem Parlamentsgebäude in Canberra). *Edith Cowan* war 1921 die Erste, die tatsächlich in ein Parlament eines Bundesstaates (Western Australia) gewählt wurde, wofür sie mit ihrem Bild auf der Rückseite des seit 1995 genutzten gelblichen 50-$-Geldscheins geehrt wurde. *Dorothy Tangney* war 1943 schließlich die Erste, die es bis ins föderale Repräsentantenhaus in Canberra schaffte.

Dame Mary Gilmore ziert den seit 1993 verwendeten blauen 10-$-Geldschein. Sie war das erste weibliche Mitglied einer australischen Gewerkschaft und setzte sich als Schriftstellerin, Dichterin und Journalistin unermüdlich für die Belange der Aboriginals, der Frauen und der sozial Unterdrückten im Allgemeinen ein. Sie war eine solch hochangesehene Schriftstellerin, dass ihr bei ihrem Tode 1962 als zweiter australischer Schriftsteller(in) nach *Henry Lawson* ein Staatsbegräbnis zuteil wurde. Obwohl Australien 1902 das erste Land war, in dem Frauen das Wahlrecht erhielten und auch ins Parlament gewählt werden konnten (in Neuseeland erhielten Frauen zwar schon 1893 das Wahlrecht, durften aber erst nach dem Zweiten Weltkrieg ins Parlament gewählt werden), gab es bis in die 1940er Jahre kein weibliches Mitglied im föderalen Parlament und die erste Ministerin wurde erst in den 1960er Jahren berufen – für das *Ministry of Housing* (Ministerium für Hausbau).

In Australien herrscht traditionell das **Konzept der männlichen Kameradschaft** vor, deren Grundpfeiler im Kapitel „Australische Ideale" in „Der kulturhistorische Rahmen" beschrieben wurden. Auch heute noch gilt, dass – so lange ein Mann nicht Ehefrau und Kinder hat – die *mates* (Kumpels) immer vorgehen und die Freundin erst an zweiter Stelle kommt, besonders wenn es um die Gestaltung des traditionellen Freitagabends geht, an dem die Männer zusammen einen saufen gehen. Doch wer ist ein *mate?* Das Verwirrende ist, dass die Aussies jeden *mate* nennen, manchmal auch Personen weiblichen Geschlechts. Außerdem gibt es in ländlichen Kreisen auch immer mehr Frauen, die eine andere Frau mit *mate* bezeichnen. In jedem „danke" heißt es *thanks, mate* und in jedem „Hallo" heißt es traditionell *G'day, mate*. Die kleine Feinheit liegt in dem Wörtchen *my* (mein), d. h. *my mate* ist ein Freund, aber *mate* allein in der Anrede bedeutet so ziemlich alles von „Freund" bis zum negativ unterlegten „Freundchen". Was gemeint ist, hört man deutlich an dem Unterton in der Stimme. Das Wort *friend* (Freund) ist im australischen Wortgebrauch eher mit dem deutschen „Bekannten" gleichzusetzen, also für Personen, die man nicht so gut kennt oder so gut wie nie sieht. Das englische Wort *aquaintance* (Bekannter) hat für Aussies einen negativen Beigeschmack und wird im Grunde nur gebraucht, um zu verdeutlichen, dass man die Person durchaus kennt, sich aber von ihr distanziert.

Die *male mateship* (männliche Kameradschaft) wurde von den australischen Männern bis in die 1970er Jahre hinein als etwas Exklusives vergöttert: Wahre Freundschaft, Vertrauen und Verlässlichkeit gab es nach ihrer Auffassung nur unter Männern. Frauen hatten in dieser Welt einen sehr reduzierten Platz – nur als Mütter, Ehefrauen und Freundinnen. Sie hatten nur wenig zu sagen; die **Diskriminierung von Frauen** war in allen Bereichen des Alltagslebens gegenwärtig. Daher wurde die starke Identifikation der australischen Gesellschaft mit der auf Männer reduzierten *male mateship* im 20. Jahrhundert zunehmend von Frauen angefochten. Darunter waren Persönlichkeiten wie die exzentrische „Königin der Boheme" *Dulcie Deamer,* eine freie Journalistin im Sydney der 1920er Jahre, die Künstlerin *Joy Hester* in den 1940er Jahren und die Schriftstellerin *Germaine Greer* in den 1960er Jahren, die auch international mit ihrem Buch „The Female Eunuch" (Der weibliche Eunuch) viel Aufsehen erregte.

In der Zeit nach dem Zweiten Weltkrieg kamen viele neue Einwanderer nach Australien, die oftmals die schlechtbezahltesten Jobs annehmen mussten, um sich eine neue Existenz in Australien aufzubauen. Auch ihre Ehefrauen waren gezwungen zu arbeiten und trafen harte Arbeitsbedingungen für eine noch schlechtere Bezahlung als für Männer an. Die australischen Gewerkschaften waren jedoch eingeschworene Männergesellschaften, von denen Frauen weitgehend ausgeschlossen waren. Mit dem zunehmenden Zugang zu gleichwertiger Bildung wollten sich die Frauen jedoch immer weniger mit der stummen Rolle begnügen, die ihnen die Männerwelt zuschrieb. Außerdem bekamen die Frauen mit der Einführung des Fernsehens 1956 in Australien ein Fenster zur Welt geboten, in dem sie den Beginn der Frauenbewegung in Europa und Nordamerika mitverfolgen konnten.

So erwachte Ende der 1960er Jahre zaghaft die **australische Frauenbewegung,** die jedoch erst unter der Labor-Regierung von *Gough Whitlam* ab 1972 aufblühen konnte. Bis dahin wurden Frauen in vielen Bereichen noch stark diskriminiert: Anfang der 1970er Jahre musste beispielsweise eine Frau in Queensland noch von ihrem Job im Bildungsministerium zurücktreten, wenn sie geheiratet hatte, oder bei der Antragsstellung für einen Hauskredit wurde allein das Gehalt des Ehemannes zugrunde gelegt.

Die gesetzlichen Grundlagen dafür wurden mit dem *Sex Discrimination Act* (Gesetz über Diskriminierung aufgrund des Geschlechts) von 1984 verändert: Seitdem ist es illegal, Frauen zu diskriminieren, ihnen nicht die gleichen Gehälter für die gleiche Arbeit zu zahlen, sie zu entlassen, weil sie schwanger sind oder aber sie aufgrund ihres Geschlechts erst gar nicht einzustellen ... Aber in den Köpfen der Aussies mahlen die Mühlen langsamer: Geht man heute zum Autohändler, nimmt der Verkäufer immer noch automatisch an, er müsse mit dem Mann sprechen und ignoriert die Frau einfach, auch wenn eigentlich ein Wagen für die Ehefrau gesucht wird. Diskriminierung aufgrund des Geschlechtes findet bei Einstellungsgesprächen nach wie vor statt und gewalttätige Übergriffe auf Frauen gibt es wie eh und je, auch innerhalb der vier Wände ihrer Schlafzimmer. Besonders problematisch ist der **Stand der Gleichberechtigung** in den *Communities* der Aboriginals und in den Gemeinschaften vieler neuer Einwanderer, da diese Menschen meist an der traditionellen Lebensweise ihrer Völker festhalten, in der Frauen stärker benachteiligt sind als in der modernen australischen Gesellschaft.

Zum Kampf um Gleichberechtigung zwischen den Geschlechtern gehörte auch die Beseitigung von Diskriminierung im **sprachlichen Bereich.** Doch wohingegen man im Deutschen bei Personenbezeichnungen die weibliche Endung „-in“ anhängte, ging man im egalitären Australien einfach dazu über, alle Berufsbezeichnungen nur noch geschlechtsneutral zu benutzen. Dieser verbalen Aufräumaktion fiel auch das Wort *sheila* – die uraustralische Bezeichnung für Frau – zum Opfer, welches seitdem einen sexistischen Klang bekommen hat und als nicht mehr politisch korrekt gilt; heute ist es daher nur noch in reinen Männerrunden zu hören.

Die Vehemenz, mit der die Frauenbewegung in den 1980er Jahren für die Rechte der Frauen kämpfte, hatte auch negative Effekte: Dazu zählt die **Stigmatisierung des Mannes** als potentieller Vergewaltiger aus biologischen Gründen, die in *Helen Garners* „The First Stone" von 1995 an den Pranger gestellt wurde. In dem Roman geht es um einen Rechtsfall bezüglich sexueller Belästigung an der Universität von Melbourne, wobei *Garner* journalistisch aufzeigt, wie das Leben des angeklagten Dozenten durch die letztendlich zweifelhaften Vorwürfe von zwei Studentinnen zerstört wurde; der Dozent wurde zwar vom Gericht aus Mangel an Beweisen freigesprochen, aber war gesellschaftlich am Ende.

De facto mag die moderne australische Frau in puncto Gleichstellung bei Gehalt und Status noch immer hinterherhinken, aber man trifft sie heute **in allen traditionell männerdominierten Gebieten** von Jura über Wirtschaft bis Politik an, was in den 1990er Jahren durch eine Politik der Quotenerfüllung erreicht wurde. 1986 wurde *Janine Haines* an der Spitze der *Australian Democrats* die erste Frau in der Funktion als Parteichefin, 1990 wurde *Carmen Lawrence* in Western Australia die erste Ministerpräsidentin Australiens und 1991 wurde *Dame Roma Mitchell* in South Australia der erste weibliche *Governor* (Gouverneur).

Und es gibt auch die Tendenz, dass sich australische Frauen bemühen, **sich wie Männer zu verhalten.** So findet man Frauen am Freitagabend auch in reinen Frauenrunden beim *piss-up* (Saufgelage), wo sie es verstehen, ihren „Mann" zu stehen beim Biertrinken, Rülpsen, Rauchen, platten Gerede und One-Night-Stand-Sport, sodass sie dann auch als *mate* bezeichnet werden. Wenn sie nicht mithalten und sich nicht an die männlichen Spielregeln halten, gelten sie als Spielverderber. Ist es denn Gleichstellung, wenn man sich einfach nur alle männlichen Domänen zu eigen macht und die feminine Seite unter einer betont männlichen Hülle begräbt? Mit der Girlie-Bewegung seit Ende der 1990er Jahre, die mit betont mädchenhafter Kleidung, mädchenhaften Frisuren und anderen Accessoires und einem neuen Verständnis von Mädchen-Power einhergeht, zeichnen sich zwar bei den jungen Mädchen langsam Veränderungen ab, wohin diese führen werden, weiß man allerdings noch nicht. Kann man es den australischen Männern da wirklich verdenken, dass sie statt von einer „männlichen" Australierin lieber von einer *mail order bride* (Versandkatalog-Braut) aus Asien träumen? Dabei handeln diese Träume nicht so sehr von „Hausfrauchen" als vielmehr von echt femininen Wesen.

In den 1990er Jahren entwickelte sich auch der **Typus des neuen Mannes,** den man in Australien zunächst als *snag* (Würstchen) betitelte. Um sich von den schwulen Männern abzugrenzen, haben sich allerdings auch bei den neuen Männern einige hartnäckige stereotype Männlichkeitsattribute – wie raue Schale für den weichen Kern – erhalten. Es gilt allgemein, dass wahre *blokes* nicht weinen, sich nicht umarmen und sich nicht küssen. Die einzige Ausnahme ist der Moment des Sieges beim Sport, wenn es ein Tor oder einen *run* im Cricket zu feiern gibt. Dann bespringen sich die Männer durchaus, reiben ihre nackten Oberkörper aneinander und küssen sich sogar. Aber auch nur dann, denn sonst gelten sie als schwul! Heterosexuelle Männer möchten natürlich auf gar keinen Fall für „Schwuchteln" gehalten werden, die sie als *fucking poofter* (verdammte Schwuchtel) beschimpfen. Die neuen Männer zeichnen sich dadurch aus, dass sie mehr Zeit mit ihren eigenen Kindern verbringen möchten, als ihre Väter für sie selbst übrig hatten. Sie möchten die enorme Last, der einzige Ernährer der Familie zu sein, nicht länger tragen und erwarten von ihren Frauen, dass sie ebenfalls arbeiten gehen. Sie wünschen sich durchaus, die Rollen umkehren zu können und den *house husband* (Hausmann) zu spielen, während die Frau die finanzielle Versorgung übernimmt. Diese sogenannten *metro sexuals* (= „moderne Männer der Metropolen" als Wortspielerei auf die bisher einzigen Kategorien *heterosexuals* und *homosexuals),* die man nur in den australischen Metropolen kennt, streben die bislang nicht erreichte **wirkliche Gleichstellung und Gleichberechtigung** zwischen Mann und Frau an, bei allen Rechten und Pflichten. Einer meiner männlichen australischen Freunde drückte es treffend aus mit „Der Traum der australischen Frau ist es, alles zu haben ... und warum nicht!" und mit „alles" sind berufliche Karriere, Familie und Kinder gemeint. Er und viele andere glauben, dass es möglich sein müsse, dass eine Frau den Kinderwunsch und die Familiengründung nicht hintenanstellen muss, wenn sie beruflich Karriere machen möchte.

Allerdings bleibt wahre Gleichstellung ein schwieriger Balanceakt und meist nur ein hehrer Wunsch, denn Arbeitgeber und Regierung unterstützen diese Ziele kaum: Teilzeitarbeit, besonders in gehobenen Positionen, ist eine Seltenheit; ein Erziehungsjahr gibt es in Australien überhaupt nicht, etc. Daher entscheiden sich junge Australier immer häufiger gegen die Gründung einer Familie. Und so fällt in den Vororten der Metropolen das **Fehlen von Kindern** auf. Man sieht keine Straßenschilder mit dem Hinweis „Vorsicht, spielende Kinder", aber dafür recht viele viereckige, gelbe Schilder mit der Warnung *Aged,* sprich „Achtung alte Leute"! Australien steht wie viele OECD-Länder vor dem Problem der überalternden Bevölkerung mit einer negativen Geburtenrate von 1,81 Kinder pro Frau

(Deutschland sogar nur 1,3 Kinder). Statt der rückläufigen Geburtenrate mit nachhaltigen Strategien entgegenzuwirken, die die Geburtenrate steigen lassen, stützt sich Australien einzig auf zunehmende Einwandererzahlen, obwohl diese natürlich langfristig das Ungleichgewicht der Altersstruktur der Bevölkerung nur noch verstärken. Denn gerade unter den asiatischen Einwanderern herrscht eine rückläufige Geburtenrate, weil sie es sich finanziell nur erlauben, einem einzigen Sprössling die „goldene Zukunft" zu ermöglichen. Die Altersversorgung der Baby-Boomer-Generation (1946–61 geboren) lastet nun schon auf den Schultern ihrer Kinder, der weniger bevorteilten *Generation X*. Die jungen Erwachsenen der *Generation X* können sich schlichtweg weder finanziell noch zeitlich eine größere Kinderzahl leisten.

Zu den finanziellen Hürden zählen die hohen Hypotheken für Immobilien, die dazu führen, dass man sich heute bei Erwerb einer Immobilie für 20–30 Jahre an die Bank binden muss. Für die Freiheit liebenden Australier kommt dies einer Freiheitsberaubung der übelsten Art gleich. Und weil sie sich so schnell kein eigenes Heim mehr leisten können, bleiben junge Menschen heute auch wesentlich länger als frühere Generationen **unter dem Dach der Eltern wohnen.** Australier sind echte Nesthäkchen. Gemäß der Volkszählung 2001 leben 45,8 % aller Personen zwischen 20 und 24 Jahren und 12,6 % aller Personen zwischen 25 und 34 Jahren immer noch bei den Eltern. Vor allem junge Männer bleiben wesentlich länger bei den Eltern wohnen. Das hat natürlich auch mit dem Ausbildungsstandard zu tun, denn wer zur Universität geht, muss heute die Last der Studiengebühren tragen. Wenn dann noch die teuren Mieten für ein Studentenapartment oder ein WG-Zimmer dazukommen, ist die Belastungsgrenze schnell erreicht. Die jungen Leute in den australischen Metropolen bleiben daher häufig einfach im Haus der Eltern wohnen.

Der Gründung einer Familie stehen auch zeitliche Faktoren im Weg. Wer sich nach Abschluss des 12. Schuljahrs den kostspieligen Luxus eines Studiums oder einer Berufsausbildung geleistet hat, will dann verständlicherweise erst einmal die Früchte dieser Arbeit ernten und seine **Karriere** aufbauen. Für die Frauen ist dabei auch wichtig, einigermaßen hoch auf der Karriereleiter zu klettern, damit sie eine Chance haben, nach einer Baby- bzw. Kinderpause wieder auf einem recht hohen Niveau in den Beruf zurückkehren zu können.

Dass australische Frauen das Kinderkriegen so lange verschieben oder gar ganz ausfallen lassen, hat seine Ursachen auch in der **mangelnden Unterstützung von seiten der Regierung.** Während man in anderen OECD-Ländern Strategien entwickelt, um Frauen zu ermöglichen, den Traum von einer beruflichen Karriere und von eigenen Kindern unter einen Hut zu bringen, stellt man sich in Australien schon seit Jahren bei dieser Debatte stur. Eltern sind in Australien ganz auf sich allein gestellt, denn der einjährige Mutterschaftsurlaub ist unbezahlt! Damit steht Australien – zusammen mit den USA und Südkorea – ganz unten auf der Liste der OECD-Länder, wenn es um die Unterstützung bei der Kinderversorgung geht. Da es außerdem keine kostengünstigen Kindertagesstätten gibt, sind die jungen Eltern auf die Hilfe von Verwandten, Freunden und Nachbarn angewiesen. Ein solches soziales Netz haben aber gerade Australier anglokeltischer Herkunft nicht immer. Die neueren Australier südeuropäischer oder asiatischer Herkunft haben es da häufig leichter.

Dennoch, Kinderkriegen ist ein Luxus, den sich junge Aussies kaum noch leisten können und daran ändert auch die im Jahre 2004 eingeführte einmalige Zahlung von *Maternity Payment* (Mutterschaftsgeld) in Höhe von 4000 $ nichts, die vielleicht gerade mal die medizinischen Kosten für eine Entbindung deckt, wenn die Krankenversicherung nicht alles übernimmt. Familien mit Kindern genießen Steuervorteile, aber nur dann, wenn es sich um Geringverdienende handelt. Darüber hinaus hat man je nach Höhe des Jahreseinkommens Anspruch auf **Kinderbetreuungsgeld** (*Child Care Benefit*), das maximal 3,37 $ pro Stunde für jedes Nicht-Schulkind beträgt (und in der Regel auf 24 Stunden pro Woche beschränkt ist). Die Zuschüsse decken die Kosten jedoch nicht und darunter leiden dann insbesondere **Familien in den unteren Einkommensgruppen,** denn diese Familien haben durchschnittlich mehr Kinder und die Mütter sind – u. a. wegen ihres meist geringeren Bildungsstandes – seltener berufstätig als die Mütter in Familien mit mittlerem und höherem Einkommen. Die Familien sind gezwungen, allein mit dem Gehalt des Mannes auszukommen. Im Jahr 2000 waren insgesamt nur 55,3 % aller 25- bis 54-jährigen australischen Frauen mit einem Kind berufstätig (BRD: 70,4 %), nur noch 43,2 % dieser Frauen mit zwei oder mehr Kindern (BRD: 56,3 %), aber 68,4 % der Frauen ohne Kinder (BRD: 77,3 %). Mit diesen Zahlen für die **Berufstätigkeit der Mütter** liegt Australien zusammen mit Irland, Spanien, Griechenland und Italien ganz am unteren Ende der Tabelle für die insgesamt 23 OECD-Länder.

Viele junge Australier erfüllen sich auch nach Beendung ihrer Ausbildung oder des Studiums, aber vor der Familiengründung zunächst den Traum, **in das Land ihrer Wurzeln** zu fahren. Schließlich haben ihre Eltern und Großeltern oft noch dort lebende Verwandte, bei denen die jungen Aussies einen recht tiefen Einblick in die eigene „Herkunftskultur" bekommen können. Kommen die Vorfahren von den britischen Inseln, gehen die jungen Aussies nicht selten für ein Jahr oder sogar mehrere Jahre nach Großbritannien oder Irland, um dort zu arbeiten. Es ist ja auch bequem, weil man die gleiche Sprache spricht und die Kultur zumindest nicht ganz fremd ist. Meist entwickeln die Aussies dort auch eine gute Vorstellung davon, warum so viele Briten auch heute noch vor dem Wetter und der Bevölkerungsdichte Großbritanniens davonlaufen und nach Australien übersiedeln. Aber auch die Kinder der Einwanderer vom europäischen Kontinent treten diese Reise in die Vergangenheit an, nicht wenige davon als *once in a lifetime trip* (Reise, die sie nur einmal in ihrem Leben antreten), und stellen aus diesem Grunde auch das Kinderkriegen weiter hintenan. Dabei bleibt es meist auch nicht nur bei dem Land ihrer Vorfahren, sondern sie hängen gleich eine Rundreise durch ganz Europa an, in alle Orte, von denen sie schon immer träumten; nach London stehen da Paris und Rom ganz oben auf der Liste und für die, die von liberalem Marihuana-Konsum träumen, ist auch immer Amsterdam mit dabei. Es gibt aber auch eine Gruppe von Aussies, die von den USA schwärmen und dort für einige Jahre leben und arbeiten. Alle wollen sie einfach etwas mehr von der Welt sehen und auch bessere Gehälter einstreichen, als ihnen im isolierten Australien gezahlt werden. Das Problem daran ist: Viele junge Australier bleiben für Jahre in Europa, den USA oder auch Asien, und Australien erlebt einen **brain drain** (Gehirn-Abfluss), das heißt verliert viele seiner gut ausgebildeten und innovativsten Einwohner, die im ungünstigsten Fall nie wiederkehren, zumindestens aber in der Zeit ihres Auslandsaufenthaltes nichts zur australischen Volkswirtschaft beitragen (2007 lebte fast eine Million australischer Staatsbürger in Übersee).

Die Ansprüche der modernen Männer und Frauen an eine Partnerschaft sind immer weiter gestiegen und spiegeln sich auch im vermehrten **Single-Dasein** wieder. Zwei von zehn Studentinnen an australischen Universitäten sind Singles. Sie seien extrem wählerisch und würden sich nicht mit einem unstudierten Mann einlassen, behaupten böse Zungen, wohingegen studierte Männer noch immer mit einer Rezeptionsdame zufrieden seien. Wahr ist in jedem Fall, dass die Heiratsquote immer weiter sinkt. Im Jahr 2001 erreichte Australien mit 5,3 Hochzeiten pro 1000 Einwohner die niedrigste Quote seit seiner Gründung (höchste Quote 1942 mit 12 Hochzeiten pro 1000 Einwohner, 2004: 5,5 Hochzeiten pro 1000 Einwohner). Gleichzeitig ist die **Scheidungsrate** seit Anwendung des Familiengesetzes, das Scheidungen erleichterte, indem von nun an eine einjährige Trennung als Scheidungsgrund ausreichte, extrem angestiegen. Während 1961–70 durchschnittlich nur 0,8 pro 1000 Einwohner jährlich geschieden wurden, stieg die Scheidungsrate 1976 extrem an und hat sich seit 1979 auf einen jährlichen Wert von 2,4–2,9 pro 1000 Einwohner eingependelt (im Jahr 2001 gab es 14 Scheidungen pro 1000 verheirateten Personen). Dieser Trend stärkt nicht gerade den Glauben an den Lebensbund. Sicherlich ist das mit einer der Gründe, warum sich die Ansichten über die **Institution Ehe** auch in Australien seit den 1970er Jahren verändert haben – wie in allen westlichen Ländern. Schließlich ist es möglich, auch ohne Trauschein als Lebenspartner für einander Verantwortung zu übernehmen. Zum Beispiel ist für die Einwanderungsbehörde der Tatbestand der Lebenspartnerschaft schon erfüllt, wenn man nachweisen kann, dass man seit mindestens zwölf Monaten als Paar zusammenlebt. 2001 lebten bereits 12 % aller Paare in Australien unverheiratet zusammen, was aber auch auf die relativ hohe Zahl von Menschen zurückgeht, die bei der Volkszählung angeben, keinem Glauben anzugehören. Schließlich hat die Institution Ehe bei religiösen Menschen traditionell noch einen höheren Stellenwert.

Die **Schwulen-und-Lesben-Bewegung** hat in Australien seit Ende der 1970er Jahre weitere Veränderungen in die Form von Lebensgemeinschaften gebracht. 1972 wurde in South Australia – als dem ersten australischen Bundesstaat – der freiwillige homosexuelle Kontakt zwischen Männern entkriminalisiert und 1976 auch im Australian Capital Territory (wie in den meisten Ländern der Welt gab es kein Gesetz, das freiwilligen lesbischen Kontakt verbot). Infolgedessen konnte die bisher unterdrückte Homo- oder Bisexualität immer offener gelebt werden. Das Coming-out des ein oder anderen Homosexuellen mag sowohl für Scheidungen nach 1976 (zu einem geringen Prozentsatz) gesorgt als auch zur sinkenden Heiratsrate allgemein beigetragen haben, weil keine „Scheinehen" mehr notwendig waren, um sich der „gesellschaftlichen Norm" anzupassen.

In Sydney, der heutigen Hochburg der schwul-lesbischen Szene Australiens, fand 1978 nach dem amerikanischen Vorbild des „Christopher Street Day" ein Marsch zum Andenken an die Opfer der Ausschreitungen in der New Yorker Stonewall Bar statt, wo es 1969 zu gewalttätigen Aktionen und zu Verhaftungen von Schwulen durch die Polizei gekommen war. Seit 1979 startet der Marsch alljährlich in Sydneys Stadtviertel Darlinghurst. Die Parade erhielt den Namen **„Sydney Gay Mardi Gras"** und wurde ihrem Namenspaten, dem Mardi-Gras-Karneval in der amerikanischen Stadt New Orleans, mit ihrer farbenfrohen Parade mit Drag Queens (Transvestiten) und karnevalistischen Wagen sowie lebhaftem Rahmenprogramm durchaus gerecht. In den kommenden Jahren entkriminalisierten weitere Bundesstaaten den freiwilligen homosexuellen Kontakt zwischen Männern: 1980 in Victoria, 1983 im Northern Territory und 1984 in New South Wales, jedoch erst, nachdem im Frühjahr überwältigende 50.000 Teilnehmer am jährlichen „Mardi Gras" in Sydney teilgenommen hatten (Western Australia änderte das Gesetz erst 1989, Queensland 1990 und Tasmania erst 1997 vollständig). Als man 1985 in den Medien das Thema AIDS „entdeckte", wurde die Mardi-Gras-Parade regelrecht zum politischen Forum. Die australische Schwulengemeinde bekam in dieser Zeit auch die Unterstützung der Lesben, um gemeinsam gegen die Diskriminierung der Homosexualität zu kämpfen. 1988 wurde die Parade entsprechend umgetauft in „Sydney Gay and Lesbian Mardi Gras". Heute ist der „Mardi Gras" längst mehr als nur eine Parade mit politischer Botschaft, sondern ein kulturelles Festival mit Musik, Theater, Film und Kunst. Im Gegensatz zum „Christopher Street Day" in Europa, dessen Bedeutung viele Heterosexuelle nicht kennen, weiß in Australien wirklich fast jeder – gleich welchen Alters –, wofür der „Sydney Mardi Gras" steht. Die „Mardi-Gras"-Parade war von Anbeginn ein wichtiges Thema in den regionalen und überregionalen Medien und wird seit 1997 alljährlich live im Fernsehen übertragen.

Ältere Australier sprechen amüsiert von Sydney als der City of Queens als Anspielung auf die vielen Drag Queens und meinen schlicht die große Zahl an Schwulen. Sie mögen zwar den überaus schillernd-bunten Kassenknüller „Adventures of Priscilla, Queen of the Desert" von Filmemacher *Stephan Elliott* aus dem Jahr 1994 (ein bildgewaltiger Roadmovie über drei Drag Queens im australischen Outback) nicht gesehen haben, aber schließlich sind Männer in Frauenkleidung den Aussies schon seit den 1960er Jahren aus Theater, Film und Fernsehen in Gestalt der schrill-komischen „Dame Edna Everage" alias der erfolgreichen australischen Komikerikone *Barry Humphries* bekannt.

Unter der weiblichen Studentenschaft hat eine lesbische Affäre wie auch in den USA Hochkonjunktur, es ist in Mode, in puncto Sex experimentell zu werden und wie in den 1920er Jahren sich Frivolitäten zu verschreiben, auch wenn man mitnichten lesbisch ist – ganz nach dem Motto „ein bisschen bi ist doch jeder". Auch viele studentische *shared houses* (Wohngemeinschaften), in denen in Sydney fast immer mindestens ein Schwuler dabei ist, erheben den **Anschein, in ganz Australien sei Homosexualität toleriert** oder gar akzeptiert. Dies stimmt aber ebenso wenig, wie wenn man von Deutschland behaupten würde, dort sei Homosexualität auch außerhalb bestimmter Schwulen-Stadtviertel in Hamburg, Köln oder Berlin generell akzeptiert. Die australische Gesellschaft als Ganzes ist ebenso weit davon entfernt, Schwule und Lesben als gleichwertige Mitbürger zu respektieren, wie die Gesellschaften in den meisten anderen westlichen Ländern; entsprechend ist die Bedeutung der Regenbogenflagge den meisten Aussies auch schlicht unbekannt. Abseits von Sydneys City und in den anderen australischen Metropolen findet man die Szene fast nur als Insider, denn dort wird Homosexualität noch traditionell versteckt gelebt; ein Schwulenviertel wie in Sydney findet man dort nicht.

Das Recht auf Bildung

Das Bildungsjahr in Australien tickt etwas anders als in Europa, denn das Schul-, Weiterbildungs- bzw. Universitätsjahr läuft von Januar bis Dezember – also im Endeffekt wie bei uns vom Sommerende bis zum Sommeranfang – und dazwischen gibt es dann die großen Sommerferien, die allerdings in Australien mit Weihnachten zusammenfallen. In Australien herrscht **Schulpflicht** von 6–15 Jahren (16 Jahre in Tasmania), aber für die meisten Kinder beginnt die Grundschulzeit im Alter von 5 Jahren. Jeder Staat und jedes Territorium hat ein eigenes Curriculum, insbesondere was das Vorschuljahr anbelangt. Im Gegensatz zu Deutschland dauert die Grundschule bis zum 7. oder 8. Schuljahr und erst dann wechselt man zur weiterführenden Schule, auf der man wie in Europa bis zum 10. Schuljahr bleiben muss. Australier sind immer sehr schockiert zu hören, dass man sich in Deutschland anmaßt, schon im 4. Schuljahr über die Fähigkeiten eines Kindes zu urteilen und den Bildungsweg festzulegen. In den Augen der Australier kann man bei einem 9–10-jährigen Kind unmöglich schon absehen, für welche berufliche Karriere es prädestiniert ist, sodass diese frühe Beurteilung zwangsläufig eine hohe Quote von Fehlentscheidungen mit sich bringen muss. Außerdem ist für die egalitären Aussies die Schaffung einer Klassengesellschaft, unterteilt in Hauptschüler, Realschüler, Gesamtschüler und Gymnasiasten, alles andere als erstrebenswert, denn solche inhaltlichen Unterscheidungen gibt es bei den weiterführenden Schulen in Australien nicht.

Klassenunterschiede zwischen Arm und Reich kommen jedoch zum Tragen durch den Umstand, dass es in Australien öffentliche, katholische und andere private **Schulen** gibt. Zwar besucht die Mehrheit der Kinder (72,3 %) eine öffentliche Schule, die Privatschulen sind jedoch besonders als weiterführende Schulen zunehmend beliebt. Der Bildungsgrundsatz in Australien ist es, alle Karrieremöglichkeiten so lange wie möglich offen zu halten! Daher werden von den einzelnen Schulen mannigfaltige Unterrichtsinhalte angeboten. Es gibt – wie auch an amerikanischen Schulen – nicht einfach nur statisch festgelegte Fächer, sondern ein breit gefächertes Angebot innerhalb der acht Schlüsselfachgebiete Englisch, Mathematik, Fremdsprachen, Sport und Gesundheit, Sozialwissenschaften, Wissenschaften, Technologie sowie Künste. In jedem der acht Schlüsselgebiete müssen pro Semester 60 Unterrichtsstunden absolviert werden, damit die

Schulklasse in Schuluniform beim Ausflug im Wildlife Park

045au Foto: eg

grundlegenden Fähigkeiten in jedem Schlüsselgebiet erlernt werden. Den Schülern stehen bei der genauen Zusammenstellung der Kurse Lehrer und Eltern beratend zur Seite. Einer der größten Kritikpunkte an den Inhalten ist, dass die Geschichte und Kultur der Aboriginals kein Pflichtfach sind, ebenso wenig wie einige andere Themen.

Es gibt keine starre Definition von **Allgemeinbildung,** da jeder Einzelne einen Ausschnitt aus dem Gesamtbild für sich selbst zusammenstellt. Außerdem gibt es innerhalb der Schlüsselgebiete Unterrichtsangebote mit einem unterschiedlichen Komplexitäts- und Schwierigkeitsgrad. Meist werden diese Unterrichtsangebote in vier Stufen eingeteilt und ermöglichen, dass die Kurse durch Schüler unterschiedlicher Jahrgänge belegt werden können. Ab welchem Schuljahr das möglich ist, variiert je nach Bundesstaat und Schule. Die Schüler können entsprechend ihrer persönlichen Fähigkeiten und Interessen komplexe Inhalte lernen, ohne in eine feste Klasse und Altersgruppe gepresst zu werden. Das Konzept einer

Klasse als einer fixen Gruppe gibt es gar nicht und selbst der Jahrgang spielt eine weitaus geringere Rolle als in Deutschland. Hinzu kommt die Möglichkeit, viele praktische Kurse zu belegen und Praktika in Betrieben zu absolvieren. Damit das alles verwaltungstechnisch unter einen Hut gebracht werden kann und zudem ermöglicht wird, dass beide Eltern berufstätig sein können (einer unter Umständen nur halbtags), sind australische Schulen eher als Ganztagsschulen ausgelegt, von denen die Schüler erst gegen 15–16 Uhr nach Hause kommen.

Diese Form der Schulbildung meidet das sture Auswendiglernen von Fakten. Allgemeinbildung in Australien soll nicht bedeuten, dass man nur die Namen der großen Literaten, Künstler, Philosophen, Wissenschaftler etc. nennen kann und sich weltgewandt gibt, sondern soll dazu befähigen, im Erwachsenenalter als volles Mitglied der Gesellschaft am politischen und beruflichen Leben teilhaben zu können und somit einen Beitrag für den Fortbestand der Gesellschaft leisten zu können. Aus der Sicht eines europäischen Studierten fallen daher die **angeblichen Wissenslücken der Australier** vor allem in den Bereichen Literatur, Kunst, Geschichte, aber auch Biologie und Geografie immer wieder auf. Noch dazu plaudert der Australier ungern über allzu ernsthafte Themen und hält es schlichtweg für Angeberei, wenn man auf das Gedankengut von historischen Persönlichkeiten zu sprechen kommt. Die Namen weltweit bekannter Literaten, aber auch der preisgekrönten australischen Schriftsteller sind den meisten Australiern einfach nicht geläufig. Die Gespräche der Australier sind denn auch in der Regel selten schöngeistiger Natur, sondern einfacher gestrickt. Selbst eine Gruppe von Akademikern mit dem gleichen Fachgebiet wird nach Feierabend in fröhlicher Runde mit Freunden aus anderen Kreisen auf das beliebteste neutrale Thema zu sprechen kommen: den Sport.

Insgesamt bieten die meisten Staaten 13 Jahre (außer in Queensland und Western Australia nur 12 Jahre) Schulbildung an, die 1 Vorschuljahr und 12 Schuljahre umfasst. Obwohl die höhere Schulbildung im 11. und 12. Schuljahr (ebenso wie das Vorschuljahr) nicht Pflicht ist, schlossen im Jahr 2001 dennoch 87 % der Schüler insgesamt das 11. Schuljahr ab und immerhin noch 73 % das 12. Schuljahr. Nach Abschluss des 12. Schuljahres kann man ein Studium oder natürlich auch jede andere gewünschte Form von Berufsausbildung beginnen. Knapp die Hälfte derjenigen, die nach dem 10. Schuljahr von der Schule abgehen, schließen eine Berufsausbildung an einem TAFE-College (*Technical And Further Education* = technische Ausbildung und Erwachsenenbildung) oder einer anderen Form von Berufsschule bzw. technischen Schule an. In Deutschland hingegen erreichten 2006 überhaupt nur 23 % aller Schüler die allgemeine Fachhochschul- oder Hochschulreife, wohingegen 21 % die Schule mit einem Realschulabschluss beendeten. Wen wundert es da noch, dass Australien bei der **PISA-Studie** (*Programme for International Student Assesment* = Schülerleistungen im internationalen Vergleich) des Jahres 2003 in allen drei Bereichen Mathematik, Lesen und Wissenschaft unter den zehn ersten Plätzen rangierte.

Die Größe des Kontinents mit der geringen Bevölkerungsdichte im Outback macht es unmöglich, in den abgelegenen Regionen für die Kinder vor Ort Schulen bereitzustellen. Die Kinder erhalten dort **Fernunterricht** mittels Post, Radio, Internet und auch Fax, sodass die Eltern nicht gezwungen sind, ihre Kinder auf ein Internat zu schicken. Die Eltern werden meist selbst in den Unterricht ihrer Kinder mit eingespannt; die Kinder treffen ihre Lehrer meist nur persönlich, wenn diese zur Verbesserung der Schüler-Lehrer-Bindung einmal jährlich ihre Schüler im Outback besuchen fahren. Diese sogenannte *School of Air* (radio-übermittelte Schule) deckt von Alice Springs aus ein Sendegebiet von über 1 Mio. km² im Northern Territory, in South Australia und Western Australia ab und betreute im Jahr 2003 140 Schüler im Alter von 4 bis 14 Jahren mit Hilfe von 14 Lehrern. Die Kosten für die Bildung dieser Kinder belaufen sich auf das Doppelte einer herkömmlichen Schulbildung.

Bei den *Communities* im Northern Territory werden die Aboriginal-Kinder durch geschulte **Aboriginals,** die durch Besuche von Lehrern aus etablierten Schulen unterstützt werden, in ihrer Gemeinde unterrichtet. Gerade für indigene Kinder gibt es allerdings auch eine Reihe von Internaten in den nächstgrößeren Städten. Während die allgemeine Bildung der Aboriginals auch in den entfernteren Gemeiden garantiert wird, mangelt es jedoch generell an einer besseren Information aller australischen Schulkinder über die Geschichte, die Traditionen und die Sprachen der indigenen Bevölkerung. Diese Inhalte werden nur unzulänglich an den australischen Schulen vermittelt, wodurch Chancen für ein zukünftiges verbessertes Verständnis zwischen der indigenen und nicht-indigenen Bevölkerung vertan werden.

Ist die allgemeine Schulbildung einmal abgeschlossen, stehen 42 Institutionen für ein Studium oder eine höhere Berufsausbildung innerhalb Australiens zur Auswahl. Während die australische Studentenbewegung der 1970er Jahre wie auch in Europa eine kostenlose höhere Bildung durchgesetzt hatte, drehte *Bob Hawkes* Labor-Regierung das Rad ab 1983 zurück und führte nach und nach wieder **Studiengebühren** ein, nicht jedoch die Commonwealth-Stipendien, die 80 % der Studenten vor 1974 erhalten hatten. Aufgrund des großen Protestes gegen die Studiengebühren wurde 1989 dann *HECS (Higher Education Contribution Scheme)* etabliert, ein Ratenzahlungssystem ähnlich dem deutschen Bafög. Mit der Rückzahlung der Studiengebühren muss erst begonnen werden, wenn das Jahreseinkommen des Absolventen einen bestimmten Grenzwert überschreitet. Für das finanzielle Jahr 2007/8 wurde als Grenzwert 39.825 $ festgelegt, ab dem 4 % des Einkommens vom Finanzamt einbehalten werden (bei über 44.360 $ werden 4,5–8 % einbehalten). Bei der gegenwärtigen Höhe der jährlichen Studiengebühren von ca. 9000–18.500 $ kann man sich ausmalen, dass die Rückzahlung dem Gros der Studenten, die nicht das Glück haben, das Studium durch die Eltern finanziert zu bekommen, eine belastende Schuld aufbürdet (ohne Zinsen, aber mit Inflationsausgleich). Manche dieser Studenten arbeiten kontinuierlich neben dem Studium, um nicht einen solchen Schuldenberg anzuhäufen.

Auch vor einer drastischen Kürzung von *Youth Allowance* und *Austudy* machte die Howard-Regierung nicht Halt, wodurch nur noch die Ärmsten der Armen auf diese Form der **allgemeinen finanziellen Unterstützung** bauen können. *Youth Allowance* wird z. B. an Schüler, Auszubildende, Arbeitssuchende oder auch kranke junge Menschen zwischen 16 und maximal 24 Jahren gezahlt, die aus sozial schwachen Verhältnissen stammen oder als wirtschaftlich unabhängig von ihrer Familie eingestuft werden. Die vierzehntäglichen Youth-Allowance-Zahlungen von 191–423 $ und die Austudy-Zahlungen von 349–423 $ für über 25-jährige Auszubildende oder Arbeitssuchende sollen bei der Deckung der Lebenshaltungskosten helfen und müssen nicht zurückgezahlt werden.

Für die indigene Bevölkerung sieht es auch nicht rosiger aus. Bis 1940 hatte die indigene Bevölkerung keinerlei Recht auf eine Aus- oder Schulbildung, und erst ab 1969 wurden die ersten Programme zur Förderung der Ausbildung der indigenen Bevölkerung eingesetzt. Ganz spezifisch für ab 14-jährige indigene Schüler, Auszubildende oder Studenten wurde *Abstudy* zur Deckung der allgemeinen Lebenshaltungskosten eingeführt, der wie *Austudy* und *Youth Allowance* vierzehntäglich geleistet wird und nicht zurückgezahlt werden muss. *Abstudy* kann auch einen Aufenthalt in einem staatlichen Heim oder bei einer Pflegefamilie beinhalten. Mit dem Abstudy-Programm sollte der **Ausbildungsstand der indigenen Bevölkerung** verbessert werden, da eine qualifizierte Ausbildung nachweislich positiv dazu beiträgt, Beschäftigung und ein höheres Einkommen zu sichern und somit Selbstbestimmung sowie Unabhängigkeit zu ermöglichen. Trotz dieser Maßnahmen stellte man in der Untersuchung *National Aboriginal and Torres Strait Islander Survey* 1994 fest, dass fast die Hälfte aller befragten Aboriginals und Torres Strait Islander ab 15 Jahre keine Berufsausbildung hatte. Nachdem die Anzahl der indigenen Studenten eine Dekade lang stetig angewachsen war, sank sie durch die Kürzungen des Abstudy-Programms gleich nach Amtsantritt von *John Howards* Liberal-Regierung von 8367 im Jahr 1999 auf 7342 im Jahr 2002 um 18 %. Das ist um so dramatischer, da die indigenen Studenten sowieso eine um ca. 20 % niedrigere Erfolgs- und Abschlussquote im Vergleich mit anderen Studenten aufweisen und auch in vielen Fächern unterrepräsentiert sind. 2002 erreichten 10,7 % der indigenen Jugendlichen die Hochschulreife mit Abschluss des 12. Schuljahres, bei den nicht-indigenen Schülern waren es 15,3 %. Es erzielten 71 % der indigenen Jugendlichen keinen Schulabschluss, während dies nur bei 49,9 % der nicht-indigenen Jugendlichen der Fall war.

Bedenkt man, dass die indigene Bevölkerung nach wie vor generell benachteiligt ist – durch schlechte Gesundheit, Armut, oft fehlenden Zugang zu weiterführender Schulbildung, Berufs- und Hochschulausbildung und überdies Sprachschwierigkeiten hat, da Englisch meist Zweit- oder sogar Drittsprache ist – präsentiert sich diese Kürzung von seiten der Howard-Regierung als politischer Skandal. Den meisten Australiern war die Streichung jedoch nur Recht, da sie in *Abstudy* eine Begünstigung der indigenen Bevölkerung sahen, weil sie eine geringfügig höhere Unterstützung erhielt als die nicht-indigene Bevölkerung. Um diesen Stimmen Einhalt zu gebieten, hatte man im Dezember 1998 die Höhe der finanziellen Unterstützung durch *Abstudy* mit der von *Austudy* und *Youth Allowance* angeglichen. Doch Vorurteile halten sich nun einmal hartnäckig und zu gern mokieren sich die nicht-indigenen Australier darüber, dass die Aboriginals zu sehr finanziell unterstützt werden.

Australien entwickelt sich seit einiger Zeit zu einer **Nation der Bachelors** *(bachelor* ist der niedrigste akademische Grad in Australien = Bakkalaureat) in den Künsten, der Wissenschaft und der Wirtschaft. In den vergangenen 20 Jahren ist die Zahl der Australier mit einem Bachelor-Abschluss von 10 % auf 18 % gestiegen und hat sich damit fast verdoppelt. Die Australier konzentrieren sich dabei auf die *New Economy* wie Informationstechnologie, Telekommunikation, E-Commerce und auch Bio- und Medizintechnologie. Auch der hohe Technologiestandard im Ingenieurwesen und Bergbau lässt die Wirtschaft weiter aufblühen. Bei der letzten Volkszählung 2006 gaben z. B. 51 % der Bevölkerung an, zu Hause einen Internetanschluss zu haben (in Deutschland hatten laut Statistischem Bundesamtes 2003 bereits 46 % der Bevölkerung einen Internetanschluss.

Durch den hohen Wirtschafts- und Ausbildungsstandard war und ist die Zahl der **bahnbrechenden Erfindungen,** die in Australien das Licht der Welt erblickten, sehr hoch. Dazu gehört z. B. die Erfindung des Antibiotikums Penicillin durch *Sir Howard Walter Florey,* der dafür 1944 den Nobelpreis erhielt; die Erfindung der Black Box für den Flugverkehr 1961 durch *Dave Warren,* die Recherche des wissenschaftlichen Instituts „CSIRO“ und der Firma „Ausonics“, die 1976 zur Erfindung des ersten Ultraschallgerätes führte, was die Untersuchungsmöglichkeiten in der Medizin revolutionierte; oder z. B. 1988 die Erfindung der fälschungssicheren Banknoten aus Polymer(kunststoff), die man getrost in die Waschmaschine stecken kann, ohne dass sie sich auflösen oder verfärben – allerdings schrumpfen sie im Backofen oder der Mikrowelle! (Australien war das erste Land der Welt, dass zwischen 1992 und 1996 alle herkömmlichen Papiergeldscheine durch Polymergeldscheine ersetzte.)

Bildung und Ausbildung sind auch seit den 1980er Jahren zu einem wichtigen Exportprodukt geworden. 2005 zahlten die Studenten aus Übersee insgesamt 2140 Mio. $ für Studiengebühren an den australischen Universitäten und anderen Einrichtungen. In den ersten zehn Jahren seit 1980 waren es vor allem Neuseeländer und Papua-Neuguineaner, die sich eine universitäre Bildung in Australien gönnten. Mit dem Wachstum der asiatischen Wirtschaft stieg auch dort der Bedarf an hochgebildeten Fachleuten, daher kamen seit den 1990er Jahren Studenten aus Indonesien, Singapur, Hongkong, Malaysia und China (Größenordnung in dieser Reihenfolge) verstärkt nach Australien, da es geografisch näher liegt als die USA oder Großbritannien, wo man traditionell für eine höhere Bildung hinreiste. Selbst US-Amerikaner entschließen sich wegen der vergleichsweise geringeren Studiengebühren für ein Studium in Australien.

Von Gesetzlosigkeit bis Zucht und Ordnung

Australien klingt in den Ohren vieler noch immer nach dem Land der Gesetzlosen und der Strafgefangenen, die einst von London hierher verschifft worden sind. In den ersten hundert Jahren der Kolonie hörte man immer wieder Geschichten über die **berühmt-berüchtigten bushranger,** die australischen Vogelfreien, die ihr Leben mit Rauben und Morden verbrachten, ewig auf der Flucht vor dem Gesetz. Der erste dieser historischen Vogelfreien bzw. Outlaws war *Black Caesar,* alias *John Caesar,* der mit der Ersten Flotte 1788 als Taschendieb nach Sydney Cove verschickt wurde. 1790 stahl er eine Muskete, einen Kochtopf, einige Rationen Lebensmittel und flüchtete in den Busch, wo er zusammen mit ein paar anderen Flüchtigen immer wieder Lebensmittel entwendete und das alles in einer Kolonie, die kurz vor dem Verhungern stand. Er wurde mehrmals ge-

Polizeiliches Hinweisschild für Autofahrer – in dieser Woche werden Sitzgurte kontrolliert

046au Foto: eg

fangen genommen und verstand es, immer wieder zu fliehen, bis Gouverneur *John Hunter* 1796 zum zweiten Mal seine endgültige Festnahme anordnete. Ein Siedler namens *Wimbow* erschoss *Black Caesar* und kassierte die Belohnung von fünf Gallonen Rum. In Australien gibt es viele weitere Geschichten von solchen Outlaws, die die Bevölkerung um so manchen Besitz erleichterten und ihnen auch oft das Kostbarste stahlen: ihr Leben.

Der irischstämmige **Ned Kelly und seine Gang** sind mit Abstand die berühmteste Bushranger-Bande Australiens, wie man allein an den zahlreichen Verfilmungen und Büchern über ihre Geschichte ermessen kann. Der Vater der beiden Kelly-Jungs *Edward (Ned)* und *Daniel (Dan)* war für Schweinediebstahl als Strafgefangener nach Victoria verschickt worden. Die Familie nagte am Hungertuch und so stahlen die beiden Kelly-Jungs Pferde, um etwas für die Familie dazu zu verdienen. *Ned* landete so schon als Jugendlicher im Gefängnis, ebenso wie seine Mutter, als sie gegen die Festnahme ihres verwundeten Sohnes *Dan* protestierte. Mit ihren Freunden *Joe Byrne* und *Steve Hart* flüchteten *Ned* und *Dan Kelly* schließlich vor der Polizei in die Berge, raubten Banken, Hotels und reiche Landbesitzer aus, nicht aber die einfachen Bewohner oder Reisenden. Als sie jedoch 1878 zwei Polizisten töteten, wurde die Jagd auf sie eröffnet und hohe Belohnungen auf ihre Ergreifung ausgesetzt. Vom Volk bewundert und unterstützt, konnte die Polizei sie lange nicht ausfindig machen. In Glenrowan (westlich von Albury, Victoria) allerdings wurde die Gang von einer Zugladung voller Polizisten aus Melbourne gestellt. Es kam zu einer Schießerei, wobei sich *Ned Kelly* in der berühmten selbstgebastelten Metallrüstung gegen den Kugelhagel schützte, während sein Bruder und *Steve Hart* im umstellten Hotel lebend verbrannten und *Joe Byrne* sowie zwei Geiseln von Geschossen tödlich getroffen wurden. *Ned Kelly* wurde gefangen genommen und im November 1880 gehängt. Ein Jahr später wurde der Fall jedoch von der *Royal Commission* untersucht und die Polizei für ihre Vorgehensweise gerügt.

So wurde *Ned Kelly* für viele Australier zum verehrten Nationalhelden – eine Verkörperung des armen *Aussie battler* (australischer Kämpfer), der sich gegen die Willkür der Obrigkeit zu wehren versucht. Er stand denn auch Pate für das von raubeinigen Outback-Typen auch heute noch bevorzugte Outfit: langer, zotteliger Bart mit relativ kurzem Haupthaar; nicht selten begleitet von altmodischen großflächigen Tätowierungen auf dem Oberkörper und den Armen. Dieses Aussehen ist dazu angetan, dass man sogleich einen Bogen um diese eher angsteinflößenden Männer macht. Diese sogenannten **bushies** verdingen sich vorwiegend als Bergbauarbeiter und Glückssucher in den Gold- und Edelsteinbergwerken von Coober Pedy, der Tanami-Wüste, Kalgoorlie, Olympic Dam, dem Kimberley-Plateau u. v. a.

Ein ähnliches Äußeres findet man auch in den Städten bei den sogenannten *bikies,* sprich in Banden zusammengeschlossenen Motorradfahrern, die sich deutlich von einfachen Motorradfahrern unterscheiden. Solche Banden sind z. B. die „Hell's Angels" oder die noch gewalttätigeren „Comancheros" und „Bandidos", die man am liebsten durch einen Helden wie *Mel Gibson* im Film „Mad Max" besiegt sehen möchte. Immer wieder gibt es Zwischenfälle mit **Motorradbanden** in Australien, die dazu führen, dass z. B. 2001 eine 1200-km-Gedenkfahrt von 30 Bikern der „Gypsy Jokers" aus Perth über die gesamte Länge von 60–100 Polizisten bewacht wurde. Hier passierte nichts, aber kein Monat vergeht, in dem die Zeitungen nicht von Schießereien, Bomben oder gewalttätigen Auseinandersetzungen im Zusammenhang mit den *bikie gangs* berichten. 1984 kam es z. B. in Milperra bei Sydney zwischen den rivalisierenden „Commancheros" und „Bandidos" zum sogenannten *Father's Day Massacre* (Vatertagsmassaker), wobei sieben Menschen starben und 20 schwer verwundet wurden. Von den beteiligten Bandenführern lebt heute einer ruhig in New South Wales, einer beging Selbstmord im Gefängnis und der Dritte im Bunde, der den *Code of Silence* brach und auspackte, lebt unter einem Zeugenschutzprogramm irgendwo in Australien für immer auf der Flucht. Die Polizei steht den Gangs relativ hilflos gegenüber, auch wenn in den 1990er Jahren neue Panzertruppen ausgebildet wurden und man nun Bundesstaatsgrenzen überschreitend zusammenarbeitet. Unter den Bandenmitgliedern sind nicht wenige Outlaws, die ständig auf der Flucht sind und sich bevorzugt im Northern Territory aufhalten, wohin der lange Arm des Gesetzes nicht immer so gut reicht bzw. wo man sich auch heute noch lange im Busch versteckt halten kann.

Einige **Serienkiller und Amokläufer** lassen seit den 1970er Jahren auch so manchen Aussie vom Glauben an sein wundervolles Land abfallen. Allein zwischen 1989 und 1999 gab es 13 Massenmorde und 3 Serienkiller in Australien. Durchschnittlich hat Australien einen Massenmord pro Jahr zu verzeichnen, während in Kanada 2,4 und in den USA sogar 26 pro Jahr zu Buche schlagen. Zu den berühmtesten Wahnsinnstaten der australischen Geschichte gehört die Mordserie des 19-jährigen Serienkillers *Rodney Cameron Francis,* der 1974 seinen ersten von vermutlich 7 Morden an Frauen und einem Mann beging und als *Lonely Hearts Killer* in die Annalen einging. 1987 fielen in Melbournes Hoddle Street 7 Tote und 19 Verletzte dem 19-jährigen Schützen *Julian Knight* zum Opfer und ein halbes Jahr später in Melbournes Queen Street weitere 9 Tote und 5 Verletzte dem 22-jährigen Amokläufer *Frank Vitkovic,* der sich anschließend selbst erschoss. Beim Amoklauf des 33-jährigen *Wade Frankum* am Strathfield Plaza Shopping Centre 1991 in Sydney lautete die Bilanz 7 Tote, bevor er die Waffe gegen sich selbst richtete.

Immer wieder sprechen die Aussies von den neueren Fällen, die auch durch die internationale Presse gingen und sie dazu veranlassen, dem *Backpacker* (Rucksacktourist) zur Vorsicht zu raten, wenn er in Australien unterwegs ist. Viel zitiert sind die sogenannten Belanglo-Backpacker-Morde durch *Ivan Robert Marko Milat* in New South Wales. Nachdem man 1992 die Körper von zwei britischen Rucksacktouristinnen fand, wurde aufgedeckt, dass er zwischen 1989 und 1992 insgesamt 7 Anhalter und Anhalterinnen auf ähnliche Weise vergewaltigt, brutal ermordet und im Belanglo-Wald zurückgelassen hatte. Drei weitere junge Frauen wurden 1993 durch den Serienkiller *Paul Charles Denyer* in Melbourne's Vorort Frankston ermordet, bevor 1996 die Nation durch das Port-Arthur-Massaker in Tasmania vollkommen erschüttert wurde. Hier erschoss *Martin Bryant* insgesamt 35 Frauen, Männer und Kinder – das jüngste Opfer 3 Jahre und das älteste 72 Jahre alt –, außerdem verletzte er 22 weitere Menschen. Seit seiner Verurteilung zu lebenslänglicher Haft hat er schon zigfach versucht, sich im Hochsicherheitstrakt von Tasmanias Risdon-Gefängnis das Leben zu nehmen, bislang erfolglos. 1999 wurde auch das bisher von Gräueltaten verschont gebliebene South Australia durch den

Fund von mit Säure gefüllten Kunststofffässern im alten Tresor der ehemaligen Bank im Städtchen Snowtown 150 km nördlich von Adelaide vom Schrecken eingeholt, der grausige Inhalt: Körperteile von 12 Toten. Die Morde gingen auf das Konto von *Justin Bunting, Mark Haydon* und *Robert Wagner.* Im Jahr 2000 kamen durch die Brandstiftung von *Robert Paul Long* im Palace-Backpacker-Hostel in Childers (südlich von Bundaberg in Queensland) 15 junge Menschen in den Flammen um, darunter einige Rucksacktouristen aus Übersee.

Trotz alledem ist Australien ein **vergleichsweise sicheres Land,** auch wenn man dort – wie in allen westlichen Ländern – mit einer dramatischen Zunahme der **Straftaten** in den letzten 20 Jahren zu kämpfen hat. Während der ein oder andere in Darwin noch immer seine Haustür unabgeschlossen lässt, kann sich dies in den Metropolen im Osten des Landes längst niemand mehr leisten. In den australischen Metropolen signalisieren die Straßenschilder mit der Aufschrift *neighbourhood watch* (Nachbarschafts-Beobachtung), dass sich die Anwohner dieser Gegend mit der Polizei zusammengetan haben, indem sie ein Auge offen halten und Auffälliges sofort melden. 2004/05 wurde in 5,9 % aller australischen Haushalte eingebrochen oder zumindest versucht einzubrechen, bei 1 % aller australischen Haushalte wurde ein Auto gestohlen, 4,8 % aller Personen über 15 Jahren wurden tätlich angegriffen, weitere 0,3 % wurden Opfer eines sexuellen Übergriffs.

Nichtsdestotrotz fühlen sich die Australier allgemein sicherer und bringen ihren Mitmenschen weitaus mehr **Vertrauen** entgegen, als wir es in Mitteleuropa heute gewohnt sind. Als Land, das von Menschen gegründet wurde, die selbst aus der Fremde stammten, reagieren die Australier auf fremde Menschen grundsätzlich überaus freundlich und kennen kein Misstrauen im Sinne von „Was will denn der Fremde hier?"; schließlich verdient ihrer Philosophie nach jeder ein *fair go* (faire Chance). Australier, die durch Südeuropa gereist sind, sind häufig schockiert über das Ausmaß an Kriminalität, das dort herrscht, aber auch über die hohe Zahl an Obdachlosen und Bettlern. Bettler sieht man in Australien selten, und auch Obdachlose gibt es vergleichsweise wenige. Unsicher fühlen sich Aussies vor allem nachts in den Nahverkehrszügen und in bestimmten Vororten der Metropolen, wo viele sozial Schwache wohnen. Insgesamt haben die Aussies eine beneidenswert positive Grundhaltung: *She'll be right* (Es wird schon werden) ist ihr erklärtes Motto.

In das Strafvollzugssystem hingegen hat man von alters her weniger Vertrauen, schließlich ist es aus den Anfängen Australiens als Strafgefangenenkolonie geboren. Die letzte Person, die in Australien zur **Todesstrafe** durch Erhängen verurteilt wurde, war 1965 *Ronald Joseph Ryan,* da er bei einem Ausbruch aus dem Pentridge-Gefängnis einen Gefängniswärter erschossen hatte. Seine Verurteilung sorgte für immens viel Aufsehen, da man bei einigen gleichschweren Verbrechen nicht für die Todesstrafe plädiert hatte. *Ryans* für 1967 geplante Exekution war der Anlass für weitreichende Proteste in Australien, die die Entscheidung des damaligen Ministerpräsidenten des Bundesstaates Victoria, *Sir Henry Bolte,* in Frage stellten. Die Geschichte kann man in dem Buch „The Hanged Man" von *Mike Richards* nachlesen, der einst in vorderster Reihe gegen die Exekution protestierte. Allem Aufruhr zum Trotz wurde *Ryan* wie geplant am 3. Februar 1967 exekutiert und blieb der letzte Exekutierte in Australiens Geschichte, bis auch New South Wales als letzter australischer Bundesstaat die Todesstrafe endgültig durch das *Crimes Amendment Act* (Änderung des Gesetzes zu Straftaten) 1985 abschaffte. Seit Gründung des *Commonwealth* 1901 waren damit 114 Gefangene in Australien exekutiert worden. Durch das Bombenattentat auf Bali – in Australien *Bali Bombings* genannt – im Jahr 2002, bei dem 92 Australier starben, ist in Australien jedoch eine Diskussion über die Wiedereinführung der Todesstrafe entbrannt. Ausgelöst wurde diese Diskussion durch die Genugtuung vieler Australier über die Verhängung der Todesstrafe für die Attentäter *Amrozi* und *Imran Samudra* in Indonesien. Im Zuge dessen wurde auch die Frage der Kosten für lebenslange Gefängnisstrafen thematisiert. Außerdem wurde argumentiert, dass es eine Todesstrafe geben müsse, wenn der Gefangene die Tat gestanden hat und um seine Tötung statt um lebenslängliche Haft bittet.

Damit wären wir bei einem seit Jahren heiß diskutierten Thema in Australien: **Euthanasie** (Sterbehilfe). Im Northern Territory wurde das Gesetz über das *Right To Die* (Recht zum Sterben) im Juli 1996 verabschiedet, aber nach dem Selbstmord von 4 Personen schon im März 1997 durch den Senat der föderalen Regierung wieder aufgehoben (weil das Northern Territory im Gegensatz zu den Bundesstaaten nur ein eingeschränktes Selbstverwaltungsrecht genießt). Doch auch bevor dieses Gesetz verabschiedet wurde, leistete der Arzt *Dr. Philip Nitschke* im Northern Territory mittels einer Injektion Sterbehilfe bei todkranken Menschen und erhob sich so zum australischen *Dr. Death.* Seit das Gesetz im Northern Territory wieder aufgehoben wurde, setzt er sich vehement für eine Gesetzesänderung in Australien, aber auch im Ausland ein, und hat laut eigenen Angaben bis 1998 bereits bei 15 todkranken Patienten Sterbehilfe geleistet. Im Jahr 2003 legten die *Greens* (politische Partei der Grünen) in New South Wales einen Referendumsentwurf zum Thema freiwillige Sterbehilfe vor, der jedoch vom Senat abgewehrt wurde; der Versuch der *Greens,* 2002 in Western Australia einen Gesetzesentwurf zu verabschieden, war ebenfalls gescheitert. Damit war das Thema erst einmal vom Tisch, aber in der Zukunft wird es sicherlich auf Bundesstaatenebene erneut Referenden dazu geben.

Der Tod war auch Untersuchungsthema bei dem Abschlussbericht der *Royal Commission* 1991, die die hohe Zahl an Todesfällen bei **Aboriginals in Gefangenschaft** untersuchte. Der Bericht kam zwar zu dem Ergebnis, dass keiner der 99 untersuchten Todesfälle durch absichtliche Gewalt der Aufsichtspersonen herbeigeführt wurde, aber dass es eine Vielzahl an Unzulänglichkeiten in der Versorgung der Aboriginals gebe. Allen voran würde ihnen, insbesondere Betrunkenen, die notwendige medizinische Versorgung vorenthalten. Seit dem Bericht ist die Zahl der Todesfälle von Aboriginals in Polizeigewahrsam zurückgegangen, die Zahl der Todesfälle in den Gefängnissen jedoch gestiegen. 1999–2005 betrafen 19 % der Todesfälle in Gefangenschaft indigene Personen. Ebenso ist die Zahl der Verhaftungen von indigenen Erwachsenen und Jugendlichen stark gestiegen, diese machen 22 % aller Verhafteten aus, was in einem absoluten Missverhältnis dazu steht, dass der Anteil der Aboriginals an der australischen Bevölkerung nur ca. 2,4 % beträgt!

Die zahlreichen Konflikte von Aboriginals mit dem Gesetz haben ihre Ursache vor allem in Armut, Jugendarbeitslosigkeit und unzureichender Bildung, aber auch darin, dass die Aboriginals im Vergleich z. B. zu den neuen Einwanderern eher ausgegrenzt werden. Die Frustration darüber führt bei den Aboriginals teilweise zu selbstzerstörerischen Verhaltensmustern wie Alkoholismus, Drogenmissbrauch, Gewalt und Straftaten. Allerdings spielen bei den Verhaftungen auch gegenseitige Antipathien sowohl bei der Polizei als auch bei den Aboriginals eine Rolle. So ist es erwiesen, dass die Polizei Aboriginals benachteiligt und schneller verhaftet als nicht-indigene Gesetzesbrecher. Und die Aboriginals fühlen sich beim Auftauchen von Polizei schnell bedroht. Schließlich waren es Polizisten, die bis Anfang der 1970er Jahre zu den Häusern der Aboriginals kamen, um deren Kinder mitzunehmen. Wen wundert dann noch der Aufstand der Aboriginals im Februar 2004, bei dem die aufgebrachten Aboriginals ihren Unmut über die Polizei in Sydney zum Ausdruck brachten, nachdem der 17-jährige Aboriginal *Thomas „TJ" Hickey* im Laufe einer Polizeiverfolgung mit seinem Fahrrad tödlich verunglückt war.

Für die junge indigene Bevölkerung begann der Teufelskreis der Kriminalität häufig mit einer Inhaftierung wegen Trunkenheit in der Öffentlichkeit. Um die Zahlen der wegen Trunkenheit Verhafteten zu senken, wird in South Australia, New South Wales, Western Australia, im Northern Territory und im Australian Capital Territory Trunkenheit in der Öffentlichkeit seit Ende der 1990er Jahre nicht länger strafrechtlich verfolgt. In ganz Australien gibt es auch sogenannte *dry zones* (Trocken-Zonen), in denen der

Alkoholkonsum in der Öffentlichkeit untersagt ist. Bei Zuwiderhandlung in den *dry zones* riskiert man je nach Bundesstaat ein Bußgeld bis zu 1250 $. In Tasmania, Queensland und Victoria wird das Vergehen darüber hinaus noch strafrechtlich verfolgt und kann eine Gefängnisstrafe zur Folge haben. Aufgrund der Arbeitslosigkeit herrscht bei den indigenen Jugendlichen ein hohes Maß an Langeweile vor, welche sie – unbeaufsichtigt von ihren berufstätigen, alkoholabhängigen oder inhaftierten Eltern – mit allerlei Mutproben zu vertreiben suchen. Eine der Mutproben besteht fatalerweise darin, selbst zum ersten Mal zu einer Jugendgefängnisstrafe verurteilt zu werden.

Zu den Mutproben gehört auch die mutwillige Beschädigung, Bemalung oder Zerstörung von öffentlichen Gütern, allen voran von **Transportmitteln,** was natürlich unter nicht-indigenen Vandalen gleichermaßen beliebt ist. Um diesem Vandalismus, aber auch der Drogendealerei und der Gewalt in öffentlichen Verkehrsmitteln entgegenzuwirken, patrouillieren private Wachdienste durch die Stadtzüge in den australischen Metropolen; zudem sind Kamaras in Nahverkehrszügen und Bussen sowie an deren Haltestellen installiert, außerdem wird an den einschlägigen Haltestellen z. B. in Sydney auch mit Drogenhunden gearbeitet. In Perth hat man die neuen Bahnstationen alle sehr hell, freundlich und offen gebaut und spielt dort ständig eine beruhigende Hintergrundsmusik, was den Drang zu Vandalismus oder Gewalt vermindern soll. Tatsächlich konnte ich vor Ort noch kein Graffiti entdecken und fühlte mich auch nachts sicher, auch wenn dort schon mal obdachlose oder einfach arme Menschen herumlungern und nach einem Dollar fragen.

Die Freuden im Leben

Den Aussies ist der Feierabend heilig. Wenn der Freitagabend endlich da ist, geht es ab zum Biertrinken und zwar oft schon mit den Arbeitskollegen zum freitäglichen **beer o'clock** im Gemeinschafts- oder Partyraum des Unternehmens oder der Behörde (jede oder jede zweite Woche). Nicht selten fängt es schon gegen Mittag an und wird ganz oder teilweise aus der Firmenkasse gezahlt. (Im Northern Territory bietet so manches Unternehmen dies sogar täglich!) Hier lernt man dann Mitarbeiter aus anderen Abteilungen kennen, spricht über alles – vor allem über Sport und andere neutrale Themen –, aber ungern über die Arbeit, schließlich ist es zur Entspannung und Einstimmung auf das Wochenende gedacht. Etwas angespannt ist man immer nach 5 Arbeitstagen, denn die Zeiten der Arbeitszeitverkürzung sind längst vorbei. In einem Vollzeitjob wurden 2006 durchschnittlich 40 **Arbeitsstunden** in der Woche und in einem Teilzeitjob 16,2 Stunden pro Woche gearbeitet. Allerdings arbeiten 22,5 % der Vollzeit-Beschäftigten 50 Stunden oder mehr pro Woche und bei vielen bleiben diese zusätzlichen Stunden unbezahlt, d. h. sie sind projekt- bzw. jobgebunden.

Da die australischen Arbeitnehmer in der Regel ähnlich viel **bezahlten Urlaub** wie in Mitteleuropa erhalten, haben sie neben dem Feierabend auch viele lange Wochenenden und mindestens den Sommerurlaub zu gestalten. Nebenher nimmt man sich noch den ein oder anderen *sickie* (Tag der Krankmeldung) heraus, vorzugsweise wenn man gar nicht krank ist, sondern einen Kater hat oder etwas erledigen muss, während man mit einer Grippe oder Erkältung, Zerrung oder sonstigen Beschwerden heroisch am Arbeitsplatz erscheint und demonstriert, wie motiviert man doch ist. Hinzu kommen die 11–12 **Feiertage** im Jahr, wobei der sportliche Anlass für manche Feiertage schon andeutet, womit sich die Mehrheit an diesem Tag beschäftigen wird. Das Pferderennen in Melbourne, der „Melbourne Cup", ist sogar bekannt dafür, die ganze Nation lahmzulegen, auch wenn der Tag nur in Melbourne ein Feiertag ist. Sport, Bier- und Barbiekultur sind jedenfalls die drei Dreh- und Angelpunkte der Freizeitgestaltung der meisten Aussies.

Das Barbie-Ritual

Der Geruch von brutzelnden Würstchen und von gegrilltem Steak hängt in Australien schon seit den frühesten Tagen der Kolonie in der Luft. Viehtreiber und Schafhirten saßen um ein Lagerfeuer herum und atmeten den betörenden Duft des verbrennenden Eukalyptusholzes ein, der dem bratenden Fleisch die besondere australische Note verlieh – beim Anblick des Crux Australis *(Southern Cross)*, jener kleinen Sternbildkonstellation am Firmament, die hauptsächlich in der südlichen Hemisphäre zu sehen ist.

Man nennt es Barbecue, BBQ oder ganz nach australischer Manier abgekürzt *Barbie*, was eigentlich nur „Grillen" bedeutet und eine **reine Männersache** ist. Auch wenn der australische Mann sonst eher selten am Herd zu finden ist, so ist er mit Sicherheit derjenige, der sich um das Grillfeuer kümmern wird. Frauen haben hier nichts verloren und sind nur dafür zuständig, die begleitenden Salate zuzubereiten und den Mann mit ausreichend kühlem Bier zu versorgen, solange er über den Flammen schwitzt. Mit den anderen Männern fachsimpelt er über die beste Holzart, wenn er noch ein traditionell holzbetriebenes Barbecue verwendet.

Seit im Sommer offene Feuer wegen der Buschfeuergefahr meist verboten sind, hat fast jeder ein gasbetriebenes Barbecue. Hier geht es darum, so viele Gasbrenner wie möglich zu haben, die besten Ablageflächen an den Seiten und einen großen Deckel, damit auch ein Truthahn darunter passt. Das Gas-Barbecue ist zum Statussymbol ausgereift, mit dem sich die Männer messen können. Wer verrückt genug ist, kann heute bis zu 10.000 $ für sein Gerät der Meisterklasse ausgeben. Letzten Endes ist dies jedoch nicht so wichtig, Hauptsache, man hat überhaupt einen Gasgrill, denn keinen zu besitzen, wäre wirklich unaustralisch!

Das Gerät allein reicht jedoch nicht aus, um die Gäste angemessen zu beeindrucken. Es gilt, den **besten Metzger** aufzutreiben, bei dem es die zartesten Lammkottelets, saftigsten Porterhouse-, Scotch- oder Rumpsteaks und schmackhaftesten Würstchen gibt. Man kann deutlich herausschmecken, dass die Rinder in Australien in der freien Natur grasen, so leckere Rind-, Kalb- und Lammsteaks bekommt man selten. Das Fleisch der bei Australiern ungeliebten körnergezüchteten Schweine schmeckt hingegen weniger gut und verbreitet einen wahrhaft schweinischen Duft. Auch die Kunst des Marinierens gibt Anlass für endlose Fachsimpeleien der Männer am Grill. In der Regel wird jedoch nur Pfeffer und Salz zum Würzen verwendet.

Nicht ungewöhnlich sind auch *Barbies,* bei denen **BYO** *(Bring Your Own)* gilt, wo man sein eigenes Fleisch mitbringen und auch nur dieses grillen und essen soll. Wenn es vorab heißt *bring a plate,* sollte man nicht einen Teller mitbringen, sondern einen fertig gemachten Salat, Nachtisch oder Ähnliches. Geradezu ein Muss ist auch das Anschleppen von einem Sixpack oder einem Karton (es gibt keine Bierkisten!) **Bier** oder mindestens einer Flasche gutem Wein! Absurderweise ist dies in den meisten Fällen jedoch nicht als Mitbringsel für den Gastgeber gemeint, sondern als der eigene Vorrat an Alkohol für den Abend, den man hütet wie seinen Augapfel und nur erlesenen Freunden zum Mittrinken anbietet. Wenn man nicht alles konsumiert hat, nimmt man sogar den Rest wieder mit nach Hause. Je größer die eingeladene Runde, desto üblicher ist es, seinen eigenen Campingstuhl als Sitzgelegenheit mitzubringen, denn sonst verbringt man die Party im Stehen. Wenn man nicht möchte, dass das eigene Bier zu warm wird, bringt man zur Sicherheit auch seinen eigenen *stubby-holder* mit, einen Überzug für die Bierflasche aus Neopren oder Styropor, der das Bier bei den sommerlichen australischen Temperaturen kühl hält. Das sträflicherweise zu warm gewordene Bier wird flugs als Würzmittel auf die bratenden Steaks, die gern bis zur Unkenntlichkeit schwarz gebrutzelten Kartoffelscheiben oder Zwiebelringe gespritzt, die klassischerweise auf der flachen *hot plate* des Barbecue gebacken werden. Dazu gibt es dann *tomato sauce,* wie sich der Ketschup bei den Aussies nennt. Wenn auch das klassische Barbecue bestimmt ist von der gren-

zenlosen Liebe zum Fleisch- und Bierkonsum, so gesellen sich mit der wandelnden australischen Cuisine auch edlere Grillstücke wie Fisch, Süßwasserkrebse, Shrimps und andere Meeresfrüchte zu den Steaks. Wein wird zunehmend salonfähig als begleitendes Getränk.

Während man z. B. in Deutschland nur in einem guten Sommer Gelegenheit zum Grillen hat, bietet Australien fast ganzjährig ideale Grillbedingungen und so hat sich dieses Ritual zum **traditionellen Feierabend-Event** schlechthin gemausert, an dem man Gäste auf lockere Art unterhält und selbst den Stress der Arbeit hinter sich lässt. Es ist einer Einladung zum Abendessen gleichzusetzen, denn mehrgängige Menüs nach französischem Vorbild sind mehr als höchst selten. Man sollte das Barbecue trotz der informellen Atmosphäre nicht unterschätzen, denn damit kann man wirklich jeden Anlass gebührend feiern, sei es ein Geburtstag, die Geburt eines Kindes, ein Abschied, eine Willkommensparty, Weihnachten, Ostern, ein anderer Feiertag oder gar ein Staatsbankett wie zuletzt beim Besuch von *George Bush* 2003! Hier knüpft man auf zwanglose Art neue Kontakte, lernt seine große Liebe kennen oder genießt ganz einfach den Feierabend oder den Urlaub in vertrauter Runde von Freunden, Bekannten und Verwandten.

Die Klassiker: Snags, Steaks, Kartoffeln, Zwiebeln – und Männersache!

Damit ein für alle Mal klar ist, dass die Aussies die wahren Könige des Barbecue sind, halten sie im Guinness-Buch der Rekorde auch seit 1993 den **Weltrekord des größten eintägigen Barbecue-Events.** Im Oktober verzeichnete die Warwick-Farm-Rennbahn in Sydney 44.158 Besucher, mehr als 300.000 verkaufte Würstchen, 100.000 Steaks, 50.000 Hähnchen-Burger und 481.000 Dosen Bier (welches über 180.000 Liter sind). Das kommt einem Durchschnitt von 6,8 Würstchen, 2,26 Steaks, 1,13 Hähnchen-Burger und 10,89 Dosen Bier pro Person gleich!

Australische Bier- und Weinkultur

If one has the ability to drink oneself into an alcoholic stupor without falling flat on one's face in front of one's mates, one apparently has then achieved the true blue hallmark of excellence of today's dinky-di Aussies.

Wenn man die Fähigkeit hat, sich in einen alkoholischen Vollrausch zu trinken, ohne vor seinen Kumpels flach auf die Nase zu fallen, dann hat man offenbar das wahrhafte Gütesiegel eines heutigen echten Australiers erreicht.

(Tageszeitung „The Australian" 1973)

Der Ruf, große Biertrinker zu sein, eilt den Aussies mindestens so sehr voraus wie den Deutschen. Und tatsächlich ist – trotz der boomenden Weinindustrie – Australiens Volksdroge Nummer Eins noch immer das Bier. Auf der Weltrangliste der Bierkonsumenten nehmen die Aussies Platz Nummer Vier ein nach Tschechien, Irland und Deutschland (in dieser Reihenfolge). Dennoch scheint der jährliche Konsum von 109,9 Litern pro Einwohner im Jahr 2004 im Vergleich mit dem Konsum der tschechischen Spitzenreiter von 156,9 Litern fast harmlos.

Am **Freitagabend** sind die Pubs – oder ganz klassisch in Australien „Hotels" genannt – randvoll mit jungen Leuten, die zu ihrem Vergnügen nur eines geplant haben: sich mal wieder richtig die Kante zu geben. Es ist ein weitgehend akzeptiertes und zelebriertes Ritual, das sich jeden Freitagabend wiederholt und auch bei jeglicher Feierlichkeit.

Man betritt in Australien im Allgemeinen keinen Pub, um nur ein paar gepflegte Drinks zu sich zu nehmen und dabei einen interessanten Meinungsaustausch zu führen, sondern hat fast immer das Ziel, sich zu betrinken. Mit dieser **Kampftrinkermentalität** fallen die Aussies auch alljährlich neben den Amerikanern, Engländern und Neuseeländern beim Oktoberfest auf der Münchener Wies'n mehr oder weniger unangenehm auf.

Das Betrinken ist bei den Australiern in jedem Fall eine **soziale Aktivität,** deren Wurzeln auch im Konzept der in Australien so wichtigen *male mateship* (männliche Kameradschaft) liegen. Vor allem von jüngeren Männern bis ca. Mitte dreißig wird dieses Ritual zelebriert, gerne aber auch darüber hinaus bis ins hohe Alter. Ein fester Bestandteil der Interaktion von *mates* (Kameraden) besteht darin, zusammen Bier zu trinken. Wer allein trinkt, ist ein hoffnungsloser Alkoholiker, aber wer regelmäßig ebenso große Mengen im Kreis von Freunden und Bekannten zu sich nimmt, ist es nicht. Um den sozialen Charakter der Aktivität zu unterstreichen, bestellt man Getränke auch nicht nur für sich selbst, sondern ordert reihum eine Runde für die gesamte Clique. Das Konzept eines eigenen Bierdeckels ist den Aussies nicht nur völlig fremd, sondern auch in höchstem Maße suspekt. Es wirkt unangenehm geizig, ganz abgesehen davon, dass man in australischen Pubs in der Regel nicht am Tisch bedient wird, sondern die Getränke an der Theke bestellen und sofort bezahlen muss.

Die **ungeschriebene australische Pubettikette** schreibt vor, dass man nur mit Freunden ausgeht, wenn man bereit ist, eine oder mehrere Runden im Laufe des Abends für alle zu zahlen. Man hat einfach genügend Geld mitzubringen, aber auch entsprechend viel Durst bzw. Trinkfestigkeit. Beim Trinken nicht mitzuhalten und sich so unter Umständen auf diese Weise vor dem Kauf der nächsten Runde zu drücken, ist ein Faux-pas sondergleichen. Man wird immer ein neues volles Bier in die Hand gedrückt bekommen, auch wenn das eigene Glas in der Hand noch voll ist. Schließlich will derjenige, der die Runde bezahlt, nicht als geizig dastehen. Man sollte niemals nach einem teuren Bier verlangen, wenn ein anderer zahlt, sondern das teurere Bier in der eigenen Runde für alle holen gehen. Wer wirklich nicht weitertrinken kann, sollte in den nächsten Runden jeweils ein alkoholfreies Getränk trinken oder aber nach Hause gehen – das jedoch nur, wenn er selbst seinen Anteil an Runden gezahlt hat. Im Zweifelsfall sollte man noch schnell eine letzte Runde ausgeben, bevor man sich davonmacht. Alle Biere, die man in die Hand gedrückt bekommen hat, sollte man bis zur nächsten Runde geleert haben. Ein Bier stehen zu lassen, ist nur für denjenigen akzeptabel, der schon dabei ist, sich zu übergeben. Stockbetrunken zu sein, ist schließlich kein Gesichtsverlust, aber zu wenig zu trinken, ist sehr wohl einer.

Der Grundstein für die australische „Trinkkultur" wurde bereits bei Gründung der Kolonie gelegt, denn **Rum** war Australiens erste eigene Währung, mit der nach dem Weggang von Gouverneur *Arthur Philip* 1792 bis zur Ankunft von Gouverneur *Lachlan Macquarie* in New South Wales 1810 bezahlt wurde. Für die Ergreifung von Australiens erstem *bushranger* wurde entsprechend eine Belohnung von 22 Gallonen Rum ausgeschrieben. Heute hat der Rum nur noch in Queensland Bedeutung, wo er aus dem dort angebauten Zuckerrohr hergestellt wird. *Bundy,* wie der Bundaberg-Rum verniedlichend genannt wird, wird jedoch selbst in Queensland nicht in großen Mengen getrunken.

Bier wurde in Australien nie als Währung verwendet, dafür wurde es aber schnell zum bevorzugten alkoholischen Getränk der Aussies. An Biersorten mangelt nicht es in Australien. Seitdem der erste Hopfen 1788 in Australien ankam und erfolgreich durch den Strafgefangenen James Squire angebaut wurde, sprossen die kommerziellen Brauereien in allen australischen Kolonien nur so aus dem Boden. So ziemlich jeder Pub braute sein eigenes *amber liquid* (bernsteinfarbene Flüssigkeit), denn der Transport über längere Distanzen wäre ohnehin zu aufwendig und teuer gewesen. Diese kleinen *brewpubs* (Brauereikneipen) sind im Laufe der Zeit nach und nach von den großen Bierkonzernen aufgekauft worden, mit der Auflage, deren Markenbier auszuschenken. In Sydney kaufte der Tooth's-Konzern die kleinen Pubs auf und gestaltete sie im markanten Art-déco-Stil der 1920er Jahre um, der heute noch den typischen Look von Sydneys Pubs bestimmt.

Unter dem Druck der Abstinenzbewegung nach dem Ersten Weltkrieg wurden Gesetze zur **Beschränkung der Ausschankzeiten** erlassen, die den Pubs vorschrieben, bereits am frühen Abend zu schließen. Damit sollte der Alkoholkonsum eingedämmt werden, dem sich die Männer in ihrem Frust über die Geschehnisse im Krieg, über die schlechten Arbeitsbedingungen und angesichts der drohenden Wirtschaftskrise allzu gern hingaben, um dabei mit ihren Kumpels ein wenig zu entspannen. In der Folge verkamen die einst charmanten Pubs, die zuvor auch Theater, Musikbühne, Restaurant und Unterkunft gewesen waren, immer mehr zu reinen Trinklöchern für die Arbeiter, die sich möglichst schnell bis zur Sperrstunde um 18 Uhr betranken. Beim sogenannten *6 o'clock swill* (Sechs-Uhr-Herunterkippen) wurden kurz vor Beginn der Sperrstunde so schnell und so viele Biere wie möglich in den Rachen geschüttet. Das Absurde daran war vor allem die Kombination mit dem Rundenspendieren, denn wenn man zu fünft nach der Arbeit in den Pub ging, musste man bei Ankunft um 17.30 Uhr schnell von jedem ein Bier trinken, sprich fünf Biere in der nächsten halben Stunde. Diese Mentalität ist bis heute nicht ganz verschwunden, denn sobald der Barmann ruft, es sei die letzte Runde, bestellen alle wie verrückt noch Unmengen von Bier, die dann auf Ex hinuntergeschüttet werden müssen (eine Sitte, die auch von den neuen Einwanderern aus Großbritannien gefördert wird, dort ist sie besonders freitags gang und gäbe). Erst ein Jahr vor den Olympischen Spielen in Melbourne 1956 entspannten sich die Ausschankgesetze in Victoria und New South

Pub With No Beer

It's lonesome away, from your kindred and all
By the campfire at night, where the wild dingoes call
But there's nothing so lonesome, so morbid or drear
Than to stand in a bar, of a pub with no beer

Now the publican 's anxious, for the quota to come
There's a faraway look, on the face of the bum
The maid 's gone all cranky , and the cooks acting queer
What a terrible place, is a pub with no beer

Then the stockman rides up, with his dry dusty throat
He breasts up to the bar, pulls a wad from his coat
But the smile on his face, quickly turns to a sneer
When the barman said sadly, the pub's got no beer

There's a dog on the verandah, for his master he waits
But the boss is inside, drinking wine with his mates
He hurries for cover, and cringes with fear
It's no place for a dog, round a pub with no beer

Old billy the blacksmith, first time in his life
Has gone home cold sober, to his darling wife
He walks in the kitchen, she says your early my dear
But he breaks down and tells her, the pub's got no beer

Wales wieder und die Pubs durften bis 22 Uhr geöffnet bleiben. Man wollte sich nicht damit blamieren, die internationalen Gäste schon um 18 Uhr zurück in die Hotelzimmer zu schicken. Außerdem hatte sich gezeigt, dass der Alkoholkonsum durch die frühen Schließungszeiten nicht gesunken, sondern in die Höhe geschossen war. Die Beschränkung der Ausschankzeiten war also offenbar nicht der geeignete Weg, um das Ziel der Abstinenzbewegung zu erreichen. In South Australia blieb die frühe Schließungszeit noch bis 1967 bestehen.

Aus dieser Zeit stammen auch die extrem kleinen **Bierglasgrößen,** die man heute nicht mehr antrifft. Es gab das 140-ml-Glas, was man in der Regel *pony* nannte, in Queensland jedoch *five*, in Bezug darauf, dass 5 *ounces* (Unzen) hineinpassten. (Unzen war bis zur Einführung des metrischen Systems 1970 die Maßeinheit für Flüssigkeitsmengen.) Entsprechend wur-

Es ist einsam fort zu sein von den Geliebten und allen
Am Lagerfeuer bei Nacht, wo die wilden Dingos rufen
Aber es gibt nichts Einsameres, Morbideres oder Trübseligeres
Als an der Bar zu stehen in einem Pub ohne Bier

Jetzt ist der Betreiber besorgt um seinen kommenden Gewinn
Da ist ein abwesender Ausdruck auf dem Gesicht des Penners
Die Barfrau ist schon mürrisch, und die Köche benehmen sich merkwürdig
Was für ein furchtbarer Ort ist ein Pub ohne Bier

Dann kommt der Viehtreiber angeritten mit seiner trocken staubigen Kehle
Er lehnt sich an die Bar, zieht ein Bündel Banknoten aus seinem Mantel
Aber das Lächeln auf seinem Gesicht verzieht sich schnell zu Spott
Als der Barmann betrübt sagt, der Pub hat kein Bier

Da ist ein Hund auf der Veranda, wartet auf sein Herrchen
Aber der Boss ist drinnen, trinkt Wein mit seinen Kumpels
Er rennt ins Versteck und schaudert vor Furcht
Es ist kein Ort für einen Hund bei einem Pub ohne Bier

Alter Billy, der Schmied, zum ersten Mal im Leben
Ist stocknüchtern nach Hause gegangen zu seinem Schatz von Ehefrau
Er betritt die Küche, sie sagt, du bist früh dran mein Lieber
Aber er bricht zusammen und erzählt ihr, der Pub hat kein Bier

(Hit aus den 1950er Jahren von dem australischen „King of Countrymusic“ *Slim Dusty,* alias *David Gordon Kirkpartick“)*

de das 200-ml-Glas *seven* genannt, in Queensland und Victoria jedoch einfach nur *beer,* in South Australia *butcher* und in Western Australia generell *bobby.*

Verglichen mit Mitteleuropa ist der Alkoholausschank in Australien noch immer stark reglementiert. Eine Bar darf man erst ab 18 Jahren betreten und Alkohol darf nur an mindestens 18 Jahre alte Personen verkauft werden. Im Supermarkt kann man in der Regel keine alkoholischen Getränke kaufen – abgesehen vom Northern Territory –, dafür muss man eigens einen **bottle shop** (Flaschen-Shop) aufsuchen. Diese sind traditionellerweise Bestandteil der Pubhotels, welche außerdem einen Ausschankraum, ein Restaurant-Zimmer und in den oberen Stockwerken auch Zimmer zum Übernachten beherbergen. Die urig eingerichteten Räume zum Übernachten sowie die Gemeinschaftstoiletten und -duschen

– getrennt nach Männern und Frauen – zeugen von ihren altenglischen Vorbildern aus dem viktorianischen Zeitalter. Einige *bottle shops* verfügen im Zeitalter der motorisierten Bequemlichkeit über einen *Drive-in,* sodass man zum Bierkaufen nicht einmal aus dem Auto aussteigen muss, sondern im Auto sitzend die gewünschte Alkoholmenge bestellt und bezahlt. Dann gilt es nur noch, den Kofferraum zu öffnen, was bei modernen Autos ja auch geht, ohne dass man aussteigen muss, denn der Verkäufer verfrachtet die gekaufte Ware dann gleich dort hinein, oder man nimmt den Karton durch das heruntergekurbelte Fenster an und braust davon.

Bierkästen existieren nicht, das Bier gibt es nur im *slab, carton* oder *box* (alles Worte für Karton) à 24 **Flaschen** oder aber als Sixpack; die *stubbies* (kurze, dicke Flaschen) in Karton oder Sixpack enthalten in der Regel 375 ml. Größere Flaschen, sogenannte *long necks* (Langhalsige mit 750 ml) oder *Darwin stubbies,* die 1,25 Liter enthalten und die es nur im Northern Territory gibt, kauft man immer nur einzeln. Darüber hinaus gibt es natürlich auch noch *tinnies,* wie man das Dosenbier nennt.

Unter den 25–44-jährigen männlichen Aussies ist es auch populär, im Eigenheim **Bier selbst zu brauen,** vor allem bei den in Australien, Großbritannien und Irland Geborenen. Bei Aussies italienischer Herkunft kann es durchaus auch das Keltern von eigenem Wein sein. Im Supermarkt oder im Brau-Shop kann man handliche *brew kits* (Brau-Startpakete) von diversen Biermarken oder seltener auch *wine kits* (Startpakete zum Weinkeltern) kaufen, die die richtige Mischung an Grundzutaten enthalten. Beim Bier kommt laut Anleitung nur noch heißes Wasser hinzu, dann lässt man es an einem warmen Ort fermentieren und füllt es mit der richtigen Dosis Zucker in Flaschen oder in ein Fass ab. Der stolze Hobbybrauer hat nicht selten einen zweiten Kühlschrank, in dem ein Fass *homebrew* (Heimgebrautes) kühl gestellt ist, aus dem er ein frisches Bier zapfen kann. Wer hier wagt, auf dem Deutschen Reinheitsgebot herumzureiten, beleidigt die Aussies auf übelste Weise, zumal viele australische Biere ebenfalls keine Zusätze enthalten – ganz abgesehen davon, dass es bei dem Reinheitsgebot in Deutschland auch weniger um die Reinheit geht als um die Protektion des deutschen Biermarktes.

In der Regel bevorzugt man in Australien das goldenfarbige untergärige Lagerbier und das etwas dunklere obergärige *Ale.* Aber es werden auch noch andere **Biersorten** gebraut, wie das stärkere cremige *Stout* oder *Porter* ähnlich dem irischen *Guinness* und einige wenige Weizenbiere sowie

Bottle Shop Drive Through in Victor Harbour, SA

067au Foto: at

einfaches Pils. Marktbeherrschend sind die stark gefilterten Lagerbiere der großen Brauereikonzerne. Das wohl größte Flagschiff sind die „Carlton & United Breweries" mit dem grünen gelabelten *Victoria Bitter,* kurz *VB* genannt, dem ebenfalls weit verbreiteten *Carlton Draught* und dem beliebten *Crown Lager,* schlicht *Crownie* genannt. Sie produzieren auch das heute in Australien unpopuläre *Foster's,* welches in Europa als einziges australisches Bier im großen Stil verkauft wird (weil es auch in England gebraut wird). Der Konzern steht allerdings auch für ausländische Biermarken wie die irischen Marken *Kilkenny* und *Guinness* und die belgische Marke *Stella Artois* und ist somit ein wahrer Globalplayer. Zu den anderen traditionsreichen australischen Biermarken gehört *Castlemaine's XXXX* (ausgesprochen: *Four Ex)* aus Queensland.

Eine Sonderstellung konnte die „Coopers"-Brauerei in Adelaide in all den Jahren beanspruchen, weil sie es schaffte, nicht von den Großkonzernen geschluckt zu werden und weil ihre berühmten obergärigen Biere *Sparkling Ale* und die leichtere Variante *Pale Ale* keinerlei Zusätze enthalten. In den 1990er Jahren haben sich auch wieder einige kleinere *microbreweries* (Kleinbrauereien) mit *boutique beers,* den experimentell kreativen Bieren, durchsetzen können, da man wieder mehr Abwechslung im Geschmack sucht. Außerdem tauchen seit den 1990er Jahren allgemein immer mehr Lightbiere auf.

Neben Bier ist der australische Wein national und international immer mehr im Kommen. Im Jahr 1901 produzierte Australien 23,9 Mio. Liter Wein, im Jahr 2003/04 dagegen schon fast 581 Mio. Liter für den Export und weitere 417 Mio. Liter für den nationalen Verbrauch! Die **Weinproduktion** ist eine der der größten Boomindustrien Australiens, wobei in South Australia und Western Australia die Rotweine dominieren, allen voran mit Trauben von *Shiraz, Cabernet Sauvignon,* aber auch *Grenache.* In den kälteren Bundesstaaten Victoria und New South Wales wird hauptsächlich Weißwein produziert, vor allem aus Rebsorten wie *Chardonnay,* aber auch *Verdelho* und *Semillon.* Wie in Frankreich wird zum Picknick und zu herzhaften Mahlzeiten zunehmend mehr Wein serviert und bestellt. Australier tranken in 2003/04 pro Kopf durchschnittlich ca. 21 Liter Wein, 13 % mehr als noch 10 Jahre zuvor. Der Besuch der Weinregionen ist inzwischen zu einer touristischen Attraktion ausgereift, der die Großstadtbewohner gerne am Wochenende nachgehen.

An preiswerte Supermarktweine gewöhnt, mag man zunächst über die Preise für das kostbare Nass in Australien erschrecken, doch Wein ist hier in der Regel keine Massenware. Für eine Flasche gibt man um die 11 $ aus, als Mitbringsel sogar eher 20 $. Wein wird in Australien nach alter Manier mit Liebe, viel Geduld und immer als Wettbewerb um den besten Wein produziert. Heraus kommt dabei eine Fülle an exzellenten Weinen, die man meist nur in Australien und dann auch oft nur in der entsprechenden *boutique winery* (kleines, privates Weingut) bekommt. Auf dem internationalen Markt sind diese Weine kaum zu finden, da sie sich stark von den australischen Exportweinen unterscheiden, die von den Weinkonzernen en masse produziert werden, um mit preiswerten französischen, spanischen oder anderen New-World-Weinen konkurrieren zu können. Für den Export von australischem Wein erfand das Weingut „Angove's" in South Australia 1966 auch den sogenannten *bag in a box,* einen Karton mit einem Polyethylen-Sack darin, in dem der Wein abgefüllt war. Um den Wein am Oxidieren zu hindern, wurde die überschüssige Luft im Sack herausgepresst und dann mit einem speziellen Clip verschlossen, sodass der Wein quasi vakuumverpackt war. Australiens angesehenstes Weingut „Penfold's" erwarb das Patent und vermarkete mit dem *bag in a box* seine einfachen Weine in Australien und Großbritannien; heute sieht man diese Kartons auf allen Weingütern der Welt mit einem praktischen kleinen Zapfhahn versehen.

Die **Schattenseiten** der australischen Bierkultur rücken erst seit Ende der 1980er Jahre wieder ins Bewusstsein der Gesellschaft. Die Abstinenzbewegung nach dem Ersten Weltkrieg hatte sich als kontraproduktiv erwiesen, denn es wurde noch mehr statt weniger getrunken. Dabei stand

Australien mit dieser Problematik nicht allein da, auch die Prohibition in den 1920er Jahren in den USA resultierte nur in einer Kultur der Schwarzbrennerei und des Alkoholschmuggels. Zumindest entstand in den Folgejahren in der amerikanischen Gesellschaft jedoch ein Bewusstsein dafür, dass Alkoholkonsum schädlich ist, während er in Australien immer salonfähig blieb: vom ersten Premierminister *Edmund Barton,* der bekanntlich ein großer Liebhaber von Alkohol war und seine Reden im Parlament nicht selten völlig betrunken hielt, bis hin zu Premierminster *Bob Hawke,* der sich 1994 einen Eintrag ins Guinness-Buch der Rekorde erkämpfte, nachdem er 2,5 *Pints* (568-ml-Gläser) in 11 Sekunden getrunken hatte, die bisher schnellste Zeit. Wenn schon die höchsten Regierungsvertreter mit schlechtem Beispiel vorangehen, wie kann man dann erwarten, dass das Volk von der Verherrlichung des Alkoholkonsums Abstand nimmt. Interessant ist, dass man in allen anglo-keltischen Gesellschaften von Großbritannien über die USA bis nach Australien und Neuseeland bis heute strengere Alkoholkonsumregelungen kennt als in Mittel- und Südeuropa und die Probleme mit zu hohem Alkoholkonsum dennoch – oder gerade deswegen – weiterhin existieren.

Nachdem der Bierkonsum in Australien in den 1970er Jahren seinen Höhepunkt erreicht hatte, erkannte man auch langsam die damit verbundenen Probleme und die Behörden beschlossen, entsprechende **erzieherische Maßnahmen** zu ergreifen. Zum Beispiel wurden in manchen Bundesstaaten die *beer wenches* (Bier-Maiden) aus den Cricketstadien verbannt. Diese hatten den Männern ein Bier nach dem anderen vom einzigen Ausschank im Stadion besorgt, damit die Männer dort nicht Schlange stehen mussten und so wichtige Details des Wettkampfes verpassten. Aufgrund des häufigen Nachschubs waren viele Männer schneller sternhagelvoll als in den Zeiten vor der Beschränkung des Alkoholausschanks in den Stadien.

Aus Angst davor, dass ihre Kinder Heroin, Ecstasy und andere Drogen konsumieren, drücken viele australische Eltern beim Alkoholkonsum beide Augen zu, nach dem Motto, wenn mein Kind „nur" viel Bier trinkt, wird es nicht mit schlimmeren Drogen beginnen. Allerdings werden die **Gefahren durch den Alkohol** dabei unterschätzt: Jährlich sterben mehr junge Leute an den Folgen von Unfällen unter Alkoholeinwirkung als an allen illegalen Drogen zusammengenommen. Im Jahr 1998 starben 814 Personen aus der Altersgruppe der 15–34-jährigen an Unfällen in Zusammenhang mit Alkohol und weitere 25.207 wurden als Folge von Alkoholkonsum verletzt oder vergiftet ins Krankenhaus eingeliefert, während im gleichen Zeitraum 547 Personen aus der gleichen Altersgruppe als Folge des Konsums von illegalen Drogen starben.

Um den gefährlichen Cocktail **Alkohol und Autofahren** zu entschärfen, ist das Fahren mit mehr als 0,5 Promille allgemein nicht erlaubt. Als Hilfestellung für die jungen Leute bei der Einschätzung ihres Alkoholkonsums werden scheckkartengroße Informationskarten verteilt, die definieren, wie viel ein *standard drink* ist und wie viele man davon als Frau oder Mann stündlich konsumieren kann, um unter dem Limit zu bleiben. Diese Information ist in der Regel sogar auf Flaschen sowie Dosen mit Bier und alkoholischen Mixgetränken aufgedruckt. Für Fahranfänger, die noch keinen vollwertigen Führerschein bzw. einen Führerschein auf Probe haben und daher mit sogenannten *L-plates* (*Learner* = Lernender) bzw. *P-plates* (*Provisional* = vorläufig) fahren müssen, sowie für berufsmäßige Fahrer ist es je nach Bundesstaat schon ab 0,2 oder gar jedem noch so kleinen Wert größer 0 Promille nicht mehr gestattet, ein Fahrzeug zu lenken. Wer dennoch erwischt wird, muss mit Geldbußen rechnen.

Die Gesamtzahl der Unfälle unter Einwirkung von Alkohol bei den jungen Leuten ist zwar zurückgegangen, aber der **Alkoholkonsum der jungen Leute** insgesamt nimmt zu. Mit dem Genuss von Alkohol wird auch immer früher begonnen. Obwohl man in Australien erst ab 18 Jahren legal Alkohol trinken oder kaufen darf, ist das Durchschnittsalter für den Konsum des ersten Drinks auf 14 Jahre abgesunken. Besonders gefährlich ist das *binge drinking* (Komatrinken). Dies wird mittlerweile bei jungen Frauen häufiger beobachtet als bei jungen Männern, weil die Frauen so versuchen, den Männern gleichwertig zu sein, indem sie wie diese „ihren Mann stehen" (siehe Kapitel „Rechte und Pflichten der Aussies": „Blokes und Sheilas – Rollenverteilung der Geschlechter"). Da sie jedoch weniger Alkohol vertragen als ihre männlichen Mitstreiter, nimmt das Saufgelage bei den Frauen extremere Formen an.

Ein zunehmender bedrohlicher Trend ist das **drink spiking,** wobei starke Alkoholika, Schlafmittel oder illegale Drogen durch Umstehende ohne Wissen des Konsumenten in dessen kurz abgestelltes Glas gegeben werden. In 70 % aller gemeldeten Fälle sind Frauen das Ziel solcher Übergriffe, die in den meisten Fällen mit sexuellem Missbrauch enden. In den restlichen Fällen wurde der unwissende Konsument ausgeraubt oder sogar nur zum Spaß seiner Freiheit beraubt. Denn besonders wenn Schlafmittel oder Drogen hineingemischt werden, verliert der Betroffene jegliche Kontrolle über sich selbst und kann sich am nächsten Morgen an nichts erinnern. Diese Vorfälle passieren in den meisten Fällen in Clubs und Pubs. Empfohlen wird daher, sein Getränk nie unbeaufsichtigt stehen zu lassen oder wenn, es dann nicht mehr auszutrinken, sondern sich ein Neues zu holen. Aus diesem Grund werden von den jungen Australiern auch Getränke in Flaschen bevorzugt, da die Öffnung dort kleiner ist als bei einem Glas, sodass die Gefahr, dass jemand unbemerkt etwas hineingibt, geringer ist.

Eine ganz eigene Problematik ist der **Alkoholkonsum der Aboriginals.** In den Städten fallen immer wieder betrunkene, obdachlos wirkende Aboriginals in den öffentlichen Parks auf. Das Alkoholproblem ist jedoch in den isolierten Aboriginal-Gemeinschaften im Outback am größten, wo große Arbeitslosigkeit und somit Langeweile das Leben bestimmen. Ältere Mitglieder der *Communities* erinnern sich darüber hinaus nur allzu gut an die Zeit der australischen Assimilationspolitik, die ihnen vorschrieb, in Reservaten zu leben und ihnen ihre halbblütigen, aber auch die vollblütigen Kinder stahl. Auf ihren Schultern wiegt die Last des Verlustes ihrer einst so stolzen Kultur am schwersten. In der Kolonialgeschichte der Welt gibt es unzählige Beispiele für die absichtliche Zerstörung ganzer Völker mittels dem Teufelswasser der weißen Kolonisten. Australien ist da keine Ausnahme.

Heute trinken gut 50 % der Männer in den *Outback-Communities* in gefährlich großen Mengen Alkohol, wobei nicht nur das Einkommen der betreffenden Familie bedroht ist, sondern es auch allzu häufig zu Gewalt gegen Frauen und Kinder kommt. Aus diesem Grund sind in vielen Aboriginal-Gemeinschaften der Verkauf und der Besitz von Alkohol gänzlich verboten; auch als Durchreisender durch das Land von Aboriginals ist der Besitz oder Verkauf von alkoholischen Getränken strikt untersagt. Im Northern Territory gibt es seit 1983 überdies das umstrittene „Zwei-Kilometer-Gesetz", wonach im Radius von 2 km um ein für den Alkoholausschank lizensiertes Lokal kein Alkohol in der Öffentlichkeit getrunken werden darf. Bei Zuwiderhandlungen berechtigt dieses Gesetz die Polizei, das alkoholische Getränk zu konfiszieren oder auszukippen und den Trinker bei Bedarf zur Ausnüchterung mit auf die Wache zu nehmen. Dies programmiert jedoch nur eine hohe Zahl an Konflikten zwischen Polizei und Aboriginals vor, welche sich deutlich in der Kriminalitätsstatistik wiederspiegelt, in der Aboriginals überrepräsentiert sind.

Dennoch trinkt ein Großteil der indigenen Bevölkerung – vor allem Frauen – im Unterschied zur nicht-indigenen Bevölkerung **überhaupt keinen Alkohol.** Alle Aboriginals über einen Kamm zu scheren und als Trunkenbolde abzutun, ist daher zu vereinfachend. Die Aboriginals fallen nur in der Regel mehr auf, weil sie aus kulturellen Gründen eher unter freiem Himmel trinken, weil ihre Familien das Trinken im Haus nicht tolerieren und weil sie von den Pubbesitzern diskriminierenderweise viel eher des Lokals verwiesen werden als ebenso sturzbesoffene *whities* (Weiße). Dazu kommt, dass in den Städten die Zahl der Obdachlosen unter den Aboriginals sehr hoch ist.

Traditionelle Kulinaria

Traditionell gab es auf dem australischen Kontinent einen reich gefüllten Speisezettel, auf dem eine Vielzahl an **einheimischen Früchten, Wurzeln und Blättern** stand, wie z. B. die Wurzeln der kartoffel- oder karottenartigen *Bush Potato* (Buschkartoffel) im Norden, die Früchte der korinthenähnlichen *Bush Raisin* (Buschrosine) im Zentrum, die Samen der *Bramble Wattle* (Buschakazie) im Westen, die Früchte der traubenartigen *Native Grape* (einheimischen Weintraube) im Osten oder die Beeren des *Ruby Saltbush* (rubinroter Salzbusch) im Süden. Diese wurden einst von den Frauen der Aboriginals in sogenannten *Coolamons* (aus Eukalyptusbaum-Rinde geschnittenen Schalen) gesammelt. Die Männer hingegen waren für die Jagd auf Kängurus, Wallabies, bestimmte Vogelarten, Wasserbüffel, Fische, Krebse, Schildkröten, Schlangen, Muscheln etc. zuständig. Zu den exotischeren **essbaren Tieren** gehörten auch die grünen Ameisen (wegen ihrer erfrischend nach Zitrone schmeckenden Hinterteile), die honigsüßen Honigameisen, die nussigen Mottenlarven namens *Witchetty Grubs* oder aber große Echsen wie der *Goulds Goanna*. Die Kolonisten haben sich diese reichen natürlichen Vorräte jedoch nie zu eigen gemacht und so stand die Kolonie in ihren Anfangsjahren ohne Nachschub aus England kurz vor dem Verhungern. Die Aboriginals hingegen wurden daran gehindert, ihre traditionelle Lebensweise als Jäger und Sammler fortzusetzen, zum einen durch die Zerstörung der natürlichen Flora und Fauna und zum anderen durch den Zwang, in Reservaten leben zu müssen. Die Reservate waren zu einengend, um sich darin als Jäger und Sammler ernähren zu können, darüber hinaus wurden die Aboriginals meist in Reservate geschickt, die in für sie völlig fremden Gebieten lagen, mit deren Flora und Fauna sie unter Umständen in keiner Weise vertraut waren. In den 1990er Jahren fanden die einheimischen Leckereien erstmals einen Platz in der kulinarischen Welt Australiens als **bushfood** oder *bush tucker,* exklusive Lebensmittel aus dem einheimischen australischen Busch, die auch teuer als Spezialiäten im Ausland vermarktet werden. Dazu gehören das cholesterin- und fettarme Fleisch von Känguru, Emu und Krokodil, aber auch Produkte, in denen einheimische Früchte, Samen und Wurzeln verarbeitet wurden zu Marmeladen, Chutneys, Barbecuesoßen, Keksen, Schokolade und vielem mehr. Eine Hand voll Restaurants in den australischen Metropolen hat sich der Haute Cuisine unter Verwendung der einheimischen Flora und Fauna verschrieben, aber in die Küchen der „Otto-Normal-Aussies" sind diese Leckereien noch lange nicht vorgerückt.

Die Liebe der Aussies zum Barbecue lässt schon vermuten, dass bei den Mahlzeiten Fleisch traditionell eine große Rolle spielt und die passenden

Beilagen wurden schon zur Genüge beschrieben. Was aber gibt es in den australischen Haushalten ansonsten zu essen? Dies ist im Grunde ebenso wenig verallgemeinernd zu beantworten wie die Frage nach dem „richtigen Australier", da in Australien Bevölkerungsgruppen verschiedenster ethnischer Herkunft leben. Dennoch kann man etwas über den allgemeinen Trend sagen, der sich auch in den Kochrichtungen in den Restaurants, Pubs und Cafés wiederspiegelt: Seit den 1980er Jahren ist in der **modernen australischen Cuisine** die asiatische und italienische Küche neben vielen anderen „eingewanderten" Kochstilen zu einer Selbstverständlichkeit geworden. Ganz im Gegensatz zu Europa oder auch den USA muss man dafür nicht einmal mehr in ein auf diese Kochrichtung spezialisiertes Restaurant gehen, sondern man findet thailändische, chinesische, italienische, libanesische, griechische etc. Gerichte Seite an Seite neben klassischen Gerichten wie *lamb roast* (Lammbraten) in allen Lokalen vom klassischen Pubhotel bis zum hypermodernen Szenelokal. Man muss also nicht zum Chinesen, um Chinesisch zu essen und nicht in ein Steakhouse für ein Steak. Dieses multikulturelle Miteinander auf der Speisekarte nennt sich *Fusion*. Und das Schöne ist, dass z. B. die asiatische Küche in den australischen Metropolen nicht verfälscht wird zu etwas, was z. B. der Chinese kaum als chinesisches Gericht wiedererkennen kann, sondern sie wird sehr originalgetreu zubereitet oder kreativ mit westlicher Cuisine kombiniert, ohne dabei z. B. an Schärfe oder Würze einzubüßen.

In jedem Shopping Center gehört auch der *Foodcourt* (Essenshof) zu den Orten, wo die Bevölkerung ihren *Lunch* (Mittagessen) zu sich nimmt. Hier gibt es immer eine Etage nur mit Essensständen von diversen **Fastfood-Anbietern,** wo in der Mitte Tische und Stühle stehen, die keinem bestimmten Anbieter zugeordnet sind, sodass man sich ganz einfach von mehreren Theken ringsum eine Leckerei kaufen und dann dort in der Mitte essen kann. Angeboten wird so ziemlich alles: japanischer Sushi, chinesischer *Yum Cha* (auch *Dim Sum* genannt – verschiedene gefüllte Teigtaschen), kantonesiche Pfannengerichte, griechisches Gyros, malaysische Suppen, italienische Pizzen und Nudelgerichte, englische Sandwiches, thailändische oder indische Currys, arabische Falafel, libanesische Kebabs ... ein oft grenzenloses Angebot. Aussies in Europa sind häufig geschockt, dass man hierzulande neben den amerikanischen Fastfoodprodukten sowie Döner, Gyros, belegten Brötchen, Pommes frites, Bratwurst und Konsorten wenig Abwechslung an den Imbissständen findet und die Gerichte nicht von gesunder Qualität sind.

Auch die beneidenswerte Vielfalt an Lebensmitteln in Supermärkten, auf Märkten, aber auch beim Obst- und Gemüsehandel an den Straßenecken der australischen Metropolen wird von Aussies in der Fremde schmerzhaft vermisst. Selbst in den deutschen Großstädten bekommt man selten eine solche **Auswahl an Gemüse und Obst** und schon gar nicht in der frischen Qualität, wie man sie in Australien kennt. So ist denn auch die Sehnsucht nach frischem Gemüse, frischem Obst und frisch gepressten Obstsäften typisch für in Europa lebende Aussies und für europäische Australienbesucher nach ihrer Rückkehr, wie man auch den einschlägigen Websites entnehmen kann, wo sich Aussies und Australienfans zum Thema „Ich vermisse ..." zu Wort melden.

Eine wahrhaft australische Besonderheit ist der **Brotaufstrich Vegemite** oder auch die billigere Kopie namens *Promite,* beides herzhaft salzige Hefepasten – ähnlich dem schweizerischen Cenovis oder dem britischen Marmite –, die von den Aussies seit Ende der 1930er Jahre mit Genuss auf einer Scheibe getoastetem Brot gegessen werden. Es soll vor allem dann nichts Besseres geben, wenn man nach einem durchzechten Abend nach Hause kommt und dringend noch etwas essen muss oder am Morgen mit einem ausgewachsenen Kater aufgewacht ist. Eine absolute Wunderwirkung sagt man auch den **Berocca-Brausetabletten** des Schweizer Herstellers „Roche" nach. Sie wurden in Australien in den 1980er Jahren mit dem bekannten Slogan *Berocca gives you back your BB-bounce* (Berocca gibt dir deine Vitamin-B-Energie wieder) lediglich als hochdosierter Vitamin-B-C-Komplex zur Steigerung der Konzentrationskraft vermarktet, entwickelten sich aber in kürzester Zeit zum Geheimtipp, um nach einem Besäufnis einen Kater am Morgen danach zu verhindern. Seitdem folgen die Aussies dem bewährten Ritual, vor dem Schlafengehen ein großes Glas Wasser mit aufgelöster Berocca-Tablette zu trinken, damit sie sich garantiert am nächsten Morgen besser fühlen. Britische Rucksacktouristen, die bekanntermaßen bei ihren Australienbesuchen auch so manches Bier zu viel trinken, waren in solchen Situationen so erpicht darauf, diese Tabletten zu ergattern, dass man sie ihnen in den 1980er Jahren für 1 Pfund das Stück verkaufen konnte, und das, obwohl die Packung mit 30 Tabletten heute ca. 11 $ kostet.

Diese beiden Anti-Kater-Produkte wird ein Aussie bei langen Reisen immer in ausreichenden Mengen mitnehmen, denn sie helfen auch gegen Heimweh. Bei Heimweh helfen den Aussies mit einem süßen Zahn auch die australischen Klassiker aus der **Süßwarenabteilung:** schokoladige Tim-Tam-Kekse, schlichte *ANZAC biscuits* oder cremige Cadbury-Schokoladentafeln. Im Bereich des **Herzhaften** werden vor allem die mit Essig und Salz gewürzten *Salt 'n' Vinegar Chips* (Kartoffelchips, mit Salz und Essig gewürzt) oder die zähen *Beef Jerkies* (eine Art Landjäger) vermisst. Heimweh bekommt der Aussie auch, wenn er an die leckeren althergebrachten *Chips* (Pommes frites) denkt, die er im altmodischen *chips shop*

(Pommesbude) nebst in Brotkrumen oder Bierteig gebackenem Fisch bekommt, ganz auf die britische Art. Zum Würzen greifen die Aussies auch gerne zum Essig, niemals jedoch zur Mayonaise und auch eher selten zu *tomato sauce* (Ketschup). Ein echter Klassiker zum Verfeinern der Pommes frites ist *chicken salt* (Salz mit Brathähnchengeschmack)!

Aus der Sparte der **Take-away** (Gerichte zum Mitnehmen, Imbiss) sehnen sich Aussies auch nach *pies,* den herzhaften, gedeckten, Quiche ähnlichen Törtchen, die traditionell mit Rindergehacktem und Bratensoße gefüllt sind und auf denen man eine Portion Kartoffelbrei serviert bekommen kann, oder nach *pasties,* den halbkreisförmigen Blätterteigtaschen mit traditioneller Füllung aus Hammelgehacktem, Kartoffeln, Karotten und Zwiebeln. Beide Spezialitäten tunkt man genüsslich in *tomato sauce*. Abgesehen von den hausgemachten Varianten gibt es diese Gerichte auch überall in Australien von der Marke *Mrs. Mac's,* die mit nostalgischen Schildern in nahezu jedem *roadhouse* (Tankstelle mit Essensgelegenheit) oder *take away* (Imbiss) wirbt. Dort werden die Gerichte nur noch kurz aufgewärmt und sind dann fertig zum Essen.

Take away wird in Australien durch alle Altersstufen hindurch genossen. Bei der berufstätigen Bevölkerung ist es in der **Mittagspause** gang und gäbe, ein Take-away-Gericht zu essen. Je nach persönlichem Geschmack fällt das Mittagsmahl warm oder kalt aus: asiatische Nudelsuppe, asiatische Pfannengerichte, Pizza, italienische Nudelgerichte, Gyros, Kebabs, Sushi-Box, Sandwich, Salat u. v. m. Das Frühstück bestreiten die berufstätigen Aussies auch eher zwischen Tür und Angel, schnell etwas Toast mit Marmelade oder *Vegemite* oder doch etwas mehr Zeit für Cornflakes und Milch, aber im Zweifelsfall ein Sandwich und einen Kaffee zum Mitnehmen aus einem *take away* auf dem Weg zur Arbeit. Am Abend wird dann die **Hauptmahlzeit des Tages** meist selbst zu Hause zubereitet und im Kreise der Familie zusammen eingenommen. Auf dem Speiseplan steht dabei vielerlei: vom traditionellem *meat and two veg* (Fleisch und zwei Gemüse: Kartoffeln und ein anderes Gemüse) über italienisch inspirierte Nudelgerichte bis zu Gerichten der modernen australischen Cuisine, inspiriert von der Kochkultur, die der Koch oder die Köchin dieses Haushaltes besonders bevorzugt. Bei Alleinstehenden ist jedoch auch beim Abendessen *take away* sehr beliebt, weil es angesichts des vielfältigen preiswerten Angebots kaum die Mühe lohnt, selbst zu kochen.

Blauer Dunst und andere Benebelungen

Die eingefleischten europäischen Raucher haben in Australien nichts zu lachen: Rauchen ist dort schon seit Jahren verpönt, sehr teuer und in allen geschlossenen öffentlichen Gebäuden, aber auch in Restaurants, Cafés und Pubs verboten – nur im Northern Territory und in Tasmania sind die Regelungen noch etwas relaxter. Wer beim Essen dennoch rauchen möchte, muss sich meist eine Außenterrasse suchen, wo Aschenbecher auch signalisieren, dass man dort rauchen darf.

In den Städten sieht man die Raucher in Arbeitspausen vor dem Gebäude ihres Arbeitsplatzes draußen auf der Straße gehetzt an ihren Glimmstengeln ziehen – trotz Regen, Kälte oder gleißender Sonne. Der sozialisierende Aspekt des Rauchens geht so nach und nach immer mehr verloren, denn der Kollege oder die Kollegin muss sie in der Zeit vertreten und so stehen sie fast immer allein dort draußen.

Die angenehme Konsequenz für alle Nichtraucher und das Budget der Krankenvorsorge ist, dass die Zahl der Raucher in Australien auffallend gering ist und die Kosten für Krankheitsbilder, die durch den Tabakkonsum verursacht werden, fortwährend sinken. Laut *National Health Survey* (Nationalen Gesundheitsstudie) von 2004/05 gaben nur noch 23 % der Erwachsenen an, Raucher zu sein (in Deutschland waren es 2006 noch 27 %). Das stete Sinken der Raucherzahlen hat Australien einer Anti-Raucher-Politik zu verdanken, die im Gegensatz zu der gegen den Alkoholkonsum sehr erfolgreich war und ist. An jeder Tabakverkaufstheke im Supermarkt oder Ähnlichem lädt ein Schild mit den Lettern *Quit* (Aufgeben) dazu ein, die daneben genannte Telefonnummer anzuwählen, wo man beraten wird, wie man das Rauchen aufgeben kann. Die Gesundheitswarnungen sind auf den ohnehin größeren australischen Zigarettenschachteln noch größer als hierzulande. Seit 1976 ist Zigaretten- und Tabakwerbung in den Medien auch komplett verboten und so etwas wie Zigarettenautomaten, die auf der Straße für jeden frei zugänglich sind, finden Aussies unglaublich verantwortungslos – auch wenn sie selbst Raucher sind –, denn meist wünschen sie nicht, dass ihre Kinder auf diese Weise mit dem Rauchen anfangen könnten. Als rauchender Besucher beginnt man von ganz allein weniger zu rauchen, weil es zu unbequem ist und als Folge der hohen Besteuerung auch einfach zu kostspielig – wer hat schon Lust, für ein Päckchen Glimmstengel je nach Marke 10–14 $ zu zahlen. Das Rauchverbot z. B. in Pubs hat weitere angenehme Effekte: Die Biermengen im Pub bekommen einem besser, die Kopfschmerzen durch den Kater sind ohne die zusätzliche Belastung durch Nikotin und Teer weniger stark und man kann die Klamotten vom Vortag noch einmal tragen, weil sie nicht nach Qualm stinken.

Bei jungen Leuten sind überdies ganz andere Substanzen als Tabak beliebt. Die beliebteste Droge der Aussies ist **Cannabis,** sprich der Konsum von Gras oder Haschisch. 2004/05 gingen 71 % aller Verhaftungen wegen Drogenkonsums auf das Konto von Cannabisbesitz, gefolgt von 13 % für Amphetamine und 4,2 % für Heroin und andere Opiate. So manch einer zieht sich illegal die berauschenden Grünpflanzen selbst heran – irgendwo im Schrank oder in der Garage mit künstlichem Sonnenschein und in Hydrokultur. Als die australische Marihuana-Hauptstadt gilt Adelaide, denn South Australia hat schon 1987 den Besitz von geringen Mengen entkriminalisiert, 1992 folgte das Australian Capital Territory, 1996 das Northern Territory und 2003 nun auch Western Australia. Die restlichen Staaten debattieren wie in Europa noch vorsichtig über Legalisierung oder Entkriminalisierung und schauen sich die Erfolge und Misserfolge in den Nachbarstaaten an. Vor allem im Gebrauch gibt es im Vergleich zu Europa jedoch ein paar augenfällige Unterschiede: In Australien sind Pfeifchen und Joints eher unbeliebt. Die Aussies schwören auf *bongs*, wie sie Wasserpfeifen jeder Größe nennen.

Erstaunlich ist auch, wie offen im Jugendradiosender „TripleJ" im Rahmen einer Talkback-Radiosendung (bei der Hörer live anrufen konnten) 2001/02 jeden Freitag Morgen in der Sendung „Doing Drugs with Paul Dillon" mit den Anrufern über Drogen gesprochen wurde. In der Sendung, die in Zusammenarbeit mit dem *National Drug and Alcohol Research Centre* (Nationales Forschungszentrum für Drogen und Alkohol) produziert wurde, konnten junge Leute anonym anrufen und Fragen stellen. So konnten sie in Erfahrung bringen, was es alles an illegalen Drogen von Cannabis über Speed, Kokain, Ecstasy, Halluzinogenen, Heroin und modernsten Drogenkreationen gibt und was daran gut oder schlecht ist. Damit sollten mehr **Informationen über Drogen** verbreitet werden, damit junge Leute bewusster eine Entscheidung über den Konsum treffen können.

Darüber hinaus wird in Australien auch eine nicht unbeträchtliche Anzahl von legalen Mitteln als Drogen konsumiert. Dazu gehört vor allem das **Schnüffeln von Kraftstoff und Kleber.** Im Northern Territory sind dies beliebte Drogen, allen voran bei den sozial und finanziell Schwachen wie z. B. den Aboriginals, aber auch bei Jugendlichen, die kein Geld für teure „Designerdrogen" oder Cannabis haben. Es kommt bei Jugendlichen in den indigenen Gemeinden auch immer wieder zu Todesfällen durch das Schnüffeln von Kraftstoff oder Kleber.

Seit Ende der 1990er Jahre wurden erste Programme entwickelt, um den indigenen Jugendlichen eine bessere Lebensperspektive zu geben und damit dem Drogen- (und Alkohol-)missbrauch entgegenzuwirken. Diese Programme umfassen meist Angebote an sportlichen Aktivitäten wie Basketball und Korbball, damit die Jugendlichen sich im wenig Abwechslung bietenden Outback nicht mehr so viel langweilen und ihre Freizeit sinnvoll verbringen können.

Sportverrücktheit – fast eine Religion

The Unions might be crushed, the Labor cause abolished, and every fat man gets into parliament, and these things would be of less importance to the towney than the fact that Bill Somebody sprained his (blanky) groin at football last Saturday and mightn't be able to play in the forthcoming match.

(Die Gewerkschaften könnten niedergeschlagen werden, die Sache der Labor-Partei könnte abgeschafft sein, und jeder fette Mann kommt ins Parlament, und diese Dinge wären weniger wichtig für den Städter als die Tatsache, dass Bill Irgendwer beim Football letzten Samstag seine Leiste gezerrt hat und nicht in der Lage sein könnte, im kommenden Wettkampf zu spielen.)

(*Henry Lawson,* australischer Dichter)

Sport ist in Australien der meistakzeptierte Dreh- und Angelpunkt der sozialen Interaktion, wenn man einmal vom gemeinschaftlichen Bierkonsum im Pub und dem Barbecue absieht. Der beliebteste Sommersport ist **Cricket,** worum sich von Oktober bis April einfach alles dreht. Obwohl die weißen langen Hosen, langärmligen Shirts, weißen Schuhe und breitkrempigen Hüte den Anschein wecken, es handele sich um einen Elitesport, so ist es in Australien und anderen ehemaligen britischen Kolonialländern, z. B. auch auf dem indischen Subkontinent, ein Spiel für jedermann! Cricket hat echten Volkssport-Charakter so wie in Europa der Fußball. Es ist ein Fang- und Rückschlagspiel (ähnlich wie Brenn- oder Schlagball), das seit den Anfangstagen der britischen Kolonie in Australien gespielt wird. Im Jahr 1882 wurden die Briten von den Australiern erstmals bei einem Heimspiel in England geschlagen und seitdem nennt sich die Trophäe für die Test-Match-Serie zwischen Australien und England die *Ashes* (Asche), wegen eines Scherzes in der „Sporting Times": „in liebevoller Erinnerung an den englischen Cricket, der auf dem Oval am 29. August 1882 starb. Der Körper wird eingeäschert und die Asche mit nach Australien genommen." Als England zum nächsten Spiel nach Australien kam und gewann, präsentierte man den Engländern eine Urne mit den Überresten eines verbrannten *bail,* das ist das waagerechte Oberteil vom *wicket,* dem „Tor". Darüber witzelt jeder Australier heute noch,

Cricket ist *die* australische Volkssportart und überall präsent

049au Foto: eg

zumal die Engländer eigentlich ständig beim Cricket verlieren. Das ist denn auch das wahre Highlight der Cricketsaison: wieder die *pommie bastards* (Briten, abgeleitet von der Kurzbezeichnung *POHM's* für *Prisoners Of Her Majesty*, „Gefangene Ihrer Majestät") zu schlagen! Zu den größten Sporthelden aller Zeiten in den Augen der Aussies zählt der Cricketspieler *Sir Donald Bradman* (1908–2001), dessen Ergebnisse bis heute ungeschlagen sind. In Anerkennung seiner außerordentlichen sportlichen Leistung wurde er sogar 1949 von *König George VI.* zum Ritter geschlagen, daher das *Sir!*

Während der *World Test Series,* die seit 1977 live im Fernsehen und Radio übertragen werden, fiebern die Aussies wochenlang mit der Nationalmannschaft mit. Einziges Gesprächsthema in dieser Zeit sind die Zahl der *runs* (Läufe, die Punkte bringen) und in welchem *inning* (Spieldurchgang) was passiert ist. Wer da nicht mitreden kann, wird schräg angeguckt, auch als Frau. Ganz im Gegensatz zum Fußball sind nämlich mindestens genauso viele australische Frauen ebenso fanatisch in Cricket vernarrt wie Männer. Treu verfolgen sie jedes Spiel, sei es im Stadion, TV oder Radio oder träumen davon, die Nationalmannschaft als Fan um die Welt zu begleiten. In der Schule spielen Mädchen ebenso wie Jungs Cricket und wer Kinder hat, verbringt natürlich die Nachmittage damit, seine Sprößlinge auf dem *cricket ground* (Cricketspielfeld) anzufeuern.

Dabei hat man genügend Zeit zum Biertrinken, Plaudern, Stricken, Buchlesen oder einfach nur Entspannen, denn die meiste Zeit passiert so gut wie nichts auf dem Feld. Man braucht wirklich gutes Sitzfleisch, denn ein *day match* (Tages-Match) und auch ein *day-nighter* (Tag-Nacht-Match) dauern jeweils schon fast 8 Stunden mit einer 45-Minuten-Pause. Cricket ist ein langweiliges Hin und Her, bis endlich mit *sixes* (Sechs-Punkte-Schläge) viel gepunktet wird, aber auch die sind langweilig, wenn das vier, fünf Mal hintereinander klappt. Am größten ist die Aufregung jedoch, wenn gerade wieder ein gutaussehendes Mädchen im knappen Bikinioberteil oder Ähnlichem entlang der nicht-bestuhlten öffentlichen Zuschauertribüne flaniert, wo insbesondere junge Leute mit mitgebrachten Campingstühlen, Wasserflaschen, Snacks, Sonnenschirmen etc. campieren.

Alkoholische Getränke darf man schon lange nicht mehr mit ins Stadion bringen. Zunächst war die Menge auf zwei Dosen pro Person limitiert worden, und nun ist es in ganz Australien komplett verboten, Alkohol in ein Stadion zu bringen. Es wird aber im Stadion Bier in Plastikbechern ausgeschenkt (allerdings nur noch Lightbier), da – wie es beim *Australian Institut of Sport* über Cricket heißt – „Alkoholkonsum stark mit dem Lebensstil des Cricketers verwoben" ist. Der Alkohol bringt die typischen Cricket-Fans hervor, die man in Australien *yobbos* nennt: Sie haben Spaß an einer La-Ola-Welle, rufen gerne „Buh", wenn ihnen etwas nicht passt, und schicken zuweilen einen Nackedei auf das Spielfeld. Das Verrückte am Cricket ist außerdem, dass es neben dem *one-dayer* (eintägiges Spiel) auch ein vier bis fünf Tage andauerndes *Test Match* (internationaler Wettkampf) gibt. Hier wird dann unweigerlich auch auf der Arbeit das Radio eingeschaltet und die Gespräche in der Pause werden von kurzen Berichten über den Zwischenstand im Spiel dominiert. Und schon ertönt unter der Zuhörerschaft der Schlachtruf *Aussie Aussie Aussie, Oi Oi Oi,* damit die Aussies auch weiter punkten!

Das Thema Fußball ist eine komplizierte Geschichte. Wörtlich übersetzt heißt Fußball auf Englisch *football,* aber damit meint man in Australien eine Reihe von Sportarten rund um einen ovalen Ball. Eine ist **Australian Rules Football,** auch *Aussie Rules* oder *Footy* genannt. Sie ist die uraustralische Sportart schlechthin. Sie wurde auf dem Fünften Kontinent erfunden und wird nur dort gespielt. *Footy* ist ein schneller Sport mit schlanken Männern in eng anliegenden, sehr kurzen Shorts und ebenso eng anliegenden ärmellosen Hemden. Die Spieler sind besonders durchtrainiert, denn der Sport verlangt kompletten Körpereinsatz beim Werfen, Rennen und der recht handgreiflichen Verteidigung. Die Spiele sind wild und aufregend, wie man unschwer an der tobenden Zuschauermenge erkennen kann. Man vertut die Zeit nicht mit taktischen, langweilig anzuschauenden Spielchen, sondern punktet, was das Zeug hält. *Footy* wurde 1857 in Melbourne erfunden und so ist es nicht verwunderlich, dass 11 der insgesamt 16 Mannschaften, die in der nationalen *Australian Football League*

(AFL) jeden Winter gegeneinander antreten aus Stadtteilen von Melbourne sowie Geelong stammen. Erst seit der Erweiterung um 5 Teams aus Adelaide, Port Adelaide, Fremantle, Perth und Brisbane 1987 entwickelte der Wettkampf innerhalb der *AFL* wirklich nationalen Charakter. Das große Finale der Meisterschaft im *Australian Rules Football* findet alljährlich im September in der *AFL Grand Final Week* statt.

Während *Aussie Rules* in Victoria, South Australia, im Northern Territory, in Tasmania und Western Australia die Top-Wintersportart ist, sind New South Wales und Queensland traditionelles Rugby-Terrain. Dort fand man, dass *Aussie Rules* zu sehr ein Spiel der Arbeiterklasse sei, verbannte die *Football Association* (jetzt *AFL*) von allen Spielfeldern und machte sich stattdessen für den guten alten Volkssport **Rugby** stark, der an die Heimat in England erinnerte. Aber nicht genug, dass man je nach Bundesstaat einem anderen Fußballsport zujubelt, gibt es für Rugby gleich zwei nationale Wettkämpfe mit unterschiedlichen Regeln: Einerseits kennt man die *Rugby Union,* die im Mai ihre Wettkampfreihe *The National Rugby League State of Origin Series* austrägt, und andererseits die erst 1907 nach einer Streitigkeit um Finanzierungen gegründete *Rugby League,* deren Finale im September stattfindet. Dennoch dreht sich bei beiden Rugby-Arten alles um ein ovales Leder; die Kleidung ist ebenso eng anliegend wie bei *Aussie Rules,* wird aber ergänzt durch ein recht merkwürdig aussehendes Häubchen, dass an eine altmodische Badehaube erinnert, die man noch unter dem Kinn festzurrt. Ganz im Gegensatz zu *Aussie Rules* ist Rugby jedoch ein Sport, der auch auf dem internationalen Parkett zu Hause ist, vorwiegend in englischsprachigen Ländern, aber auch in Frankreich. Mit Einführung des „Rugby World Cup" 1987 entwickelten sogar passionierte Aussie-Rules-Fans Interesse für Rugby. Denn immer, wenn es darum geht, England im Sport zu schlagen, sind sich alle Aussies einig. Umso peinlicher war es, dass Australien ausgerechnet im Finale des „World Cup" 2003 von England geschlagen wurde – und das, obwohl das Finale in Australien stattfand! Damit wanderte der nur alle 4 Jahre umkämpfte Cup erstmals in die nördliche Hemisphere (Neuseeland 1987, Australien 1991, Südafrika 1995, Australien 1999). Wie *Allen Stokes* von der Zeitung „The Australian" anmerkte, sind Australier „keine schlechten Verlierer, sie haben nur wesentlich weniger Übung darin als die Engländer".

Die Australier geben alles dafür, sportlich gegenüber England aufzutrumpfen. Besonders stolz war man daher auch, als die australische Fußballnationalmannschaft es ins Achtelfinale der Fußball-WM 2006 schaffte, wo sie leider nach Ablauf der regulären Spielzeit gegen Italien verlor (der Abpfiff des Schiedsrichters ließ auf sich warten). Wie auch in den USA ist der Fußball mit dem runden Leder vor allem bei den neueren Einwanderern vom europäischen Festland und aus Lateinamerika so richtig beliebt. Doch der Erfolg der australischen Nationalmannschaft in der WM 2006 hat das Fußballspiel auch in Australien populärer werden lassen. Das könnte sich noch weiter verstärken, wenn Australien 2018 die Fußballweltmeisterschaft ausrichten sollte. Bei der Bewerbung für das Wunschjahr 2014 kam Australien nicht unter die Topfavoriten, aber für 2018 malt man sich in Australien Chancen aus. Bis dahin werden die Australier alles daran setzen, ihre Mannschaft auf Weltformat zu bringen, denn nicht zuletzt ist mit der Ausrichtung einer Fußball-WM viel Geld zu verdienen und man möchte als Gastgeberland natürlich ganz vorn mitspielen.

Der Erfolg im Sport liegt den Aussies besonders am Herzen. Dieser Grundsatz sorgte auch bei der **Olympiade im Jahr 2000 in Sydney** für Einigkeit unter den Australiern. Die Olympiade brachte die Menschen zusammen, wie es weder der Jahrestag der Föderation, der *ANZAC Day* oder anderes uraustralisches Ereignis bis dahin vermocht hat. Auf die Olympiade waren fast alle Aussies stolz und anglo-keltische, indigene und neu eingewanderte Australier zeigten einen absoluten Schulterschluss in ihrer Begeisterung für die australischen Sportstars, die insgesamt 58 Medaillen für ihr Land gewannen, davon 16 Mal Gold: Besonders spektakulär war hier die indigene Läuferin *Cathy Freeman,* die Gold über 400 Meter errang und auch bei der Eröffnungszeremonie das Olympische Feuer anzündete.

Das Gros der oben genannten Sportarten sind reine Männerdomänen, auch wenn es in diesen Disziplinen auch jeweils Frauenmannschaften gibt. Ein echter Frauensport ist **Korbball,** der bis in die 1970er Jahre in Australien „Frauenbasketball" genannt wurde. Australien hat die Weltmeisterschaft im Korbball, die seit 1963 veranstaltet wird, bereits acht Mal gewonnen. Wenn auch in der australischen Nationalmannschaft Blondinen in der Mehrheit sind, so haben dennoch einige indigene Frauen wie *Marcia Ella, Sharon Finnan* und *Nicole Cusack* in der Nationalmannschaft Ruhm eingespielt und fungieren ebenso wie *Cathy Freeman* als wichtige Vorbilder für jugendliche Aboriginals.

Die **Liebe zum Sport,** die den Aussies schon bei Gründung der Kolonie durch die ebenfalls sportbegeisterten Engländer in die Wiege gelegt wurde, durchzieht alle Bevölkerungsschichten. Aber sie ist auch längst zum Politikum geworden, mit dem man die Herzen der Wähler gewinnen kann. So ist denn auch der Premierminister selbstverständlich beim AFL-Finale oder dem Spiel der Aussies im „Rugby World Cup" voller Begeisterung persönlich im Stadion anwesend. Ohne Sportbegeisterung kann man Australien, das Land der Sportverrückten, nun einmal nicht leiten. Ebenso wie man keine Stimmen von den Wählern bekommt, wenn man als Politiker kein Bier runterkriegt, wie *John Anderson,* Vorsitzender der *National Party* und Vize-Premierminister in der TV-Sendung „Stateline" im Oktober 2001 anmerkte, nachdem er ein Bier ausgetrunken hatte: *„You can't cut the mustard in the Australian Bush if you can't put a beer down."* („Im australischen Busch kann man das Ziel nicht erreichen, wenn man kein Bier runterbekommt").

Die Popularität der Sportarten von Cricket über Footy, Rugby, Fußball, Basketball, Korbball bis Tennis, Surfen, Golf, Segeln, Schwimmen, etc. wurde von politischer Seite in den 1970er und 1980er Jahren richtiggehend gepuscht, als man sich über die Bierbäuche der australischen Wohlstandsgesellschaft Gedanken machte. Man hatte errechnet, dass im Gesundheitswesen 500 Mio. $ jährlich eingespart werden könnten, wenn sich nur 10 % der **Australier mehr bewegen** würden. So warb man mit der bierbäuchigen Cartoon-Figur „Norm" für mehr körperliche Ertüchtigung mit dem Slogan *Life. Be In It.* (Leben. Nimm dran teil.) Die Kampagne war besonders stark an außerschulische und außeruniversitäre Sportprogramme für junge Menschen geknüpft und hat dazu beigetragen, dass Australier mit relativem Entsetzen reagieren, wenn heute ein junger Mensch angibt, keinem Sport nachzugehen. Das ist fast gleichbedeutend damit, dass derjenige unkameradschaftlich ist und außerdem einen Kostenfaktor im Gesundheitsbudget von morgen darstellen wird. Den älteren Semestern wird hingegen eine gewisse Einschränkung der sportlichen Betätigung durchaus nachgesehen, sofern sie zumindest in jüngeren Jahren aktiv waren. Unter den älteren Herrschaften sind besonders Golf, Tennis, Schwimmen und außerdem *lawn bowls* (Ballspiel, ähnlich Boccia) beliebt, Sportarten, bei denen es etwas ruhiger zugeht, die älteren Menschen aber trotzdem viel Bewegung an der frischen Luft bekommen. Ihnen wurden in der Kampagne auch keine Höchstleistungen im Sport abverlangt, sondern es wurde lediglich dafür geworben, wieder mehr Treppen zu steigen, statt den Fahrstuhl zu nehmen und bei anderen Tätigkeiten im Alltag wieder die körperlich aktivere Variante zu bevorzugen.

Auch heute noch kennen 85 % der Australier dieses kleine Männchen, das ab 1975 bis Mitte der 1980er Jahre in der Werbepause über die TV-Bildschirme flimmerte und die Australier zur körperlichen Ertüchtigung anregen sollte, dennoch nimmt die Zahl an **Übergewichtigen** in Australien erneut zu – wie in allen westlichen Gesellschaften. In der gegenwärtigen Wohlstandsgesellschaft nehmen viele Aussies am Sport ab einem gewissen Alter nur noch als Zuschauer teil, legen selbst kleinste Strecken zum Supermarkt nur mit dem PKW zurück und haben ein Fahrrad zuletzt in ihrer Jugend besessen. Nur in Melbourne und Hobart fahren deutlich mehr Aussies mit dem Rad, wobei man übrigens (außer im Northern Territory) verpflichet ist, einen Helm zu tragen. Schuld an der steigenden Anzahl an Übergewichtigen ist vor allem die schlechtere Ernährung bzw. die Überernährung in der modernen Wohlstandgesellschaft, die besonders bei Kindern und Jugendlichen alarmierende Ausmaße annimmt. Aber auch die sportlichen Aktivitäten der Erwachsenen nahmen im zunehmend hektischen Berufsleben bei vorwiegend sitzenden Tätigkeiten seit den 1990er Jahren immer weiter ab. Die Arbeitsstundenzahl lag in Australien 2006 bei durchschnittlich 40 Stunden pro Woche (bei Vollzeitbeschäftigten, Teilzeitbeschäftigten arbeiteten lediglich 16,2 Stunden pro Woche).

Man diskutiert in Australien daher gegenwärtig über eine Reaktivierung der Cartoon-Figur „Norm", um die Bevölkerung zu mehr Bewegung aufzurufen, und bemüht sich seit der Jahrtausendwende auch um neue Kampagnen zur Information über gesündere Ernährung.

Die Facetten australischer Spielsucht

Kaum eine andere Nation ist so spielfreudig wie die Australier. Die Wettleidenschaft erbten sie von den ersten Strafgefangenen und freien Siedlern und sie ist seitdem nur noch größer geworden. Während bei den Buschmännern, wandernden Schaf- und Viehzüchtern einst *two-up*, das Münzspiel um Kopf und Zahl, oder Kartenspiele am beliebtesten waren, so haben Aussies heute den menschlichen Spielpartner gegen die blinkenden Lichter der unzähligen **Spielautomaten** in den Pubs und Casinos eingetauscht. Seitdem Pubs die Lizenz zum Betrieb von „Einarmigen Banditen" Ende der 1990er Jahre erhielten, findet man nur noch eine Hand voll Pubs, die keinen Raum mit den sogenannten *pokies* vollgestellt haben. Obwohl im Grunde jeder den Grundsatz *the house always wins* (es gewinnt immer die Bank) kennt, stecken die Aussies bereitwillig eine Münze nach der anderen in den Schlitz der Automaten in der ewigen Hoffnung, doch einmal ganz groß zu gewinnen. Aber damit einer gewinnen kann, müssen viele verlieren. Und so rinnt das Einkommen so mancher Bedürftigen schneller als gewollt durch ihre Hände.

Wesentlich kommunikativer als die *pokies* sind die immer noch populären Spiele am Dartboard, dem Pooltisch oder auch der Pinballmaschine, bei denen man seine möglichen **Wetten** noch mit einem Gegner aus Fleisch und Blut abschließt. Amüsant hingegen sind die Wetten, die man bei einem Trivia-Abend im Pub abschließt, bei denen man an allerlei eher trivialen Spielchen teilnehmen kann, z. B. Krabben oder Agakröten um die Wette laufen lassen. Ebenso finden in den Pubs regelmäßig **Tombolas** statt, z. B. wird bei einem *meat raffle* (Fleisch-Tombola) eine Palette Grillfleisch oder bei einem *chook raffle* (Hähnchen-Tombola) ein tiefgefrorenes Huhn verlost. In der Weinregion gibt es hingegen eine Selektion erlesener Weine zu gewinnen und beim *Christmas raffle* zu Weihnachten geht es um einen großen Korb voller Leckereien. Australier sind um keine Gelegenheit verlegen, ihr Geld in eine Wette, ein Tombolaticket oder einen Lottoschein zu investieren.

Wer allerdings ein bisschen mehr Spannung sucht und glaubt, mehr Einfluss auf die Glückssträhne nehmen zu können, der erwärmt sich besonders für den **Pferderennsport.** Die Pferde werden heute im Zeitalter der Maschinen längst nicht mehr als Arbeitstiere oder zum Abreiten der großen Farmen benötigt, sondern für Pferderennen trainiert. Wie groß die Begeisterung der Aussies für den Pferderennsport ist, lässt sich auch daran ermessen, dass man landesweit sogar drei öffentliche Feiertage anlässlich von Pferderennen kennt. In Launceston ist es der „Launceston Cup", in Adelaide der „Adelaide Cup Carnival" und alljährlich legt der „Melbourne Cup" die ganze Nation lahm. Letzteres ist das renommierteste Pferderennen Australiens, bei dem es mittlerweile um rund 5 Mio. $ Preisgeld geht. In Melbourne ist der Tag des Rennens ein öffentlicher Feiertag und im ganzen Land wird an den Schulen in der Regel der Unterricht für die Dauer des Rennens unterbrochen oder die Kinder haben schlichtweg den ganzen Nachmittag frei, obwohl sie sonst bis ca. 15 oder 16 Uhr Unterricht hätten. Die Arbeitnehmer in anderen australischen Städten nehmen sich entweder frei und schauen sich das Ereignis zusammen mit Gleichgesinnten in einem der zahlreichen Pubs mit TV-Übertragung an oder treiben zumindest auf der Arbeit einen Fernseher oder ein Radio auf, um den spannenden Minuten live folgen zu können. Und zwar machen das auch die, die ansonsten nichts mit Pferden am Hut haben – von einfachen Arbeitern bis zu hohen Angestellten, fast alle werden von der allgemeinen Begeisterung ergriffen. Wer an dem Tag arbeitet, bekommt nicht selten von seinem Arbeitgeber ein Mittagessen bezahlt – das kann auch einfach nur eine Pizza sein. Man gibt zufällige Wetten ab, die man aus einem Hut gezogen hat, oder geht höchst persönlich ins Wettbüro und setzt etwas mehr ein.

Der „Melbourne Cup" findet seit 1861 alljährlich am ersten Dienstag im November auf der Flemington-Rennbahn in Melbourne statt. Die Rennstrecke beträgt 3200 Meter. Es ist ein Handicap-Rennen, das bedeutet, je besser ein Pferd ist, desto mehr Gewicht muss es tragen. Dadurch bleibt es auch für die Experten, die alle Pferderennenergebnisse in der Zeitung und im Fernsehen studieren, immer ein großes Fragezeichen, wer gewinnen wird. Lediglich das Cox-Plate-Rennen auf der Mooney-Valley-Rennbahn nördlich von Melbourne, welches kurz vor dem „Melbourne Cup" stattfindet, hat den Ruf, als Stimmungsbarometer für den Favoriten zu gelten. Seit „Archer“, dem ersten Pferd, dass den Cup gewann, hat allen voran „Phar Lap“, das Wunderpferd aus neuseeländischer Zucht, bei diesem Rennen Geschichte geschrieben. „Phar Lap“ begeisterte die Australier inmitten der Wirtschaftskrise in den 1930er Jahren, indem er 36 seiner 41 letzten Rennen und alle seine „Melbourne-Cup“-Rennen gewann, mit Ausnahme des letzten, wo er, mit einem Handicap von 68 Kilogramm belastet, „White Horse“ den Vortritt lassen musste. Sein mysteriöser Tod, nachdem er 1932 beim Agua-Caliente-Handicap-Rennen gesiegt hatte, dem Pferderennen mit dem höchsten Preisgeld in Amerika, gab denn auch lange Anlass zu Spekulationen darüber, ob er ermordet worden sei. Mit seinem Tod wurde das Pferd ebenso wie *Ned Kelly* endgültig zum Helden der Nation erklärt.

Das Geschehen an der Rennbahn in Melbourne bietet noch mehr als Pferdesport und Wetteinsatz, denn ganz nach der Tradition im englischen Ascot werden an diesem Tag die erstaunlichsten Hutkreationen auf den Köpfen der reichen und schönen Damen spazieren getragen, die dazu kleine deliziöse Häppchen von Kanapees bis Fingerfood und *champers* (Schaumwein aller Art) zu sich nehmen. So begeistert der „Melbourne Cup“ auch noch diejenigen, die sonst absolut nichts mit Pferden, Wetten oder Biertrinkorgien in den Pubs zu tun haben möchten.

Ein Wort zu Urlaub und Entspannung

Wenn in Europa die Sommerferienzeit anbricht, setzt die Massenbewegung meist zu Zielen an den Meeresküsten ein und der standardmäßige zwei- bis dreiwöchige Urlaub beginnt. In Australien fallen die **Sommerferien** jedoch mit Weihnachten zusammen, daher fahren die meisten Australier nicht lange weg, sondern verbringen ihre Zeit damit, Weihnachtseinkäufe zu erledigen und Freunde und Verwandte zu besuchen. Man lädt zu einem *Barbie* bei sich ein, folgt entsprechenden Einladungen zu anderen *Barbies* und pilgert auch gemeinsam zu den öffentlichen gas- oder holzbetriebenen Grillanlagen in Stadt- oder Nationalparks, die man kostenlos oder für eine geringe Gebühr nutzen darf, oder man entspannt sich am Strand, geht fischen etc. Der mehrwöchige Familienurlaub an der Küste ist weit weniger üblich als in Europa, zumal er in Australien schlicht ein teures Vergnügen ist. Solche preiswerten Pauschalangebote, wie man sie in Europa kennt, sind auf dem australischen Kontinent nicht zu finden. Auch wenn die australischen Metropolen in unmittelbarer Nähe zu schönen Stränden liegen, will man für einen richtigen Urlaub schließlich raus aus dem Bekannten und etwas Neues erleben. Dafür muss man schon nach Fidschi, Thailand, Indonesien oder mindestens auf die australischen

Foto: at 050au

Ferieninseln im Osten wie z. B. Whitsunday Islands, aber die Flüge dorthin sind nie wirklich günstig. Will man für einen Tapetenwechsel z. B. von South Australia ins tropische Queensland, ist die Entfernung ebenfalls groß und unterwegs herrscht monotone Landschaft vor, sodass meist auch nur ein Flug zur Überbrückung der Distanz in Frage kommt.

Aber auch wenn Aussies seltener einen zwei- bis dreiwöchigen Sommerurlaub planen, so sind sie Meister darin, sich das Arbeitsjahr durch mehrere Erholungspausen aufzulockern. Die Aussies gehen im Durchschnitt 4–5 Mal jährlich auf Reisen und das meist für ein langes Wochenende. Bei jungen kinderlosen Aussies steht das Verwöhntwerden nach Strich und Faden dann ganz oben auf der Wunschliste. Zusammen mit dem Partner oder mit Freunden fährt man in eine gemütliche Bed-and-Breakfast-Unterkunft mit Spa-Bad (kleiner Whirlpool) oder *Hot Tub* (großer Whirlpool) oder gar in ein Luxushotel mit vollem Wellness-Programm, und das am liebsten in der Nähe von einem Nationalpark, den Weinregionen oder an der Küste. Das Wichtigste dabei ist, fast nichts zu tun, ein Spa-Bad zu nehmen, australischen Sekt oder eisgekühltes Bier zu genießen, köstliche Schokolade auf der Zunge schmelzen zu lassen und sich anderen kulinarischen Genüssen hinzugeben, und – wenn man mit Partner unterwegs ist – natürlich mal wieder richtig Zeit für seinen Partner zu haben. Familien hingegen machen kurze Campingtrips in einen nahe gelegenen Nationalpark, verbringen das Wochenende am Strand oder die Kinder gehen mit dem Vater fischen.

051au Foto: ab

FREMD IN AUSTRALIEN

Now, when Italians meet, they all go crazy
The folks all like to hug each other, too
The Yanks invented „Hi!“ and „See ya later“
While the Pommie will shake your hand and say, „How do you do?“
Now watch out for a Frenchman, for he'll kiss yer
The Spaniards go for „Hola!“ and „Ole!“
But in the land of the cockatoo, Cork hats and the didgeridoo
When you meet an Aussie, ten-to-one, here's what he'll say …
G'day, G'day, how yer goin'? Whadya know? Well, strike a light!
G'day, G'day, and how yer go-o-o-in'?
Just say g'day, g'day, g'day and you'll be right.
It's a greeting that you'll hear across Australia
From Geraldton to the Gove and Gundagai
It's as dinkum as the dingo and the dahlia
And you spell it with a „G“ apostrophe a „D.A.Y.“

(Also wenn Italiener sich treffen, benehmen sie sich wie verrückt,
diese Leute umarmen einander auch gern.
Die Amis erfanden „Hi“ und „See ya later“,
während der Brite deine Hand schüttelt und sagt „How do you do?“.
Aber gib Acht beim Franzosen, sonst küsst er dich,
die Spanier sind für „Hola!“ und „Ole!“.
Aber im Land des Kakadus, der Korkhüte und des Didgeridoo,
wenn du einen Aussie trifft, zehn zu eins, hier ist, was er sagen wird …
„Guten Tag, Guten Tag, Wie geht's? Nein ehrlich? Menschenskind!
Guten Tag, Guten Tag, und wie geht's“
Sag nur „Guten Tag, Guten Tag, Guten Tag und alles ist okay.
Es ist ein Gruß, den man in ganz Australien hört,
von Geraldton bis Gove und Gundagai.
Er ist ebenso australisch wie der Dingo und die Dahlie
und man schreibt es mit einem „G“ Apostroph, ein „D. A. Y.“)

(*Slim Dusty*, australischer Country- und Folksänger in „G'day, G'day“)

Auf den ersten Blick mögen die Aussies äußerst unkompliziert wirken und es macht den Anschein, als seien nicht viele Regeln zu beachten im Umgang mit ihnen. Tatsächlich gibt es jedoch wie in jeder Gesellschaft so manch ein Fettnäpfchen, das man tunlichst vermeiden sollte, wenn man einen guten Eindruck als Person oder Vertreter eines Landes hinterlassen möchte oder gar eine Freundschaft oder Liebesbeziehung mit einem Aussie anstrebt.

Wie Aussies über Europäer denken

Nicht nur wir haben klischeehafte Vorstellungen über die Aussies, gleiches gilt auch andersherum. Grundsätzlich betrachten die Aussies Europäer und im Grunde auch alle anderen Nationen als **poor bastards** (arme Schweine), denn schließlich sind Menschen aus der ganzen Welt nach Australien davongelaufen, weil dort der „Honig in Strömen fließt". Entsprechend sehen die Aussies ihr Land als das sprichwörtliche *Lucky Country* (Glücksland) – ein Titel, den es seit Mitte der 1960er Jahre trägt – aller in diesem Buch aufgezeigten Schwächen zum Trotz. Will man die Sichtweise der Australier verstehen, kann man bei dem **Begriff „Europa"** anfangen, welcher nach dem Verständnis der Aussies in der Regel nur den Kontinent umfasst; die britischen Inseln, sprich Engländer, Iren, Schotten, Waliser etc. gehören nicht zu Europa. Den Kontinent selbst teilt man gedanklich im Grunde nur in drei Teile ein: den Osten, den Westen (der den Norden mit einschließt) und separat davon den Süden Europas, wobei aus Letzterem die *wogs* kommen, wie man zuerst die Griechen und später alle Südeuropäer sowie Menschen aus dem Nahen Osten mit einer gewissen Geringschätzung nannte.

In Australien wird *wogs* leicht ironisch mit *Welcome Overseas Guest* (Willkommener Gast aus Übersee) übersetzt, obwohl es ein altes Schimpfwort aus England ist, das dort für *Wealthy Oriental Gentleman* (reicher orientalischer Herr) stand und sich gegen aus Afrika oder Asien stammende Menschen richtete. In der Regel ist der Begriff *wogs* in Australien heute jedoch nicht länger abwertend gemeint, sondern ein alltäglicher verniedlichender Ausdruck für Südländer sowie Einwanderer aus dem Nahen Osten geworden. Nur wenn der Tonfall beißend klingt, ist es wirklich noch als Beleidigung gemeint.

Für die Italiener hatte man einst eine Fülle an politisch höchst unkorrekten diskriminierenden Bezeichnungen wie *spags, choco, mario, ities,* die man mit den ebenso abwertenden deutschen Bezeichnungen von „Spaghettifresser" bis „Itaker" vergleichen kann und die heute alle in der Regel nicht mehr zu hören sind. Schließlich sind **Italiener und Griechen** längst in die Gesellschaft integriert – wie auch in Deutschland. Die kulturellen Unterschiede blieben natürlich bestehen und man assoziiert Italien weiterhin ebenso sehr mit der kulturellen Grandeur *Cäsars* als auch mit den düsteren Machenschaften der Mafiosi.

Die **Franzosen** sind in Australien weitaus weniger präsent und gelten als althergebrachte Erzfeinde der Briten und als absolutes Gegenteil zu den Australiern, die kulturell vorwiegend anglo-keltisch geprägt sind – man denke nur an die beliebten Sportarten der Aussies, die fast alle aus Großbritannien stammen, an die höfliche Reserviertheit der Aussies und ihr Befremden über den Körperkontakt der Franzosen und anderer Südländer bei der Begrüßung. Ebenso britischen Ursprungs sind die traditionellen australischen Leckereien wie *fish 'n' chips* (Fisch mit Pommes frites) oder *pie* (Fleischküchlein mit Soße). Dass die Franzosen solche merkwürdigen Dinge wie Weinbergschnecken und Froschschenkel essen, hat ihnen auch in den englischsprachigen Ländern den Spitznamen *frogs* (Frösche) beschert, ebenso wie es im Deutschen den Begriff „Froschfresser" gibt. Dabei verbeugt sich der Aussie ebenso wie der Rest der Welt vor der französischen Cuisine und findet es außerordentlich sexy, wenn ein Franzose Englisch spricht ... Unvergessen bleibt jedoch, dass Australien um ein Haar eine französische Kolonie hätte werden können, denn es war ein knapper Wettlauf der französischen und britischen Entdecker um den unbekannten Südkontinent. In der Gegenwart sprechen die Aussies immer noch über die mehr als unliebsamen Atomtests der Franzosen auf Mururoa in Französisch-Polynesien 1995. Diese Tests wurden in den australischen Medien zu einem der größten Spektakel der 1990er Jahre, weil sie zu einem Zeitpunkt durchgeführt wurden, als die USA, Russland und Großbritannien längst für die Abschaffung aller Atomtests plädierten. Die Franzosen, die in der englischsprachigen Welt allgemein als überheblich gelten, machten hier ihrem Namen alle Ehre. Dieses Stigma wird in den australischen Medien auch immer wieder ausgegraben, z. B. zuletzt 2003, als sich Frankreich und Deutschland gegen den Irak-Krieg stark machten, was auf Ablehnung der Australier stieß, denn Australien hatte schließlich als militärischer Verbündeter seinem ANZUS-Pakt-Partner USA den Rücken zu stärken. In Australien kann man abgesehen von den rein australischen TV-Sendern und „CNN", „Discovery Channel", „Animal Planet", „BBC World", „Disney Channel", „National Geographic Channel", „Nickelodeon", „Sky News", „RAI International" und zuweilen auch „Deutsche Welle", die man nur via Pay-TV sehen kann, keine ausländischen Programme empfangen und ist letztendlich überwiegend auf die Inhalte der australischen Medien zur Meinungsbildung angewiesen. Zwar werden auf dem

052au Foto: eg

multikulturellen Sender „SBS" Filme, Serien und Nachrichtenformate verschiedener Länder ausgestrahlt, aber diese werden letztendlich nicht von der breiten Masse gesehen.

Von den Osteuropäern betitelt man nur die **Polen** abfällig als *polacks*. Von den Mitteleuropäern werden **Deutsche** wie fast überall in der englischsprachigen Welt als *krauts* oder *nazis* beschimpft. Altmodischer sind hingegen *hun* oder *Fritz*. Auch Schweizer und Österreicher bleiben davon nicht verschont, weil schon allein die Deutschsprachigkeit für diese Beschimpfung ausreicht und der durchschnittliche Aussie kaum einen Unterschied zwischen Deutschen, Österreichern und deutschsprachigen Schweizern entdecken kann. Alle Deutschsprachigen, aber auch Skandinavier stehen in dem Ruf, viel zu ernst zu sein, die Dinge zu schwer zu nehmen und nicht zu wissen, wie man das Leben genießt. *Lighten up* (Aufhellen = fröhlicher werden) ist daher das Rezept, was jeder Aussie einem Deutschsprachigen verschreiben möchte. Man sagt den Deutschsprachigen außerdem vor allem Humorlosigkeit nach und hält „deutsche Comedy" für eine in sich widersprüchliche Aussage. Da deutsche Comedy nicht oder sehr selten in Australien zu sehen ist, haben Australier natürlich keine Ahnung von der bunten und vielfältigen Comedy-Szene in Deutschland. Die Grundlage für dieses Stereotyp von den ernsthaften, verbissenen Deutschsprachigen schufen die frühen deutschsprachigen Einwanderer, vorwiegend Lutheraner aus Preußen und dem Harz sowie andere religiöse Gruppen, deren Glauben Arbeitsamkeit und Ernsthaftigkeit diktiert – deutschsprachige Katholiken wanderten seltener aus. Alles in allem kreierte dies ein Bild von allen Deutschsprachigen, welches ebenso falsch ist wie die Annahme, dass eine Schweinshaxe mit Sauerkraut und Kartoffeln ein deutsches Nationalgericht sei.

An den **Österreichern** nervt die Australier schon, dass ihr Land auf Englisch *Austria* heißt, was ständig von Amerikanern und anderen Nationen mit *Australia* verwechselt wird; mit den Filzhutträgern aus „Lederhausen" verwechselt zu werden, ist für Australier eine tragische Angelegenheit. Nach den **Schweizern** befragt, denken die männlichen Aussies zunächst an hübsche blonde Mädels, irgendwo zwischen „Heidi", Skihaserl und den schwedischen Pornosternchen.

Vor den beiden Weltkriegen hatte man in Australien ein vorwiegend positives Bild von den Deutschsprachigen. Man schätzte (und schätzt noch heute) ihre technische Versiertheit, ihre Arbeitsmoral und ihren Ehrgeiz in der Wissenschaft. Das positive Bild von den Deutschsprachigen wandelte sich jedoch mit Beginn des 1. Weltkrieges, in den die Aussies mit einem an euphorische Hysterie grenzenden Stolz auf ihre knapp 13 Jahre alte Nation und als Teil des *British Commonwealth* zogen. Die Deutschen wurden nunmehr als potenzielle Volksfeinde betrachtet und insgesamt ca. 6890 Deutsche und ca. 1100 Staatsbürger aus Österreichisch-Ungarn, die in Australien und den umliegenden britischen Territorien wohnhaft waren, wurden in Australien interniert. Außerdem wurden deutsche Schulen geschlossen.

Die **Feindseligkeit gegenüber den Deutschen** hielt auch nach Ende des Ersten Weltkrieges an: Importe aus Deutschland waren von 1919 bis 1922 verboten und Deutschen war bis 1925 die Einwanderung nach Australien verboten. Viele in Australien lebende Deutsche anglisierten daher schnell ihre Namen, bevor auch dies verboten würde, und deutschsprachige Ortsnamen wurden gegen englischsprachige eingetauscht. Allein South Australia änderte 69 Orts- und Landschaftsnamen, nur 11 davon bekamen 1935 bzw. 1975 ihren originalen deutschen Namen zurück. Die Bitterkeit, die in diesen Jahren gegenüber den „Deutschen" aufgebaut wurde, erhielt durch die Geschehnisse des Zweiten Weltkriegs neue Nahrung, dennoch zeigte eine Volksbefragung 1948 in Melbourne, dass die australische Bevölkerung deutschen Einwanderern eher wohlgesonnen war als südeuropäischen. Die Hälfte aller Befragten sprach sich in der damaligen Blütezeit der *White Australia Policy* gegen die Einwanderung von Italienern, Juden oder Schwarzen aus; auch asiatische Einwanderer kamen in keiner Weise in Frage. Man fühlte sich trotz aller Geschehnisse in den beiden Weltkriegen kulturell noch immer stärker mit den Deutschen als mit den südländischen Nationen verbunden. Die Denk- und Lebensweise der Deutschsprachigen war den Australiern schon lange nicht mehr fremd, denn seit der Einwanderung der deutschen Lutheraner Mitte des 19. Jahrhunderts waren die Deutschsprachigen eine der größten Minderheiten in Australien. Mit Südländern, Afrikanern und Juden hatten die Australier dagegen wenig Erfahrung, gleichwohl hatten sie große Vorurteile gegenüber diesen Volksgruppen, deren Sitten und Gebräuche sie nicht verstanden.

Achtung Fettnäpfchen!

Der gute Ton – Feinheiten beim ersten Kontakt

Stehen Sie allein an einem Bezahlautomaten am Flughafen, an einer Bushaltestelle oder gleich wo, werden insbesondere ältere Australier Sie fast immer **auf ein Schwätzchen ansprechen,** sofern sie selbst auch allein sind und Sie sich nicht gerade inmitten von Sydneys Großstadtdschungel befinden. Diese Freundlichkeit kommt von Herzen und sie ist erfrischenderweise nicht so erdrückend und nicht so aufgesetzt wie die eines Amerikaners. Es gehört sich einfach nicht, stumm und desinteressiert aneinander vorbeizuschauen.

Zu diesem freundlichen Umgangston gehört auch, dass man Sie in einem Geschäft, Café oder Restaurant immer mit einer Floskel wie *How's'it goin* oder *How are'ye today?* **begrüßt.** Wenn Sie jetzt den Eindruck haben, der Australier wolle ein längeres Gepräch, ein aufdringliches Verkaufsgespräch wie in Asien oder gar eine Anmache einleiten, liegen Sie falsch. Sie sollten daher keine längere Erklärung über Ihr Wohlbefinden abgeben, sondern einfach lächeln und dann das fragen oder bestellen, weswegen Sie das Lokal oder Geschäft betreten haben. Wenn Sie per se etwas antworten möchten, sollten Sie nur ein *yeah alright* murmeln, aber vor allen Dingen: lächeln, lächeln, lächeln. So gerät man allerdings auch leicht in eine ellenlangen Konversation über nichts und wieder nichts und auch wenn das vielleicht nervt, bleiben Sie freundlich!

Der Umgangston unter den Aussies aller Gesellschaftsschichten ist locker und es gibt dabei keine Unterschiede nach Rang und Status. Jegliche Förmlichkeit ist daher fehl am Platz. Die **Hand geben** sich Aussies fast ausschließlich bei geschäftlichen Begrüßungen, ansonsten eventuell mal unter Männern, aber eigentlich nie unter Frauen. Wenn, dann greifen Frauen dabei auch nicht fest zu – das ist Männersache. Unter Freunden klopfen sich Männer kumpelhaft auf die Schulter und gut befreundete Frauen geben einander ein Küsschen auf die Wange, ebenso wie gut befreundete Männer und Frauen untereinander. Solange man sich aber noch nicht kennt, ist **Körperkontakt** zu unterlassen. Auf sprachlicher Ebene gibt es keinen Unterschied zwischen „du" und „Sie". Zur **Anrede** gebraucht man in der Regel immer den Vornamen, auch wenn es der Firmenboss ist und wenn man den Namen einer Person nicht kennt, kann man ihn und auch sie ganz einfach mit einem *mate* (Kumpel) anreden. Wem das schwer fällt,

053au Foto: at

bei dem wird auch der uraustralische Gruß *G'day!* nicht allzu natürlich klingen.

Zum guten Ton gehört auch, sehr häufig **„bitte" und „danke"** zu sagen, wie man es als kleines Kind gelernt hat. Wer das schleifen lässt, gilt gleich als unfreundlich und undankbar und eine solche Person möchte ein Australier nicht näher kennen lernen. Übrigens ist das *There you go* die freundliche Art, Ihnen mit einem „da, bitte" die gefragte Ware oder das bestellte Gericht anzureichen und nicht etwa eine Aufforderung zu gehen. Überhaupt sollte man sich auf so ziemlich alle **Regeln der guten alten Höflichkeit** besinnen und nach englischer Art beim Schlange stehen die Reihenfolge einhalten und nicht nach vorne drängeln! Ein weiterer Stolperstein kann die Antwort *no worries* sein, bedeutet es doch wörtlich „keine Sorgen". Es ist allerdings die Standardantwort für „ja, okay", die man sogar zu hören bekommen kann, wenn man z. B. im Supermarkt nach einer Plastiktragetasche fragt. Möchte man selbst etwas australischer klingen, kann man dies oft anwenden!

Und noch etwas – **Galanterie gegenüber dem schwachen Geschlecht** gibt es in Australien nicht mehr. Der australische Gentleman, der einer Frau noch die Haus- oder Autotür aufhält, ihr in den Mantel hilft oder ihr gar den Stuhl zurechtrückt, ist spätestens seit Aufkommen der Frauenbewegung verschwunden, als die Frauen lieber Stärke und Unabhängigkeit demonstrieren und keine Gefälligkeiten von Männern mehr annehmen wollten. Wenn ein Mann dennoch versucht, galant zu sein, wird das von australischen Frauen als regelrechte Beleidigung aufgefasst. Entsprechend sollte man bei einer Pubtour mit Männern als Single-Frau ebenbürtig häufig die Getränke holen und bezahlen, was gewöhnungsbedürftig für europäische Frauen ist – umso mehr, wenn man südeuropäische Freunde hat.

Verabredet man sich zur *tea time,* sollte man nicht den Fehler machen, um vier Uhr nachmittags zum Teekränzchen vorbeizukommen, denn gemeint ist die Zeit, wenn man zu Abend isst. Wenn die Hauptmahlzeit des Tages abends auf den Tisch kommt, rufen die Aussies entsprechend *tea is ready* (Essen ist fertig). In jedem Fall sollte man zu **Verabredungen** ungefähr pünktlich kommen, 5–15 Minuten Verspätung sind entschuldbar, aber danach wird es genau wie in Mitteleuropa zur Unhöflichkeit. Folgt man einer **Einladung,** muss man sich über ein Geschenk kaum Gedanken machen, denn weder Blumen noch Pralinen sind üblich. Das einzig Angebrachte ist, immer für Alkoholnachschub zu sorgen und so ist eine gute Flasche Wein für 20–30 $ aus dem *bottle shop* genau das richtige Mitbringsel, egal wen man besucht. Ein einfacher Sixpack Bier tut es auch, wenn die einladende Person ein Mann ist.

Sitten bei Tisch und am Tresen

Linksverkehr ist in Australien nicht nur im Straßenverkehr richtungsweisend (wie in Großbritannien), auch Treppenaufgänge und Rolltreppen haben den Aufgang links und und den Abgang rechts. Dort heißt es dann auch links stehen, rechts gehen; alles ist wirklich andersherum! Rund um **Essgeschirr und -besteck** gibt es einige weniger auffällige Besonderheiten in Australien. Grundsätzlich muss man eine komplizierte Anordnung von Essgeschirr auch bei einem mehrgängigen Menü in Australien nicht fürchten, denn man hält es hier in der Regel so einfach wie möglich und nutzt ein Besteck durch alle Gänge hindurch. Allerdings kann es aufgrund der Beliebtheit von asiatischen Gerichten Essstäbchen statt Messer und Gabel geben, was zuweilen befremdet, wenn z. B. in einem thailändischen Restaurant Essstäbchen bereitliegen, obwohl man in Thailand in der Regel gar nicht mit Stäbchen isst. Es scheint sich einfach als Allzweckutensil für asiatisches Essen durchzusetzen. Ein ähnliches Phänomen kann man im Essgeschirrbereich beobachten: Die Aussies lieben es, sogenannte *pasta bowls* (Nudel-Schalen) für jegliches italienische Pastagericht, aber auch für Suppe, Nachtisch, asiatisches Essen etc. zu verwenden. Der flache Teller wird nur für Gerichte in der englischen Tradition von Steak bis Sonntagsbraten verwendet und der tiefe Teller findet sich nur noch in altmodischeren Haushalten mit klassischem Geschirr.

Den Kulturschock erlebt man besonders in Pubhotels oder auch in so manchen Cafés oder Bistros, denn hier wird man in der Regel nicht bedient, sondern muss das Gewünschte immer selbst **am Tresen bestellen** und außerdem sofort bezahlen.

Es wird dann auch nicht an den Tisch gebracht, sondern man bekommt eine Nummer in die Hand gedrückt, die aufgerufen wird, wenn man sich sein Gericht am Tresen abholen kann. Daran gewöhnt man sich jedoch schnell und ein Schild macht meist auf die Gepflogenheiten aufmerksam, z. B. *Please order here.* Gewöhnungsbedürftiger ist die Tatsache, dass man sich folgerichtig auch die Getränke selbst am Tresen besorgen muss und dass kann uns Service gewöhnte Mitteleuropäer schon einmal stören. Aber letztendlich resultiert es nur darin, dass man weniger trinkt, da man keine Lust hat, sich ständig selbst Nachschub zu besorgen. Den vollen **Tischservice** bekommt man nur im Restaurant, wo oft darauf hingewiesen wird, dass man sich auch nicht einfach einen Tisch aussuchen darf, sondern erst nach einem Tisch fragen muss. Ein Schild mit der Aufschrift *Please wait to be seated* macht dies deutlich.

Geht es ans Bezahlen, sollte man wissen, dass **Trinkgeld** in Australien kein Zwang ist wie in den USA. Nur wenn man wirklich sehr zufrieden war, rundet man den Betrag etwas auf und bei einem *take away* (Imbiss, wo man Gerichte zum Mitnehmen kauft) oder Café steht dafür hier und da ein kleines Sparschwein bereit. Lediglich im gediegenen Restaurant wird der Kellner für seine Mühen am Ende auch eine Aufmerksamkeit erwarten.

In Australien ist eine Alkoholausschanklizenz in den Restaurants keine Selbstverständlichkeit. Je kleiner der Vorort oder die Stadt und je weniger exklusiv das Restaurant oder Café ist, desto wahrscheinlicher findet man an dem Fenster ein Schild mit der Aufschrift *BYO welcome! BYO* steht für *Bring Your Own,* also „bring deinen eigenen" Alkohol mit, womit allerdings in der Regel nur Wein und Sekt gemeint ist, Bier darf man nur selten und starke alkoholische Getränke niemals mitbringen. Man kauft seine Flasche im *bottle shop* (Getränkeladen) um die Ecke und gibt sie der Bedienung im Lokal, gleich wenn man Platz nimmt. Die Bedienung öffnet die Flasche und schenkt das Nass in die passenden Gläser ein, die durchaus vorhanden sind. Für diesen Service fällt eventuell eine *corkage fee* (Korkgebühr) an, die pro Person oder Flasche berechnet wird. Gibt es in dem Lokal jedoch auch eine Weinkarte, sprich eine Alkoholverkaufslizenz, ist diese Gebühr mitunter sehr hoch. Es lohnt sich dann nur eine Flasche mitzubringen, wenn es sich um einen ganz besonders edlen Tropfen handelt. Das Kleingedruckte auf der Speisekarte informiert über die Höhe der Korkgebühr; im Idealfall ist der Service kostenlos und man kann so im kleinen Straßencafé oder im asiatischen Restaurant eine preiswerte Mahlzeit auch mit einer guten Flasche Wein genießen. Im Übrigen signalisiert schon der Begriff „Korkgebühr“, dass *BYO* im Restaurant keine Einladung ist, sich sein eigenes Bier mitzubringen, denn schließlich hat die Bierflasche keinen Verschluss aus Kork!

Beim Besuch eines Pubs zusammen mit einer Gruppe australischer Freunde sollte man sich die Regeln für das **Rundenholen** besonders zu Herzen nehmen (siehe Kapitel „Die Freuden im Leben“: „Australische Bier- und Weinkultur“). Nichts hasst der Australier mehr als einen *bludger* (eine Art Schmarotzer), sprich einen, der generell zu bequem und unter Umständen auch zu geizig ist, um Bier zu holen. Als Tourist sollte man ebenso wie alle anderen in der Gruppe die Runden holen gehen. Wenn man Sie nicht lässt, ist das in Ordnung, aber Sie sollten es zumindest versuchen. Wer von vorn herein weiß, dass er mit dem Trinkpensum der Aussies nicht mithalten kann oder will, der sollte sich nicht mit einer Gruppe von Aussies im Pub verabreden, sondern sich eher am Nachmittag in einem Café mit einzelnen Personen oder Pärchen treffen. (Sobald es mehr

Bierglas- und Bestellgrößen in Australien

Handle sagt man nur, wenn es sich auch um Biergläser mit einem Griff handelt! Die großen Biergrößen muss man kaum kennen, da in diesen vor allem Biere wie ein Guinness oder Kilkenny serviert werden, welche ohnehin einfach als z. B. Guinness bestellt werden. Es gab auch noch kleinere als die hier aufgeführten Bierglasgrößen, aber diese werden in der Regel heute nicht mehr gebraucht. Abgesehen von einem Glas, kann man auch einen *jug of beer* (Kanne Bier) und Gläser für alle holen.

	568 ml	425 ml	285 ml
NSW/ACT	Pint	Schooner	Middy
VIC	Pint	Schooner	Pot
QLD	–	Schooner	Middy/Pot/Ten
NT	–	Schooner	Handle
WA	Pint	Schooner	Middy
SA	Imperial Pint	Pint	Schooner
TAS	–	–	Handle/Pot/Ten

NSW: New South Wales; ACT: Australian Capital Territory; QLD: Queensland; NT: Northern Territory; WA: Western Australia; SA: South Australia; TAS: Tasmania.

Personen sind, so etwa ab vier Einzelpersonen oder drei Pärchen, entsteht automatisch ein Gruppengefühl, das unweigerlich das Rundenkaufen zur Folge hat.) So lernt man allerdings weitaus weniger Menschen kennen. Die Aussies pflegen nun einmal ihre Trinkkultur; außerdem gilt, dass sie keinem trauen, der gar keinen Alkohol trinkt – eine verquere Interpretation von Egalitarismus, nach der sich alle in einer Gruppe auch im Trunkenheitsgrad auf dem gleichen Niveau bewegen sollten. Betrunken zu sein ist in keiner Weise eine Schande, aber nicht zu trinken ist es sehr wohl – es sei denn, man kann sehr überzeugende medizinische Gründe nennen. Ein Nicht-trinken-aus-Prinzip wird jedoch sehr misstrauisch beäugt.

Es gibt aber noch mehr, was man im Zusammenhang mit der australischen Bierkultur beherzigen sollte. Wird das australische Bier im *stubbie* (kleine **Bierflasche,** meist 375 ml) oder *tinnie* bzw. *can* (Dose, meist 375 ml) serviert, wird es auch daraus getrunken. Es dann selbst in ein Glas einzugießen, ist ein Zeichen von Snobismus und in keinster Weise akzeptabel. Handelt es sich jedoch um ein europäisches Bier, was in ein Glas eingeschenkt werden sollte, wie ein bayerisches Weizen oder ein belgisches Starkbier, kann man auf charmante Weise ruhig anmerken, dass man diese Biere aus dem Glas trinken sollte und auch den Grund dafür angeben. Das sollte man aber mit gedämpfter Stimme und einem freundlichen Lächeln vortragen, denn sonst wirkt man nur allzu schnell arrogant und überheblich.

Bevor man in Australien im Pub ein Bier bestellt, sollte man sich die **korrekten Begriffe für ein Glas Bier** einprägen, die von Bundesstaat zu Bundesstaat in Australien variieren. Dies ist besonders wichtig, wenn man dran ist, eine Runde zu schmeißen, denn man sollte partout nicht mit kleineren Biergläsern zurückkommen, als der Letzte der Gruppe geholt hatte.

Dress Code – das korrekte Styling

Schaut man sich in den australischen **Metropolen** um, kann man zwischen den einzelnen Städten gewisse Unterschiede im Styling erkennen: In Melbourne dominiert der alternative, gepiercte Look mit schwarz gefärbtem Haar und viel schwarzer Kleidung, in Sydney hingegen ein Look mit Pastellfarben und hochgestylten Outfits, in Brisbane die coole Surfie-Garderobe, in Adelaide und Perth ein bisschen von allem und in Darwin und Hobart lassen sich keine Trends ablesen. Was jedoch für den Besucher oder für den in Australien arbeitenden Europäer nicht sofort deutlich wird, sind die unterschwelligen *dress codes* (Kleiderordnung).

In der egalitären australischen Gesellschaft trägt man in der Regel eher unauffällige **Kleidung zur Arbeit,** wobei man versucht, Rangunterschie-

054au Foto: eg

de innerhalb eines Unternehmens oder einer Behörde nicht über die Kleidung deutlich zu machen. Je nach Art der Tätigkeit variiert die Kleidung natürlich, so geht der Angestellte im *Business District* in Anzug und Krawatte zur Arbeit, während der Mann auf der Baustelle einen Blaumann trägt; entsprechend unterscheidet man nach den Farben der Kragen zwischen *white collar worker* (Weißkragen-Arbeiter) und *blue collar worker* (Blaukragen-Arbeiter). Man orientiert sich innerhalb einer Gemeinschaft in der Regel am durchschnittlichen gemeinsamen Nenner, d. h. der Firmenboss sollte sich nicht krass von den Arbeitern abheben und im Porsche kommen, das gilt auch – oder ganz besonders – für Politiker. Ein australischer Politiker, der in der Öffentlichkeit offensichtlich einen Maßanzug einer exklusiven Modemarke trägt, ist den Wählern sofort suspekt. Ganz nach der Strategie des *low-key* („einen Ton tiefer", Unauffälligkeit und Zurückhaltung in der Masse) sollte man durch seine Kleidung nie zeigen, wer man ist, sondern sie eher als Verkleidung verwenden, die nicht erkennen lässt, dass man eigentlich Boss des Millionenunternehmens ist.

Im Privaten wird ähnlich verfahren, die Grenzen des *dress code* werden zunächst einmal – wie überall – durch den Freundeskreis bestimmt. Generell gilt, dass Aussies sich **zu Hause** sofort ihrer Arbeitskleidung entledigen und in etwas Bequemes schlüpfen, einfaches T-shirt und Hose heißt das in 90 % aller Fälle.

„Ordentliche legere Kleidung verlangt. Das Management behält sich das Recht vor, den Eintritt zu verwehren" – so heißt es an manch einem Pub

Geht man dann **am Abend mit Freunden** aus, sollte man sich schick machen – das heißt allerdings in Australien nur, dass man das T-Shirt gegen ein Hemd bzw. eine Bluse austauscht, egal wie ungebügelt diese sein mögen. Das französische Modeverständnis mit auffälligem Schmuck, insbesondere Goldschmuck, und Kostüm gehört für die Aussies in die Schublade „imperialistischer Schick" und wird von ihnen in der Regel eher abgelehnt – einzige Ausnahme ist die Welt der Stars und Sternchen, dafür muss man dann allerdings selbst einer sein.

Die hohe Kunst der Konversation

Fast überall auf der Welt braucht man je nach den Kreisen, in denen man sich bewegt, eine passende Auswahl an Themen, über die man sich unterhalten kann, und das entsprechende Vokabular. In Australien muss man sich um standesmäßige Unterschiede im Sprachgebrauch keinerlei Gedanken machen, denn man redet mit den egalitären Aussies immer auf der Ebene des kleinsten gemeinsamen Nenners. Das bedeutet schlicht, dass man es als Akademiker verstehen sollte, mit dem Arbeiter auf der Straße in einer ebensolch einfachen Sprache zu sprechen, wie dieser sie gebraucht, dass man sich aber als Akademiker in einem Raum voller Akademiker durchaus auf einer intellektuellen Ebene unterhalten darf, solange auch wirklich alle an diesem Gespräch teilhaben können. Der Sprachgebrauch wird in Australien sozusagen von oben nach unten angepasst, d. h. die „Höhergestellten" sollten einen „Ton tiefer" singen.

Der Wortgebrauch kann hingegen mehr als deftig sein. Schließlich gilt es, einen Schulterschluss mit dem armen *Aussie battler* (australischer Kämpfer) von der Straße anzustreben, der in einer Gesellschaft der kleinste gemeinsame Nenner ist. Bei ganz normalen politischen Debatten im Parlament nehmen die Aussies schließlich auch **kein Blatt vor den Mund.** Da kennen die Aussies absolut kein Pardon. So konnte *Mark Latham,* der neue Parteivorsitzende der Oppositionspartei den Premierminister *John Howard* 2002 in den Medien auch einfach öffentlich als *arse-licker* (Aschlecker) bezeichnen, als dieser sich in Washington widerstandslos der von *George Bush* vorgeschlagenen Politik fügte, aber nicht die dringenden Fragen für die Aussies vorbrachte. Bekannt sind die australischen Politiker auch für die Zahl an unglaublichen Fauxpas auf dem diplomatischen Parkett im Umgang mit den Politikern der asiatischen Nachbarstaaten, bei denen eine solche deftige Ausdrucksweise nicht im Mindesten zum Erfolg führt. Das ist umso verwunderlicher, als auch in Australien das Konzept des Gesichtsverlustes gilt. Um **Gesichtsverlust** zu vermeiden, sollte man darauf achten, seine Stimme zu allen Zeiten ruhig, monoton und ohne besondere Höhen und Tiefen klingen zu lassen, ohne Emotionen und ohne „Aggressivität" auszudrücken, und sollte dabei auch wenige Gesten machen. Emotionalität in Sprache und Gestik würde als peinlicher Verlust der Selbstkontrolle und als Angriff auf den Gesprächspartner gewertet. Die französische und auch deutsche Art, im interessanten Zwiegespräch Dinge gestikulierend und mit Nachdruck zum Ausdruck zu bringen, kann von Australiern schon als Konfrontation und Streit ausgelegt werden und einen Rückzug des Gesprächspartners auslösen. Den Gebrauch von **Schimpfwörtern** sollte man grundsätzlich nicht als Beleidigung auffassen. Australier verwenden häufig Schimpfwörter, oftmals in der Bedeutung von positiven Kraftwörtern. Zu den herausragendsten Beispielen zählen *bloody oath* (blutiger Eid) oder *fucking oath* (fickender Eid), die lediglich erstaunte Ausrufe im Sinne von „Mensch(enskind)!" sind.

Insbesondere als studierter Europäer sollte man in Australien in der Konversation generell mehrere Gänge zurückschalten und jedwedes **Fachsimpeln unterlassen.** Themen aus der Geschichte, den Wissenschaften, den Künsten oder ähnlichen Gebieten, die man in Europa als geeignete Einstiegsthemen auf einer Party betrachtet, sind in Australien in der Regel eher unangebracht – vor allem bei Unterhaltungen mit Personen, die man gerade erst kennengelernt hat. Intellektuell philosophierende Gespräche werden von Australiern als in höchstem Maße unerwünschte imperialistische Angeberei angesehen und derjenige, der solche Gespräche führt, wird schlicht als *wanker* (Idiot) betrachtet. Einzige Ausnahme sind entsprechende akademische Kreise, wo man sich eigens zum Philosophieren trifft – aber diese gibt es nur sehr selten, denn Aussies halten Arbeit und Vergnügen in der Regel strikt getrennt. Wenn Arbeitskollegen zu einem *Barbie* eingeladen sind, sprechen sie meist nicht über die Arbeit. Im Übrigen können Sie bei den Aussies auch nicht im Mindesten damit punkten, wenn Sie das in diesem Buch vermittelte Hintergrundwissen zum besten geben. Auch das wird als *bignoting* (Angeberei) verstanden und zudem bringen Sie die Aussies in Verlegenheit, weil diese in der Regel nicht mit allen genannten Fakten über ihr Land vertraut sind.

Bei größeren Gruppen sollten Sie sich wie die Australier selbst vorwiegend an **gleichgeschlechtliche Gesprächspartner** wenden. Das gilt ganz besonders, wenn sie die Ehre haben, an einem australischen Barbecue teilzunehmen, wo sich die Männer immer auf einer Seite des Gartens aufhalten, in der Mitte das Bierfass, und auf der anderen Seite des Gartens die Frauen zusammenstehen. Wenn man als Mann den Fehler macht, auf ein Schwätzchen zu den Frauen hinüberzuwandern, merkt man schnell, dass man dort einfach keinen passenden Gesprächsstoff hat und dass man sich besser zurück in die Männerrunde begeben sollte.

Gleiches gilt für eine Frau, die sich zu den Männern gesellt. Diese können sich dann nicht länger ungezwungen unterhalten und vermuten, dass die Frau einen der Männer anbaggern möchte. Die Männer halten die Frau daher unter Umständen für billig und die Konversation verstummt. Auch dem Mann, der sich zwischen die Ladies zum Gespräch begibt, traut man nicht recht über den Weg, er wird als Schürzenjäger oder aber als *poofter* (Schwuler) betrachtet. Dabei wird der Schürzenjäger weder unter den Männern noch den Frauen der Gesellschaft gerne gesehen. Und als *poofter* zu gelten, ist nur in Ordnung, wenn man auch wirklich ein Schwuler ist.

Zu den idealen Gesprächsthemen beim Barbecue gehört für den Mann die oberflächliche Fachsimpelei über die Garmethoden für das Fleisch, wobei natürlich auch hier jeglicher besserwisserische Unterton fehlen sollte. Das kann allerdings schon heikel sein, also informiert man als Europäer schlicht über die **Bier- und Fleischpreise in Mitteleuropa,** denn dass dort das Bier so viel preiswerter und das Fleisch so viel teurer ist, fassen Aussies gemeinhin als spannende Neuigkeit auf. An der australischen Fleischtheke findet man leckerste Rumpsteaks, die noch dazu oft von besserer Qualität als die in Europa sind (man schmeckt, dass es freilaufende Tiere waren und nicht „körnergezüchtete"!), für 16 $ oder im Angebot auch für nur 11 $ pro Kilo (1 australischer Dollar entspricht in etwa 0,60 Euro)! Kein Wunder also, dass Aussies so gerne ein Barbecue veranstalten! Fast schon skandinavisch teuer sind in Australien hingegen alkoholische Getränke: Ein Karton Bier mit 24 Flaschen à 375 ml vom in Sydney üblichen *Tooheys New* kostet ca. 38 $, eine mittelmäßige Flasche Wein ab 10 $ und eine halbwegs anständige Flasche Wein um die 20 $.

Ein neutrales Thema ist auch immer das **Wetter,** bei dem es in Australien natürlich weniger um Regen geht als um das Stöhnen über zu viel Hitze, zu viele Fliegen, zu wenig Wind zum Surfen, zu viel Schwüle etc. Als Europäer kann man hier allerhand Geschichten über europäisches Sauwetter mit Hagel, Blitzeis, Schneemassen, Regenfluten, Nebel und anderem zum Besten geben.

Jetzt bleibt nur noch ein Thema übrig und das ist der **Sport.** Über Sport kann man endlos sprechen, allerdings ist hier zu beachten, dass man nicht den Fußball in den Himmel lobt – es sei denn, man befindet sich bei aus Südeuropa stammenden Aussies –, sondern sich stattdessen nach Cricket erkundigt. Am besten man lässt sich diese mit dem Baseball verwandte Sportart einmal so richtig von einem Aussie erklären. Cricket ist trotz allem elitären Anschein der wahre australische Volkssport, der von Arm und Reich mit gleicher Leidenschaft gespielt wird und für den sich sogar die Frauen begeistern. Je nachdem, in welchem Bundesstaat Sie sich be-

055au Foto: at

finden, können Sie auch über *Aussie Rules Footy* oder Rugby (siehe auch Kapitel „Die Freuden im Leben“: „Sportverrücktheit – fast eine Religion“) sprechen. Nationale und internationale sportliche Events, an denen Aussies teilnehmen, sind immer von Interesse, egal ob Golf, Tennis, Surfen, Leichtathletik, Marathon, Triathlon, Autorennen, Schwimmen etc. Im Gespräch mit Frauen ist Sport nicht selten ein ebenso gutes Thema wie bei Männern, allerdings muss man hier erst vorsichtig vorfühlen, für welche der australischen Sportarten das Herz der Gesprächspartnerin schlägt.

Australier haben eine bewundernswerte Gabe zur **Selbstkritik** und können diese mit einer herrlichen Portion Humor verpacken. Aber wehe, jemand sieht dies als Einladung an, auch ein paar Dinge an Australiern oder **Australien kritisch zu beleuchten.** Dies ist ein absoluter Fauxpas, den man tunlichst vermeiden sollte. Zu den Tabuthemen gehört z. B. Gallipoli bzw. der Erste Weltkrieg, aber auch Gespräche über Aboriginals oder gar Rassendiskriminierung sollte man eher meiden, denn da fühlen sich Aussies gleich unangenehm auf den Schlips getreten und überaus verunsichert, da sie das neuere Wissen über das den Aboriginals zugefügte Unrecht selbst erst zaghaft nach und nach verdauen müssen, weil es zu ihrer Schulzeit noch nicht gelehrt wurde. Schockiert sind Aussies über die neutrale Verwendung des Begriffes *black* in Europa und den USA. Sie betrachten *black* als diskriminierenden Begriff für Aboriginals, der politisch absolut nicht korrekt ist – eine „Black-is-beautiful"-Kampagne wie in den USA hat es in Australien noch nicht gegeben. Entsprechend können sie es nicht fassen, wenn in Europa zum Beispiel Soul, Rap u. Ä. von afroamerikanischen, afrobritischen oder anderen schwarzen Interpreten unter *Black Music* eingeordnet wird.

Auf jeden Fall zu vermeiden sind jegliche kritischen Untertöne über Australien als Land. Selbst sprechen die Aussies zwar kritisch über den ein oder anderen Aspekt ihrer Gesellschaft und ihres Staates und sie trauen grundsätzlich ihren *pollies* (Politikern) nicht über den Weg. Der einzelne Politiker oder die herrschende Regierung wird nur allzu gern in die Pfanne gehauen, aber man will das deutlich so verstanden wissen, dass diese *wanker* (Idioten) die Fehler machen, die die Wähler bei ihrem Wahlgang noch nicht absehen konnten. Aber das Recht zur Kritik an ihrem Land haben eben nur Aussies selbst und keine Außenstehenden. Gleiches gilt auch für das unter Aussies so beliebte *pommie bashing* (Schlechtmachen der Briten). Stimmt man als Europäer in die kritische Verhöhnung der Briten durch die Australier mit ein, fühlen sich die Australier angegriffen, da sie schließlich größtenteils von den Briten abstammen – wenn auch nicht persönlich, dann aber kulturell als australische Staatsbürger. Reitet man zu viel auf dem Thema herum, dass die Queen noch immer das australische Staatsoberhaupt ist, macht man sich auch wenig Freunde.

Sehr gut kommt hingegen jedes **Lob** oder jede positive Beobachtung einer australischen Besonderheit an, denn die Australier haben als eine der jüngsten westlichen Nationen kein solch unumstößliches Nationalbewusstsein wie z. B. die Franzosen. Im Großen und Ganzen suchen die Aussies auch einfach nur ein angenehmes Gespräch und Kritik oder Diskussionen sind in ihren Augen alles andere als angenehm.

Die Autorin zu Gast bei einer Familie in Brisbane –
bei der offenherzigen Gastfreundschaft fällt ein lobendes Wort nicht schwer

Hände weg! Verboten! Gefährlich!

Eine Handvoll Restriktionen und Verbote sollte man beim Besuch von Australien im Hinterkopf behalten, denn auch wenn es auf den ersten Blick wie ein europäisch-amerikanisches Land mit einer größeren Prise Asien wirkt, gibt es aufgrund der isolierten Lage des Kontinents und seiner besonderen Geschichte einige gewöhnungsbedürftige Regeln. Wenn es um das Thema Umweltschutz oder Landschaftschutz geht, haben Aussies eine hohe Meinung von ihrem Land und finden absolut nichts dabei, dass sie jede noch so kurze Distanz zum Supermarkt mit dem Auto zurücklegen und dort endlos viele Plastiktaschen kostenlos in die Hand gedrückt bekommen. Das Konzept der Müllreduktion kennt man noch nicht und der Verpackung sind bisher so gut wie keine Grenzen gesetzt. Ein erster Schritt in diese Richtung ist allerdings im September 2003 erfolgt, als der Baumarktriese „Bunnings" als erster großer Einzelhändler eine 10-Cent-Abgabe auf Plastiktragetaschen einführte. Die dadurch eingenommenen Gelder werden an die Umweltschutzorganisation „Keep Australia Beautiful" (Halte Australien schön) abgeführt.

Schutz des isolierten Kontinents

Die Restriktionen fangen schon beim Kofferpacken daheim an, denn abgesehen von den international üblichen Bestimmungen, was Devisen, Alkohol, Zigaretten, Waffen, Drogen etc. anbetrifft, gibt es in Australien zum **Schutz der Artenvielfalt und vor Seuchen** einige besondere Regeln. Bakterien, Viren, Schädlinge etc., die für Europas Flora und Fauna harmlos sind, können in Australien verheerende Epidemien zur Folge haben. Daher gelten in Australien sehr strenge Einfuhrbestimmungen, die zwischen den einzelnen Bundesstaaten noch einmal variieren können. Fährt oder fliegt man in Australien von einem Bundesstaat in den nächsten, machen Hinweisschilder an den großen Bundesstraßen und am Ankunftsflughafen bei Eintritt in den neuen Bundesstaat die Besucher darauf aufmerksam.

Beim Kofferpacken in Europa kann man gleich eine ganze Reihe an Substanzen zu Hause lassen, deren **Einfuhr nach Australien verboten** ist. Dazu gehören alle lebenden Pflanzen und Tiere, aber z. B. auch Produkte pflanzlicher Herkunft wie Stroh, Holz, Trockenblumen, Samen und Nüsse, Tee, Kräuter, Obst, Gemüse oder aber Tierprodukte wie Sehnen, Horn, Pelz, Federn, Muscheln, Rohwolle, Fleisch-, Fisch-, Eier- und Milchprodukte (einzige Ausnahme Babynahrung, wenn man mit einem Baby unterwegs ist). Auch Kleidung und Ausrüstung aus Leder sind suspekt, ebenso wie Erdreste an Schuhen, wodurch fremde Erreger, Pflanzensporen oder Tiereier eingeschleppt werden können. Mit anderen Worten: Außer Kunststoff, Gedrucktem, Elektronischem und einfacher Kleidung sollte man nichts nach Australien mitnehmen. Wer dennoch partout Essbares, Trinkbares, Dreckklumpen an Schuhen, den Strohhut aus Spanien, Nüsse zum Knabbern, Tee als Geschenk, Souvenirs aus Holz etc. nach Australien einführen will und dies beim Zoll überdies nicht deklariert, muss damit rechnen, bei der Kontrolle aufzufliegen und diese Gegenstände vor Ort im **Quarantäne-Mülleimer** bei der Grenzkontrolle entsorgen zu müssen. Alle deklarierten Gegenstände und Substanzen werden überprüft und meist sofort zurückgegeben. Wer wirklich nichts zu deklarieren hatte, muss allerdings mit einer stichprobenartigen Überprüfung rechnen. Falls eine Behandlung eines Gegenstandes, wie z. B. das „Desinfizieren" einer Holzstatue mit einer Chemikalie gegen fremde Erreger etc., notwendig ist, dürfen Sie entscheiden, ob Sie dafür zahlen möchten, ob der Gegenstand auf Ihre Kosten in das Ursprungsland re-exportiert oder ob er kostenlos vernichtet wird. Wer komplett verbotene Substanzen einzuführen versucht, muss an Ort und Stelle ein Strafgeld von 110–220 $ zahlen oder kann gar ins Gefängnis wandern. Seit 1992 werden im Übrigen Spürhunde eingesetzt, die jeden Fluggast und sein Gepäck nach Betreten des Flughafens beschnuppern und sofort anschlagen, wenn man eine der verbotenen Substanzen bei sich hat!

Wer nach Australien fliegt, wundert sich zuweilen darüber, dass im Flugzeug noch vor der Landung **Insektenspray** versprüht wird. Diese Praxis war im Zweiten Weltkrieg von der Abteilung Grenzquarantäne des australischen Landwirtschaftsministeriums vorgeschrieben worden als eine der vielen Maßnahmen, mit denen die Einfuhr von neuen Schädlingen verhindert werden sollte. Obwohl diese *Disinsection* (Des-Insektifizierung) nach einer Prüfung Mitte der 1990er Jahre als uneffektiv entlarvt wurde und seitdem nicht länger von der Grenzquarantäne empfohlen wird, führt manche Airline diese Praxis weiter fort.

Auf dem Land der Aboriginals

Einen nicht-indigenen Australier kann man als Reisender schon mal leicht persönlich kennen lernen, aber die Zahl der **Aboriginals, denen man überhaupt begegnet,** ist sehr gering und die Situationen sind sehr speziell. Es gibt den Didgeridoo spielenden Aboriginal, den man in der Nähe von beliebten touristischen Sehenswürdigkeiten in den australischen Metropolen antrifft und der die Klischees der Reisenden bedient, halbnackt und bemalt das Instrument bespielt und dafür ein paar Dollar zu sehen bekommt. Dann gibt es unseriöse indigene Souvenirverkäufer, die die Urheber-Rechte der Aboriginals verletzen, indem sie unerlaubte Reproduktionen von Kunstwerken der Aboriginals vertreiben. Es gibt aber auch Aboriginals, die ihre Kultur würdig vertreten und ein echtes Interesse daran haben, den Reisenden die Hintergründe ihrer Geschichte, Kunst, Symbolik oder ihres Spiritualismus zu erklären. Man findet sie vor allem in der Tourismus-Branche, z. B. als *park ranger* (Park-Aufseher) in Nationalparks, als Reiseleiter auf Touren zu Aboriginal-Stätten, als Galeristen oder Museumsführer in den Aboriginal-Abteilungen und in kulturellen Zentren, in denen sie Interessierten die Kultur der Aboriginals näher bringen wollen.

In jedem Fall sollte man vor allem im Outback bei einer Begegnung mit Aboriginals und Torres Strait Islandern nachfolgende Regeln im Hinterkopf behalten, die auch der australische öffentlich-rechtliche TV- und Radiosender „ABC" als Richtlinien für recherchierende Journalisten empfiehlt.

1. Seit 1993 der *Native Title Act* (Gesetz über Rechtsansprüche der Ureinwohner) auf nationaler Ebene als Folge der Mabo-Entscheidung (siehe auch Kapitel „Die Aboriginals": „Die Wiedergutmachungspolitik") unterzeichnet wurde, dürfen die Aboriginals eigenes Land verwalten, in South Australia sogar schon seit 1966, im Northern Territory seit 1976. Seitdem müssen die Bergwerksbetreiber für die Ausbeutung von Bodenschätzen auf dem Land der Aboriginals den jeweiligen indigenen *Communities* Gebühren zahlen, so mussten sie im Jahr 2001 insgesamt 12,6 Mio. $ zahlen (ebenso wie sie weitere 17,6 Mio. $ an die Regierung entrichten mussten für die Nutzung von Land in Regierungsbesitz oder in Nationalparks). Im Outback Australiens gibt es große, scheinbar gottverlassene Landstriche, die im Besitz der Aboriginals sind und die Sie folgerichtig als Reisender **nicht ohne Genehmigung betreten** dürfen wie z. B. das Maralinga-Tjarutja- und Pitjantjatjara-Gebiet in der Great Victoria Desert in South Australia oder aber das Arnhem Land im Top End. Das gilt nicht für die Highways wie den Stuart Highway, die quer durch das Land führen, wohl aber für jede Nebenstraße und Schotterpiste, die auf Aboriginal-Land führt. Wo man sich in Aboriginal-Land begibt, ist auf allen Straßenkarten Australiens deutlich ausgewiesen und Warnschilder an der Straße weisen Sie nachdrücklich darauf hin, dass dort „Betreten verboten" gilt. Wer also davon träumt, im Arnhem Land auf Entdeckungsreise zu gehen, ist verpflichet, Monate vorab einen schriftlichen Antrag zu stellen. Landfriedensbruch kann auf der Stelle mit 1000 $ Strafe geahndet werden.

Gerade an abgelegenen Stellen kann man sich ungewollt auf Aboriginal-Land befinden und sollte ausgewiesene Verbote respektieren

056au Foto: ab

2. Dort wo das Land zwar den Aboriginals gehört, aber darauf ein Nationalpark unter Leitung der Regierung geführt wird, wie z. B. der Kakadu National Park, der Uluru - Kata Tjuta (Ayers Rock - The Olgas) National Park, aber auch der Sydney Harbour National Park, gilt es, **der Kultur der Aboriginals mit dem nötigen Respekt zu begegnen.** Die geheimen heiligen oder archäologischen Stätten sind in der Regel als solche ausgewiesen, und die Reisenden werden explizit gebeten, hier nicht darauf herumzutrampeln oder irgendetwas anzufassen. So bittet das indigene Anangu-Volk beim berühmten Monolith Uluru (Ayers Rock) auch ausdrücklich darum, den Berg nicht zu besteigen, auch wenn dies von der Regierung gestattet wird. An den heiligen Stätten sollte man auch keine Pflanzen, Tiere, Felsen, Wasserlöcher, Erde etc. berühren. Das könnte die heiligen Stätten beschädigen oder die Landschaft schänden, die die Kraft der Ahnen der Aboriginals beherbergt.

3. Das indigene Land ist außerdem in der Regel eine *dry zone,* was bedeutet, dass es verboten ist, **Alkohol** innerhalb dieser Grenzen zu transportieren, geschweige denn zu konsumieren, zu verkaufen oder auch nur zu verschenken. Selbiges gilt selbstverständlich für die allerorts illegalen **Drogen.** Beim Schwimmen auf dem Land der Aboriginals gilt es auch, mindestens **Badekleidung** zu tragen, denn auch wenn die indigenen Völker vor Ankunft der Europäer oft nackt waren, so sind seitdem nun einmal

über 200 Jahre vergangen und eine Freikörperkultur ist heute nicht mehr Bestandteil der Tradition der indigenen Bevölkerung Australiens (und auch nicht der nicht-indigenen Bevölkerung).

4. Man sollte überdies wissen, dass sich die Aboriginals selbst mit dem jeweiligen **genauen Namen ihres Volkes** betiteln und nicht mit der äußerst nichtssagenden Bezeichnung *Aborigines* oder *Aboriginals,* was allerhöchstens solchen allgemeinen Klassifizierungen wie „Schwarze" gleichkommt. Nur wenn sich die indigenen Völker kollektiv von den Weißen abgrenzen wollen, benutzen sie die Begriffe *Aborigines* oder *Aboriginals,* wobei sie *Aboriginals* bevorzugen. Unter anderem leben im Südwesten von Western Australia die Nyoongar, im Norden von New South Wales und im östlichen Queensland die Murri, in South Australia die Nungah, in Tasmania die Palawa, im Arnhem Land des Northern Territory die Yolngu, in New South Wales die Koori und in Victoria die Koorie. Ein guter Reiseführer wird Ihnen mitteilen, auf wessen Land Sie sich wo befinden.

5. Kommt man tatsächlich mit Aboriginals in den *Outback Communities* (Outback-Gemeinden) in Kontakt, sollte man **niemanden ungefragt ansprechen,** geschweige denn persönliche Fragen stellen. Auch Begrüßungsrituale gibt es traditionell nicht bei den indigenen Völkern. Wundern Sie sich also nicht, wenn Ihr Gruß nicht erwidert wird. Jede Art von **Körperkontakt,** auch ein freundliches Klopfen auf die Schulter, ist nicht gebräuchlich und wird als unangemessen empfunden. Ein Gruß per Handschlag ist nur akzeptabel, wenn er von dem Aboriginal ausgeht. Früher gab es außerdem bei den indigenen Völkern sehr strikte Regeln darüber, wem man in die Augen schauen durfte und wem nicht. Aus diesem Grund wird auch heute oft der direkte **Augenkontakt** gemieden. Man sollte auch nicht mit den Händen **gestikulieren,** um eine Richtung anzugeben, dies gilt als sehr respektlos.

6. **Fotografieren** von Personen ist überall auf der Welt ein heikles Thema. Sie mögen es ja auch nicht, wenn man Sie ungefragt fotografiert. Auch hier gilt es, sich möglichst respektvoll zu verhalten und vorab höflich zu fragen, ob eine Aufnahme gestattet ist. Wer von den Aufnahmen etwas veröffentlichen möchte, muss sogar den Dienstweg beschreiten und eine schriftliche Genehmigung einholen.

7. Fährt man **nach Dunkelheitseinbruch** durch eine indigene Siedlung, sollte man die Scheinwerfer dimmen und mit gedrosseltem Tempo fahren, so als ob Sie Ihr Baby nicht wecken wollen, das gerade eingeschlafen ist.

Gibt es einen **Todesfall** in einer *Community*, bleibt dort alles stehen und liegen und niemand ist für die Dauer der Bestattungsprozeduren, die bis zu eine Woche andauern können, zu sprechen; am besten Sie fahren weiter und falls Sie einen Termin mit einem Aboriginal vereinbart hatten, drängen Sie nicht darauf, den Termin wahrzunehmen. Der Gebrauch des Namens eines Toten, eines Fotos oder sonstiger Abbildungen von ihm ist fortan tabu und würde bei seinem Volk einen großen Schock auslösen. Entsprechend sollte man den indigenen Völkern auch keine Abbildungen von Aboriginals zeigen, wenn man nicht sicher ist, dass die abgebildeten Personen definitiv noch leben. Um Probleme mit der Totenehrung zu vermeiden, wurde in diesem Buch auch auf Fotos von Aboriginals verzichtet. Außerdem wurde auf Fotos aus touristischen Darbietungen verzichtet, da diese ein falsches Bild von den indigenen Völkern vermitteln.

Verständnisbarriere australisches Englisch

The world knows us for g'day mate, Anzacs, wallabies and kangaroo ...
we've got top sheilas and good blokes,
utes and we have a coldie around the barbie.
We don't need diapers, candy, ketchup, trash cans and fries -
we've got nappies, lollies, tomato sauce, rubbish tins and chips.

Die Welt kennt uns für „Hallo, Kumpel", Anzacs,
Wallabies und Känguru ...
Wir haben super Frauen und gute Kerle,
Pick-ups und ein kaltes Bier beim Barbecue.
Wir brauchen keine diapers, candy, ketchup, trash cans und fries -
(amerikanisch für Windeln, Süßigkeiten, Ketschup, Mülleimer und
Pommes frites) wir haben nappies, lollies, tomato sauce, rubbish tins und
chips (australische Varianten derselben Wörter).

(*Peter Beattie*, Queenslands Ministerpräsident,
in der Zeitung „Courier Mail", 2003)

Den wahren Schock erlebt der deutschsprachige Reisende in Australien meist, wenn er das erste Mal Englisch aus dem Mund eines Australiers hört. Am stärksten ist der Dialekt - zumindest vom Klang her - in New South Wales und Queensland, am wenigsten stark ist er in South Australia und Western Australia. Darüber hinaus gibt es das übliche Bildungsgefälle, d. h. dass der Dialekt bei einfachen Arbeitern stärker ausgeprägt ist als bei höher gebildeten Angestellten. Den **australischen Jargon** nennen die Aussies selbst augenzwinkernd *Strine,* was im Grunde nur die phonetische Wiedergabe ihrer eigenen Aussprache von dem Wort *Australian* ist. Typisch für die Aussprache der Aussies ist, dass sie Teile der Wörter verschlucken und zusammenziehen. Der Grundstein dafür wurde in den Anfangsjahren der europäischen Besiedlung Australiens gelegt. Durch das absichtliche Verfremden der Wörter sorgten z. B. die Strafgefangenen dafür, dass die Aufseher sie nicht verstehen konnten, oder andere *Aussie battler* (australischer Kämpfer) bedienten sich dieses Slangs, um die Obrigkeit über die Bedeutung ihres Geredes im Unklaren zu lassen.

Die australische Klangfärbung basiert am stärksten auf einer Mischung des Cockney-Dialektes aus dem Londoner East End mit so manch einem irischen Dialekt. Die Wortwahl ist jedoch auf den britischen Inseln längst nicht mehr aktuell und klingt daher für einen Briten, Iren oder Amerikaner genauso unverständlich wie für unsere Ohren. In der europäischen Schulliteratur hat man zudem das australische Englisch komplett ignoriert. In der Regel lernt man im europäischen Englischunterricht nichts über das Englisch *Down Under* und auch die großen Wörterbuch-Verlage „Langenscheidt" und „PONS" haben ihre Wörterbücher kaum in diese Richtung erweitert. Aber wer kann es ihnen verdenken, denn in Australien selbst wird erst seit 1981 das Macquarie-Wörterbuch und seit 1988 das *Australian Oxford Dictionary* der australischen Sprache herausgegeben.

Neben der Klangfärbung kann auch der australische **Hang zur Untertreibung** zu manchem Missverständnis führen. Ohne eine Miene zu verziehen und mit ernster Stimme, machen Australier die unglaublichsten Statements, sodass man annehmen muss, sie meinen es auch so – oftmals ist das aber nicht der Fall. Wenn etwas zu merkwürdig klingt, ist es mehr als wahrscheinlich, dass es nicht ernst gemeint war!

Gleiches wird auch mit dem beliebten *rhyming slang* **(reimender Slang)** erreicht. Die Abneigung der Aussies gegenüber Amerikanern kommt in der abfälligen Bezeichnung *seppo* zum Ausdruck, welches eine Verkürzung von *septic tank* (Klärgrube) ist, was sich nun einmal auf *yank* (von *Yankee*) reimt und so treffend die aufdringliche Penetranz der Amerikaner illustriert. Amüsante Reime gibt es aber auch für Alltägliches, das gar nicht versteckt werden müsste, wie z. B. *dead horse* (totes Pferd), wenn man eigentlich *tomato sauce* (Ketschup) meint. *Love and Kisses* ist die *Misses,* sprich die Ehefrau. Ein *Noah* ist ein Hai, denn *Noah's Arc* (Noah' Arche) reimt sich auf *shark* (Hai), *Joe Blake* ist eine Schlange (= *snake*) und wenn der Aussie abfällig über einen *pom* (negative Bezeichnung für Briten) sprechen möchte, ohne dass es der Brite hört, sagt er *to and from* (funktioniert natürlich nur bei Briten aus Großbritannien und nicht bei in Australien ansässigen). Wer telefonieren möchte, fragt nach einem *dog and bone* (Hund und Knochen), weil es sich auf *phone* (telefonieren) reimt. Die höfliche Verpackung für das sogenannte „große Geschäft verrichten" heißt: *I'm gonna see a man about a dog* (Ich werde einen Mann treffen, um über einen Hund zu reden), weil sich *dog* (Hund) auf *bog* (Latrine) reimt.

Ebenso gibt es einfach **schöne Wortspielereien,** um die wahre negative Bedeutung einer Aussage zu verbergen. Jemand der sich besonders aufgetakelt hat, aber dennoch seine Herkunft nicht verbergen kann, sieht aus wie *mutton dressed as lamb* (Hammel gekleidet als Lamm). Oder aber die Wortspielereien beschreiben bildhaft und humorvoll eine Situation oder ein Gefühl wie bei *Flat out like a lizard drinking!* (beschäftigt wie eine trinkende Echse), was einfach nur bedeuten soll, dass man sehr viel um die Ohren hat!

Weniger tiefgreifende Wortverfremdungen entstehen durch das **Verschlucken und Verformen von Wortendungen** vor allem bei Substantiven. Oft bekommt das Wort dabei stattdessen ein -ie oder -o am Ende angehängt. Entsprechend ist etwas Australisches oder ein Australier ein *Aussie,* das Barbecue ein *Barbie,* das Frühstück ein *brekkie* statt umständlich lang *breakfast,* das Kaugummi ein *chewie* statt eines *chewing gum,* eine Raucherpause ein *smoko* statt einer *smoke break* und der Nachmittag

Australisches Englisch verstehen

Mehr über das Englisch der Australier erfahren Sie in meinem ebenso amüsanten wie hilfreichen Sprachführer „Englisch für Australien", der in der Reihe Kauderwelsch des Reise Know-How Verlags erschienen ist. Dazu gibt es auch passendes Tonmaterial. Hier wird die englische Sprache ganz einfach anhand der vielen typischen Alltagssituationen in Australien erklärt, vom Besuchen von Sehenswürdigkeiten über Regeln des Cricketspiels bis zum geliebten Barbecue und BYO (dem Mitbringen von Wein oder Sekt) in Restaurants! Außerdem gibt es viele Tipps für den Umgang mit Australiern! Es ist ebenso für den Sprachanfänger als auch für den Fortgeschrittenen zum Auffrischen des Englischen mit besonderem Hinblick auf die australische Variante geeignet.

Wer nur etwas zu lachen haben bzw. auf Australisch schimpfen lernen möchte, kann sich auch den von mir verfassten Kauderwelsch-Band „Australian Slang – Englisch Down Under" aus dem selben Verlag besorgen, in dem es vorwiegend um Slang und umgangssprachliche Wendungen geht. Auch dazu gibt es begleitendes Tonmaterial.

ist schlicht *arvo* statt lang *afternoon.* An diese Wortverniedlungen kann man sich jedoch ganz schnell gewöhnen.

Verwirrender ist hingegen der **fragende Ton,** in dem die Sätze formuliert werden. Vermutet man dahinter wirklich eine Frage oder nur eine rhetorische Frage, liegt man jedoch falsch. Besonders Frauen und jüngere Leute geben damit zum Ausdruck, dass man immer mal wieder ein „mmh" murmeln oder interessiert nicken sollte, um zum Ausdruck zu bringen, dass man der Konversation noch folgen kann.

Viele der einst 200–250 verschiedenen **indigenen Sprachen und Dialekte,** die auf dem australischen Kontinent gesprochen wurden, sind heute für immer verloren. In einigen Gebieten des Northern Territory, wo eine bestimmte Aboriginal-Sprache sehr viel gesprochen wird, hatte man vor einiger Zeit zweisprachigen Schulunterricht eingeführt, der aber 1998 wieder abgeschafft wurde. Englisch ist auch dort nun wieder die einzige Unterrichtssprache. Es ist besonders bedauerlich, dass man sich auf den Schulen so wenig mit den Sprachen der indigenen Bevölkerung beschäftigt, wenn man bedenkt, dass das australische Englisch mit einer Fülle an Wörtern aus den Sprachen der indigenen Bevölkerung Australiens angereichert ist, z. B. *boomerang* (Dharuk: *bumariny* = Bumerang), *billabong* (Wiradhuri: *billa* = Fluss + *bang* = Wasserloch), *dillybag* (Yagara: *dili* = Tasche aus Gras oder Riet gewoben + *bag* = Kulturtasche), *gin* (Dharuk: *diyin* = Frau; heute meist abwertend für Aboriginal-Frau), *wallaby* (Dharuk: *walaba* = kleine Känguru-Art), *barramundi* (aus ungeklärter Aboriginalsprache im Norden von Queensland = einheimischer Süßwasserfisch im Norden). Den zweisprachigen Schulunterricht schaffte man jedoch nicht aus Böswilligkeit ab, sondern vor allem, weil man zu große Probleme hatte, ein passendes Schulcurriculum zu erarbeiten und sich auf eine Sprachvariante festzulegen.

Auf der Webseite des öffentlich-rechtlichen Fernseh- und Radiosenders „SBS" *(Special Broadcasting Services)* gab es die Nachrichten auch in „Aboriginal" zu hören, wobei gar nicht spezifiziert wurde, um welche indigene Sprache es sich dabei handelte (vermutlich Aranda bzw. Arunta, das im Zentrum Australiens gesprochen wird, oder Murngin, was im Arnhem Land im Norden des Northern Territory gespochen wird). Da man auf diese Weise jedoch nicht alle Aboriginals ansprechen konnte, ist man nun wieder zu einem englischsprachigen Programm für Aboriginals übergegangen, wie es auch beim TV- und Radiosender „ABC" *(Australian Broadcasting Services)* in seinen Sendungen für die indigene Bevölkerung Australiens gemacht wird.

Indigene Kinder im Top End, z. B. im Arnhem Land, sprechen in ihren Familien eine indigene Sprache und lernen Englisch erstmals auf der Schule.

In anderen Regionen wird in den indigenen Siedlungen vorwiegend **Kreol** gesprochen. Entsprechend erzählte mir ein Torres Strait Islander, der nördlich von Cairns aufwuchs, dass ihm in seiner Kindheit und Jugend gar nicht bewusst war, dass seine *lingo* (Sprache) ganz anders als die Sprache der anderen Australier ist, bis er schließlich in die Stadt kam. In seinem Dorf wurde das Kreol-Englisch bzw. Aboriginal-Englisch schließlich verstanden und die indigenen Lehrer an der Schule lehrten auch in dieser Variante des Englischen. (Kreolsprachen gibt es in den ehemaligen französischen, englischen u. a. Kolonien; sie sind Mischsprachen aus der Sprache der Kolonisten und den indigenen Sprachen, die einerseits zur Verständigung der indigenen Völker mit den Kolonisten verwendet wurden und andererseits als Verkehrssprache zwischen den verschiedenen indigenen Völkern, daraus entwickelte sich dann eine eigenständige Sprache, die als Muttersprache gelernt wurde.) In jedem Fall muss man sich keine Gedanken darum machen, auch noch eine Aboriginal-Sprache lernen zu müssen, wenn man Aboriginal-Land durchqueren möchte, denn die Verkehrssprache der verschiedenen indigenen Völker untereinander ist heute auch Englisch.

057au Foto: eg

ANHANG

Australien im Internet

Uferlos ist die Webpräsenz australischer Unternehmen, Organisationen und Privatpersonen. Wer sich jedoch ein qualifiziertes Bild vom zeitgenössischen Australien machen möchte, dem kann ich nur empfehlen, online Zeitung, Zeitschriften und TV-Nachrichten zu lesen. Wenn man einen DSL-Internetanschluss hat, ist eine schöne Möglichkeit zum Einstimmen auf Australien das Live-Streaming-Radio der Radiosender in Australien zu nutzen oder in archivierte Radioprogramme hineinzuhören. Hierzu benötigt man einen streaming-tauglichen Mediaplayer wie z. B. den Windows Media Player.

- **Australian Broadcasting Corporation (ABC),** www.abc.net.au – aktuelle Nachrichten, Neues aus dem australischen Fernsehen und viele spezielle Themen. Außerdem kann man archivierte Radiobeiträge anhören.
- **Australian Financial Review,** http://afr.com – die kompetente Zeitung für Finanzdaten aus Australien.
- **Australian Geographic,** www.australiangeographic.com – Zeitschrift der *Australian Geographic Society* über Umwelt, Archäologie, Flora und Fauna. Hier lohnt auch ein Abonnement der Zeitschrift per Post.
- **Special Broadcasting Service (SBS),** www.sbs.com.au – der Radio- und Fernsehsender, der eigentlich dazu da ist, den Aussies die Kultur vom Rest der Welt näher zu bringen. Hier kann man sich in der Rubrik „Streaming Radio on Demand" auch die aktuellen Nachrichten auf Deutsch oder einer der anderen 60 Sprachen anhören.
- **Sydney Morning Herald (SMH),** www.smh.com.au – die auflagenstärkste Zeitung Australiens.
- **The Age,** www.theage.com.au – das Äquivalent zur SMH aus Melbourne, hat den gleichen Inhalt mit verändertem Blickwinkel aus der Sicht eines *Melbournians*.
- **The Australian,** www.theaustralian.news.com.au – die älteste nationale Tageszeitung Australiens.
- **The Daily Telegraph,** www.dailytelegraph.news.com.au – eine weitere nationale Tageszeitung mit einer guten Portion Regenbogenpresse.
- **TripleJ,** http://triplej.abc.net.au – populärster nationaler australischer Radiosender für junge Leute, den man bequem über eine DSL-Verbindung hören kann.
- **Women's Weekly,** http://aww.ninemsn.com.au/aww – meistverkaufte Frauenzeitschrift Australiens.

Wer weitere Informationen über Australien lieber auf Deutsch liest, hat wenig Auswahl und die Aktualität ist nicht immer gewährt:

- **Australian Tourist Commission,** www.australia.com – das australische Fremdenverkehrsamt im Internet.
- **Australien-Info.de,** www.australien-info.de – eine gute Internetseite mit vielen Informationen über Australien und mit einem interessanten Newsletter. Hier wird sogar informiert, wann wieder ein guter Australien-Beitrag im deutschen Fernsehen läuft.

- **Australische Botschaft,** www.australian-embassy.de – eine Sammlung an Informationen über Australien.
- **Auswärtiges Amt,** www.auswaertiges-amt.de/www/de/laenderinfos – gute offizielle Länderinfos über Australien.
- **German Australia,** www.teachers.ash.org.au/dnutting/germanaustralia/d – ausführliche historische Informationen über nach Australien ausgewanderte Deutschsprachige.
- **Infobahn Australia,** www.infobahnaustralia.com.au – eine Internetseite von nach Australien ausgewanderten Deutschsprachigen.
- **Institut Ranke-Heinemann,** www.rankeheinemann.de – die Vertretung des Australischen Hochschulverbundes *IDP Education Australia* stellt hier die Bildungsinstitutionen in Australien vor, bietet allgemeine Australien-Infos und listet viele Erfahrungsberichte von Deutschsprachigen über ihre Studienaufenthalte in Australien auf.

Literaturempfehlungen

In deutscher Sprache gibt es kaum Publikationen zu Australien, die nicht in den Reiseführerbereich oder aber in den Bereich Übersetzung eines historischen Romans fallen. Von der Flut wundervoller australischer Publikationen, die man in Australiens Buchläden kaufen kann und die sich vor allem mit dem zeitgenössischen Australien auseinandersetzen, ist nichts ins Deutsche übersetzt und auch nur ein Bruchteil über England oder die USA erhältlich (Bestellungen in Australien selbst sind extrem kostspielig).

Literatur in deutscher Sprache

- **Australien. Die Besiedelung des Fünften Kontinents,** *Robert Hughes* (Übersetzung aus dem Englischen) – der Titel verrät alles, ein leicht zu lesendes historisches Buch über die Anfänge Australiens.
- **BBQ. Kurz und schmerzlos durch Australien. In sechs Erzählungen,** *Guido Bellberg* – Erfahrungen eines deutschen Journalisten von seinen Reisen in Australien, pointiert in sechs Erzählungen verpackt.
- **Die erste Durchquerung Australiens 1844–1846,** *Ludwig Leichhardt* – ein Einblick in die Historie Australiens von dem Deutschen, der 1844–1846 Australien durchquerte und später für immer verschwand.
- **Die wahre Geschichte von Ned Kelly und seiner Gang,** *Peter Carey* (Übersetzung aus dem Englischen) – eine preisgekrönte literarische Aufbereitung der Kelly-Geschichte aus der Sicht Ned Kellys.
- **Ein ganz gewöhnlicher Regenbogen,** *Les Murray* (Übersetzung aus dem Englischen) – Dichtkunst aus Australien von einem seiner berühmtesten Dichter.
- **Entdeckungsfahrten im Pazific,** *James Cook,* (Übersetzung aus dem Englischen) – historisch spannender Bericht über Kapitän *James Cooks* Reise im Pazifik und seine Inbesitznahme Australiens.
- **Frühstück mit Kängurus,** *Bill Bryson* (Übersetzung aus dem Englischen) – ein etwas anderer Reisebericht mit Einblicken in die australische Gesellschaft aus der Sicht des amerikanischen Erfolgsautors.
- **Gebrauchsanweisung für Sydney,** *Peter Carey* (Übersetzung aus dem Englischen) persönliche Einblicke eines preisgekrönten Aussies, der nach langer Zeit in New York in seine Heimat zurückkehrt und selbst eine Art Kulturschock erlebt.
- **Ich hörte den Vogel rufen,** *Sally Morgan* (Übersetzung aus dem Englischen) – die *Stolen Generation* aus der ganz persönlichen Sicht der indigenen Autorin wie schon in ihrem bahnbrechenden Klassiker „My Place“, der nur auf Englisch erhältlich ist.

- **Jenseits von Babylon,** *David Malouf* (Übersetzung aus dem Englischen) - eine Art Kaspar-Hauser-Story, die sich um einen Aboriginal dreht, von dem preisgekrönten australischen Autor.
- **Long Walk Home, Film-Tie-In,** *Doris Pilkington* (Übersetzung aus dem Englischen) - zum gleichnamigen Film über die Problematik der *Stolen Generation.*
- **Wanamurraganya,** *Sally Morgan* (Übersetzung aus dem Englischen) - hier erfährt man mehr über das Leben der Aboriginals von der indigenen Autorin.

Literatur in englischer Sprache

- **A Short History of Australia,** *Manning Clark* - das beste Buch, wenn man die australische Geschichte mit ihren Eckdaten fundiert nachlesen möchte.
- **Australian Literature: An Anthology of Writing from the Land Down Under,** *Phyllis Fahrie Edelson* (Herausgeberin) - Sammlung von Klassikern aus den Reihen der australischen Schriftsteller mit guter Einführung der amerikanischen Herausgeberin.
- **Black Chicks Talking,** *Leah Purcell* - eine Zusammenstellung von Interviews mit modernen indigenen Frauen über ihr Leben und ihre Identität als Aboriginals, eine wunderbare Möglichkeit, diese unterschiedlichen Frauen auf sehr persönliche Weise kennen zu lernen.
- **Blacklines: Contemporary Critical Writing by Indigenous Australians,** *Michele Grossmann* (Herausgeber) - eine Anthologie von kritischer Literatur aus der Feder von Aboriginals, die nicht gerade glücklich darüber sind, dass so viele „Weiße" sich zum Experten in ihrer Sache erheben.
- **He Died with a Felafel in His Hand,** *John Birmingham* - urkomische Einblicke in das wahre Leben des jungen *John Birmingham.*
- **How to Be Normal in Australia: A Practical Guide to the Uncharted Territory of Antipodean Relationships,** *Robert Treborlang* - ein lustig bissiges Buch über die Eigenheiten der Aussies, die der Autor so erfahren hat.
- **Sydney,** *Geoffrey Moorhouse* - eine lebendige Schilderung der Stadt mit ihren Bewohnern und deren Lebensart.
- **The Australian Century: Political Struggle in the Building of a Nation,** *Robert Manne* (Herausgeber) - eine Sammlung von Beiträgen zu den zeitgenössischen politischen Herausforderungen Australiens.
- **The Australian People: An Encyclopedia of the Nation, Its People and Their Origins,** *James Jupp* (Herausgeber) - ein Standardnachschlagewerk, das anlässlich der 200-Jahres-Feier Australiens 1988 herausgegeben wurde und alles über die Menschen und ihre Herkunft erzählt.
- **The Explorers,** *Tim Flannery* - historischer Roman über die Entdecker, die den Kontinent für die Nachwelt eroberten.
- **The Fatal Shore: History of the Transportation of Convicts to Australia 1787–1868,** *Robert Hughes* - ein packender Roman über die Anfänge der australischen Kolonie aus der Feder des britischen Autors.
- **The Future Eaters: An Ecological History of the Australasian Lands and People,** *Tim Flannery* - eine kritische Betrachtung der australischen Geschichte im Hinblick auf die Aboriginals und Zukunftsperspektiven.
- **Understanding Australia: A Guide for International Students,** *Sally White* - ein Buch, das vor allem für die vielen asiatischen und muslimischen Studenten in Australien geschrieben wurde. Es stellt wirklich jedes Detail des australischen Alltags dar, damit der Student keinen Kulturschock erlebt. Aus deutscher Sicht sind viele Erklärungen jedoch überflüssig.

•**Whitefella Jump Up,** *Germaine Greer* – interessante Thesen von dem Enfant-terrible der australischen Frauenbewegung in Bezug auf die Zukunft des Zusammenlebens von indigener und nicht-indigener Bevölkerung in Australien.

Zeitschriften

•**Quartely Essay** (www.quarterlyessay.com), diese vierteljährlich erscheinenden Essays von australischen Autoren zu kontemporären Themen in Australien kann man abonnieren.

Filme

Im Buch erwähne ich überdies immer wieder Filme von australischen Regisseuren, die anschauliche Einblicke in die australische Gesellschaft bieten (auf DVD erhältlich, allerdings meist nur auf Englisch):

•**Blackrock,** von *Steven Vidler.* Ein Teenagerdrama über eine Surfiegruppe in einer australischen Kleinstadt an der Küste mit Einblicken in die heutige Jugendkultur Australiens.
•**Gallipoli,** von *Peter Weir* mit *Mel Gibson.* Ein wunderbarer Film über *mateship* (Kameradschaft) in Australien und die Beteiligung der Australier als Alliierte der Briten am Ersten Weltkrieg im Osmanischen Reich.
•**Kangaroo,** von *Tim Burstall* mit *Colin Friels* und *Judy Davis.* Diese Adaption eines semi-autobiografischen Romans von *D. H. Laurence* lässt erkennen, wie das Leben für die frisch gebackenen Auswanderer zu Beginn des 20. Jh. in Australien war.
•**Lantana,** von *Ray Lawson* mit *Geoffrey Rush.* Geniale Krimistory über die Geheimnisse in Ehen, zeigt viel vom Lebensgefühl in Nordsydney.
•**Mullet,** von *David Caesar* mit *Ben Mendelsohn* und *Susie Porter.* Probleme in einer ganz gewöhnlichen Familie in einer australischen Kleinstadt, auf trocken-humoristische Weise beleuchtet.
•**Muriels Hochzeit,** von *P. J. Hogan* mit *Toni Collette,* im Original: „Muriel's Wedding". Eine erfrischende Komödie über junge Frauen in der australischen Provinz.
•**Priscilla – Königin der Wüste,** von *Stephan Elliott* mit *Guy Pearce,* im Original: „The Adventures of Priscilla, Queen of the Desert". Eine bildgewaltige Geschichte rund um *Drag Queens* aus Sydney, die in den Outback reisen.
•**Puberty Blues,** von *Bruce Beresford.* Klassiker, der die Surfszene der 1980er Jahre in Sydney porträtiert.
•**Radiance,** von *Rachel Perkins* mit *Deborah Mailman.* Ein bewegender Film der indigenen Regisseurin über drei Aboriginal-Schwestern, die nach dem Tod ihrer Mutter zur Beerdigung zusammenkommen. Am Rande begreift man die Tragweite der Wunden, die die *Lost Generation* zu verarbeiten hat. Um Längen besser als der 2003 in den Kinos gezeigte „Rabbit-Proof Fence" bzw. „Long Walk Home".
•**The Adventures of Barry McKenzie,** von *Bruce Beresford* mit *Barry Humphries.* Ein ur-komischer Klassiker mit der Kultfigur „Dame Edna Everadge", die Anfang der 1970er Jahre mit ihrem Neffen nach London reist und feststellt, wie groß die Unterschiede zwischen Aussies und Briten sind. Sprachlich voller Australianismen!
•**Two Hands,** von *Gregor Jordan* mit *Heather Ledger.* Ein witziger Krimi, der in Sydney spielt.
•**Walkabout,** von *Nicolas Roeg.* Ein Filmklassiker über das Verhältnis der weißen Aussies zu ihrem Kontinent.

Quellenangaben

Im gesamten Buch wurden die statistischen Daten bezüglich Australien vornehmlich im Year Book Australia 2007 und im Australian Social Trends 2007 (beide: Australian Bureau of Statistics, 2007) recherchiert. Darüber hinaus wurden in den einzelnen Kapiteln folgende Quellen zu Rate gezogen:

Der kulturhistorische Rahmen

- **A short history of Australia,** *Manning Clark,* Penguin Books Australia, 1995.
- **Australia, History,** Encyclopædia Britannica Online, 2007.

Stigma der Strafgefangenenkolonie; Die Nationen in der Nation

- **Adelaide: A Brief History,** History Trust of South Australia, 2004.
- **Age estimates for Willandra Lakes human bones,** *Richard Gillespie,* 2000.
- **An Overview: Land Councils & the Top End,** Northern Land Council, 2003.
- **Australia, a biography of a nation,** *Phillip Knightley,* Vintage 2001.
- **Australian Wine and Grape Industry,** Australian Bureau of Statistics, 2006.
- **Caring for nature. Reducing roadkill,** Parks and Wildlife Service Tasmania, 2003.
- **Chronology of Federation,** National Archives of Australia Publications.
- **Circuits: Melbourne,** The Motorsport Company, Grandprix.com, 2004.
- **Comparison of Road Rules and Regulations around Australia,** FordGhia, 2000.
- **Convicts to Australia – A guide to researching your convict ancestors, research guide, timeline,** Perth DPS, 1997.
- **Discovery of Gold,** *Benjamin Hoban,* Special Broadcasting Service (SBS).
- **German-speakers in Australia from 1788 to the Present,** *Dave Nutting,* 2004.
- **History of the Australian Labor Party,** Australian Labor Party, 2004.
- **History of Our Southern Arrernte Family/Community Group,** Aboriginal Art and Culture Centre, Alice Springs, 2004.
- **History of the South Australian Association Inc.,** South Australian German Association Inc, 2004.
- **How Elections Work: Referendums,** Australian Electoral Commission, 2004.
- **Milestones for Australian women,** Office of the Status of Women, 2004.
- **Northern Territory Issues,** Northern Exposure, 2004.
- **Population Flows: Immigration Aspects 2004–05 Edition,** Department of Immigration and Multicultural and Indigenous Affairs, January 2006.
- **The Australian Gold Rush,** Culture and Recreation, Department of Communications, Information Technology and the Arts, 2007.
- **The Ghan,** Australia's Great Train Journeys, 2004.
- **The Island Continent,** Department of Foreign Affairs and Trade, 2004.
- **Uluru and Bald Rock: Australian monoliths,** Culture and Recreation, Department of Communications, Information Technology and the Arts 2004.
- **Wakefield's theory of „Systematic Colonisation",** *Joanne Archer,* NLA News June 2003, Volume XIII, Number 9, National Library of Australia, 2003.
- **World Heritage List, Australia,** UNESCO World Heritage Centre, 2007.
- **Year Book Australia, 1910 Special Article – Early history of land tenure,** Article reproduced from the Official Year Book of the Commonwealth of Australia, 1910, ABS cat. no. 1301.0, Australian Bureau of Statistics, 2001.
- **Year Book Australia 2001,** Australian Federation (Feature Article), Australian Bureau of Statistics, 2001.
- **Year Book Australia 2002, Agriculture,** Australian Bureau of Statistics, 2003.

Die anglo-keltischen Wurzeln

- **A brief history of Wales, Welsh Down Under,** Celtic Info, 2003.
- **Australia: A nation of immigrants,** School of Humanities, Central Queensland University, 2003.
- **Child Migration: An overview and timeline,** National Archives of Australia, 2003.
- **Scots Australian History,** Electric Scotland, 2004.
- **St. Patrick's Day: From Ireland to Australia,** *Mike Cronin, Daryl Adair,* Simply Australia, 2002.

Australische Ideale

- **Aussie Rules,** *Curry Kirkpatrick,* ESPN The Magazine, 2002.
- **Bali Terrorist Attack,** National Security Australia, 2004.
- **Battlers,** Australian Beers.com, 2004.
- **Flogging the tall poppy syndrome,** Convict Creations.
- **Mass Murders in Australia,** Go For It! Global Networks, 2004.
- **Protecting Australia,** National Security Australia, 2004.
- **Sheep history,** The Woolmark Company.
- **The ANZAC Day Tradition,** Australian War Memorial, 2004.
- **The Spirit of ANZAC,** ANZAC Day Commemoration Committee, 2002.

Von White Australia Policy bis multikulti

- **An Australian Compact?,** *Donald Horne,* New South Wales Centenary of Federation Committee, 2002.
- **Anti-Discrimination Australia,** Anti-Discrimination Commission Tasmania, 2004.
- **Australia @ War,** *Peter Dunn,* 2001.
- **Australia: The National Situation,** Equal Opportunity Commission of South Australia, 2003.
- **Australian citizenship – Former British child migrants (unaccompanied),** Department of Immigration and Multicultural and Indigenous Affairs, 2004.
- **Australian Immigration Policy,** National Archives of Australia, 2004.
- **Australian Passport Chronology,** Department of Foreign Affairs and Trade, 2004.
- **Background to British Nationality Law,** British Information Services, 2004.
- **Boxer Uprising: China 1900–1901,** Australian War Memorial, 2004.
- **British citizenship and naturalisation, Fact Sheet 68,** National Archives of Australia, 2001.
- **Changes in the Australian Oath of Citizenship,** Parliamentary Library, 2002.
- **Citizenship in Australia, Fact Sheet 187,** National Archives of Australia, 2001.
- **Comtemporary Australia, 8. Populating Australia,** *Sara Cousins,* National Centre for Australian Studies, Monash University, 2003.
- **Loyal Subjects,** Australians for Constitutional Monarchy, 2003.
- **Everyone has the right to a fair go,** Equal Opportunity Commission Victoria, 2001.
- **Migration,** Australasian Legal Information Institute, 2004.
- **New South Wales Consolidated Acts,** Australasian Legal Information Institute, 2004.
- **Promoting a Fair go for all Territorians,** Northern Territory of Australia Anti-Discrimination Commission, 2004.
- **Racism No Way,** Conference of Education Systems Chief Executive Officers, 2000.
- **The Equal Opportunity Act,** Commissioner for Equal Opportunity WAustralia, 2003.
- **The Various Ways in which Australians can be Dual Citizens,** The Southern Cross Group, 2004.

• **United Nations Declaration on the Elimination of All Forms of Racial Discrimination,** Office of the High Commission for Human Rights, 2002.
• **White Australia: Forging a national racial ideology, The Chinese,** Arts, Health and Sciences, Central Queensland University, 2004.
• **Why Australian citizenship?,** Department of Immigration and Multicultural and Indigenous Affairs (DIMIA), 2003.
• **Your right to a fair go,** Anti Discrimination Board, Lawlink NSW, 2002.

Die Aboriginals

• **1999 Week 8 Hansard (26 August) Page 2485,** Hansard of the Legislative Assembly for the Australian Capital Territory, 2003.
• **\$3.1m spent on land access for mineral exploration in 2001–02,** Australian Bureau of Statistics, 2003.
• **Aboriginal Tent Embassy,** *Rosemarie McKeon,* Sculpture Forum 95, 1995.
• **Aboriginal Tent Embassy: Icon or Eyesore?,** Parliament of Australia, Parliamentary Library, 2001.
• **Albert Namatjira, Fact Sheet 145,** National Archives of Australia, 2000.
• **As a Matter of Fact,** Aboriginal and Torres Strait Islander Commission (ATSIC), 2004.
• **Australian Indigenous Art,** Culture and Recreation, Department of Communications, Information Technology and the Arts, 2004.
• **Beautiful Lies, Population and Environment in Australia,** *Tim Flannery,* Quarterly Essay, Issue 9, 2003.
• **Bringing them Home,** Australasian Legal Information Institute, 2004.
• **Cathy's Story,** Cathy Freeman Official Website, 2004.
• **Dinkum Aussies: Aboriginal Bennelong,** Dinkum Aussies, 1999.
• **Face the Facts: Aboriginal and Torres Strait Islander People,** Australian Human Rights and Equal Opportunity Commission, 2003.
• **Face the Facts: Refugees and Asylum Seekers,** Australian Human Rights and Equal Opportunity Commission, 2003.
• **Frontier Conflict, The Australian Experience,** *Bain Attwood, S. G. Foster (editors),* National Museum of Australia, 2003.
• **Indigenous Australia,** Australian Museum, 2004.
• **Indigenous, Commercial Art Galleries, Australia,** Australian Bureau of Statistics, 2001.
• **Indigenous Health,** Australian Institute of Health and Welfare, 2002.
• **Indigenous people of Sydney,** Botanic Gardens Trust Sydney, 2004.
• **International Review of Indigenous Issues in 2000: Australia,** Australian Human Rights and Equal Opportunity Commission, 2003.
• **Reconciliation and Social Justice Library,** Australasian Legal Information Institute, 2004.
• **Sending Them Home,** *Robert Manne,* Quarterly Essay, Issue 13, 2004.
• **Stolen Wages Facts,** Australians for Native Title and Reconciliation (ANTAR), Queensland, 2004.
• **Terms of reference (a): Tracing the history,** Human Rights and Equal Opportunity Commission, 2002 .
• **The First Europeans in Australia 1606,** *Victor G. Kramer,* North Park University Chicago, 1997.
• **The Freedom Rides in Australia,** freedomride.net.
• **The Original Duyfken,** Duyfken 1606 Replica Foundation, 2001.
• **Whitefella Jump Up,** *Germaine Greer,* Quarterly Essay, Issue 11, 2003.

- **Year Book Australia 1994, Special Article – Statistics on the Indigenous Peoples of Australia,** Australian Bureau of Statistics, 2004.
- **Year Book Australia 2002, Population, Special Article – Aboriginal and Torres Strait Islander Australians: A statistical profile from the 1996 Census,** Australian Bureau of Statistics, 2004.

Wild, weit und Endlich: Terra Australis Incognita; Die Zähmung des Inselkontinents

- **Aboriginal heritage,** Culture and Recreation, Department of Communications, Information Technology and the Arts, 2004.
- **Australian Antarctic Division,** Department of the Environment and Heritage, 2003.
- **Australians in Antarctica,** National Museum of Australia, 2001.
- **Bridging Cultures,** Queensland Museum Explorer, 2004.
- **Broome, A Brief History,** The People's Voice, Australian Community History, 2004.
- **Eucalypt Trees,** CSIRO Forestry and Forest Products, 2004.
- **Fact Sheet – How the World Benefits From Whale Sanctuaries,** Department of the Environment and Heritage, 2004.
- **New age for Mungo Man,** The University of Adelaide, 2003.
- **Pearling Industry History,** Willie Creek Pearls, 2002.
- **Queensland's Cane Railways – An Introduction,** *A. C. Lynn Zelmer,* 2003.
- **River Murray Water Quality: A Salinity Perspective 2003,** CSIRO Land and Water, 2003.
- **Salinity,** Triple J's Wet Weekend, 2002.
- **Shore-based Whaling – Whales and their Commercial Use,** Department of Primary Industries, Water and Environment, 2003.
- **Snowy Mountains Scheme,** Snowy Hydro, 2003.
- **So what makes the Land Down Under tick?,** ASA Group, 2004.
- **Technology in Australia 1788–1988,** Australian Academy of Technological Sciences and Engineering, 2000.
- **The Australian Pearling Industry and Its Pearls,** The Gemmological Association of Australia, 2004.
- **The extraordinary saga of the Snowy Mountains Hydro-Electric Scheme,** *Brad Collins,* Snowy Mountains Hydro-Electric Authority's information centre, 2003.
- **The Fishery,** Fish for the Future, Department of Fisheries, 2000.
- **The History of Pearling,** Western Australia Fisheries, 1997.
- **The Murray Mouth,** Murray-Darling Basin Initiative, 2004.
- **Whale Watching,** Nature Base, Department of Conservation and Land Management, Government of Western Australia, 2002.
- **Woodlands and Land Clearing – Introduction,** The Wilderness Society, 2003.

Die Launen der Natur

- **Ash Wednesday,** Country Fire Authority (CFA), 2000.
- **Australian temperature and rainfall extremes for the year 2003,** Commonwealth Bureau of Meteorology, 2004.
- **Australian Venom Research Unit,** University of Melbourne, 2004.
- **Australians to be studied in Ash Wednesday follow-up,** University of Adelaide, 2003.
- **Causes of Death, Australia,** Australian Bureau of Statistics, 2003.
- **Dangerous marine animals of Northern Australia,** *Barry Tobin,* Australian Institute of Marine Science, 2002.
- **Database of Australian Disasters,** Emergency Management Australia, Attorney-General's Department, 2003.

●**Great Barrier Reef: Knowing the Animals and the Dangers,** Cairns Accomodation and Tour Guide, 2004.
●**Heatwaves,** Emergency Management Australia, Attorney General's Dept., 2003.
●**History of Daylight Saving in New South Wales,** Lawlink NSW, New South Wales Attorney General's Department, 2002.
●**Main causes of death, Queensland, 1896,** Queensland Government, Office of Economic and Statistical Research (OESR), 2004.
●**Natural Disasters in Australia,** Culture and Recreation, Department of Communications, Information Technology and the Arts, 2004.
●**Newcastle Earthquake,** Newcastle City Council, NSW, 2004.
●**New skin cancer campaign unveiled: Skin cancer. It's killer body art,** The Cancer Council Australia, 2004.
●**Sharks in Australian Waters,** Department of the Environment and Heritage, 2004.
●**Skin cancer and tanning,** The Cancer Council, 2004.
●**Sterbefälle nach den 10 häufigsten Todesursachen insgesamt und nach Geschlecht 2002,** Statistisches Bundesamt, 2004.
●**Surfing Down Under – Travel Tips for the visiting Surfer,** *Sibylle Martens,* 2003.
●**Take Care! Poisonous Australian Animals,** *Dr. Susan Sutherland, Susie Kennewell,* Hyland House, 1999.
●**The Bunyip: Mythical Beast, Modern-day Monster,** *Matthew J. Eaton,* Cryptozoology.com, 2004.
●**Unusual Australian Facts,** Convict Creations, 2004.
●**Wetterrekorde in Deutschland seit dem Jahr 1880,** hpo online, 2004.
●**Wetterrekorde – Niederschlag,** Deutscher Wetterdienst, 2004.
●**What happened to our ozone?,** Australian Antarctic Division, Department of Environment and Heritage, 2004.
●**Worldwide daylight saving,** Webexhibits, 2004.
●**Year Book Australia 2002, Health, Special Article – National Health Survey: Cancer Related Information (Sep, 1999),** Australian Bureau of Statistics, 2004.

Geplagtes Australien

●**Biodiversity: Wild Harvest of Native Species – Kangaroos,** Australian Government, Department of Environment and Heritage, 2004.
●**Cane Toads,** Brisbane City Council, 2004.
●**Cane Toads, Giant Toads or Marine Toads,** Australian Museum Online, 2003.
●**Control through exclusion – the amazing fence,** Biotechnology Australia, The Helix, Issue 36, 1994.
●**Development of a Sustainable Camel Industry,** Rural Industries Research & Development Corporation, 2000.
●**Emu Farming,** Parliament of Victoria, 2003.
●**Fact Sheet: Bilby,** Easterbilby.com.au.
●**History of barrier fences in Queensland,** The State of Queensland, Department of Natural Resources and Mines, 2003.
●**Kangaroo Industry Background,** *John Kelly,* Kangaroo Industries Association of Australia, 2002.
●**Living with the Dingo,** *Adam O'Neill,* Envirobook, 2003.
●**Matilda: Australia's First Cloned Merino,** South Australian Research and Development Institute, 2001.
●**Pest fact sheets,** Queensland Government, Natural Resources, Mines and Energy, 2003.
●**Pest Series: The Cane Toad,** Queensland Government, Natural Resources and Mines.
●**Pig and pussy hunt „caters for whole family",** Hotbite Australia, 2003.

- **Review of the Dog Fence Act 1946,** Conservation Council of SA, 2004.
- **RSPCA calls for ban on non-commercial roo-shooting,** Royal Society for the Prevention of Cruelty to Animals, 2002.
- **State of the Environment 2001, Fact Sheet: Biodiversity,** Department of the Environment and Heritage, 2001.
- **Where did the Thylacine live?,** Australian Museum Online, 2002.

Die australische Identität, Die stereotypen Aussies

- **About Mambo,** Mambo, 2004.
- **Australian Olympic Medal Tally,** Australian Sports Commission, 2004.
- **Legendary Surfers,** *Malcolm Gault-Williams,* 2003.
- **Making Waves: Isabel Letham,** Warringah Council, 2002.
- **Skippy,** The Museum of Broadcast Communications, 2003.
- **Swimming,** Culture and Recreation, Department of Communications, Information Technology and the Arts 2004.
- **The Evolution of the Surfboard,** *Sonnen Sloan,* 2002.
- **The Beach,** Culture and Recreation, Department of Communications, Information Technology and the Arts, 2004.

Definitionen eines „richtigen" Australiers

- **Australian Civilisation: Identity,** *James Jupp,* Oxford University, 1994.
- **Summary : 1991 Greek Australian Census,** hellas Media Network, 1991.
- **Year Book Australia, 1995 Special Article – Ethnic and Cultural Diversity in Australia,** Australian Bureau of Statistics, 2004.

Nationales Selbstbewusstsein

- **Aussie Loves & hates,** Walkabout, Fairfax, 2002.
- **Australian Nobel Prize winners,** Study in Australia, AEI – International Education Network, Department of Education, Science and Training, 2004.
- **Bignoting Down Under,** AustralianBeers.com, 2004.
- **Human Development Report 2006,** United Nations Development Programme, 2006.
- **Praising the Tall Poppy – Celebrating Our Heroes,** WhatsTheNumber.com and SharingSecrets.com, 2004.
- **What is the Tall Poppy Campaign?,** Australian Institute of Political Science, 2003.
- **Year Book Australia 2002, Financial System, Special Article – Report of the 1959 decimal currency committee,** Australian Bureau of Statistics, 2004.

Die nationalen Symbole

- **Adjournment: Northern Territory Day,** *Trish Crossin,* Labor Senator for the Northern Territory, 2003.
- **Advance Australia Fair Original Lyrics by Peter Dodds McCormick,** *Lachlan Cranswick*, 2004.
- **A Hard Chance – The Sydney-Hobart Race Disaster,** *Kim Leighton,* Willow Creek Press, 1999.
- **Australia celebrating Australians,** It's an Honour, 2004.
- **Australian Christmas Plants,** Australian National Botanic Gardens, Department of the Environment and Heritage, 2002.
- **Australian Citizenship,** NADC, Department of the Prime Minister and Cabinet, 2004.

- **Australia's Coat of Arms,** Department of Foreign Affairs and Trade, 2004.
- **Bilbies not Bunnies: CSIRO Supports Campaign,** Commonwealth Scientific and Industrial Research Organisation, (CSIRO), 1995.
- **Canberra: Australia's capital city,** Culture and Recreation, Department of Communications, Information Technology and the Arts, 2004.
- **Christmas: a multicultural festival,** Culture and Recreation, Department of Communications, Information Technology and the Arts, 2004.
- **Christmas in Australia,** *Tom Willis,* 2004.
- **Easter,** Culture and Recreation, Department of Communications, Information Technology and the Arts, 2004.
- **Foundation Day in Western Australia,** Celebrate Western Australia, 2004.
- **History of the Australian National Flag,** AUSFLAG, 2004.
- **National Symbols,** Parliament of Australia, Parliamentary Library, 2003.
- **Plebiscite results 1977,** Parliament of Australia, Parliamentary Library, 2003.
- **Proclamation Day – South Australia,** Hold Fast Database South Australia, 2004.
- **The Aboriginal Flag,** NADC, Department of the Prime Minister and Cabinet, 2004
- **The Australian National Anthem,** Australian National Flag Association, 2004.
- **The Nature and Origin Of Empire Day,** *Peter Spearritt, Annette Shiell,* National Centre for Australian Studies, 1999.
- **The Order of Australia,** Our Australian Crown, 1999.
- **The Torres Strait Islander Flag,** NADC, Department of the Prime Minister, 2004.
- **The Union Jack (Flag),** The Union Jack, 2004.
- **Who'll come a Waltzing Matilda with me?,** National Library of Australia, 2004.

Kunst und Kultur

- **Aboriginal Cultures Gallery – Overview,** Ingarnendi, South Australian Museum, 2003.
- **Art in Australia, From Colonization to Postmodernism,** *Christopher Allen,* Thames and Hudson, 1997.
- **Australian Indigenous Art,** Culture and Recreation, Australian Government Department of Communications, Information Technology and the Arts, 2004.
- **Australian literature,** Culture and Recreation, Australian Government Department of Communications, Information Technology and the Arts, 2004.
- **Dame Mary Durack,** The Glennie School, 2004.
- **Fact Sheet 145: Albert Namatjira,** National Archives of Australia, 2000.
- **Floral Emblems of Australia,** Australian National Botanic Gardens, Department of the Environment and Heritage, 2003.
- **Forging the Nation. David Unaipon, Aboriginal Spokesman,** Australian War Memorial, 2004.
- **Henry Lawson: Australian writer,** Culture and Recreation, Department of Communications, Information Technology and the Arts, 2004.
- **History of Bangarra Dance Theatre,** Bangarra Dance Theatre, 2004.
- **Indigenous Australia,** Australian Museum Online, 2004.
- **Katharine Susannah Prichard : The Eastern European Connection,** Cyg Net, The University of Western Australia, 2003.
- **Kevin Gilbert,** Teachers on the Web, 2004.
- **Missionaries, Hermannsburg Mission,** *Dave Nutting,* German Australia, 2004.
- **Ned Kelly,** Iron Outlaw, 2004 und Plato's Cave, 2003.
- **Profile: Jimmy Chi,** Arts in Australia, Australia Council, 2003.
- **Rock Art,** Aboriginal Art Online, 2000.
- **The Cambridge Companion to Australian Literature,** *Elizabeth Webby (editor),* Cambridge University Press, 2000.

- **The Early Collection and Exhibition of Art Work by Aboriginal Artists,** Museum Victoria, 2001.
- **The Life and Works of Sir Josef Banks,** The Natural History Museum, London, 2004.
- **The Man from Snowy River,** Culture and Recreation, Department of Communications, Information Technology and the Arts, 2004.
- **The Oxford Literary History of Australia,** *Bruce Bennett, Jennifer Strauss,* Oxford University Press, 1998.
- **The Song,** Waltzing Matilda Centre, 2004.
- **Understanding Aboriginal Culture,** *Cyril Havecker,* Cosmos Periodicals, 2002.
- **Waltzing Matilda,** Ettamogah Wildlife Sanctuary, 2003.

Aussie Way of Life – Gesellschaft und Lebensarten; Sesshaftigkeit und Nomadentum

- **Afghan histories in Australia,** The Dulwich Centre, 2004.
- **Australian Rail Server,** Railpage, 2004.
- **History of Camels in Australia,** Red Sun Camels, Broome, 2004.
- **History of Rail in Australia,** Department of Transport and Regional Services, 2002.
- **History,** Royal Flying Doctor Service of Australia, 2004.
- **History,** The Alice Springs School of the Air, 2004.
- **Indian Pacific: Historic Journey Linking Coast to Coast,** Trainways, 2001.
- **Lions Camel Cup Carnival,** Voyages Alice Springs, 2002.
- **Outback education looks back to the future,** *Cap Chandler,* Charles Sturt University, 2000.
- **Public transport history in Victoria,** Department of Infrastructure, State Government of Victoria, 2004.
- **Puberty Blues,** *Kathy Lette, Gabrielle Carey,* Pan Macmillan, 2003.
- **Rhine-Ruhr-Area: Transit Cooperation Rhine-Ruhr (Verkehrsverbund Rhein-Ruhr),** *Michael Knorr,* 1996.
- **Roadfacts 2000,** Department of Transport and Regional Services, 2002.
- **Road Safety,** Australian Transport Safety Bureau, 2004.
- **Road Train Application,** Australian Road Train Association Inc., 2004.
- **Rural Girls and Cars: The Phenomena of „Blockies“,** *Glenda W. Jones,* Charles Sturt University, 2002.
- **Tanami, Northern Territory,** Newmont, The Gold Company, 2003.
- **The Adelaide O-Bahn,** Adelaide Metro, Government of South Australia, 2004.
- **The Afghan Camelmen,** Flinders Ranges Research, 2004.
- **The Australian Ugliness,** *Robin Boyd,* Penguin Books, 1972.
- **The fastest train in Australia,** Queensland's Railways On the Internet, 2004.
- **Travelling by train in Australia,** Department of Transport and Regional Services, 2002.
- **Verkehrsinfrastruktur,** Statistisches Bundesamt Deutschland, 2004.
- **Year Book Australia 2002, Transport, Special Article – History of roads in Australia,** Australian Bureau of Statistics, 2004.

Rechte und Pflichten der Aussies

- **Alcohol and Drugs,** Making Contact, 2004.
- **A statistical overview of Aboriginal and Torres Strait Islander peoples in Australia,** Australian Human Rights and Equal Opportunity Commission, 2004.
- **Aussie Loves & hates,** Walkabout, Fairfax, 2002.
- **Australia: love it but leave it,** Alternative News Network, 2004.
- **Australian Electoral History,** Australian Electoral Commission, 2004.

- **Australian Social Trends, Mortality and morbidity: Injuries,** Australian Bureau of Statistics, 2004.
- **Australia's Prime Ministers,** National Archives of Australia, 2004.
- **Bildungsstand,** Statistisches Bundesamt Deutschland, 2007.
- **Brothers At War,** TS Accountants, 2003 .
- **Bushranger Profiles,** The Bushranger Site, University of New England, 2003.
- **Business to consumer electronic commerce,** OECD, 2000.
- **Capital punishment,** Australian Institute of Criminology, 1987.
- **Conscription,** ANZAC Day Commemoration Committee, 2001.
- **Conscription,** South Australians at War, State Library South Australia, 2002.
- **Crime and Safety, Australia,** Australian Bureau of Statistics, 2003.
- **Current notes in circulation,** Reserve Bank of Australia, 2004.
- **Death, Dying, and Euthanasia: Australia Versus the Northern Territory,** Southern Cross Bioethics Institute, 2004.
- **Decriminalisation of Drunkenness,** *Jonathan Tuncks,* Australian Institute of Criminology, 1990.
- **Deutschland: Bevölkerung,** Statistisches Bundesamt Deutschland, 2004.
- **Drinking In A Public Place,** Queensland Government, Department of Tourism, Racing and Fair Trading, 2004.
- **Dry Areas Consultation Programme Final Report,** Adelaide City Council, 2000.
- **Dulcie Deamer,** Australian Literature Gateway, 2003.
- **Endgültiges Ergebnis der Wahl zum 16. Deutschen Bundestag,** Der Bundeswahlleiter, 2005.
- **Enrolment,** Australian Electoral Commission, 2004.
- **Fact Sheet 164: National Service 1965–72,** National Archives of Australia, 2003.
- **Fear of crime and perceptions of safety,** The University of Melbourne.
- **Federation Gateway: People,** The National Library of Australia, 2003.
- **Higher education loan schemes essentials,** Australian Taxation Office, 2007.
- **Homosexual Law Reform in Australia,** *Melissa Bull, Susam Pinto, Paul Wilson,* Australian Institute of Criminology, 1991.
- **Law Council Saddened at Passing of Dame Roma Mitchell,** Law Council of Australia, 2000.
- **Living Standards,** Department of the Parliamentary Library, 2000.
- **Low Fertility Rates in OECD Countries: Facts and Policy Responses,** *Joëlle E. Sleebos,* OECD Social, Employment and Migration Working Papers, 2003.
- **Low wages and the distribution of family income in Australia,** *Sue Richardson, Ann Harding,* School of Economics, University of Adelaide, 1998.
- **Mass and Serial Murders in Australia,** Australian Institute of Criminology, 2003.
- **Maternity, Paternity, and Parental Leaves in the OECD Countries 1998–2002,** The Clearinghouse on International Developments in Child, Youth and Family Policies at Columbia University, 2003.
- **Mateship,** Australianbeers.com, 2004.
- **Measuring the Information Economy 2002, Access to and use of information technologies,** OECD, 2002.
- **Military Conscription: Issues for Australia,** Parliament of Australia, Parliamentary Library, 2001.
- **Moderne Informations- und Kommunikationstechnologien in Deutschland,** Entwicklungen in Wirtschaft und Gesellschaft, *Dr. Susanne Schnorr-Bäcker,* Statistisches Bundesamt, 2006.
- **National Report – Monitoring the Effects of Decriminalisation,** Australasian Legal Information Institute, 2004.

- **Northern Territory Alcohol Framework,** Northern Territory Government, 2004.
- **Northern Territory Representation Act 1922,** Documenting a Democracy, Commonwealth of Australia, 2000.
- **Parliamentary Glossary: Donkey Vote,** Parliament of Australia, 2003.
- **Payments & Allowances,** Centrelink, 2007.
- **PISA 2003,** OECD, 2004.
- **Polizeiliche Kriminalstatistik 2002,** Bundesministerium des Inneren, 2003.
- **Pollie,** Australianbeers.com, 2004.
- **Population, Gender and Reproductive Choice: The Motherhood Questions, Directions for Policy,** *Lois Bryson, Alison Mackinnon,* Hawke Institute, University of South Australia, 2000.
- **Preventing crime on transport,** *Patricia Weiser Easteal, Paul R. Wilson,* Australian Institute of Criminology, 1991.
- **Referendums,** Australian Electoral Commission, 2004.
- **Religions in Australia,** Adherents.com, 2000.
- **Royal Commission into Aboriginal Deaths in Custody,** ATSIC, 2004.
- **Society at a Glance: OECD Social Indicators 2006 Edition,** OECD, 2006.
- **Sydney Eccentrics: Dulcie Deamer,** State Library of New South Wales, 2003.
- **The Commonwealth Referendum of 1967 and Indigenous Australian Citizenship: an interpretation of historical events,** Queensland Indigenous Education Consultative Body, Queensland Government, 2000.
- **The Hanged Man, the life & death of Ronald Ryan,** *Mike Richards.*
- **The Mother of all Megastars,** Out Smart, 2004.
- **Voting,** Australian Electoral Commission, 2004.
- **Voting Rights Discrimination,** AUSFLAG, 2000.
- **Who Gets to Vote?,** Australasian Legal Information Institute, 2001.
- **Why Polymer?,** Reserve Bank of Australia, 2004.
- **Women,** Australianbeers.com, 2004.
- **Women in politics in Australia,** Culture and Recreation, Australian Government Department of Communications, Information Technology and the Arts, 2004.
- **World War I Conscription,** State Library of Victoria, 2002.
- **Year Book Australia 2001 Centenary Article – Women and government in Australia,** Australian Bureau of Statistics, 2004.

Die Freuden im Leben

- **AFL history,** Australian Football League, 2004.
- **Alcohol's real cost exposed,** *Alex Mitchell,* The Sun-Herald, 2003.
- **A Swill at Six O'Clock,** City of Melbourne, 2004.
- **Aussie Rules Football,** Swooper's Australian Football World, 2004.
- **Aussies turn to wine, fruit and veg,** Australian Bureau of Statistics, 2000.
- **Australian Beer Etiquette,** Chicago Bar Project, 2000.
- **Australian Drinking: A Brief Guide,** UNSW Engineering, 2004.
- **Australian wine exports exceptional in 2002: ABS,** Australian Bureau of Statistics, 2003.
- **Australian Wine Grape Production,** Projections to 2006–07, abare eReport 05.2, Wayne Gordon, Abare, 2005.
- **Dinkum Dining, Bring on the barbie!,** R. M. Williams Outback, 2003.
- **Do you know when to stop?,** Australian Transport Safety Bureau, 2004.
- **Drinking etiquette,** Convict Creations, 2004.
- **Drinking for the uninitiated,** Itchy-feet.com.au, 2004.
- **Evolution of beer consumption,** Alcoweb, 1996.
- **History of Netball,** Netball Australia, 2004.

● **How to obtain a Western Australian Driver's Licence,** Department for Planning and Infrastructure, Government of Western Australia, 2004.
● **List of countries by beer consumption per capita,** Wikipedia, 2004.
● **Melbourne Cup,** Culture and Recreation, Department of Communications, Information Technology and the Arts, 2004.
● **„more jobs – more leisure",** Australian Chamber of Commerce and Industry Review, 2001.
● **National Report Volume 2 – Reactions to Aboriginal alcohol use,** Australasian Legal Information Institute, 2004.
● **Norm,** Australianbeers.com, 2004.
● **Olympic Games,** Australian Sports Web, Australian Sports Commission, 2004.
● **Overview of alcohol use in remote Aboriginal communities,** Northern Territory Government of Australia, 2002 .
● **Overview of major drugs: Petrol,** Northern Territory Government, 2002.
● **Phar Lap: Australia's wonder horse,** Museum Victoria, 2003.
● **Rugby World Cup history,** BBC newsround, 2004.
● **Shouting,** australianbeers.com, 2004.
● **Sport and Reconciliation – Netball,** Australasian Legal Information Institute, 2004.
● **Standard Drinks,** Australian Transport Safety Bureau, 2004.
● **Temperence Movement,** Wine Literaure of The World, The State Library of South Australia, 2004.
● **The Bradman Digital Library,** State Library South Australia, 2004.
● **The facts about binge drinking - for young people,** Drug Info Clearinghouse, Australian Drug Foundation, 2004.
● **The Great Outdoors,** The Australian Immigration Book, 2004.
● **Trade measurement,** Office of Consumer and Business Affairs South Australia, 2004.

Fremd in Australien

● **Aboriginal Culture: Advice for Travellers,** The Northern Territory Tourist Commission, 2004.
● **Australia and Refugees, 1901–2002: An Annotated Chronology Based on Official Sources,** Parliament of Australia, Parliamentary Library, 2003.
● **English and French Explorers in the Indian and Pacific Oceans from 1767 to 1840,** *E. G. Whitlam,* Whitlam Institute, University of Western Sydney, 2004.
● **French Nuclear Testing,** Embassy of France in Australia, 2004.
● **Permits: Aboriginal land is privately owned,** Central Land Council, 2004.
● **Protecting our borders,** Australian Customs Service, 2004.
● **Protocol for visiting Aboriginal land,** Frog and Toad's Indigenous Australia, 2004.
● **Quarantine and Export Services,** Department of Agriculture, Fisheries and Forestry, 2004.
● **South Australian Year Book 2002, Population, Special Article – Aboriginal Lands in South Australia,** Australian Bureau of Statistics, 1997.
● **Visiting Aboriginal Land,** Northern Land Council, 2004.

Die Reiseführer von Reise

Reisehandbücher
Urlaubshandbücher
Reisesachbücher
Edition RKH, Praxis

Afrika, Durch, 2 Bde.
Agadir, Marrakesch, Südmarokko
Ägypten individuell
Ägypten/Niltal
Alaska ⇗ Kanada
Algerische Sahara
Argentinien, Uruguay, Paraguay
Äthiopien
Australien – Auswandern
Australien, Osten und Zentrum
Australien, Westen und Zentrum

Baikal, See u. Region
Bali und Lombok
Bali, die Trauminsel
Bangkok
Botswana
Brasilien
Brasilien kompakt

Cabo Verde
Chicago
Chile, Osterinsel
China Manual
Chinas Osten
Costa Rica
Cuba

Djerba & Zarzis
Dominikanische Republik
Dubai, Emirat

Ecuador, Galápagos
Erste Hilfe unterwegs

Fahrrad-Weltführer
Florida
Fuerteventura

Guatemala

Havanna
Hawaii
Honduras
Hongkong, Macau, Kanton

Indien, der Norden
Indien, der Süden
Iran

Japan
Jemen
Jordanien

Kalifornien und USA Südwesten
Kalifornien, Süden und Zentrum
Kambodscha
Kamerun
Kanada, USA
Kanadas Maritime Provinzen
Kanadas Osten, USA Nordosten
Kanadas Westen, Alaska
Kapstadt – Garden Route (Südafrika)
Kapverdische Inseln
Kenia
Kenia kompakt
Kerala (Indien)
Krügerpark – Kapstadt (Südafrika)

Ladakh, Zanskar
Laos
Lateinamerika BikeBuch
Libyen

Malaysia, Singapur, Brunei
Marokko
Mauritius, La Réunion
Mexiko
Mexiko kompakt
Mongolei
Motorradreisen
Myanmar

Namibia
Namibia kompakt
Neuseeland BikeBuch
New Orleans
New York City
New York im Film

Oman
Outdoor-Praxis

Panama
Peru, Bolivien
Peru kompakt
Phuket (Thailand)

Qatar
Queensland (Australien)

Rajasthan (Indien)

San Francisco
Senegal, Gambia
Singapur
Sri Lanka
St. Lucia, St. Vincent, Grenada
Südafrika
Südafrika: Kapstadt – Garden Route
Südafrika: Krügerpark – Kapstadt
Sydney, Naturparks
Syrien

Taiwan
Tansania, Sansibar
Thailand
Thailand – Tauch- und Strandführer
Thailands Süden
Tokyo, Kyoto, Yokohama
Transsib
Trinidad und Tobago
Tunesien
Türkei, Hotelführer
Türkei: Mittelmeerküste

Uganda, Ruanda
USA, als Gastschüler
USA, Kanada
USA, Canada BikeBuch
USA Nordosten, Kanada Osten
USA, der große Süden
USA Südwesten, Kalif., Baja California
USA, Südwesten, Natur u. Wandern
USA, der ganze Westen

Venezuela
Vereinigte Arabische Emirate
Vietnam

Westafrika – Sahel
Westafrika – Küste
Wo es keinen Arzt gibt

Yucatán (Mexiko)

PANORAMA

Australien
Cuba
Rajasthans Palasthotels
Südafrika
Thailands Bergvölker und Seenomaden
Tibet
Vietnam

Register

C

D

E

F

G

H

I

J

K

L

M

N

O

Thank you!

A special thanks to all those who have helped answering my endless questions about Australian society: *Dave, Fiona, Steve, Rafal, Mel, Adsee, Mark, Niki, Liam, Jeremy, Shiellsy, Puss, Tim* and *Kris* (in no particular order). A great thank you to *Aileen Walsh* and *Douglas Watkin* for meeting me and providing me with a touch of personal insight on your personal and professional lives from an indigenous point of view. That was very special – thanks heaps! Thank you to *Les Anwyl* for posing for the great Aussie pair of eyes on the front cover. And last but not least an especially big thanks to my partner *Andrew,* his parents *Colleen* and *Vic,* his sister *Karen* as well as his rellies *Peter, Scott, Vanessa, Erina, Steve* and *Mischelle* for providing support and all sorts of ideas and information for the book over the years.

Australien-Übersicht

Torres Strait
Wessel Islands
Cape Wessel
Cape York
Gove Peninsula
Cape York Peninsula
Coral Sea
herine
Groote Eylandt
Gulf of Carpentaria
Roper
Great Barrier Reef
Wellesley Islands
Cook Town
Great Dividing Range
Coral Sea Islands
Cairns
HERN TORY
Atherton Tablelands
Townsville
SOUTH PACIFIC OCEAN
Tennant Creek
Mount Isa
Chartcro Toworo
Mackay
QUEENSLAND
nges
Alice Springs
Longreach
Rockhampton
SIMPSON DESERT
Gladstone
Hervey Bay
Bundaberg
Fraser Island
STRZELECKI DESERT
Charleville
Maryborough
odnadatta
TIRARI DESERT
Sunshine Coast
Brisbane
Moreton Is.
Lake Eyre
Stradbroke Is.
TH
STURT STONY DESERT
Gold Coast
Surfers Paradise
ber Pedy
Marree
RALIA
Flinders Ranges
Bourke
Moree
Darling
Grafton
Round Mountain
1615
Broken Hill
eduna
NEW SOUTH WALES
Blue Mountains
Mt. Barrington
1585
Port Augusta
Port Pirie
Orange
Lithgow
Newcastle
t Lincoln
Adelaide
Mildura
Murrumbidgee
Wagga Wagga
Sydney
Wollongong
pe Carnot
Murray
Canberra/ Australien Capital Territory
Kangaroo Island
Albury
Mt. Kosciuszko
2228
VICTORIA
TASMAN SEA
Mount Gambier
Ballarat
Melbourne
Torquay
King Island
Bass Strait
Fiddlers Island
OCEAN
Cradle Mountain
1545
Devonport
Launceston
Mt. Ossa
1617
TASMANIA
Freycinet Peninsula
Maria Island
Hobart
South East Cape
Bruny Island

Die Autorin

475a Foto: at

Elfi H. M. Gilissen (geb. 1969) ist Diplom-Übersetzerin für Chinesisch und Indonesisch, befasst sich aber als freiberufliche Autorin und Lektorin mit allen Sprachen und somit Ländern der Welt. Die Liebe zu Sprachen wurde ihr schon von dem niederländischen Vater und der flämischen Mutter in die Wiege gelegt. Eigentlich auf Südwestchina und vor allem Tibet eingeschworen, wurde durch die zufällige Begegnung mit einem Australier aus Adelaide ihr Interesse am fünften Kontinent geweckt. Seit der ersten gemeinsamen Reise nach Australien im Jahr 2000 fährt sie auch ohne ihren australischen Lebensgefährten regelmäßig ein- bis zweimal jährlich für längere Zeit durch den Kontinent. Bei den Recherchen für den Kauderwelsch-Band „Englisch für Australien" und dem Reiseführer „Sydney und seine Nationalparks", ebenfalls erschienen im REISE KNOW-HOW Verlag, entstand die Idee, über die vielen Nuancen der australischen Gesellschaft dieses KulturSchock-Buch zu schreiben. Weitere Projekte sind geplant.

Am Niederrhein aufgewachsen, lebt die Autorin heute mit ihrem australischen Lebensgefährten *Andrew A. Tokmakoff* und ihrer gemeinsamen Tochter *Sienna* in den Niederlanden.

Weitere bei REISE KNOW-HOW erschienene Titel der Autorin sind „Australien – das Auswanderer-Handbuch", der Praxis-Band „Australiens Outback und Bush entdecken" sowie in der Kauderwelsch-Sprechführerreihe: „Australian Slang – Englisch Down Under", „Flämisch – Wort für Wort", „Amerikanisch – Wort für Wort", „German Slang – the real German" und „Niederländisch Slang".